REVISTA ESPÍRITA
JORNAL DE ESTUDOS PSICOLÓGICOS

ANO V - 1862

4ª edição
2.000 exemplares
Do 6º ao 8º milheiro
Janeiro/2022

© 2016-2022 by Edicel Editora.

Capa e Projeto gráfico
Éclat! Comunicação Ltda

Tradução
Julio Abreu Filho

Impressão
AR Fernandez Gráfica

Todos os direitos estão reservados.
Nenhuma parte desta obra pode ser reproduzida
ou transmitida por qualquer forma e/ou quaisquer
meios (eletrônico ou mecânico, incluindo fotocópia
e gravação) ou arquivada em qualquer sistema ou
banco de dados sem permissão escrita da Editora.

O produto da venda desta obra é
destinado à manutenção das atividades
assistenciais da Sociedade Espírita
Boa Nova, de Catanduva, SP.

1ª edição: Julho de 2016 - 2.000 exemplares

REVISTA ESPÍRITA
JORNAL DE ESTUDOS PSICOLÓGICOS

Contendo:

O relato das manifestações materiais e inteligentes dos Espíritos, aparições, evocações, etc., bem como todas as notícias relativas ao Espiritismo. – O ensino dos Espíritos sobre as coisas do mundo visível e do invisível; sobre as ciências, a moral, a imortalidade da alma, a natureza do homem e o seu futuro. – A história do Espiritismo na antiguidade; suas relações com o magnetismo e com o sonambulismo; a explicação das lendas e das crenças populares, da mitologia de todos os povos, etc.

Publicada sob a direção de
ALLAN KARDEC

ANO V – 1862

Todo efeito tem uma causa. Todo efeito inteligente tem uma causa inteligente. O poder da causa inteligente está na razão da grandeza do efeito.

Tradução do francês
Julio Abreu Filho

Editora Cultural Espírita Edicel
Instituto Beneficente Boa Nova
Entidade coligada à Sociedade Espírita Boa Nova
Av. Porto Ferreira, 1.031 | Parque Iracema
Catanduva/SP | CEP 15809-020
www.boanova.net | boanova@boanova.net
Fone 17.3531-4444

Título do original francês:
Revue Spirite: Journal D'Études Psychologiques
(Paris, 1862)

Dados Internacionais de Catalogação na Publicação (CIP)
(Câmara Brasileira do Livro, SP, Brasil)

Kardec, Allan, 1804-1869.
Revista Espírita : jornal de estudos
psicológicos, ano V : 1862 / publicada sob a
direção de Allan Kardec ; tradução do francês
Julio Abreu Filho. -- Catanduva, SP : EDICEL,
2016.

Título original: Revue Espirite : journal
D'Etudes psychologiques
ISBN 978-85-92793-06-7

1. Espiritismo 2. Kardec, Allan, 18 -1869
3. Revista Espíri   de Allan Kardec I. Título.

CDD-133.901

Índices para catálogo sistemático:

1. Artigos espíritas : Filosofia espírita   133.901
2. Doutrina espírita : Artigos   133.901

ANO V
JANEIRO DE 1862

ENSAIO DE INTERPRETAÇÃO DA DOUTRINA DOS ANJOS DECAÍDOS

A questão das origens tem sempre o condão de despertar a curiosidade e, sob tal ponto de vista, aquilo que se refere ao homem a desperta tanto mais quanto é impossível a toda criatura sensata aceitar ao pé da letra o relato bíblico, bem como deixar de nele ver uma dessas alegorias em que é pródigo o estilo oriental. Aliás a ciência vem fornecer-lhe a prova ao demonstrar, pelos meios menos contestáveis, a impossibilidade material da formação do globo em seis dias de vinte e quatro horas. Ante a evidência dos fatos escritos em caracteres irrecusáveis nas camadas geológicas, teve a Igreja que se submeter à opinião dos sábios e concordar com eles que os seis dias da criação representam períodos de uma extensão indeterminada, como ela fez outrora, em relação ao movimento da Terra. Se, pois, é o texto bíblico suscetível de interpretação sob esse ponto capital, também poderá sê-lo em relação a outros pontos, notadamente sobre a época do aparecimento do homem, a sua origem e o sentido que deve ser emprestado à qualificação de *anjos decaídos*.

Como o princípio das coisas está nos segredos de Deus, que não no-lo revela senão à medida que o julga adequado, ficamos reduzidos a conjeturas. Muitos sistemas foram imaginados para resolver essa questão e, até hoje, nenhum satisfaz completamente a razão. Nós também vamos tentar levantar uma ponta do véu. Seremos mais felizes que os antecessores? Não o sabemos: só o futuro o dirá. A teoria que apresentamos é, pois, uma opinião pessoal. Parece-nos em concordância com a razão e com a lógica. É isso o que, aos nossos olhos, lhe dá um certo grau de probabilidade.

Para começar, constatamos ser impossível descobrir qualquer parcela da verdade, a não ser com o auxílio da teoria espírita. Esta já resolveu uma porção de problemas até então insolúveis; e é com a ajuda das balizas que ela nos oferece que tentaremos remontar ao curso dos tempos. O sentido literal de certas passagens dos livros sagrados, contraditado pela ciência, repelido pela razão, produziu muito mais incrédulos do que se pensa, dada a obstinação aplicada em fazer daquilo um artigo de fé. Se uma interpretação racional for aceita, evidentemente reaproximará da Igreja os que dela se afastam.

Antes de prosseguir, é essencial nos entendamos a respeito dos vocábulos. Quantas querelas não deveram a sua eternização senão à ambiguidade de certas expressões, que cada um tomava no sentido de suas ideias pessoais! Isto ficou demonstrado em *O Livro dos Espíritos,* a propósito do vocábulo *alma.* Dizendo claramente em que acepção a tomávamos, cortamos cerce qualquer controvérsia. O vocábulo *anjo* está no mesmo caso: empregam-no indiferentemente, no bom e no mau sentido, dizendo: "os anjos bons e os maus, o anjo da luz e o anjo das trevas". Donde se segue que, na acepção geral, ele apenas significa *espírito.* Evidentemente é nesse último sentido que deve ser entendido, ao se falar de *anjos decaídos* e de *anjos rebeldes.* Conforme a Doutrina Espírita, nisto concorde com muitos teólogos, os anjos não são seres de criação privilegiada, isentos de trabalho imposto aos outros, por um favor especial, mas Espíritos chegados à perfeição por esforços e méritos próprios. Se os anjos fossem seres criados perfeitos, a revolta contra Deus, signo de inferioridade, indica que os revoltados não eram anjos. Também nos diz a doutrina que os Espíritos progridem, mas não retrogradam, por isso que jamais perdem as qualidades adquiridas. Ora, a rebelião por parte de seres perfeitos seria uma retrogradação, enquanto ela só se concebe partindo de seres ainda atrasados.

Para evitar qualquer equívoco, conviria reservar a expressão *anjos* para os Espíritos puros e chamar os demais apenas *Espíritos bons* ou *maus.* Prevaleceu, entretanto, o uso na expressão *anjos decaídos,* mas não a tomamos na sua acepção geral. Ver-se-á, nesse caso, que a ideia de queda e de rebelião é perfeitamente admissível.

Não conhecemos e, talvez, jamais venhamos a conhecer o ponto de partida da alma humana. Tudo quanto sabemos é que os Espíritos são criados simples e ignorantes; que progridem intelectual e moralmente; que em virtude do livre-arbítrio, uns tomaram o bom caminho, outros um caminho errado; que uma vez posto o pé no atoleiro, se afunda cada vez mais; que depois de uma sequência ilimitada de existências corpóreas, realizadas na Terra e em outros mundos, depuram-se e chegam à perfeição, que os aproxima de Deus.

Um ponto de difícil compreensão é a formação dos primeiros seres vivos na Terra, cada um em sua espécie, desde a planta até o homem. A teoria a esse respeito exarada em *O Livro dos Espíritos* se nos afigura a mais racional, embora só incompletamente, e de modo hipotético, ela resolva esse problema, que reputamos insolúvel, tanto para nós, quanto para a maioria dos Espíritos, e não seja dado penetrar o mistério das origens. Se os interrogarmos a tal respeito, os mais sábios dizem ignorá-lo; outros, menos modestos, tomam a iniciativa e a postura de reveladores e ditam sistemas – produto de ideias pessoais – apresentando-as como a verdade absoluta. É contra a mania dos sistemas de certos Espíritos, em relação ao princípio das coisas, que nos devemos pôr em guarda; o que, aos nossos olhos, prova a sabedoria dos que ditaram *O Livro dos Espíritos* é a reserva que souberam guardar sobre questões dessa natureza. Em nossa opinião não é prova de sabedoria resolver essas questões de maneira absoluta, como fazem alguns, sem se inquietarem com impossibilidades materiais resultantes dos dados fornecidos pela ciência e pela observação. Aquilo que dizemos do aparecimento do primeiro homem na Terra se estende à formação dos corpos. Porque, uma vez formado o corpo, é mais fácil conceber que o Espírito venha tomar conta dele. Dados os corpos, o que nos propomos examinar aqui é o estado dos Espíritos que os animaram, a fim de chegar, se possível, a definir de modo mais racional do que se tem feito até agora, a doutrina da queda dos anjos e do paraíso perdido.

Se não admitirmos a pluralidade das existências corpóreas, temos que admitir que a alma é criada ao mesmo tempo que se forma o corpo. Porque, uma de duas: ou a alma que anima o corpo ao nascer já viveu, ou não viveu ainda. Entre as duas hipóteses não há meio termo. Ora, da segunda hipótese – de que a alma não tenha vivido – decorre uma porção de problemas insolúveis, tais como a diversidade de aptidões e de instintos, incompatíveis com a justiça de Deus, a sorte das crianças que morrem em tenra idade, a dos cretinos, dos idiotas, etc.; ao passo que tudo se explica naturalmente, se se admitir que a alma já viveu e que, ao encarnar-se em novo corpo, traz o que havia adquirido anteriormente. Assim é que as sociedades progridem gradativamente; sem isto, como explicar a diferença existente entre o presente estado social e o dos tempos de barbárie? Se as almas fossem criadas ao mesmo tempo que os corpos, as que hoje nascem seriam absolutamente novas e tão primitivas quanto as que viviam há milhares de anos; acrescente-se que entre elas não haveria qualquer conexão, nenhuma relação necessária; seriam completamente independentes umas das outras. Por que, então, as almas de hoje seriam melhor aquinhoadas por Deus que as antepassadas? Por que compreendem melhor? Por que têm instintos mais apurados e costumes mais suaves? Por que têm a intuição de certas coisas sem as haverem aprendido? Desafiamos uma solução, a menos que se admita que Deus tenha criado almas de diversas qualidades, conforme os tempos e os lugares – proposição irreconciliável com a ideia de uma soberana justiça. Diga-se, ao contrário, que as almas de hoje já viveram em épocas remotas; foram bárbaras como o seu século, mas progrediram; em cada nova existência trazem as aquisições das existências anteriores; consequentemente, as almas dos tempos civilizados não foram criadas mais perfeitas: elas é que se aperfeiçoaram com o tempo. Teremos, assim, a única explicação plausível para a causa do progresso social.

Essas considerações, tiradas da reencarnação, são essenciais para a compreensão de um fato de que falaremos a seguir.

Embora possam os Espíritos encarnar-se em diferentes mundos, parece que, em geral, realizam um certo número de migrações no mesmo globo e no mesmo meio, a fim de melhor aproveitarem a experiência adquirida; não saem desse meio senão para um pior, por punição, ou um melhor, como recompensa. Disso resulta que, durante um certo período, a população do globo é mais ou menos composta dos mesmos Espíritos, que aí reaparecem em diversas épocas, até atingirem um grau de depuração que lhes permita a morada em mundos mais adiantados.

Conforme o ensino dado pelos Espíritos superiores, essas emigrações e imigrações dos Espíritos encarnados na Terra ocorrem de tempos em tempos, individualmente; mas, em certas épocas, realizam-se em massa, por força das grandes revoluções que os fazem desaparecer em quantidades inumeráveis, sendo substituídos por outros Espíritos que, sobre a Terra, ou *sobre uma parte da Terra,* constituem uma nova geração.

O Cristo disse uma coisa notável, que não foi compreendida, como, aliás, em muitas outras passagens tomadas ao pé da letra, quando sempre falava por imagens e parábolas. Anunciando os grandes acontecimentos no mundo físico e no mundo moral, disse Ele: "Na verdade vos digo que não passará esta geração sem que se cumpram todas estas coisas"[1]. Ora, a geração do tempo do Cristo passou há dezoito séculos, sem que as coisas tivessem sido cumpridas. Disso devemos concluir ou que o Cristo se enganou – o que é impossível – ou que suas palavras tinham um sentido oculto, que foi mal interpretado.

Se, porém, nos reportarmos ao que dizem os Espíritos – não apenas a nós, mas pelos médiuns de todos os países, chegamos à realização dos tempos preditos, a uma época de renovação social, isto é, a uma época dessas grandes emigrações dos Espíritos que habitam a Terra. Que os tendo enviado para cá, a fim de se melhorarem, Deus *os deixou aqui* o *tempo necessário para progredirem.* Deu-lhes a conhecer as suas leis, primeiro por Moisés, depois pelo Cristo; advertiu-os pelos profetas; em suas reencarnações sucessivas puderam aproveitar tais ensinos; agora os tempos são chegados e aqueles que não aproveitaram as luzes, os que violaram a lei de Deus e desconheceram o seu poder, irão deixar a Terra onde, de agora em diante, estariam deslocados do meio pelo progresso moral que se realiza e ao qual só trariam estorvos, quer como homens, quer como Espíritos. A geração a que o Cristo se referia não era a dos homens que viviam em seu tempo, encarnados, mas a geração dos Espíritos que na Terra percorreram os diversos períodos de sua reencarnação e que irão deixá-la. Vão ser substituídos por uma nova geração de Espíritos que, moralmente mais adiantados, farão reinar entre si a lei do amor e da caridade ensinada pelo Cristo e cuja felicidade não será perturbada pelo contato dos maus, dos orgulhosos, dos egoístas, dos ambiciosos e dos ímpios. Conforme os Espíritos, parece mesmo que entre as crianças que agora nascem, muitas são reencarnações de Espíritos dessa nova geração. Quanto aos da antiga geração, que tiverem bem merecido, mas que, apesar de tudo, não tiverem atingido um suficiente grau de depuração para chegarem a mundos mais adiantados, poderão continuar a habitar a Terra e aqui ainda passar algumas encarnações. Então, em vez de ser isto uma punição, será uma recompensa, porque serão mais felizes por progredirem. O tempo em que desaparece uma geração de Espíritos para dar

---

1 Mat. 24:34; Mar. 13:30; Luc. 21:32. Nota do Tradutor.

lugar a uma outra é considerado como o fim do mundo. Mas é do mundo moral.

Em que serão convertidos os Espíritos expulsos da Terra? Os próprios Espíritos nos dizem que aqueles irão habitar mundos novos, onde encontrarão seres ainda mais atrasados que os daqui, aos quais terão que fazer progredir, transmitindo-lhes o produto dos conhecimentos adquiridos.

O contato do meio bárbaro em que estarão ser-lhes-á uma expiação cruel e uma fonte de incessantes padecimentos físicos e morais, dos quais terão tanto mais consciência quanto maior for o desenvolvimento de sua inteligência. Mas uma tal expiação será, ao mesmo tempo, a missão que lhes oferecerá meios de resgate do passado, conforme a maneira por que a desempenharem. Aí sofrerão uma série de reencarnações, durante um período mais ou menos longo, no fim do qual os que tiverem merecido serão retirados para mundos melhores – talvez a própria Terra, que será, então, um recanto de felicidade e de paz, enquanto que os da Terra subirão, pouco a pouco, até o estado de anjos ou puros Espíritos.

Dir-se-á que isso é muito demorado e que melhor seria ir de uma vez da Terra ao Céu. Sem dúvida. Mas com tal sistema temos a alternativa de ir, em massa, da Terra para o Inferno, por toda a eternidade; ou, então, concordar que muito rara sendo a soma de virtudes necessárias para ir da Terra ao Céu, diretamente, poucos homens estarão seguros de as possuir. Disso resulta que há mais probabilidades de ir para o Inferno do que para o paraíso. Não vale mais a pena fazer uma caminhada mais longa, mas com a certeza de chegar ao fim? No estado atual da Terra ninguém se preocupa de a ela voltar e nada a isto obriga, porque depende de cada um progredir de tal modo, enquanto aqui se encontra, que possa merecer uma promoção. Nenhum prisioneiro, saindo do cárcere, pensa em voltar para ele; e o meio é muito simples – apenas não cair em nova falta. Também o soldado acharia muito cômodo tornar-se marechal de um golpe. Entretanto, embora segure o bastão na cartucheira, necessita conquistar as esporas.

Remontemos ao curso dos tempos. E do presente, como ponto conhecido, procuremos deduzir o desconhecido, ao menos por analogia, embora sem a certeza de uma demonstração matemática.

A questão de Adão, como tronco único da espécie humana na Terra, é muito controvertida, como se sabe, porque as leis da antropologia lhe demonstram a impossibilidade, sem falar dos documentos autênticos da história chinesa, que provam que a população do globo remonta a uma época muito anterior à que a cronologia bíblica assina a Adão. Então a história de Adão é um conto da carochinha? Não é provável: é uma figura que, como todas as alegorias, deve encerrar uma grande verdade, cuja chave só será dada pelo Espiritismo. A questão principal, a nosso ver, não é saber se o personagem Adão existiu realmente, nem em que época viveu, mas se a raça humana, designada como sua posteridade é uma raça decaída. A solução dessa questão não é vazia de conteúdo moral, porque, esclarecendo-nos quanto ao nosso passado, pode orientar a nossa conduta para o futuro.

Notemos de saída, que a ideia de queda aplicada ao homem é uma insensatez quando separada da reencarnação; do mesmo modo que a responsabilidade que carregássemos pela falta de nosso primeiro pai. Se a alma de cada homem é criada ao nascer, é que não existia antes. Assim, não terá qualquer relação, direta ou indireta, com a que cometeu a primeira falta. Então surge a pergunta: como pode ser responsável? A dúvida sobre tal ponto conduz naturalmente à dúvida e, mesmo, à incredulidade sobre muitos outros. Porque, se falso é o ponto de partida, falsas devem ser, também, as consequências. Tal o raciocínio de muita gente. Ora! Tal raciocínio cairá se considerarmos o espírito, e não a letra do texto bíblico e se nos reportarmos aos mesmos princípios da Doutrina Espírita, conforme foi dito, a reanimar a fé que se extingue.

Notemos, ainda, que a ideia dos anjos rebeldes, anjos decaídos, paraíso perdido, se acha em quase todas as religiões e no estado de tradição entre quase todos os povos. Ela deve, pois, assentar-se numa verdade. Para compreender o verdadeiro sentido que deve ser ligado à qualificação de *anjos rebeldes,* não é necessário supor uma luta real entre Deus e os anjos ou Espíritos, de vez que o vocábulo *anjo* é aqui tomado numa acepção geral. Admitindo-se que os homens sejam Espíritos encarnados, que são os materialistas e os ateus senão anjos ou Espíritos em revolta contra a Divindade, pois que negam a sua existência e nem reconhecem o seu poder nem as suas leis? Não é por orgulho que pretendem que tudo aquilo de que são capazes vêm deles próprios e não de Deus? Não são muito culpados os que se servem da inteligência, de que se vangloriam, para arrastar os seus semelhantes para o precipício da incredulidade? Até certo ponto não praticam um ato de revolta aqueles que, sem negar a Divindade, desconhecem os verdadeiros atributos de sua essência? Os que se cobrem com a máscara da piedade para o cometimento de ações más? Aqueles cuja fé no futuro não os desliga dos bens deste mundo? Os que em nome de um Deus de paz violentam a primeira de suas leis: a lei da caridade? Os que semeiam a perturbação e o ódio pela calúnia e pela maledicência? Enfim aqueles, cuja vida voluntariamente inútil, se escoa na inatividade, sem proveito para si próprios nem para os seus semelhantes? A todos serão pedidas contas, não só do mal que tiverem feito, mas do bem que tiverem deixado de fazer. Ora! Todos esses Espíritos que empregaram tão mal as suas encarnações, uma vez expulsos da Terra e enviados a mundos inferiores, entre populações ainda na infância da barbárie, que serão senão anjos decaídos, remetidos à expiação? Não será para eles a Terra que deixam um paraíso perdido, em comparação com o meio ingrato onde ficarão relegados durante milhares de séculos, até o dia em que tiverem merecido a libertação?

Agora, remontando à origem da raça atual, simbolizada na pessoa de Adão, encontraremos todos os caracteres de uma geração de Espíritos expulsos de outro mundo e exilados, por causas semelhantes, na Terra já povoada, mas por homens primitivos, mergulhados na ignorância e na barbárie e que aqueles tinham por missão fazê-los progredir, trazendo para o seu meio as luzes de uma inteligência já desenvolvida. Não é, realmente, o papel até aqui representado pela raça adâmica? Relegando-a para esta terra de trabalho e de sofrimento, não teria Deus razão para dizer: "tu comerás o teu pão do suor de teu rosto"? Se ela mereceu tal castigo por causas semelhantes às que vemos hoje, não será justo dizer que se perdeu por orgulho? Na sua mansuetude não lhe poderia prometer que lhe enviaria um Salvador, isto é, Aquele que deveria iluminar o caminho a seguir para alcançar a felicidade dos eleitos? Esse Salvador foi enviado na pessoa do Cristo, que ensinou a lei do amor e da caridade, como a verdadeira âncora de salvação.

Aqui se apresenta uma consideração importante. A missão do Cristo é facilmente compreendida admitindo-se que são os próprios Espíritos que viveram antes e depois de sua vinda, e que, assim, puderam aproveitar-se de seu ensino, ou do mérito de seu sacrifício; mas já é mais difícil de compreender, sem a reencarnação, a utilidade desse mesmo sacrifício para Espíritos *criados posteriormente* à sua vinda e que, assim, Deus os teria criado manchados por faltas daqueles com os quais não tinham qualquer relação.

Essa raça de Espíritos parece ter completado o seu tempo na Terra. De um modo geral, uns aproveitaram o tempo e progrediram, com o que mereceram recompensa; outros, por sua obstinação em fechar os olhos à luz, esgotaram a mansuetude do Criador e mereceram castigo. Assim, será realizada a palavra do Cristo: "Os bons ficarão à minha direita e os maus à minha esquerda".

Um fato parece apoiar a teoria que atribui uma preexistência aos primeiros habitantes dessa raça na Terra, da qual Adão, tido como o tronco, é representado com um desenvolvimento intelectual imediato, muito superior ao das raças selvagens atuais; que os seus primeiros descendentes em pouco tempo mostraram aptidão para trabalhos de arte muito adiantados. Ora, o que sabemos do estado dos Espíritos em sua origem indica o que teria sido Adão, do ponto de vista intelectual, se sua alma tivesse sido criada ao mesmo tempo que o seu corpo. Admitindo, por exceção, que Deus lhe tivesse dado uma alma já mais perfeita, restaria explicar por que os selvagens da Nova-Holanda, por exemplo, se saem do mesmo tronco, são infinitamente mais atrasados que o pai comum. Ao contrário, tudo prova, pelo físico e pelo moral, que pertencem a outra raça de Espíritos mais próximos de sua origem e que ainda necessitam de um grande número de migrações corpóreas antes de atingirem os graus menos avançados da raça adâmica. A nova raça que vai surgir, fazendo reinar por toda a parte a lei do Cristo, que é a lei de justiça, de amor e de caridade, apressará o seu adiantamento. Os que escreveram a história da antropologia terrestre apegaram-se sobretudo aos caracteres físicos; o elemento espiritual foi quase sempre negligenciado e o é em regra pelos escritores que nada admitem fora da matéria. Quando este for levado em conta no estudo das ciências, lançará uma luz nova sobre uma porção de problemas ainda obscuros, porque o elemento espiritual é uma das forças vivas da natureza, que desempenha um papel preponderante nos fenômenos físicos, tanto quanto nos fenômenos morais.

Eis, em resumo, um exemplo de chocante analogia com o que se passa, em escala maior, no mundo dos Espíritos, e que nos ajudará a compreendê-lo.

A 24 de maio de 1861 a fragata *Iphigénie* desembarcou na Nova-Caledônia uma companhia disciplinar, composta de 291 homens. O comandante da colônia baixou, à sua chegada, a seguinte ordem do dia:

"Ao desembarcar nesta terra distante já compreendestes o papel que vos está reservado.

A exemplo de nossos bravos marinheiros, que servem aos vossos olhos, vós nos ajudareis a levar com brilho, no meio das tribos selvagens da Nova-Caledônia, o facho da civilização. Pergunto-vos: não é uma bela e nobre missão? Vós a desempenhareis dignamente.

Escutai a voz e os conselhos dos vossos chefes. Eu estou à testa deles. Que as minhas palavras sejam bem entendidas.

A escolha do vosso comandante, dos vossos oficiais, dos vossos suboficiais e cabos é uma garantia segura de todos os esforços que serão tentados para fazer de vós excelentes soldados; direi mais, para vos elevar à altura de bons cidadãos e vos transformar em colonos honrados, se assim o quiserdes.

Vossa disciplina é severa e deve sê-lo. Posta em nossas mãos, – sabei-o – será firme e inflexível. Mas, também, justa e paternal, saberá distinguir o erro do vício e da degradação..."

Temos aqui homens que, por seu mau comportamento, foram expulsos de um país civilizado e, como castigo, enviados para um meio bárbaro. Que lhes disse o chefe? "Infringistes as leis do vosso país; fostes causa de desordem e de escândalo e de lá fostes expulsos. Mandam-vos para cá. Mas podeis resgatar o vosso passado; pelo trabalho podeis conquistar aqui uma posição honrosa e vos tornardes cidadãos honestos. Tendes aqui uma bela missão a cumprir – a de levar a civilização às tribos selvagens. A disciplina será severa, mas justa. E saberemos distinguir os que se conduzem bem."

Para aqueles homens relegados ao seio da selvageria, a mãe pátria não é um paraíso perdido por sua culpa e por sua rebelião contra a lei? Nessa terra longínqua não são anjos decaídos? A linguagem do chefe não é a que Deus dirigiu aos Espíritos exilados na Terra? "Desobedecestes às minhas leis. Por isso vos expulsei do país onde poderíeis viver felizes e em paz. Aqui sereis condenados ao trabalho.

Mas podereis, por vossa conduta, merecer o perdão e reconquistar a pátria que perdestes por vossa culpa – o Céu."

À primeira vista a ideia da queda parece em contradição com o princípio que os Espíritos não podem retrogradar. É necessário, porém, considerar que não se trata de um retorno ao estado primitivo. Posto que numa posição inferior, nada perde o Espírito daquilo que adquiriu. Seu desenvolvimento moral e intelectual é o mesmo, seja qual for o meio em que se ache colocado. Está na situação de um homem do mundo, condenado às galés por seus crimes. Certamente é um decaído, do ponto de vista social; mas não se torna mais estúpido nem mais ignorante.

Iremos supor que esses homens mandados à Nova-Caledônia irão se transformar subitamente em modelos de virtude? Que irão de repente abjurar todos os erros do passado? Fora necessário não conhecer a humanidade para o admitir. Pela mesma razão os Espíritos que vão ser expulsos da Terra, uma vez instalados no mundo do exílio, não se despojarão subitamente do orgulho e dos baixos instintos: durante muito tempo conservarão as tendências de sua origem, um resto do velho fermento. O mesmo deve ter acontecido aos Espíritos da raça adâmica, exilados na Terra. Ora, não está aí o pecado original? A mancha que trazem ao nascer é a raça de Espíritos culpados e punidos, a que pertencem, mancha que podem apagar pelo arrependimento, pela expiação e pela renovação de sua personalidade moral. Considerado como responsabilidade por uma falta cometida por outrem, o pecado original é uma insensatez e a negação da justiça de Deus. Ao contrário, considerado como consequência e remanescente de imperfeição inicial do indivíduo, não só a razão o admite, mas se considera de plena justiça a responsabilidade dela decorrente.

Essa interpretação dá uma razão de ser absolutamente natural ao dogma da imaculada Conceição, do qual tanto zombou o ceticismo. Esse dogma estabeleceu que a mãe de Cristo não era manchada pelo pecado original. Como pode ser isso? Muito simples: Deus enviou um Espírito puro, que não pertencia à raça culpada e exilada para se encarnar na Terra e desempenhar a sua augusta missão. Do mesmo modo que, de tempos em tempos, envia Espíritos superiores que se encarnam a fim de darem um impulso no progresso, acelerando-o. Na Terra tais Espíritos são como o venerável pastor que vai moralizar os condenados em suas prisões e lhes mostrar o caminho da salvação.

Por certo algumas pessoas acharão essa interpretação um pouco ortodoxa. Algumas, até, a taxarão de herética. Mas não é certo que muitos não veem no relato da Gênesis, na história da maçã e na costela de Adão uma simples imagem? Que não podendo ligar um sentido preciso à doutrina dos anjos decaídos, dos anjos rebeldes e do paraíso perdido, consideram tudo isso simples fábulas? Se uma interpretação lógica os leva a ver uma verdade disfarçada sob a alegoria, não é melhor que a negação absoluta? Admitamos que essa interpretação não seja, sob todos os pontos de vista, conforme a mais rigorosa ortodoxia, no sentido vulgar do termo: perguntamos se será preferível não acreditar absolutamente em coisa alguma do que acreditar nalguma coisa. Se a crença no texto literal afasta de Deus e a crença na interpretação dele aproxima, esta não vale mais que aquela? Não vimos, pois, destruir o princípio, podá-lo pela base, como fizeram alguns filósofos: procuramos descobrir-lhe o sentido oculto e vimos, ao contrário, consolidá-lo e dar-lhe uma base racional. Como quer que seja não se poderá negar a essa interpretação um caráter grandioso que, na verdade, falta ao texto literal. Essa teoria abarca, ao mesmo tempo, a universalidade dos mundos, o infinito no passado e no futuro; dá a todos a sua razão de ser pelo encadeamento de todas as coisas, pela solidariedade que estabelece entre todas as partes do Universo. Não é mais conforme à ideia que fazemos da majestade e da bondade de Deus, que a que circunscreve a humanidade a um ponto no espaço e a um instante na eternidade?

PUBLICIDADE DAS COMUNICAÇÕES ESPÍRITAS

A questão da publicidade das comunicações espíritas é o complemento da organização geral de que tratamos no número anterior. À medida que se alarga o círculo dos Espíritas, multiplicam-se os médiuns e, com eles, o número das comunicações. De algum tempo para cá essas comunicações têm tido um desenvolvimento notável em todos os sentidos: em relação ao estilo, aos pensamentos e à amplitude dos assuntos tratados. Cresceram com a mesma ciência e os Espíritos calibram a altura de seu ensino pelo desenvolvimento das ideias. E isso tanto se dá nas províncias e no estrangeiro quanto em Paris, como o provam as numerosas mostras que nos enviam, algumas das quais têm sido publicadas na *Revista*.

Dando essas comunicações, os Espíritos visam a instrução geral, a propagação dos princípios da doutrina. E tal objetivo não seria atingido se, conforme dissemos, elas ficassem escondidas nas pastas dos que as recebem. É, pois, útil espalhá-las pela via da publicidade. Disso resultará outra importante vantagem: a de provar a concordância do ensino espontâneo dado pelos Espíritos sobre todos os pontos fundamentais e de neutralizar a influência dos sistemas errados, provando o seu isolamento.

Trata-se, pois, de examinar o modo de publicidade que pode melhor alcançar esse objetivo, para o que há que considerar dois pontos: o meio que oferece mais chances de extensão da publicidade, e as condições mais adequadas a produzir no leitor uma impressão favorável, quer pela judiciosa escolha dos assuntos, quer pela disposição material. Por não levar em conta certas considerações, talvez de pura forma, as melhores obras são, por vezes, natimortas. Isto é fruto da experiência: certos editores têm, a esse respeito, um tato que lhes dá o hábito do gosto do público, o que lhes permite avaliar de relance e imediatamente as chances de sucesso de uma publicação, de lado qualquer questão quanto ao mérito intrínseco.

O desenvolvimento que tomam as comunicações espíritas colocam-nos na impossibilidade material de inserir todas na *Revista*. Para abarcar o quadro inteiro, fora necessário lhes dar uma extensão tal que deixaria o preço da mesma fora do alcance de muita gente. Há, pois, necessidade de encontrar um meio de as fornecer nas melhores condições para todos. Examinemos, de saída, os prós e os contras dos vários sistemas que poderiam ser empregados.

1.º – *Publicações periódicas locais*. Estas apresentam dois inconvenientes: o primeiro o de serem quase sempre restritas à localidade; o segundo é que uma publicação periódica, devendo ser alimentada e distribuída em datas fixas, necessita de um material burocrático e de gastos regulares, que devem ser cobertos de qualquer modo, sob pena de interrupção. Se os jornais de localidades, que se dirigem ao grande público, por vezes têm dificuldade de viver, com mais forte razão uma publicação dirigida a um público restrito, pois seria ilusório contar com muitos assinantes de fora, principalmente se tais publicações se fossem multiplicando.

2.º – *Publicações locais não periódicas*. Uma sociedade, um grupo, os grupos de uma mesma cidade poderiam, como fizeram em

Metz, reunir suas comunicações em brochuras independentes umas das outras e publicadas em datas indeterminadas. Esse modo é incomparavelmente preferível ao precedente, sob o ponto de vista financeiro, porque não assume compromissos e a gente é livre de parar quando quiser. Mas há sempre o inconveniente da restrição da publicidade. Para espalhar tais brochuras fora do círculo local, haveria necessidade de gastos com anúncios, ante os quais muitas vezes a gente recua, ou seria necessária uma livraria central, com numerosos correspondentes que de tal se encarregassem. Mas aqui surge uma outra dificuldade. Os livreiros em geral não têm boa vontade para com as obras que eles próprios não editam; além disso, não querem ocupar os seus correspondentes com publicações para eles sem importância e de consumo incerto, por vezes feitas em más condições de venda pelo formato e pelo preço e que, além de descontentar os correspondentes, obrigá-los-ia a despesas de devolução. São considerações que a maioria dos autores, estranhos ao ofício, não compreendem, sem falar dos que, achando suas obras excelentes, admiram-se que nenhum editor se esforce para as agenciar. Os próprios que as imprimem por sua conta deveriam lembrar-se de que, a despeito das vantagens que ofereçam aos livreiros, a obra terá que aguardar os clientes se, em termos do ofício, não estiver em *condições negociáveis.*

Pedimos desculpas aos nossos leitores por entrar em detalhes tão materiais a propósito dessas coisas espirituais. Mas é precisamente no interesse da propagação das boas coisas que queremos nos premunir contra as ilusões da inexperiência.

3.º – *Publicações individuais dos médiuns.* Todas as reflexões acima se aplicam, naturalmente, às publicações isoladas que certos médiuns poderiam fazer das comunicações que recebem. Mas, além da maior parte deles não o poderem fazer, elas têm um outro inconveniente: é que, em geral, têm um cunho de uniformidade que as torna monótonas e diminuiria tanto mais o seu consumo quanto mais se multiplicassem. Só seriam atraentes se, tratando de um determinado assunto, formassem um todo e apresentassem um conjunto, quer fossem obra de um só Espírito, quer de vários.

Essas considerações não são absolutas e certamente haverá exceções; há, porém, que convir que repousam sobre um fundo de verdade. Aliás, aquilo que dizemos não visa impor nossas ideias, que cada um considerará ou não. Apenas, como a gente publica na esperança de um resultado, sentimo-nos na obrigação de expor as causas de decepções.

Os inconvenientes que acabamos de assinalar se nos afiguram completamente contornados pela publicação central e coletiva que os Srs. Didier & Cie vão empreender sob o título de *Bibliothèque du Monde Invisible*[1]. Compreenderá uma série de volumes de grande formato in-18, sete folhas de impressão ou cerca de 250 páginas, ao preço uniforme de dois francos. Cada volume terá seu número de ordem, mas será vendido separadamente, de sorte que os amadores terão liberdade de adquirir os que lhes convierem, sem a obrigação de pagar pelos que lhes não interessam. Essa coleção, que não tem limites fixos, oferecerá meios de publicar, nas melhores condições possíveis, os trabalhos mediúnicos obtidos nos diversos centros, com a vantagem de uma publicidade muito ampla, por meio dos correspondentes. O que essa casa não faria por meio de brochuras isoladas, ela o fará por meio de uma coleção que pode adquirir grande importância.

O nome de *Biblioteca do Mundo Invisível* é o título geral da coleção. Cada volume, porém, terá um título especial para designar o assunto e a procedência e beneficiará o autor, sem que este tenha que se imiscuir no produto das obras que lhe são estranhas. É uma publicação coletiva, mas sem solidariedade entre os produtores, e na qual cada um entra por sua conta e se sujeita às chances do mérito de sua obra, mas se aproveitando da publicidade comum.

Nessa coleção os editores não se propõem publicar tudo quanto lhes seja enviado. Ao contrário, reservam-se expressamente o direito de uma escolha rigorosa. Os volumes publicados à custa dos respectivos autores poderão entrar na coleção, se forem aceitos e estiverem nas condições de formato e preço.

Pessoalmente somos estranhos ao conjunto dessa publicação e à sua administração, que nada tem de comum com a *Revista Espírita,* nem com as nossas obras especiais sobre a matéria. Damos-lhe a nossa aprovação e o nosso apoio moral porque a julgamos útil e por ser a melhor via aberta aos médiuns, grupos e sociedades para suas publicações. Nela colaboraremos como os outros, por nossa conta, só assumindo responsabilidade pelo que levar o nosso nome.

---

[1] Biblioteca do Mundo Invisível.

Além das obras especiais que pudermos fornecer a essa coleção, dar-lhe-emos, sob o título especial de *Portefeuille spirite*[1], alguns volumes compostos de comunicações escolhidas, quer entre as que são obtidas em nossas reuniões de Paris, quer entre as que nos são remetidas por médiuns e grupos franceses e estrangeiros que se correspondem conosco e não quiserem fazer publicações pessoais. Oriundas de fontes diferentes, essas comunicações terão o atrativo da variedade. A elas juntaremos, conforme as circunstâncias, as observações necessárias à sua compreensão e desenvolvimento. A ordem, a classificação e todas as disposições materiais serão objeto de atenção especial.

Não visando lucro pessoal de tais publicações, nossa intenção é aplicar os direitos que nos couberem pelos cuidados a elas dados, em favor da distribuição gratuita de nossas obras sobre o Espiritismo às pessoas que não as puderem adquirir ou qualquer outro emprego julgado útil à propagação da doutrina, conforme as condições que forem fixadas ulteriormente.

Tal plano parece corresponder a todas as necessidades e não duvidamos que seja acolhido com entusiasmo por todos os sinceros amigos da doutrina.

CONTROLE DO ENSINO ESPÍRITA

A organização que propusemos para a formação de grupos espíritas visa a preparar o caminho que deve facilitar as relações mútuas entre aqueles. Entre as vantagens daí resultantes deve colocar-se em primeira linha a unidade de doutrina, que será sua consequência natural. Essa unidade já se acha em parte realizada e as bases fundamentais do Espiritismo são hoje admitidas pela imensa maioria dos adeptos. Mas ainda há questões duvidosas, ou porque ainda não tenham sido resolvidas, ou porque o foram em sentidos diversos pelos homens e, mesmo, pelos Espíritos.

Se por vezes os sistemas são produtos dos cérebros humanos, sabe-se que, a tal respeito, certos Espíritos não ficam atrás. Na verdade alguns se veem que arquitetam ideias absurdas com maravilhosa habilidade, encadeiam-nas com muita arte e constroem um todo mais

---

[1] Pasta espírita.

engenhoso do que sólido, mas que poderia falsear a opinião de pessoas que não se dão ao trabalho de aprofundar, ou que são incapazes de o fazer pela insuficiência de conhecimentos. Sem dúvida as ideias falsas acabam caindo ante a experiência e a lógica inflexível. Mas antes disso pode produzir a incerteza. Também é sabido que, conforme sua elevação, os Espíritos podem ter um modo de ver mais ou menos justo sobre determinados assuntos, que as assinaturas das comunicações nem sempre são garantia de autenticidade e que os Espíritos orgulhosos procuram por vezes pregar utopias ao abrigo de nomes respeitáveis, com que se enfeitam. É, sem a menor dúvida, uma das principais dificuldades da ciência prática, e contra a qual muitos se chocaram.

Em caso de divergência, o melhor critério é a conformidade dos ensinos por diferentes Espíritos e transmitidos por médiuns diferentes e estranhos uns aos outros. Quando o mesmo princípio for proclamado ou condenado pela maioria, é preciso nos darmos conta da evidência. Se há um meio de chegar à verdade é, certamente, pela concordância, tanto quanto pela racionalidade das comunicações, ajudadas pelos meios que dispomos de constatar a superioridade ou a inferioridade dos Espíritos. Desde que a opinião deixa de ser individual para se tornar coletiva, adquire um grau maior de autenticidade, porque não pode considerar-se como resultado de uma influência pessoal ou local. Os que ainda se acham em dúvida terão uma base para fixar as suas ideias, porque será irracional pensar que aquele que em seu ponto de vista está só, ou quase só, tenha razão contra todos.

O que acima de tudo contribuiu para o crédito da doutrina de *O Livro dos Espíritos* foi precisamente que sendo produto de um trabalho semelhante, tem um eco em toda a parte. Como o dissemos, nem é obra de um Espírito único, que poderia ser sistemático, nem de um médium único, que poderia ser enganado: é, ao contrário, um ensino coletivo, dado por uma grande diversidade de Espíritos e de médiuns, e os princípios que encerra são confirmados mais ou menos por toda a parte. Dizemos mais ou menos, visto que, como acima ficou explicado, há Espíritos que procuram fazer prevalecer as suas ideias pessoais. É, pois, útil submeter as ideias divergentes ao controle que propomos. Se a doutrina ou pontos doutrinários que professamos fossem reconhecidos como errados, num julgamento unânime, submeter-nos-íamos sem murmuração, sentindo-nos felizes por terem outros encontrado a verdade.

Se, entretanto, ao contrário, elas forem confirmadas, hão de permitir creiamos estar com a verdade.

A Sociedade Espírita de Paris, compreendendo toda a importância de semelhante trabalho e tendo, de saída, que esclarecer-se da mesma e depois provar que de modo algum pretende erigir-se em árbitro absoluto das doutrinas que professa, submeterá aos diversos grupos que com ela se correspondem as questões que julgar mais úteis à propagação da verdade. Essas questões serão submetidas, conforme as circunstâncias, por correspondência particular ou por intermédio da *Revista Espírita*.

Compreende-se que para ela, e em razão da maneira séria por que encara o Espiritismo, a autoridade das comunicações depende das condições em que se realizam as reuniões, o caráter dos membros e o objetivo que se tenha em mira. Provindo de grupos formados sobre as bases indicadas em nosso artigo sobre a organização do Espiritismo, as comunicações terão tanto mais peso aos seus olhos quanto melhores forem as condições desses grupos.

Submetemos aos nossos correspondentes as questões que se seguem, esperando as que nos enviarem posteriormente.

QUESTÕES E PROBLEMAS PROPOSTOS
AOS VÁRIOS GRUPOS ESPÍRITAS

1. – FORMAÇÃO DA TERRA

Há dois sistemas sobre a origem e a formação da Terra. Na opinião mais comum, e que parece geralmente adotada pela ciência, ela seria o produto da condensação gradual da matéria cósmica sobre um determinado ponto do espaço. O mesmo se teria dado com os outros planetas.

Segundo o outro sistema, preconizado nos últimos tempos, conforme a revelação de um Espírito, a Terra teria sido formada da incrustação de quatro satélites de um antigo planeta desaparecido. Tal junção teria sido resultante da vontade própria da alma desses planetas. Um quinto satélite, a Lua, ter-se-ia recusado, em virtude de seu livre-arbítrio, a uma tal associação. Os vazios deixados entre eles pela ausência da

Lua teriam formado as cavidades que foram enchidas pelos mares. Cada um desses planetas teria trazido consigo seres cataletizados – homens, animais e plantas – que lhe eram peculiares. Saindo de sua letargia, depois de operada a junção e restabelecido o equilíbrio, esses seres teriam povoado o globo atual. Tal seria a origem das raças-mães do homem da Terra: a raça negra na África, a amarela na Ásia, a vermelha na América e a branca na Europa.

Qual desses dois sistemas pode ser considerado como expressão da verdade?

A respeito desse assunto, bem como dos outros, solicita-se uma solução explícita e raciocinada.

NOTA: Essa e outras questões a ela ligadas se afastam, naturalmente, do ponto de vista moral, que é o fim essencial do Espiritismo. Por isso não há razão para as tomar como objeto de preocupações constantes. Aliás, sabemos, quanto ao que concerne ao princípio das coisas, que nem tudo sabem os Espíritos e, por isso, só dizem o que sabem ou o que pensam saber. Como, porém, há gente que poderia tirar da divergência dos sistemas uma indução contra a unidade do Espiritismo, principalmente porque formulados pelos Espíritos, é conveniente comparar as razões pró e contra, no interesse da própria doutrina, e apoiar no assentimento da maioria o julgamento que se pode fazer do valor de certas comunicações.

2. – ALMA DA TERRA

A proposição que se segue é tirada de uma brochura intitulada *Resumo da Religião Espírita.*

"Deus criou o homem, a mulher e todos os mais belos e melhores seres. Mas concedeu a todas as almas de astros o poder de criar seres de ordem inferior, a fim de completar o seu mobiliário, já pela combinação do seu próprio fluido prolífico, conhecido em nosso globo sob o nome de *aurora boreal,* já pela combinação desse fluido com o de outros astros. Ora a alma do globo terrestre, como as almas humanas, goza do livre-arbítrio, isto é, da faculdade de escolher o caminho do bem ou do mal. Então deixou-se arrastar por este último. Daí as criações imperfeitas e más, tais como os animais ferozes e venenosos, e os vegetais que produzem venenos. Mas a humanidade fará desaparecer esses seres nocivos quando, ao se pôr em acordo com a alma da Terra para marchar pelo caminho do bem, ocupar-se de maneira mais inteligente da gestão do globo terrestre, sobre o qual será criado um mobiliário mais perfeito."

O que é que há de verdadeiro nessa proposição? O que é que se deve entender por alma da Terra?

3. – SEDE DA ALMA HUMANA

Lê-se na mesma obra a passagem seguinte, citada como extraída de *A Chave da Vida,* página 751:

"A alma é de natureza luminosa divina. Tem a forma do ser humano que anima. Reside num espaço situado na substância cerebral mediana, que reúne os dois lóbulos do cérebro por sua base. No homem harmonioso e na unidade, a alma, diamante resplandecente, é adornada por uma branca coroa luminosa: é a coroa da harmonia."

O que é que há de verdadeiro nessa proposição?

4. – SEDE DAS ALMAS

Na mesma obra:

"Enquanto habitam as regiões planetárias, os Espíritos são obrigados a reencarnar-se para progredirem. Desde que chegam às regiões solares não mais necessitam da reencarnação e progridem indo habitar sóis de ordem superior, de onde passam às regiões celestes. A Via Láctea, cuja luz é tão suave, é a morada dos anjos ou Espíritos superiores."

Isso é verdade?

5. – MANIFESTAÇÕES DOS ESPÍRITOS

Conforme a doutrina ensinada por um Espírito, nenhum Espírito humano pode manifestar-se ou comunicar-se com os homens, ou servir de intermediário entre Deus e a humanidade, visto como sendo Deus Todo-Poderoso e estando em toda a parte, não necessita de auxiliares para a execução de sua vontade, pois tudo faz por si mesmo. Em todas as comunicações ditas espíritas, só Deus se manifesta, tomando a forma, nas aparições, e a linguagem, nas comunicações escritas, dos Espíritos evocados e aos quais julgamos falar. Em consequência, desde que a criatura está morta, não pode mais haver relações entre ela e os que deixou na Terra, antes que, por uma série de reencarnações sucessivas, durante as quais progridem, tenham atingido o mesmo grau de adiantamento no mundo dos Espíritos. Só Deus, podendo manifestar-se, resulta que as comunicações grosseiras, triviais, blasfemas e mentirosas são igualmente dadas por Ele, mas como prova, do mesmo modo que as dá boas, a fim de instruir. Naturalmente o Espírito que ditou essa comunicação se diz deus. E nesse pressuposto formulou uma extensa doutrina filosófica, social e religiosa.

O que pensar de tal sistema, de suas consequências e da natureza do Espírito que o ensina?

6. – ANJOS REBELDES, ANJOS DECAÍDOS, PARAÍSO PERDIDO

O que pensar da teoria a respeito disso, no artigo acima, escrito pelo Sr. Allan Kardec?

DO SOBRENATURAL

PELO SR. GUIZOT

(2.º artigo – Vide o nº de dezembro de 1861)

Em nosso último número publicamos o eloquente e notável capítulo do Sr. Guizot a propósito do Sobrenatural, a respeito do qual nos propúnhamos fazer algumas observações críticas, que em nada diminuem a nossa admiração pelo ilustre escritor.

O Sr. Guizot acredita no sobrenatural. Sobre esse, como sobre outros pontos de vista, importa nos entendamos quanto às palavras. Em sua acepção própria, *sobrenatural* significa o que está acima da natureza, fora das leis da natureza. O sobrenatural, propriamente dito, não estaria submetido a leis; é uma exceção, uma derrogação das leis que regem a criação. Numa palavra, é sinônimo de *milagre*. No sentido próprio esses dois vocábulos passaram à linguagem figurada, servindo para designar tudo quanto seja extraordinário, surpreendente, insólito. De uma coisa que causa admiração diz-se que é miraculosa, como se diz que uma grande extensão é incomensurável, de um grande número que é incalculável ou de uma longa duração que é eterna, muito embora, a rigor, possam ser medidas, calculadas e previsto um termo à última. Pela mesma razão qualifica-se de sobrenatural aquilo que, à primeira vista, parece sair dos limites do possível. O vulgo é sempre levado a tomar o vocábulo ao pé da letra naquilo que não compreende. Se por tal se entende tudo quanto se afaste das causas conhecidas, está bem; mas então o vocábulo não tem mais sentido preciso, porque aquilo que era sobrenatural ontem já não o é hoje. Quantas coisas outrora como tal consideradas, não fez a ciência entrar no domínio das leis naturais! Apesar dos progressos que temos feito, podemos vangloriarnos de conhecer todos os segredos de Deus? Já nos disse a natureza a última palavra sobre todas as coisas? Não temos desmentidos diários a essa pretensão? Se, pois, aquilo que ontem era sobrenatural hoje não o é, podemos logicamente inferir que o sobrenatural de hoje deixará de sê-lo amanhã. Para nós, tomamos o vocábulo sobrenatural no seu mais absoluto sentido próprio, isto é, para designar todo fenômeno contrário às leis da natureza. O caráter do fato natural ou miraculoso é de ser excepcional. Desde que se repete é porque está submetido a uma lei, conhecida ou não, e entra na ordem geral.

Se restringirmos a *natureza* ao mundo material visível, é evidente que as coisas do mundo invisível serão sobrenaturais. Mas estando, também, o mundo invisível submetido a leis, parece-nos mais lógico definir a natureza como o *conjunto das obras da Criação, regidas pelas leis imutáveis da Divindade*. Se, como o demonstra o Espiritismo, o mundo invisível é uma das forças, um dos poderes reagentes sobre a matéria, representa um papel importante na natureza. Por essa razão os fenômenos espíritas para nós nem são sobrenaturais, nem maravilhosos ou miraculosos. De onde se vê que, longe de ser ampliado o círculo do maravilhoso, o Espiritismo tende a restringi-lo e fazê-lo desaparecer.

Dissemos que o Sr. Guizot acredita no sobrenatural, mas no sentido miraculoso, o que, de modo algum, implica na crença nos Espíritos e suas manifestações. Ora, desde que, para nós, os fenômenos espíritas nada têm de anormal, não se segue que, em determinados casos, Deus não venha derrogar as suas leis, de vez que é Todo-Poderoso. Tê-lo-ia feito? Não é aqui o lugar de examinar o problema. Para tanto, fora necessário discutir, não o problema, mas cada fato isoladamente. Ora, colocando-nos no ponto de vista do Sr. Guizot, isto é, da realidade dos fatos miraculosos, vamos tentar combater a consequência que daí ele tira, isto é, que a *religião não é possível sem* o *sobrenatural* e, ao contrário, provar que de seu sistema decorre o aniquilamento da religião.

O Sr. Guizot parte do princípio de que todas as religiões se fundam no sobrenatural. Isso é certo se entendermos como tal aquilo que se não compreende. Se, porém, remontarmos ao estado dos conhecimentos humanos na época da fundação de cada religião conhecida, veremos quão limitado era o saber humano em astronomia, em física, em química, em geologia, em fisiologia, etc. Se, nos tempos modernos, um bom número de fenômenos já perfeitamente conhecidos e explicados passavam por maravilhosos, com mais forte razão assim deveria ser em tempos remotos. Acrescentemos que a linguagem figurada, simbólica e alegórica, em uso entre todos os povos do Oriente, naturalmente se prestava às ficções, cujo verdadeiro sentido a ignorância não era capaz de descobrir. Acrescentemos, ainda, que os fundadores das religiões, homens superiores à craveira comum, conhecendo muito mais, tiveram que impressionar as massas, cercando-se de um prestígio sobre-humano, enquanto certos ambiciosos puderam explorar a credulidade. Vede Numa, Maomé e tantos outros! Direis que são impostores. Seja. Tomemos as religiões saídas da Lei Mosaica: todas adotam a criação segundo a Gênesis. Ora, haverá nada de mais sobrenatural do que essa formação da Terra, tirada do nada, surgida do caos, povoada por todos os seres vivos, homens, animais e plantas, todos formados e adultos, em seis vezes vinte e quatro horas, como se por um golpe de varinha mágica? Não é a derrogação formal das Leis que regem a matéria e a progressão dos seres? Certamente que Deus podia fazê-lo, Mas o fez? Ainda há bem poucos anos afirmava-se-o, como artigo de fé; e eis que a ciência repõe o fato imenso da origem do mundo na ordem dos fatos naturais, provando que tudo se realizou segundo as leis eternas. A religião sofreu por não ter mais como base um fato maravilhoso por excelência? Incontestavelmente muito teria sofrido no seu crédito se se tivesse obstinado em negar a evidência, ao passo que ganhou entrando no direito comum.

Um fato muito menos importante, apesar das perseguições a que deu origem, é o de Josué parando o Sol para prolongar o dia de duas horas. Não importa se foi o Sol ou a Terra que parou: o fato não deixa de ser sobrenatural. É uma derrogação de uma lei capital, a da força que arrasta os mundos. Pensaram em sair da dificuldade reconhecendo que é a Terra que gira, mas não haviam levado em conta a maçã de Newton, a mecânica celeste de Laplace e a lei da gravitação. Se o movimento da Terra for suspenso, não por duas horas, mas por alguns minutos, cessará a força centrífuga e a Terra precipitar-se-á sobre o Sol. O equilíbrio das águas na sua superfície é mantido pela continuidade do movimento. Cessando este, tudo se esboroa. Ora, a história do mundo não menciona o menor cataclismo nessa época. Não contestamos que Deus tenha podido favorecer a Josué, prolongando a claridade do dia. Por que meio? Ignoramo-lo. Poderia ter sido uma aurora boreal, um meteoro ou qualquer outro fenômeno que não tivesse alterado a ordem das coisas. Mas, inquestionavelmente, não foi aquele que, durante séculos, foi tomado como artigo de fé. É muito natural que outrora acreditassem; mas hoje isso é impossível, a menos que se renegue a ciência.

Dirão que a religião se apoia sobre muitos outros fatos que nem são explicados, nem explicáveis. Inexplicados, sim; inexplicáveis, é outra questão. Sabemos que descobertas e que conhecimentos estão reservados ao futuro? Já não vemos, sob o império do magnetismo, do sonambulismo, do Espiritismo, reproduzirem-se os êxtases, as visões, as aparições, a visão à distância, as curas instantâneas, os transportes, as comunicações orais e outras com os seres do mundo invisível – fenômenos conhecidos de tempos imemoriais, outrora considerados maravilhosos e hoje demonstrados como pertinentes à ordem das coisas naturais, conforme a lei constitutiva dos seres? Os livros sagrados estão cheios de fatos qualificados de sobrenaturais. Como, porém, os encontramos análogos e, até, mais maravilhosos em todas as religiões pagãs da antiguidade, se a verdade de uma religião dependesse do número e da natureza de tais fatos, não saberíamos qual delas a mais importante.

Como prova do sobrenatural cita o Sr. Guizot a formação do primeiro homem, que foi criado adulto porque, diz ele, sozinho e na infância não teria podido alimentar-se. Mas se Deus fez uma exceção criando-o adulto, não teria podido fazer outra, dando ao menino os meios de viver – e isto sem se afastar da ordem estabelecida? Sendo os animais anteriores ao homem, não era possível, em relação ao primeiro menino, realizar a fábula de Rômulo e Remo?

Dizemos o primeiro menino quando deveríamos dizer os primeiros meninos. Porque a questão de um tronco único para a espécie humana é controvertida. Com efeito, as leis da antropologia demonstram a impossibilidade material que a posteridade de um só homem tivesse podido, em alguns séculos, povoar toda a Terra e se transformar em raças negras, amarelas e vermelhas. Porque está bem demonstrado que essas diferenças são devidas à constituição orgânica, e não ao clima.

O Sr. Guizot sustenta uma tese perigosa ao afirmar que nenhuma religião é possível sem o sobrenatural. Se ele assenta as verdades do cristianismo sobre a base única do maravilhoso, dá-lhe um apoio frágil, cujas pedras se desagregam a cada dia. Damos-lhe uma base mais sólida: as leis imutáveis de Deus. Essa base desafia o tempo e a ciência. Porque os tempos e a ciência virão sancioná-la. A tese do Sr. Guizot conduz, pois, à conclusão que, num tempo dado, não haverá mais religião possível, nem mesmo a cristã, se se demonstrar que é natural aquilo que é tomado como sobrenatural. Foi isso que quis ele provar? Não. Mas é a consequência de seu argumento e para ela marchamos a passos largos. Porque, por mais que se faça, por mais que se amontoem raciocínios, não se chegará a manter a crença de que um fato é sobrenatural quando ficou provado que não o é.

A tal respeito somos muito menos céticos que o Sr. Guizot e dizemos que Deus não é menos digno de nossa admiração, do nosso reconhecimento e do nosso respeito por não haver derrogado as suas leis, grandes principalmente por sua imutabilidade; e que não há necessidade do sobrenatural para lhe render o culto que lhe é devido e, consequentemente, por ter uma religião que encontrará tanto menos incrédulos quanto mais é, em todos os pontos, sancionada pela razão. Em nossa opinião, nada tem o cristianismo a perder com essa sanção, mas apenas a lucrar. Se algo o prejudicou, na opinião de muitos, foi precisamente o abuso do maravilhoso e do sobrenatural. Faça-se ver aos homens a grandeza e o poder de Deus em todas as suas obras; mostre-se a sabedoria e a admirável previdência, desde a germinação da plantinha até o mecanismo do universo; as maravilhas serão abundantes. Substitua-se em seu espírito a ideia de um Deus ciumento, colérico, vingativo e implacável, pela de um Deus soberanamente justo, bom e misericordioso, que não condena a suplícios eternos e sem esperança por faltas temporárias; que desde a infância seja alimentado por essas ideias, que crescerão com a razão e os tornarão em crentes mais firmes e mais sinceros do que se forem embalados por alegorias, que são impostas ao pé da letra e que, mais tarde, repelidas, conduzi-lo-ão à dúvida completa e à negação total. Se quiserdes manter a religião pela via única do prestígio do maravilhoso, só haverá um meio: manter os homens na ignorância. Vede se tal é possível. A força de mostrar a ação de Deus só nos prodígios, nas exceções, a gente deixa de a mostrar nas maravilhas que calcamos aos nossos pés.

Certamente objetarão com o nascimento do Cristo, que não poderia ser explicado pelas leis naturais e que é uma das provas mais brilhantes de seu caráter divino, Não é aqui o lugar de examinar esse assunto. Entretanto, ainda uma vez, não contestamos a Deus o poder de derrogar as suas leis: o que contestamos é a necessidade absoluta de tal derrogação, para o estabelecimento de uma religião qualquer.

Dirão que o Magnetismo e o Espiritismo, reproduzindo os fenômenos tidos por miraculosos, são contrários à religião atual, por que tendem a tirar desses fatos o seu caráter sobrenatural. Mas, que fazer, se os fatos são verdadeiros? Não os impedirão, desde que não constituem privilégio de um homem, mas se repetem no mundo inteiro. Outro tanto poder-se-ia dizer da física, da química, da astronomia, da geologia, da meteorologia, de todas as ciências, enfim. A tal respeito diremos que o ceticismo de muita gente não tem outra fonte senão a impossibilidade, para eles, de tais fatos excepcionais. Negando a base sobre que se apoiam, negam tudo o mais. Prove-se-lhes a possibilidade e a realidade de tais fatos, reproduzam-nos aos seus olhos – e serão forçados a acreditar.

– Mas isso é tirar ao Cristo o seu caráter divino!

– Então preferem não crer em nada a crer nalguma coisa?

Haverá apenas esse meio de provar a divina missão do Cristo? Seu caráter não se destaca cem vezes melhor da sublimidade de sua doutrina e do exemplo dado de suas virtudes? Se não veem esse caráter senão nos atos materiais que praticou, outros não os fizeram semelhantes, para não falar senão de seu contemporâneo Apolônio de Tiana? Por quê, então, o Cristo o superou? E porque fez um milagre muito maior do que mudar a água em vinho, alimentar quatro mil homens com cinco pães, curar epiléticos, dar vista aos cegos e fazer andarem os paralíticos. Esse milagre é o de ter mudado a face do mundo: é a revolução feita pela simples palavra de um homem saído de um estábulo, durante três anos de pregações, sem nada haver escrito, ajudado apenas por alguns obscuros pescadores ignorantes. Eis o verdadeiro prodígio – no qual só os cegos não veem a mão de Deus. Penetrai os homens dessa verdade – eis a melhor maneira de os converter em sólidos crentes.

POESIAS DE ALÉM-TÚMULO

QUERÍAMOS VERSOS DE BÉRANGER

(SOCIEDADE ESPÍRITA DO MÉXICO, 20 DE ABRIL DE 1859)

Desde que deixei nossa bela pátria, vi muitas terras. Escuto chamar-me. Cada um me diz: "Venha, venha, por favor: nós queremos versos de Béranger".

Deixai, porém, repousar essa musa risonha. Hoje ela mora nos vastos campos dos ares e, para louvar a seu Deus, sua voz sempre alegre se mistura diariamente aos concertos celestes.

Outrora ela cantou em árias muito frívolas. Mas seu coração era bom: chamando-a a si, Deus não julgou más suas palavras levianas. Ele amava e orava sem detestar alguém.

Se eu pude flagelar a raça capuchinha, com isso os franceses deram boas risadas. E se o bom Deus me destinar a regressar à Terra, reservarei para eles um estribilho de troça.

Nota: Aqui o Espírito de Béranger nos deixou. Voltou a uma prece e nos deu os seguintes versos:

Arre! Vocês me assassinam, ó gente leviana! Versos! Sempre versos! O pobre Béranger os fez em quantidade, ao passar pela Terra. E contra eles a sua morte devia protegê-lo. Mas, não! Nada disso! Que se cumpra o seu destino! Eu esperava, ao morrer, que Deus o tivesse impedido. Do pobre Béranger assistis ao suplício, e quereis puni-lo – ai de mim! – por seu pecado.

Béranger

TENTO MAIS UMA CANÇÃO

(SOCIEDADE ESPÍRITA DO MÉXICO)

Filho querido de uma terra adorada, aqui me lembro sempre de você. Sob outros céus, alma regenerada, encontrei beleza, mocidade e amor. Enfim estou no topo da vida, mundo eterno onde todos renascemos. E, pobre Espírito desta outra pátria, ainda tento mais uma canção.

Vi chegar essa deusa pálida, cujo nome, só, a todos nos comove. Mas não vendo em seus olhos senão ternura, pude apertar as mãos sem receio. Adormeci e minha nova amiga embalou minha partida em sons maviosos. E, pobre Espírito desta outra pátria, ainda tento mais uma canção.

Ide em paz. Deitai-vos no túmulo, ó mortos felizes, sem preocupação de despertar. Vossos olhos fechados são a tela que cai, para se reabrir de novo, a um sol mais radioso. Sorride, pois! A morte vos convida a seus banquetes de brilhantes colheitas. E, pobre Espírito desta outra pátria, ainda tento mais uma canção.

Estão caídos os gigantes da glória: escravos, reis, todos serão confundidos, porque, para nós todos, a mais bela vitória cabe ao que mais sabe amar. Lá vemos aquilo que pede o nosso amor ou aquilo que, pesar nosso, aqui na Terra deixamos. E, pobre Espírito desta outra pátria, ainda tento mais uma canção.

Amigos, adeus. Entro no espaço, que sempre posso transpor ao vosso chamado: imensidade que jamais nos deixa e que em breve percorrereis. Sim, com voz feliz e rejuvenescida, juntos recitareis minhas lições. E, pobre Espírito desta outra pátria, ainda tento mais uma canção.

Béranger

Nota: De passagem por Paris, o presidente da Sociedade Espírita do México nos confiou uma série de comunicações dessa sociedade e nos autorizou a escolher o que julgássemos de mais utilidade. Pensamos que os leitores não se lamentarão por essa primeira escolha que fizemos. Verão pelas mostras que bonitas comunicações são dadas em toda a parte. Devemos acrescentar que o médium que obteve as poesias acima é uma senhora inteiramente alheia à poesia.

BIBLIOGRAFIA

O ESPIRITISMO NA SUA EXPRESSÃO MAIS SIMPLES OU A DOUTRINA DOS ESPÍRITOS POPULARIZADA

A brochura que anunciamos sob esse título, em nosso último número, sairá a 15 de janeiro; mas, em vez de 25 c., preço indicado, será vendida a 15 c., separadamente ou a 10 c. para compra de 20 exemplares, ou 2 fr. além do porte.

O objetivo dessa publicação é dar, num quadro muito sucinto, o histórico do Espiritismo, e uma ideia suficiente da Doutrina dos Espíritos, para que se lhe possa compreender o objetivo moral e filosófico. Pela clareza e pela simplicidade do estilo, procuramos pô-la ao alcance de todas as inteligências. Contamos com o zelo de todos os verdadeiros espíritas para ajudar a sua propagação.

REVELAÇÕES DE ALÉM-TÚMULO

Pela Sra. H. Dozon, médium. Evocador, Sr. H. Dozon, ex-oficial dos lanceiros da guarda, cavaleiro da Legião de Honra. – Um volume grande in-18, 2fr. *25*c. Livraria Ledoyen; 31, galerie d'Orléans, Palais Royal.

A obra é uma coleção de comunicações obtidas pela Sra. Dozon, médium, membro da Sociedade Espírita de Paris, durante e após grave e dolorosa enfermidade que, como ela mesma diz, teria abatido sua coragem, não fossem a sua fé no Espiritismo e a evidente assistência dos amigos e guias espirituais, que a sustentaram nos momentos mais difíceis. Assim, a maioria das comunicações são marcadas pelo cunho das circunstâncias em que foram dadas. Seu objetivo evidente era levantar o moral abatido – o que foi alcançado plenamente. Seu caráter é essencialmente religioso: respiram a mais pura moral, a mais suave e consoladora. Algumas são de notável elevação de ideias. É de lamentar-se apenas a rapidez com que o volume foi impresso, o que não permitiu fazer todas as desejáveis correções materiais.

Se a *Biblioteca do Mundo Invisível,* que anunciamos, estivesse em vias de publicação, essa obra teria podido aí encontrar uma honrosa posição.

TESTAMENTO EM FAVOR DO ESPIRITISMO

AO SR. ALLAN KARDEC, PRESIDENTE
DA SOCIEDADE ESPÍRITA DE PARIS

Meu caro senhor e muito honrado chefe espírita,

Junto a esta o meu testamento hológrafo, em envelope lacrado em cera verde, com menção sobre esse envelope lacrado do que deverá ser feito após a minha morte. Desde o momento em que conheci e compreendi o Espiritismo, seu objetivo, sua finalidade última, tive a ideia e tomei a resolução de fazer o meu testamento. Tinha deixado para minha volta do campo, este inverno, esta obra de minhas últimas vontades. No lazer e na solidão do campo foi possível recolher-me e, à luz desse divino facho do Espiritismo, aproveitei todos os ensinamentos que recebi, sob todos os pontos de vista, dos Espíritos do Senhor, para me guiar no cumprimento desta obra da maneira mais útil aos meus irmãos da Terra, quer sentados em meu lar, quer perto ou longe de mim, conhecidos ou desconhecidos, amigos ou inimigos, e da maneira mais agradável a Deus. Lembrei-me desse respeitável Sr. Jobard, de Bruxelas, cuja morte súbita o senhor nos anunciou, e do que ele escrevia na sua linguagem profunda e, ao mesmo tempo, faceta e espiritual, relativamente a uma sucessão de vinte milhões, dos quais se dizia espoliado: que essa soma colossal teria sido uma alavanca poderosa para ativar de um século a nova era que se inicia. O dinheiro, que frequentemente e do ponto de vista terreno, tem sido chamado o nervo da guerra, é, com efeito, um instrumento temibilíssimo, poderoso para o bem e para o mal aqui na Terra, e eu disse de mim para mim: "Posso e devo consagrar uma notável porção de meu modesto patrimônio a ajudar essa nova era, esse patrimônio que adquiri para a realização de minhas provas, com o suor de meu rosto, à custa de minha saúde, através da pobreza, da fadiga, do estudo e do trabalho e por trinta anos de vida militante de advogado, um dos mais ocupados nas audiências e no escritório".

Reli a carta que, depois de sua viagem a Roma, Lamennais escreveu a 1.º de novembro de 1832 à condessa Senfft e na qual, com a expressão de suas decepções após tantos esforços e lutas consagradas à procura da verdade, encontravam-se estas palavras, senão proféticas, ao menos inspiradas, anunciando essa era nova.

* * *

(Seguem-se várias citações que deixamos de reproduzir por falta de espaço).

O envelope contém o seguinte aviso:

"Neste envelope, lacrado com cera verde, está meu testamento hológrafo. O envelope só deve ser aberto e o selo quebrado após a minha morte, em sessão geral da Sociedade Espírita de Paris; e, nessa sessão, pelo presidente dessa sociedade que estiver em exercício na época de minha morte, será feita a inteira leitura de meu testamento. O dito envelope e o dito selo serão rompidos pelo presidente. O presente envelope selado, contendo meu testamento e que vai ser entregue ao Sr. Allan Kardec, presidente atual da dita sociedade, será depositado por ele nos arquivos dessa Sociedade. Um original desse mesmo testamento será encontrado, na época de minha morte, depositado no gabinete da Sra. xxx; um outro original será, na mesma época, encontrado em minha casa. O depósito com o Sr. Allan Kardec é mencionado nos outros originais."

Tendo sido comunicada à Sociedade Espírita de Paris em sua sessão de 20 de novembro de 1861, o presidente, Sr. Allan Kardec, foi encarregado de agradecer, em nome da sociedade, as generosas intenções do testador em favor do Espiritismo, e de o felicitar pela maneira por que compreende a sua finalidade e o seu alcance.

Conquanto o autor da carta não haja recomendado silenciar o seu nome, caso se quisesse publicá-lo, compreende-se que, em tais circunstâncias e num ato dessa natureza, a mais absoluta reserva é obrigação rigorosa.

CARTA AO SR. DR. MORHÉRY, A PROPÓSITO DA SRTA. GODU

Nos últimos tempos têm sido comentados certos fenômenos estranhos, operados pela senhorita Godu e que consistiriam, notadamente, na produção de diamantes e de grãos preciosos por meios não menos estranhos. O Sr. Morhéry escreveu-nos a respeito uma longa carta descriptiva e algumas pessoas admiraram-se de que não a tivéssemos comentado. A razão disso é que não aceitamos nenhum fato com entusiasmo: examinamos as coisas friamente antes de as aceitar, pois nos ensina a experiência quanto devemos desconfiar de certas ilusões. Se tivéssemos publicado sem exame todas as maravilhas que nos foram relatadas mais ou menos de boa-fé, nossa revista talvez se tivesse tornado mais divertida; mas devemos conservar-lhe o caráter sério que sempre teve. Quanto à nova e prodigiosa faculdade que se teria revelado na senhorinha Godu, francamente achamos que a de médium curador era mais preciosa e mais útil à humanidade e, mesmo, à propagação do Espiritismo. Contudo nada negamos; e aos que pensam que, com tal notícia, logo teríamos tomado a estrada de ferro para nos certificarmos, responderemos que, se a coisa é verdadeira, não deixará de ser constatada oficialmente. Então será o momento de falar e não teremos nenhuma reserva em ser o primeiro a proclamar.

Eis um resumo da resposta que demos ao Sr. Morhéry:

"...É certo que não publiquei todos os relatórios que me enviastes sobre as curas operadas pela senhorinha Godu; mas disse o bastante para chamar a atenção para ela. Falar constantemente do caso fora dar a impressão de estar a serviço de interesses particulares. Aconselhava a prudência esperar que o futuro confirmasse o passado. Quanto aos fenômenos que relatais na última carta, são tão estranhos que não me aventurei a publicá-los senão quando tiver a sua confirmação de maneira irrecusável. Quanto mais anormal um fato, mais circunspecção se exige. Não vos surpreendereis que a tenha e bastante em tais circunstâncias. Aliás é o conselho do Comitê da Sociedade, ao qual submeti a vossa carta. Por unanimidade foi decidido aguardar o desenvolvimento, antes de falar do caso. Até agora tal fato é tão contrário a todas as leis naturais e, mesmo, a todas as leis conhecidas do Espiritismo, que o primeiro sentimento que provoca, mesmo entre os espíritas, é de incredulidade. Falar dele antecipadamente e antes de poder apoiarse em provas autênticas seria excitar inutilmente a veia dos trocistas."

Nota: Adiamos para o próximo número a publicação de diversas evocações e dissertações espíritas de subido interesse.

Allan Kardec

ANO V
FEVEREIRO DE 1862

CUMPRIMENTOS DE ANO NOVO

Várias centenas de cartas nos foram dirigidas pelo ano novo, de modo que nos é materialmente impossível responder a uma por uma. Pedimos, pois, aos nossos dignos correspondentes aqui recebam a expressão de nosso agradecimento sincero pelo testemunho de simpatia que tiveram a bondade de nos dar. Entre elas uma, por sua natureza, exige uma resposta especial: é a dos espíritas de Lyon, subscrita por cerca de duzentas assinaturas. Aproveitamos a circunstância para transmitir, a seu pedido, alguns conselhos gerais. A Sociedade Espírita de Paris, fundada por nós, julgando que podia ser útil a todo o mundo, não só nos convidou a publicar a *Revista,* mas votou a sua impressão separada para ser distribuída a todos os seus sócios. Todos aqueles que tiveram a gentileza de nos escrever participaram dos sentimentos de reciprocidade que aí exprimimos e que se dirigem, sem exceção, a todos os espíritas franceses e estrangeiros, que nos honram com o título de seu chefe e de seu guia na nova via que se lhes abre. Não só nos dirigimos aos que nos escreveram, pela passagem do ano novo, mas a todos os que, a cada momento, nos dão tocantes provas de seu reconhecimento pela felicidade e pelas consolações que encontram na doutrina e que nos relatam as suas penas e os seus esforços para ajudar a sua propagação; a todos, enfim, aos quais nossos trabalhos servem para algo na marcha progressiva do Espiritismo.

RESPOSTA À MENSAGEM DE ANO
NOVO DOS ESPÍRITAS LIONESES

Meus caros irmãos e amigos de Lyon.

A mensagem coletiva que tivestes a bondade de me enviar pela passagem do ano novo causou-me viva satisfação, provando que conservais de mim uma boa recordação. Mas o que me deu maior prazer, em vosso ato espontâneo, foi o de encontrar entre as numerosas assinaturas representação de quase todos os grupos, pois é um sinal de harmonia reinante entre eles. Sinto-me feliz por terdes compreendido o objetivo desta organização, cujos resultados já podeis apreciar, pois agora vos deve ser evidente que uma sociedade única teria sido quase impossível.

Agradeço-vos, meus bons amigos, os votos que me formulais: eles me são tanto mais agradáveis quanto sei que partem do coração – e são os que Deus escuta. Ficais satisfeitos porque Ele os exalça diariamente, dando-me a alegria inaudita no estabelecimento de uma nova doutrina, de ver aquela, a que me devotei, crescer e prosperar, em meus dias, com rapidez maravilhosa. Encaro como um grande favor do céu o ser testemunha do bem que ela já faz. Essa certeza, da qual diariamente recebo os mais tocantes testemunhos, me paga com usura todas as penas e fadigas. Só uma graça peço a Deus: a de me dar a força física necessária para ir até o fim de minha tarefa, que está longe de ser terminada. Mas, haja o que houver, terei sempre a consolação da certeza de que a semente das ideias novas, agora espalhada por toda a parte, é imperecível. Mais feliz que muitos outros, que não trabalharam senão para o futuro, a mim me é dado ver os primeiros frutos. Se algo lamento, é que a exiguidade de meus recursos pessoais não me permita pôr em execução os planos que tracei para seu mais rápido desenvolvimento. Se, porém, em sua sabedoria, Deus o quis de outro modo, legarei esse plano aos meus sucessores que, sem dúvida, serão mais felizes. Malgrado a penúria de recursos materiais, o movimento de opinião que se opera ultrapassou toda expectativa. Crede, meus irmãos, que no caso o vosso exemplo teve influência. Recebei nossas felicitações pela maneira pela qual sabeis compreender e praticar a doutrina. Sei como são grandes as provas que muitos de vós tendes de suportar. Só Deus lhes conhece o termo aqui na Terra. Mas, também, quanta força contra a adversidade nos dá a fé no futuro! Oh! Lamentais os que acreditam no nada após a morte, pois para eles o mal presente não tem compensação. O incrédulo infeliz é como o doente que não espera a cura. Ao contrário, o Espírito é como aquele que, doente hoje, sabe que amanhã estará curado.

Pedis que continue com os meus conselhos. Eu os dou de boa vontade aos que os pedem e creem que eles necessitam. Mas só a esses. Aos que julgam saber muito e que dispensam as lições da experiência, nada direi, a não ser que desejo não tenham um dia de lamentar por terem confiado demais nas próprias forças. Tal pretensão, aliás, acusa um sentimento de orgulho, contrário ao verdadeiro espírito do Espiritismo. Ora, pecando pela base, aqueles provam, só por isto, que se afastam da verdade. Não sois desse número, meus amigos. Por isso aproveito a circunstância para vos dirigir algumas palavras que vos provarão que, de perto ou de longe, sou todo vosso.

No ponto em que hoje as coisas se acham e considerando-se a marcha do Espiritismo por meio dos obstáculos semeados em sua rota, pode-se dizer que as principais dificuldades estão vencidas. Ele tomou o seu lugar e assentou-se em bases que de agora em diante desafiam os esforços dos adversários. Pergunta-se como pode ter adversários uma doutrina que nos torna felizes e melhores. O estabelecimento das coisas melhores começa por ferir interesses. Não tem sido assim com todas as invenções e descobertas, que revolucionam a indústria? Não tiveram inimigos encarniçados aquelas que hoje são consideradas como benefícios e das quais não nos poderíamos privar? Toda aquela que reprime abusos não tem contra si os que vivem do abuso? Como queríeis que uma doutrina que conduz ao reino da caridade efetiva não fosse combatida por quantos vivem no egoísmo? E sabeis como estes são numerosos na Terra! No princípio esperavam matá-lo pela zombaria; hoje veem que tal arma é impotente e que, sob o fogo rolado dos sarcasmos ele continuou sua rota sem tropeços. Não penseis que eles se confessem vencidos. Não, o interesse material é mais tenaz. Reconhecendo que é uma potência, que agora deve ser levada em conta, vão desfechar ataques mais sérios, mas que servirão para melhor provar a fraqueza deles. Uns o atacarão abertamente, em palavras e atos e o perseguirão até na pessoa de seus aderentes, tentando desencorajá-los à força de intrigas, enquanto outros sub-repticiamente, por vias indiretas, procurarão miná-lo surdamente. Ficai avisados: a luta não terminou. Estou prevenindo de que eles vão tentar um supremo esforço. Não temais, entretanto, o penhor do sucesso está nesta divisa, que é a de todos os verdadeiros Espíritas: *Fora da caridade não há salvação.* Hasteai-a bem alto, porque ela é a cabeça de Medusa para os egoístas.

A tática ora em ação pelos inimigos dos espíritas, mas que vai ser empregada como novo ardor é a de tentar dividi-los, criando sistemas divergentes e suscitando entre eles a desconfiança e a inveja. Não vos deixeis cair na armadilha; e tende certeza de que quem quer que procure, seja por que meio for, romper a boa harmonia, não pode ter boas intenções. Eis porque vos advirto para que tenhais a maior circunspeção na formação dos vossos grupos, não só para a vossa tranquilidade, mas no próprio interesse dos vossos trabalhos.

A natureza dos trabalhos espíritas exige calma e recolhimento. Ora, isto não é possível se somos distraídos pelas discussões e pela expressão de sentimentos malévolos. Se houver fraternidade não haverá sentimentos malévolos; mas não pode haver fraternidade com egoístas, ambiciosos e orgulhosos. Com orgulhosos que se chocam e se ferem por tudo, com ambiciosos que se desiludem quando não têm a supremacia, com egoístas que só pensam em si mesmos, a cizânia não tardará a ser introduzida; daí vem a dissolução. É o que queriam os inimigos e é o que tentarão fazer. Se um grupo quiser estar em condições de ordem, de tranquilidade, de estabilidade, é preciso que nele reine um sentimento fraterno. Todo grupo ou sociedade que se formar sem ter por base a *caridade efetiva* não terá vitalidade; enquanto os que se formarem segundo o verdadeiro espírito da doutrina olhar-se-ão como membros de uma mesma família que, não podendo viver todos sobre o mesmo teto, moram em lugares diversos. Entre estes a rivalidade seria uma insensatez; não poderia existir onde reina a verdadeira caridade, porque esta não pode ser entendida de duas maneiras. Reconhecereis o verdadeiro espírita pela prática da caridade em pensamentos, palavras e atos; e dizei que aquele que em sua alma nutre sentimentos de animosidade, de rancor, de ódio, de inveja e de ciúme mente a si mesmo se pretende compreender e praticar o Espiritismo.

O egoísmo e o orgulho matam as sociedades particulares, como matam os povos e as sociedades em geral. Lede a história e vereis que os povos sucumbem sob o amplexo desses dois mortais inimigos da felicidade humana. Quando se apoiarem nas bases da caridade serão indissolúveis, porque estarão em paz entre si e com eles próprios, cada um respeitando os direitos e os deveres dos vizinhos. Essa será a era predita, da qual o Espiritismo é o precursor, e para a qual todo espírita deve trabalhar, cada um na sua esfera de atividade. É uma tarefa que lhes incumbe e da qual serão recompensados conforme a maneira por que a tenham realizado, pois Deus saberá distinguir os que no Espiritismo só procuraram a sua satisfação pessoal daqueles que ao mesmo tempo trabalharam pela felicidade de seus irmãos.

Devo ainda assinalar-vos outra tática dos nossos adversários – a de procurar comprometer os espíritas, induzindo-os a se afastarem do verdadeiro objetivo da doutrina, que é o da moral, para abordarem questões que não são de sua alçada e que, a justo título, poderiam despertar suscetibilidades e desconfianças. Também não vos deixeis cair nesse laço. Em vossas reuniões afastai cuidadosamente tudo quando se refere à política e às questões irritantes. A tal respeito as discussões apenas suscitarão embaraços, enquanto ninguém terá nada a objetar à moral, quando esta for boa. Procurai no Espiritismo aquilo que vos pode melhorar. Eis o essencial. Quando os homens forem melhores, as reformas sociais realmente úteis serão uma consequência natural. Trabalhando pelo progresso moral, lançareis os verdadeiros e mais sólidos fundamentos de todas as melhoras. Deixai a Deus o cuidado de fazer com que cheguem no devido tempo. No próprio interesse do Espiritismo, que é ainda jovem, mas que amadurece depressa, oponde uma firmeza inquebrantável aos que buscarem vos arrastar por uma via perigosa.

Visando a desacreditar o Espiritismo, pretendem alguns que ele vá destruir a religião. Sabeis exatamente o contrário, pois a maioria de vós, que apenas acreditáveis em Deus e na alma, agora creem; quem não sabia o que era orar, ora com fervor; quem não mais punha os pés nas igrejas, agora vai com recolhimento. Aliás, se a religião devesse ser destruída pelo Espiritismo, é que ela seria destrutível e o Espiritismo seria mais poderoso. Dizê-lo seria uma inabilidade, pois seria confessar a fraqueza de uma e a força do outro. O Espiritismo é uma doutrina moral que fortifica os sentimentos religiosos em geral e se aplica a todas as religiões. É de todas, e não é de nenhuma em particular. Por isso não diz a ninguém que a troque. Deixa a cada um a liberdade de adorar Deus à sua maneira e de observar as práticas ditadas pela consciência, pois Deus leva mais em conta a intenção do que o fato. Ide, pois, cada um ao templo do vosso culto; e assim provareis que vos caluniam, quando vos taxam de impiedade.

Na impossibilidade material em que me acho de manter relações com todos os grupos, pedi a um de vossos confrades me representasse mais especialmente em Lyon, como o fiz alhures: é o Sr. Villon, cujo zelo e devotamento são do vosso conhecimento, tanto quanto a pureza de seus sentimentos. Além disso, sua posição independente lhe dá mais folga para a tarefa de que se quer encarregar. É tarefa dura, mas ele não recuará. O grupo por ele formado em sua casa o foi sob os meus auspícios e conforme as minhas instruções, quando de minha última viagem. Ali encontrareis excelentes conselhos e salutares exemplos. É com viva satisfação que verei todos os que me honram sua confiança a ele se ligarem, como a um centro comum. Se alguns quiserem fazer um grupo à parte, não os olheis com prevenção; se vos atirarem pedras, nem as recolhais, nem as devolvais. Entre eles e vós Deus será o juiz dos sentimentos de cada um. Que aqueles que se julgam os únicos certos o provem, por maior caridade e maior abnegação de amor-próprio, porque a verdade não estaria ao lado dos que desconhecem o primeiro preceito da doutrina. Se estiverdes em dúvida, fazeis sempre o bem: os erros do Espírito sempre pesam menos na balança de Deus que os erros do coração.

Repetirei o que tenho dito noutras ocasiões: em caso de divergência de opiniões, o meio fácil de sair da dúvida é ver qual a que reúne a maioria, pois há nas massas um bom senso inato, que não engana. O erro só seduz alguns Espíritos enceguecidos pelo amor-próprio e por um falso julgamento, mas a verdade sempre acaba vencendo. Tende certeza de que o erro deserta das fileiras que se esclarecem e que há uma obstinação irracional em crer que um só tenha razão contra todos. Se os princípios que eu professo só tivessem ecos isolados; se tivessem sido repelidos pela opinião geral, eu seria o primeiro a reconhecer que me havia enganado. Mas vendo crescer incessantemente o número dos aderentes em todas as camadas da sociedade e em todos os países do mundo, devo acreditar na solidez das bases sobre as quais repousam. Eis por que vos digo com toda a segurança: marchai com passo firme na via que vos é traçada; dizei aos antagonistas que os sigais, que vos ofereçam uma doutrina mais consoladora, mais clara, mais inteligível, que melhor satisfaça à razão e que, ao mesmo tempo, seja uma garantia melhor para a ordem social. Pela vossa união, frustrai os cálculos dos que vos queiram dividir; provai, enfim, pelo vosso exemplo, que a doutrina nos torna mais moderados, mais brandos, mais pacientes, mais indulgentes – o que será a melhor resposta aos detratores, ao mesmo tempo que a vista dos resultados benéficos é o melhor meio de propaganda.

Eis, meus amigos, os conselhos que vos dou e aos quais junto os meus votos para o ano que começa. Não sei que provas Deus nos destina este ano; mas sei que, sejam quais forem, as suportareis com firmeza e resignação, pois sabeis que para vós, como para o soldado, a recompensa é proporcional à coragem.

Quanto ao Espiritismo, pelo qual vos interessais mais que por vós mesmos, cujo progresso, pela minha posição, posso julgar melhor que ninguém, sinto-me feliz ao vos dizer que no ano que se inicia, sem dúvida ele verá crescer o número dos adeptos numa proporção imprevisível. Mais alguns anos como esses que se passaram e o Espiritismo terá a seu favor três quartas partes da população.

Deixai que vos cite um fato entre milhares.

Num departamento vizinho de Paris, há uma cidadezinha onde o Espiritismo penetrou apenas há seis meses. Em poucas semanas tomou um desenvolvimento considerável; uma oposição formidável logo foi organizada contra os seus partidários, ameaçando até os seus interesses particulares. Eles enfrentaram tudo com uma coragem e um desinteresse dignos dos maiores elogios. Entregaram-se à Providência e a Providência não lhes faltou. Essa cidade conta com uma população operária numerosa, em cujo meio as ideias Espíritas, graças à oposição levantada, aumenta dia a dia. Ora, um fato digno de nota é que as mulheres e as moças esperaram o ano novo para comprar as obras necessárias a sua instrução e só para essa cidade um livreiro teve que as remeter às centenas. Não é prodigioso ver simples operárias reservar suas economias para comprar livros de moral e de filosofia em vez de romances e bugigangas? Homens preferindo essa leitura às alegrias ruidosas e embrutecedoras dos cabarés? Ah! É que aqueles homens e aquelas mulheres, que sofrem como vós, agora compreendem que não é aqui que se realiza a sua sorte, corre a cortina e eles entreveem os esplêndidos horizontes do futuro. Essa cidadezinha é Chauny, no departamento do Aisne. Novos filhos na grande família, eles vos saúdam, irmãos de Lyon, como seus irmãos maiores, e desde já formam um dos elos da cadeia espiritual que une Paris, Lyon, Metz, Sens, Bordeaux e outras, e que em breve ligarão todas as cidades do mundo num sentimento de mútua confraternidade; porque em toda a parte o Espiritismo lançou sementes fecundas e seus filhos se dão as mãos por cima das barreiras dos preconceitos de seitas, castas e nacionalidades.

Vosso dedicado irmão e amigo.

Allan Kardec

O ESPIRITISMO É PROVADO POR MILAGRES?

Mandou-nos um padre a seguinte pergunta:

"Todos os que de Deus receberam a missão de ensinar a verdade aos homens têm provado sua missão por meio de milagres. Por quais milagres o senhor prova a verdade de seu ensino?"

Não é a primeira vez que nos dirigem tal pergunta, a nós ou a outros Espíritas. Parece que lhe ligam grande importância e que de sua solução depende a sentença que deve condenar ou absolver o Espiritismo. No caso força é concordar que a nossa posição é crítica, pois estamos como um pobre diabo sem um vintém e a quem intimam: "ou a bolsa ou a vida". Assim, confessamos humildemente que não temos o mais insignificante milagre para oferecer, mais ainda, o Espiritismo não se apoia em nenhum fato miraculoso; seus adeptos não fizeram, nem têm a pretensão de fazer qualquer milagre; não se julgam bastante dignos para que, à sua voz, Deus mude a ordem eterna das coisas. O Espiritismo constata um fato material – o da manifestação das almas ou Espíritos.

Tal fato é ou não é real? Eis a questão. Ora, nesse fato, admito como verdadeiro, nada há de miraculoso. Como as manifestações desse gênero – tais como as visões, as aparições e outras – ocorreram em todos os tempos, como bem o atestam os historiadores sacros e profanos e os livros de todas as religiões, aquelas que outrora passaram como sobrenaturais. Hoje, porém, que se lhes conhece a causa, que se sabe são produzidas em virtude de certas leis, sabe-se, também, que lhes falta o caráter essencial dos fatos miraculosos – o da exceção à lei comum.

Observadas em nossos dias com mais cuidado que na antiguidade; observadas, sobretudo, sem prevenções e com o auxílio de investigações tão minuciosas quanto as que são feitas nos estudos científicos, tais manifestações têm como consequência provar, de modo irrecusável, a existência de um princípio inteligente fora da matéria, a sua sobrevivência ao corpo, a sua individualidade após a morte, a sua imortalidade, o seu futuro feliz ou infeliz – por conseguinte, a base de todas as religiões.

Se a verdade só fosse provada por milagres, poderíamos perguntar por que os padres do Egito, que estavam em erro, reproduziam perante o Faraó os feitos de Moisés? Por que Apolônio de Tiana, que era pagão, curava pelo toque, dava a vista aos cegos, a palavra aos mudos, predizia o futuro e via o que se passava a distância? O próprio Cristo não disse: "Haverá falsos profetas que farão prodígios"?

Um dos nossos amigos, depois de uma prece fervorosa ao seu Espírito protetor, foi curado quase que instantaneamente de uma moléstia muito grave e muito antiga, que havia resistido a todos os remédios. Para ele o fato foi realmente miraculoso. Mas, como crê nos Espíritos, um padre a quem contou o fato lhe disse que o diabo também pode fazer milagres. "Nesse caso" – retrucou o amigo –"se foi o diabo quem me curou, a ele devo agradecer".

Assim, os prodígios e os milagres não são o privilégio exclusivo da verdade, de vez que o diabo também os faz. Como, então, distinguir os bons dos maus? Todas as religiões idólatras – sem excetuar a de Maomé – apoiam-se em fatos sobrenaturais. Isso prova uma coisa: que os fundadores dessas religiões conheciam segredos naturais, ignorados pelo vulgo. Aos olhos dos selvagens da América Cristóvão Colombo não passava por um ser sobre-humano, por haver predito um eclipse? Não podia ter-se inculcado um enviado de Deus? Para provar o seu poder, necessitaria Deus desfazer o que havia feito? Fazer rodar para a direita aquilo que gira para a esquerda? Provando o movimento da Terra pelas leis da natureza, Galileu não estava mais certo do que os que pretendiam, pela derrogação das próprias leis, que tinha sido necessário parar o sol? Entretanto sabemos o que custou, a ele e a tantos outros, por haver demonstrado um erro. Dizemos que Deus é maior pela imutabilidade de suas leis, do que as derrogando; e que se lhe aprouve fazê-lo em determinadas circunstâncias, isto não é o único sinal da verdade. Remetemos o leitor ao que dissemos a tal respeito em nosso artigo de janeiro, a propósito do *sobrenatural*.

Voltemos às provas da verdade do Espiritismo.

Há duas coisas no Espiritismo: o fato da existência dos Espíritos e de suas manifestações, e a doutrina daí decorrente. O primeiro ponto não pode ser posto em dúvida senão pelos que não viram ou não quiseram ver. Quanto ao segundo a questão é de saber se esta doutrina é justa ou falsa. É uma questão de apreciação.

Se os Espíritos só se manifestassem por meio de ruídos, movimentos e, numa palavra, por efeitos físicos, isso não provaria grande coisa, pois não saberíamos se são bons ou maus. O que, sobretudo, é característico nesse fenômeno, o que é de natureza a convencer os incrédulos, é o poder de reconhecer parentes e amigos entre os Espíritos. Mas, como podem os Espíritos atestar a sua presença, a sua individualidade e permitir o julgamento de suas qualidades, senão falando? Sabe-se que a escrita pelos médiuns é um dos meios que eles empregam. Desde que têm um meio de exprimir suas ideias, podem dizer o que quiserem. Conforme o seu adiantamento, dirão coisas mais ou menos boas, justas e profundas. Ao deixar a Terra, não abdicaram do livre-arbítrio. Como todos os seres pensantes têm suas opiniões; como entre os homens, os mais adiantados dão ensinamentos de alta moralidade, conselhos marcados de profunda sabedoria. São esses ensinamentos e esses conselhos que, recolhidos e ordenados, constituem a Doutrina Espírita, ou dos Espíritos.

Se quiserdes, considerai esta doutrina não como uma revelação divina mas como uma opinião pessoal deste ou daquele Espírito. A questão é de saber se é boa ou má, justa ou falsa, racional ou ilógica. A quem procurar para isso? O julgamento de um indivíduo? Mesmo de alguns indivíduos? Não. Porque dominados pelos preconceitos, ideias preestabelecidas ou interesses pessoais, eles podem enganar-se. O único e verdadeiro juiz é o público, porque aí não há interesse de camarilha, e porque nas massas há um bom senso inato, que se não equivoca. Diz a lógica sadia que a adoção de uma ideia ou um princípio pela opinião geral é prova de que repousa sobre um fundo de verdade.

Os Espíritas não dizem: "Eis uma doutrina saída da boca do próprio Deus, revelada a um só homem por meios prodigiosos e que deve ser imposta ao gênero humano". Ao contrário, dizem: "Eis uma doutrina que não é nossa, cujo mérito não reivindicamos. Adotamo-la porque a chamamos racional". Atribuí a sua origem a quem quiserdes: a Deus, aos Espíritos, aos homens. Examinai-a. Se vos convier, adotai-a. Caso contrário, ponde-a de lado. Não se pode ser menos absoluto. O Espiritismo não vem usurpar a religião: ele não se impõe; não vem forçar as consciências, quer dos católicos, quer dos protestantes ou dos judeus. Apresenta-se e diz: "Adotai-me, se me achais bom". É culpa dos espíritas se o acham bom? Se nele recebemos consolações que nos tornam felizes, que dissipam os terrores do futuro, acalmam as angústias da dúvida e dão coragem para o presente? Ele não se dirige àqueles a quem bastam as crenças católica ou outras, mas àqueles aos quais elas não satisfazem completamente ou que delas desertaram. Em vez de não crer mais em nada, ele os leva a crer em algo e a crer com fervor. O Espiritismo não quer constituir-se num grupo à parte: pelos meios que lhe são próprios, ele reconduz os que se afastam. Se os repelirdes, eles serão forçados a ficar de fora. Dizei, na vossa alma e na vossa consciência, se para eles seria preferível serem ateus.

Perguntam em que milagre nos apoiamos para julgarmos boa a Doutrina Espírita. Julgamo-la boa não só porque é a nossa opinião, mas a de milhões que pensam como nós; porque ela leva à crer aqueles que não criam; porque torna boas criaturas que eram más: porque dá coragem nas misérias da vida. Milagre é a rapidez de sua propagação, incrível nos fastos das doutrinas filosóficas; é ter feito em poucos anos a volta ao mundo e se haver implantado em todos os países e em todas as camadas da sociedade; é ter progredido malgrado tudo quanto foi feito para o barrar, é derrubar as barreiras que lhe opõe e encontrar um aumento das forças nessas mesmas barreiras. É isso a característica de uma utopia?

Uma ideia falsa pode encontrar alguns partidários, mas terá apenas uma existência efêmera e circunscrita: perderá terreno, em vez de o conquistar – ao passo que o Espiritismo ganha, em vez de perder. Quando o vemos germinar em toda a parte, acolhido como um benefício da Providência, é porque lá está o dedo da Providência. Eis o verdadeiro milagre – e o julgamos suficiente para assegurar o seu futuro. Direis que aos vossos olhos não há um caráter providencial, mas diabólico. Tendes liberdade de escolha. E porque ele marcha, isso é o essencial. Apenas diremos que se uma coisa se estabelecesse universalmente pelo poder do diabo, a despeito dos esforços dos que dizem agir em nome de Deus, isso poderia levar certas pessoas a crer que o demônio é mais poderoso que a Providência.

Pedis milagres. Eis um que nos envia um dos nossos correspondentes na Argélia:

"O Sr. P., antigo oficial, era um dos mais duros incrédulos. Tinha o fanatismo da religião e, antes de Proudhon, dizia: *"Deus é o mal;"* ou, por outras palavras, não admitia nenhum deus: só reconhecia o nada. Quando o vi chegar à procura do vosso *O Livro dos Espíritos,* pensei que ele fosse coroar a sua leitura com qualquer elucubração satírica, como costumava fazer contra os padres e, menos contra o Cristo. Parecia-me impossível pudesse ser curado um ateísmo tão inveterado. Ah! Entretanto *O Livro dos Espíritos* fez esse milagre. Se conhecêsseis aquele homem como eu conheço, ficaríeis orgulhoso de vossa obra e olharíeis a coisa como o vosso maior sucesso. Aqui todos se admiram. Contudo, quando se é iniciado na palavra da verdade, não há de que se surpreender, naturalmente, após a reflexão."

Acrescentemos, pois não faz mal, que o nosso correspondente é um jornalista que, também ele, professava opiniões pouco espiritualistas e ainda menos espíritas. Teriam ido pegá-lo à força para lhe impor a crença em Deus e em sua alma? Não, não é provável. Fascinaram-no com alguns fenômenos prodigiosos? Também não, pois ele nada viu como manifestações, apenas leu, compreendeu, encontrou raciocínios lógicos e acreditou. Direis que essa e tantas conversões sejam obra do diabo? Se assim é, o diabo tem uma política original de fornecer armas contra si próprio e é muito inábil deixando escapar os que estavam em suas garras.

Por que não fizestes esse milagre? Seríeis, então, menos fortes que o diabo para fazer crer em Deus? Outra razão, por favor. Enquanto era ateu e blasfemador aquele senhor estava danado para a eternidade? – Sem dúvida alguma. –Agora que, em vossa opinião, pelo diabo foi convertido a Deus, ainda é danado? Suponhamos que, crendo em Deus, em sua alma, na vida futura feliz ou infeliz; e que, em virtude dessa crença se torne melhor do que era e não adote inteiramente ao pé da letra a interpretação de todos os dogmas, que até repila alguns, ainda é danado? Se disserdes: "sim", a crença em Deus para nada lhe serve; se disserdes "não", em que se torna a máxima *Fora da igreja não há salvação?* Diz o Espiritismo: *Fora da caridade não há salvação.* Credes que aquele senhor vacila entre as duas? Queimado por uma, apesar de tudo; salvo conforme a outra: a escolha não oferece dúvidas.

Como todas as ideias novas, estas contrariam certas pessoas, certos hábitos, e mesmo, certos interesses, assim como as estradas de ferro contrariam os donos de diligências e os que tinham medo; como uma revolução contraria certas opiniões; como a imprensa contrariou os escribas; como o cristianismo contrariou os sacerdotes pagãos. Mas, que fazer quando, bom grado, malgrado uma coisa se estabelece, por sua própria força e é aceita pela generalidade? É necessário tomar partido certo e dizer, como Maomé, que o que é deve ser. Que fareis se o Espiritismo se tornar uma crença universal? Repelireis todos os que o admitirem? – Isso não acontecerá; isso não pode ser, direis vós. – Mas se isso é, uma vez mais, que fareis?

Pode deter-se esse surto? Seria preciso deter não um homem, mas os Espíritos; impedi-los de falar; queimar não um livro, mas as ideias; impedir que os médiuns escrevam e se multipliquem.

Um dos nossos correspondentes do departamento do Tarn nos escreveu:

"Nosso cura faz a propaganda por nós; troveja do púlpito contra o Espiritismo, que não passa de obra do demônio. Quase que me apontou como o sumo sacerdote da doutrina em nossa cidade, o que agradeço do fundo do coração; fornece-me, ainda, ocasião de tratar do assunto com aqueles que ainda não tinham tido notícia e que me abordam para saber o que é. Hoje abundam os médiuns entre nós."

O resultado é o mesmo por toda a parte onde quiseram gritar contra. Hoje a ideia espírita está lançada; é acolhida porque agrada; vai do palácio à cabana e pode julgar-se o efeito das tentativas futuras pelas quais têm sido feitas para o sufocar.

Em resumo, para se estabelecer, o Espiritismo não reivindica a ação de nenhum milagre; nada quer mudar na ordem das coisas; procurou e encontrou a causa de certos fenômenos erradamente considerados sobrenaturais; em vez de apoiar-se no sobrenatural, o repudia por conta própria; dirige-se ao coração e à razão; a lógica lhe abriu o caminho, a lógica o levará a bom termo.

Isso vai por conta da resposta que devemos à brochura do Sr. cura Marouzeau.

Deixemos agora que falem os Espíritos.

Apresentada a questão acima, eis algumas das respostas obtidas através de vários médiuns:

Venho falar-vos da realidade da Doutrina Espírita e a opor aos milagres, cuja ausência parece dever servir de arma aos seus detratores. Os milagres, necessários nos primeiros tempos da humanidade, para chocar os Espíritos que importava submeter; os milagres, quase todos explicados hoje, graças às descobertas da física e de outras ciências, agora se tornaram inúteis e, direi mesmo, perigosos, porque suas manifestações só despertarão a incredulidade ou a zombaria. Enfim chegou o reinado da inteligência, embora ainda não esteja na sua expressão triunfante, mas nas suas tendências. Que quereis? Ver de novo as baquetas transformadas em serpentes, os enfermos se erguerem e os pães se multiplicarem? Não, não vereis isso. Mas vereis os incrédulos se enternecerem e dobrarem ante o altar os joelhos enferrujados. Esse milagre vale bem o da água a brotar do rochedo. Vereis o homem desolado, vergado ao peso da desgraça, desfazer-se da pistola carregada e exclamar: "Meu Deus, sede louvado, porque vossa vontade eleva as minhas provas ao nível do amor que vos devo". Enfim, por toda a parte, vós que bateis os fatos com os textos e o espírito com a letra, vereis a luminosa verdade estabelecer-se sobre as ruínas dos vossos mistérios carcomidos.

Lázaro (Médium: Sra. Costel)

Numa de minhas últimas meditações, parece que lida aqui, demonstrei que a humanidade está progredindo atualmente. Até o Cristo ela tinha um corpo, era, por certo, esplêndida, tinha tido esforços heróicos e virtudes sublimes. Mas onde estava a sua ternura? Onde a sua mansuetude? Já encontrareis a sua expansão no poema, quase inteiramente cristão, da *Dido* de Vergílio, espécie de heroína melancólica que o Tarso ou Ariosto teriam tornado interessante nos cantos cheios de alegria cristã.

Cristo veio, pois, falar ao coração da humanidade. Mas, sabeis, o próprio Cristo disse que tinha vindo em carne no meio do paganismo e prometeu vir no meio do cristianismo. Há no indivíduo a educação do coração, como há a da inteligência. O mesmo se dá com a humanidade. O Cristo é, pois, o grande educador. Sua ressurreição é o símbolo de sua fusão espiritual em todos, e essa expansão dele mesmo, apenas começais mesmo a sentir. O Cristo não vem mais fazer milagres: vem falar ao coração diretamente, em vez de falar aos sentidos. Passava adiante daqueles que pediam um milagre no céu e, poucos passos adiante, improvisava o seu magnífico sermão da montanha. Ora, pois, aos que ainda pedem milagres, o Cristo responde por todos os Espíritos sábios e esclarecidos: "Credes mais nos vossos olhos, nos vossos ouvidos, nas vossas mãos que no vosso coração? Minhas chagas atualmente estão fechadas. O Cordeiro foi sacrificado; a carne foi massacrada; o materialismo viu; agora é a vez do Espírito. Deixo os falsos profetas; não me apresento aos poderosos da Terra, como Simão, o Mago; vou aos que realmente têm sede, têm fome e sofrem no coração e não aos que não são espiritualistas senão como verdadeiros e puros materialistas."

Lamennais (Médium: Sr. A. Didier)

Perguntam-nos quais os milagres que fazemos. Parece-me que de alguns anos para cá as provas são bem evidentes. O progresso do espírito humano mudou a face do mundo civilizado; tudo progrediu e os que quiseram ficar na retaguarda desse movimento são como os párias da sociedade nova.

Na sociedade, tal qual se acha preparada para os acontecimentos, que é o que falta, senão tudo quanto choca a razão e esclarece? É possível que em certas épocas Deus tenha querido comunicar-se por inteligências superiores, como Moisés e outros. Esses grandes homens datam as grandes épocas; mas o espírito dos povos progrediu depois. As grandes figuras dos predestinados enviados por Deus lembravam uma lenda miraculosa. Depois um fato, por vezes simples em si mesmo, se torna maravilhoso ante a multidão impressionável e preparada para emoções que só a natureza oferece a seus filhos ignorantes.

Mas hoje, necessitais de milagres? – Tudo está transformado em vosso derredor: a ciência, a filosofia, a indústria desenvolveram tudo quanto vos cerca; e pensais que nós, os Espíritos, não tenhamos participado dessas modificações profundas? – Estudando, comentando, aprendeis e meditais melhor; os milagres não são mais do vosso tempo e deveis elevar-vos acima dos preconceitos que vos ficaram na memória, como tradições. Nós vos daremos a verdade e sempre nosso concurso. Nós vos esclarecemos, a fim de vos tornardes melhores e fortes; crede e amai e o milagre pedido produzir-se-á em vós. Conhecendo e compreendendo melhor o objetivo desta vida sereis transformados sem fenômenos físicos.

Procurais apalpar, tocar a verdade e ela vos cerca e vos penetra. Sede, pois, confiantes em vossas próprias forças e o Deus de bondade que vos dava o espírito tornará a vossa força tremenda. Por Ele afastareis as nuvens que turvam a vossa inteligência e compreendereis que o Espírito é todo imortalidade e poder. Postos em relação com esta lei de Deus chamada progresso, não mais procurais no prestígio dos grandes nomes, que são como mitos da antiguidade, uma resposta e um escolho contra o Espiritismo, que é a revelação verdadeira, a fé, a ciência nova que consola e fortifica.

Baluze (Médium: Sr. Leymarie)

Pedem milagres como prova da Doutrina Espírita. E quem pede essa prova da verdade? Aquele que em primeiro lugar devia crer e ensinar...

O maior dos milagres vai operar-se em breve. Sacerdotes do catolicismo, escutai. Vós quereis milagres e ei-los que se operam... A cruz do Cristo se esfarelava aos golpes do materialismo, da indiferença e do egoísmo; ei-la que se reergue bela, resplandecente, sustentada pelo Espiritismo! Dizei-me: não é o maior dos milagres uma cruz que se reergue, ladeada pela Esperança e pela Caridade? – Em verdade, sacerdotes da Igreja, crede e vede: os milagres vos rodeiam! ... Como chameis essa volta comum à crença casta e pura do Evangelho, porque todas as filosofias ligar-se-ão ao Espiritismo? O Espiritismo será a glória e o facho que iluminará o universo. Oh! Então o milagre será manifesto e deslumbrante pois aqui em baixo haverá uma só e mesma família. Quereis milagres! Vede essa pobre mulher sofredora e sem pão. Como treme na sua mansarda: o hálito com que quer aquecer os filhinhos que morrem de fome é mais frio e glacial que o vento que penetra em seu abrigo miserável. Por que tanta calma e tanta serenidade em seu rosto, diante de tanta miséria? Ah! É que ela viu brilhar uma estrela acima de sua cabeça; a luz celeste espalha-se no seu reduto; não chora mais; espera! Não amaldiçoa; apenas pede a Deus que lhe dê coragem para suportar a prova!... E eis que as portas da mansarda se abrem e a Caridade vem aí depositar aquilo que pode espalhar a sua mão benfeitora!...

"Que doutrina dará mais sentimento e ânimo ao coração? O Cristianismo plantou o estandarte da igualdade na Terra e o Espiritismo arvora o da fraternidade!... Eis o milagre mais celeste e mais divino que possa acontecer!... Sacerdotes, cujas mãos por vezes estão manchadas pelo sacrilégio, não peçais milagres físicos, pois as vossas frontes poderão ir quebrar-se na pedra que pisais para subir ao altar!...

"Não, o Espiritismo não se prende a fenômenos físicos, não se apoia em milagres que falam aos olhos – ele dá a fé ao coração. Dizei-me, não estará ainda aí o maior milagre?..."

Santo Agostinho (Médium: Sr. Véry)

Nota: Evidentemente isso só se aplica aos padres que mancharam o santuário, como Verger e outros.

O VENTO

FÁBULA ESPÍRITA

Quanto maior a repercussão da crítica, maior bem ela fará, chamando a atenção dos indiferentes.

Allan Kardec

O furacão queria, sozinho, dominar a planície,
 No impulso impetuoso
 Torturava com seu hálito quente
um olmo secular, tronco enorme e nodoso.
De seus ramos fecundos – dizia ele – a semente
Podia juncar a terra, germinar e crescer;
Prevemos uma luta e olhemos o futuro
Repleto de obstáculos ao meu grande poder.
 E os pequenos penachos verdes,
 Desfolhando-se aos golpes da tormenta,
Perdem-se no ar, em turbilhões ligeiros.
 Contudo as sementes escapam
Ao sopro que se esforça em varrer o seu voo.
 A despeito de tudo, elas se fixam ao solo.
Contra as leis do amor e do saber austero
Que espalha o Espiritismo – a árvore da verdade,
 O vento da incredulidade

Sopra, ulula e fere sem cessar.
Faz nascer e crescer o que pensa oprimir:
Quer expelir o germe... e o ajuda a semear.

C. Dombre (de Marmande)

A REENCARNAÇÃO NA AMÉRICA

Com frequência se admiram que a doutrina da reencarnação não tenha sido ensinada na América e os incrédulos não deixam de aproveitar a circunstância para acusarem os Espíritos de contradição. Não repetiremos aqui as explicações que nos foram dadas e que publicamos a respeito; limitar-nos-emos a lembrar que nisto os Espíritos mostraram a sua prudência habitual: quiseram que o Espiritismo surgisse num país de liberdade absoluta, quanto à emissão de opiniões. O ponto essencial era a adoção do princípio e para isso não quiseram ser perturbados em coisa alguma. O mesmo não se dará com todas as consequências, sobretudo com a reencarnação, que se teria chocado com os preconceitos da escravidão e da cor. A ideia de que um negro poderia tornar-se um branco; de que um branco poderia ter sido um negro; de que um senhor poderia ter sido escravo parecia de tal modo monstruosa que era suficiente para que o resto fosse rejeitado. Assim, os Espíritos preferiram sacrificar momentaneamente o acessório ao principal e sempre nos disseram que, mais tarde, seria estabelecida a unidade sobre este, como sobre outros pontos. Com efeito, é o que começa a se dar. Várias pessoas de lá nos disseram que essa doutrina lá encontra atualmente numerosos partidários; que certos Espíritos, depois de a ter dado a pressentir, vêm confirmá-la. Eis o que, a respeito, nos escreve de Montreal, Canadá, o Sr. Fleury Lacroix, natural dos Estados Unidos:

"...A questão da reencarnação, da qual fostes o primeiro promotor visível, aqui nos tomou de surpresa. Hoje, porém, estamos reconciliados com ela, com esse filho do vosso pensamento. Tudo se tornou compreensível por essa nova claridade e agora vemos em nossa frente um pouco mais longe na eterna estrada. Entretanto isso nos parecia absurdo, como dizíamos no começo. Hoje negamos, amanhã acreditamos – eis a humanidade. Felizes os que querem saber, porque será feita para eles; infelizes dos outros, porque ficarão nas trevas."

Assim foi a lógica e a força do raciocínio que os levou a essa doutrina. E porque nela encontraram a única chave que podia resolver problemas até então insolúveis. Contudo, o nosso honrado correspondente engana-se quanto a um fato importante, ao atribuir-nos a iniciativa dessa doutrina, que chama de filho do nosso pensamento. É uma honra que não nos cabe, a reencarnação foi ensinada pelos Espíritos a outros, que não a nós, antes da publicação de *O Livro dos Espíritos*. Além disso, o princípio foi claramente exposto em várias outras obras anteriores, não somente às nossas, mas ao aparecimento das mesas girantes; entre outras, em *Céu e Terra* de Jean Reynaud e no encantador livrinho do Sr. Louis Jourdan, intitulado *Preces de Ludovico,* publicado em 1849, sem contar que esse princípio era professado pelos Druidas, aos quais, certamente, nós não ensinamos[1]. Quando ele nos foi revelado ficamos surpresos e o acolhemos com hesitação e desconfiança; até o combatemos durante algum tempo, até que a evidência nos foi demonstrada. Assim, nós o aceitamos e não o inventamos – o que é muito diferente.

Isso responde à objeção de um dos nossos assinantes, o Sr. Salgues, de Angers, que é um dos antagonistas confessos da reencarnação e que pretende que os Espíritos e os médiuns que a ensinam sofram a nossa influência, de vez que os que se comunicam com ele dizem o contrário. Aliás o Sr. Salgues alega contra a reencarnação objeções especiais, das quais um dia desses faremos objeto de um exame particular. Enquanto esperamos, constatamos um fato: o número de seus partidários cresce sem cessar, ao passo que o dos oponentes diminui. Se tal resultado é devido a nossa influência, atribuem-nos uma muito grande, pois se estende da Europa à América, à Ásia, à África e, até, à Oceânia. Se a opinião contrária é verdadeira, como é que não preponderá? Seria, então, o erro mais poderoso que a verdade?

NOVOS MÉDIUNS AMERICANOS EM PARIS

Os médiuns americanos passam com razão por superar em número e em força aos do velho continente, no caso de manifestações

---

[1] Vide *a Revista Espírita,* de abril de 1858, página 119: *O Espiritismo entre os Druidas;* artigo contendo as *Tríades.*

físicas. A tal respeito a sua reputação é tão firme, sobretudo depois do Sr. Home, que só o título parece prometer prodígios. Por muita gente o Sr. Squire apenas era designado como o médium americano. Um charlatão que, há anos passados, percorria cidades e feiras, anunciava-se como médium americano, posto fosse perfeitamente francês. Eis que nos chegam dois novos, que de médiuns só têm o nome, e dos quais não teríamos falado, porque sua *arte* é estranha ao nosso assunto, se sua chegada, anunciada com estardalhaço, não tivesse causado uma certa sensação, pela natureza de suas pretensões. Para edificação de nossos leitores e não sermos taxados de parcialidade, transcrevemos textualmente o seu prospecto, de que Paris acaba de ser inundada.

"Divertimentos dos salões parisienses. – Novidade, só novidade!!! – Saraus para as famílias e reuniões privadas dadas pelos *Médiuns Americanos, Sr C. Eddwards Girroodd,* de Kingstown, Ontário, Alto Canadá e senhora *Julia Girroodd,* apelidada pela imprensa inglesa e americana a *Graciosa Sensitiva.*

Um álbum de mais de 200 páginas, cada uma das quais é uma carta de felicitações, assinada pelos maiores nomes da França, tanto da nobreza, da magistratura, do exército e da literatura, quanto por dezesseis arcebispos e bispos da França e por um grande número de eclesiásticos de alta distinção, se acha à disposição das pessoas que, querendo dar um sarau, desejassem previamente assegurar-se do bom gosto, da riqueza e da novidade de suas experiências.

O Sr. e a Sra. Girroodd, os únicos da França a fazerem experiências, não passaram mais do que três meses em Paris e realizaram quarenta e duas sessões nos primeiros salões da Capital e nas Tulherias, 12 de maio de 1861, bem como em casa de vários membros da Família Imperial.

olocaram imediatamente suas experiências muito acima de tudo que até hoje tinha sido visto como Divertimentos de Saraus.

Sua prestidigitação, ao contrário do costume dos senhores físicos, não exige o menor preparativo ou arranjo particular e os artistas operam facilmente no meio de um círculo de espectadores atentos, sem temer um só minuto verem destruída a ilusão.

Os prestígios não passam de fraquíssimas partes de seus variados talentos. O Mundo dos Espíritos obedece às suas vozes: Visões –

Êxtase – Fascinação – Magnetismo – Eletrobiologia – Espíritos Batedores – Espiritismo, etc., tudo quanto a ciência e o charlatanismo inventaram, que embasbaca os crédulos de nossos dias, até lhes dar uma fé robusta em tudo quanto não passa de charlatanice, onde a gente é comparsa sem o saber. Numa palavra, o Sr. e Sra. *Girroodd,* depois de se terem mostrado como feiticeiros – mas feiticeiros de alta classe – sábios como *Merlin* o Encantador, demonstrarão, se necessário, os segredos de sua ciência.

A fé cristã só terá a ganhar vendo claramente que tudo quanto ela não ensinou não passa de brilhante charlatanismo.

Para as pequenas reuniões ou saraus para crianças, o Sr. *Girroodd* contratou, para todo o inverno, os mais *hábeis físicos* da Capital e um *ventríloquo* cognominado *O Homem das Bonecas Falantes,* que darão sessões a preços reduzidos."

Como se vê, esse casal tem, nada mais, nada menos, a pretensão de matar o Espiritismo e se arvorar em defensor da *fé cristã,* sem dúvida muito surpreendida por encontrar a prestidigitação ao seu serviço. Isso, porém, pode aumentar uma certa clientela.

Eles se dizem *médiuns* e não têm o cuidado de omitir o título de *americanos,* passaporte indispensável, como os nomes terminados em *i* para os músicos; e isso para provar que não existem médiuns, visto como – dizem eles – podem produzir serviços pela habilidade, pela mecânica e por meios particulares, tudo quanto fazem os médiuns.

Isso prova uma coisa: é que tudo pode ser imitado. A ilusão é uma questão de habilidade. Mas, porque uma coisa pode ser imitada, deduz-se que ela não exista? Para enganar, a prestidigitação imitou a lucidez sonambúlica. Deve concluir-se daí que não haja sonâmbulos? Fizeram cópias de Rafael que foram tomadas como originais. Porventura Rafael não existiu? O Sr. Robert Houdin muda a água em vinho e, de um chapéu não preparado faz saírem milhares de objetos, que enchem uma caixa grande. Isso prejulga o milagre das bodas de Caná e a multiplicação dos pães? Mas faz ainda melhor: de uma só garrafa faz saírem seis deliciosos licores diversos.

Todas as manifestações físicas se prestam maravilhosamente à imitação. E são estas que os charlatões exploram. Estes vencem longe os Espíritos, principalmente no caso de *transportes,* pois os produzem à vontade e a hora certa, coisa que não conseguem nem os Espíritos nem os melhores médiuns. Aliás, é preciso fazer justiça àquele cavalheiro e àquela senhora: de modo algum eles procuram enganar o público. Não se fazem passar pelo que não são, apresentam-se francamente como hábeis imitadores, no que são mais respeitáveis que aqueles que falsamente se dizem médiuns e o são, mesmo, muito mais que os verdadeiros médiuns que, para produzirem mais efeitos e vencerem os concorrentes, juntam o truque à realidade. É certo que por vezes a franqueza é de boa política. Já está muito gasta a apresentação como prestidigitadores vulgares. Mas, pela escamoteação, querer provar que os médiuns são escamoteadores é um toque de novidade que os curiosos pagarão regiamente.

Como dissemos, sua habilidade nada prejulga contra a realidade dos fenômenos. Longe de os prejudicar, será de grande utilidade. Para começar, será uma trombeta a mais, chamando a atenção e levando a pensar no Espiritismo as pessoas que dele não tinham ouvido falar. Como em toda crítica, quererão ver o pró e o contra. Ora, o resultado da comparação é indiscutível. Utilidade ainda maior é o de prevenir contra a possibilidade de fraudes e subterfúgios dos falsos médiuns. Provando a possibilidade de imitação, aqueles se arriscam a arruinar o seu crédito. Se a sua habilidade pudesse ser nociva, seria à confiança que neles depositam, talvez um pouco levianamente, e nos prodígios que tão *facilmente* obtêm certos médiuns do outro lado do Atlântico, pois não está dito que o Sr. e Sra. Girroodd tenham o privilégio de seus segredos. Se um dia nos for dado assistir a uma de suas sessões, teremos prazer em a relatar, para instrução de nossos leitores.

Quando dizemos que tudo pode ser imitado, devemos excetuar as condições realmente normais em que se podem produzir as manifestações Espíritas. Donde poder dizer-se que todo fenômeno que se afasta dessas condições deve ser tomado como suspeito. Ora, para julgar devidamente uma coisa, é necessário tê-la estudado. As próprias manifestações inteligentes não estão a salvo da charlatanice. Umas há que, por sua natureza e pelas circunstâncias em que se realizam, desafiam a mais consumada habilidade de imitação, como, por exemplo, a evocação de pessoas mortas, revelando, na verdade, particularidades de sua existência, desconhecidas do médium e dos assistentes; e, melhor ainda, essas dissertações de muitas páginas, escritas de um jato, sem vacilações, com rapidez, eloquência, correção, profundidade, sabedoria e sublimidade de ideias, sobre assuntos dados, fora do conhecimento e da capacidade do médium e que este nem compreende.

Para executar tais esforços fora necessário um gênio universal. Ora, os gênios universais são raros e, aliás, não dão espetáculos. É, entretanto, o que se vê todos os dias, não por um *indivíduo privilegiado*, mas por milhares de indivíduos de todas as idades, sexos, condição social, grau de instrução e cuja honorabilidade e desinteresse absoluto são a melhor garantia de sinceridade, pois o charlatanismo não dá nada de graça.

Se o Sr. e Sra. Girroodd quisessem aceitar uma luta seria nesse terreno que os chamaríamos, deixando-lhes de boa vontade as manifestações físicas.

Nota: Pessoa que se diz bem informada assegura-nos que *Eddwards Giroodd* deve traduzir-se por *Edouard Girod* e *Kingstown, lago Ontário, Alto Canadá,* por *Saint-Flour, Cantal* (França).

SUBSCRIÇÃO EM FAVOR DOS OPERÁRIOS LIONESES

A Sociedade Espírita de Paris não podia esquecer os irmãos de Lyon na sua aflição. Desde novembro apressou-se em subscrever 260 francos numa loteria beneficente organizada por vários grupos dessa cidade. Mas o Espiritismo não é exclusivo: para ele todos os homens são irmãos e se devem mútuo apoio, sem acepção de crença. Querendo, pois, dar o seu óbolo à obra comum, abriu na sede da sociedade – *59*, rua e passagem Sant' Ana, uma subscrição cujo produto será lançado na caixa da subscrição geral do jornal *le Siècle*.

Uma carta de Lyon, dirigida ao Sr. Allan Kardec, informa que um espírita anônimo acaba de enviar, diretamente e para tal fim, a soma de 500 francos. Que esse generoso benfeitor, cujo incógnito respeitamos, receba aqui o agradecimento de todos os membros da Sociedade.

Um Espírito que se dá a conhecer sob o nome característico e gracioso de *Cárita,* e cuja missão parece ser a de provocar a beneficência em auxílio da desgraça, ditou, a respeito, a epístola que se segue e que nos foi enviada de Lyon. Como nós, os leitores certamente a colocarão no número das mais belas produções de além-túmulo. Possa ela despertar a simpatia de todos os espíritas por seus irmãos sofredores! Todas as comunicações de *Cárita* são marcadas pelo mesmo cunho de bondade e de simplicidade. Evocada na Sociedade de Paris, disse ter sido Santa Irene, Imperatriz.

Aos espíritas Parisienses que mandaram 500 francos para os pobres de Lyon, obrigada!

"Obrigada a vós, cujo coração generoso soube compreender nosso apelo, e que viestes em auxílio aos irmãos infelizes. Obrigada! Pois a vossa oferta vai cicatrizar muitas feridas, aliviar muitas dores. Obrigada! Pois soubestes adivinhar que esse fruto de ouro que enviastes momentaneamente apaziguará a fome e aquecerá lareiras apagadas durante muito tempo.

Obrigada! Sobretudo porque soubestes disfarçar a boa ação sob a capa do anonimato. Mas se ocultastes o generoso pensamento de serdes úteis aos vossos semelhantes, como a violeta se oculta sob a folhagem, há um juiz, um senhor para o qual vossos corações não têm segredos e que sabe de onde partiu esse orvalho beneficente que veio refrescar mais de uma fronte escaldante, e que afasta a miséria tão temida pelas mães de família. Deus, que tudo vê, conhece o segredo do anônimo e encarregar-se-á de recompensar os que tiveram a inspiração de socorrer as pobres vítimas de circunstâncias independentes de sua vontade. Meus amigos, Deus gosta desse incenso de vossos corações que, sabendo sentir a dor alheia, também sabe como se pratica a caridade. Ele aprecia, sobretudo, esse devotamento e essa abnegação que se encolhe ante um agradecimento pomposo, preferindo abrigar a sua modéstia sob simples iniciais. Mas ele ligou a todas as bênçãos que o vosso socorro vai atrair, o nome do benfeitor porque – bem o sabeis – esses transportes de alegria experimentados pelos corações socorridos sobem para Deus; e como ele vê que esses eflúvios, partidos da gratidão, são o resultado dos vossos benefícios, anota no grande livro do espírito generoso que os fez nascer a recompensa que lhe cabe.

Se vos fosse dado ouvir essas suaves emoções, essas tímidas notas de simpatia, que deixam escapar esses infelizes, à vista da pequena moeda, maná celeste que cai em seu pobre tugúrio; se vos fosse dado ouvir os gritos infantis do pequenino que não compreende que o pão está assegurado por alguns dias, seríeis muito felizes e diríeis: "A caridade é suave e merece que se a pratique". É que – vede – pouca coisa é necessária para transformar lágrimas em alegria, sobretudo em casa do trabalhador que não está habituado a felicidade visitá-lo com frequência. Se essa pobre formiga que recolhe, migalha a migalha, o pão cotidiano encontrar em seu caminho um pão inteiro no momento em que perdia a esperança de dar à família o pão diário, então essa fortuna lhe parece tão incompreensível que, não encontrando expressões para a sua felicidade, solta algumas palavras isoladas, às quais se seguem lágrimas de ternura. Socorrei, pois, os pobres, meus amigos, esses operários que não têm como última esperança senão a morte no hospital ou a mendicidade num canto de rua. Socorrei tanto quanto puderdes, para que, quanto Deus vos reunir, seguindo a extensa avenida que leva ao grande portal, em cujo frontispício estão gravadas as palavras *Amor* e *Caridade,* Deus, reunindo os benfeitores e os beneficiados vos diga a todos: soubestes dar; fostes feliz em receber. Vamos, entrai! Que a caridade que vos guiou vos introduza no mundo radioso que reservo aos que têm como divisa amai-vos uns aos outros."

Cárita

Observação: A quem farão acreditar que foi o demônio quem ditou tais palavras? Em todo o caso, se for o demônio quem impele à caridade, nada se perde em fazê-la.

ENSINOS E DISSERTAÇÕES ESPÍRITAS

A FÉ, A ESPERANÇA E A CARIDADE

(BORDEAUX – MÉDIUM: SRA. CAZEMAJOUX)

A FÉ

Sou a irmã mais velha da Esperança e da Caridade: chamo-me Fé.

Sou grande e forte. Aquele que me possui nem teme o ferro, nem o fogo, é à prova de todos os sofrimentos físicos e morais. Irradio sobre vós com um facho cujos jatos brilhantes se refletem no fundo dos vossos corações e vos comunico a força e a vida. Entre vós dizem que transporto montanhas, mas eu vos digo: venho erguer o mundo, porque o Espiritismo é a alavanca que me deve ajudar. Uni-vos a mim; venho convidar-vos: eu sou a Fé.

Sou a Fé! Moro com a Esperança, a Caridade e o Amor no mundo dos Espíritos Puros. Muitas vezes deixei as regiões etéreas e vim à Terra para vos regenerar, dando-vos a vida do Espírito. Mas, fora os mártires dos primeiros tempos do Cristianismo e alguns fervorosos sacrifícios, de longe em longe, ao progresso da ciência, das letras, da indústria e da liberdade, não encontrei entre os homens senão indiferença e frieza e, tristemente, retomei o meu voo para o céu. Julgais-me em vosso meio. Vos enganais: porque a Fé sem obras é um semblante de Fé. A verdadeira Fé é vida e ação.

Antes da revelação do Espiritismo, a vida era estéril; era uma árvore ressequida pelo raio e que nenhum fruto produzia. Reconhecem-me por meus atos: eu ilumino as inteligências e aqueço e fortifico os corações; afasto para bem longe as influências enganadoras e vos conduzo para Deus pela perfeição do espírito e do coração. Vinde colocar-vos sob minha bandeira; sou poderosa e forte: eu sou a Fé.

Sou a Fé e o meu reino começa entre os homens, reino pacífico, que os tornará felizes no presente e na eternidade. A aurora de meu aparecimento entre vós é pura e serena; seu sol será resplendente e seu ocaso virá docemente embalar a humanidade nos braços de eternas felicidades. Espiritismo! Derrama sobre os homens o teu batismo regenerador. Eu lhes faço um apelo supremo: eu sou a Fé.

Georges, bispo de Périgueux

A ESPERANÇA

Meu nome é Esperança. Sorrio à vossa entrada na vida; sigo-vos passo a passo e não vos deixo senão nos mundos onde para vós se realizam as promessas de felicidade, incessantemente murmuradas aos vossos ouvidos. Sou vossa fiel amiga: não repilais minhas inspirações: eu sou a Esperança.

Sou eu que canto através do rouxinol e que solto aos ecos das florestas essas notas lamentosas e cadenciadas que vos fazem sonhar com o céu; sou eu que inspiro à andorinha o desejo de aquecer os seus amores no abrigo de vossas moradas; brinco na brisa ligeira que acaricia os vossos cabelos; espalho aos vossos pés o suave perfume das flores dos vossos canteiros; e quase não pensais nessa amiga tão devotada! Não a repilais: é a Esperança!

Tomo todas as formas para me aproximar de vós. Sou a estrela que brilha no azul; o quente raio de sol que vos vivifica; embalo as vossas noites com sonhos ridentes; expulso para longe as negras preocupações e os pensamentos sombrios; guio vossos passos para o caminho da virtude; acompanho-vos nas visitas aos pobres, aos aflitos, aos moribundos e vos inspiro palavras afetuosas e consoladoras. Não me repilais: eu sou a Esperança.

Eu sou a Esperança! Sou eu que, no inverno, faço crescer na casca dos carvalhos o musgo espesso com que os passarinhos fazem seus ninhos; sou eu que, na primavera, coroa a macieira e a amendoeira de flores rosas e brancas e as espalho sobre a Terra como uma juncada celeste, que faz aspirar a mundos felizes. Estou convosco principalmente quando sois pobres e sofredores, minha voz ressoa incessantemente aos vossos ouvidos. Não me repilais: eu sou a Esperança.

Não me repilais, porque o anjo do desespero me faz uma guerra encarniçada e se esgota em vãos esforços para junto de vós tomar o meu lugar. Nem sempre sou a mais forte; e quando ele consegue me afastar, vos envolve com suas asas fúnebres, desvia os vossos pensamentos de Deus e vos conduz ao suicídio. Uni-vos a mim para afastar sua funesta influência e deixai-vos embalar docemente em meus braços: porque eu sou a Esperança.

Felícia, filha do médium

A CARIDADE

Eu sou a Caridade; sim, a verdadeira Caridade. Em nada me pareço com a caridade cujas práticas seguis. Aquele que entre vós usurpou o meu nome é fantasista, caprichoso, exclusivo, orgulhoso; venho vos premunir contra os defeitos que, aos olhos de Deus, empanam o mérito e o brilho de suas boas ações. Sede dóceis às lições que o Espírito de verdade vos dá por minha voz. Segui-me, meus fiéis: eu sou a Caridade.

Segui-me. Conheço todos os infortúnios, todas as dores, todos os sofrimentos, todas as aflições que assediam a humanidade. Sou a mãe dos órfãos, a filha dos velhos, a protetora e suporte das viúvas. Curo as chagas infectas; trato de todos os doentes; visto, alimento e abrigo os que nada têm; subo aos mais humildes tugúrios e às mais miseráveis mansardas; bato à porta dos ricos e poderosos porque, onde quer que exista uma criatura humana, há, sob a máscara da felicidade, dores amargas e cruciantes. Oh! Como é grande minha tarefa! Não poderei cumpri-la se não vierdes em meu auxílio. Vinde a mim: eu sou a Caridade.

Não tenho preferência por ninguém. Jamais digo aos que de mim necessitam: tenho os meus pobres; procurai alhures. Ó falsa caridade, quanto mal fazes! Amigos, nós nos devemos a todos. Crede-me: não recuseis assistência a ninguém. Socorrei-vos uns aos outros com bastante desinteresse para não exigir reconhecimento de parte dos que tiverdes socorrido. A paz do coração e da consciência é a suave recompensa de minhas obras: eu sou a verdadeira Caridade.

Ninguém sabe na Terra o número e a natureza de meus benefícios. Só a falsa caridade fere e humilha àqueles a quem beneficia. Evitai esse funesto desvio: as ações desse gênero não têm mérito perante Deus e atraem a sua cólera. Só ele deve saber e conhecer os generosos impulsos de vossos corações, quando vos tornais os dispensadores de seus benefícios. Guardai-vos, pois, amigos, de dar publicidade à prática da assistência mútua; não mais lhe deis o nome de esmola. Crede em mim: eu sou a Caridade.

Tenho tantos infortúnios a aliviar que por vezes tenho o colo e as mãos vazias: venho dizer-vos que espero em vós. O Espiritismo tem como divisa *Amor e Caridade;* e todos os verdadeiros espíritas quererão, no futuro, conformar-se a esse sublime preceito ensinado pelo Cristo há dezoito séculos. Segui-me, pois, irmãos e eu vos conduzirei ao reino de Deus, nosso pai. Eu sou a Caridade.

Adolfo, bispo de Argélia

INSTRUÇÕES DADAS POR NOSSOS GUIAS
SOBRE AS TRÊS COMUNICAÇÕES ACIMA

Meus amigos, vós deveis ter pensado que um de nós havia dado os ensinamentos sobre a fé, a esperança e a caridade. E tínheis razão.

Felizes por ver Espíritos tão elevados vos dando, com frequência, conselhos que vos devem guiar em vossos trabalhos espirituais, não é menor a nossa alegria, suave e pura, quando vimos ajudar a tarefa do vosso apostolado espírita.

Podeis, pois, atribuir ao Espírito de *Georges* a comunicação sobre a Fé; sobre a Esperança, a *Felícia:* aí encontrareis o estilo poético que tinha em vida; e a da caridade a *Dupuch,* bispo de Argélia, que na Terra foi um de seus fervorosos apóstolos.

Ainda teremos que tratar da caridade sob outro ponto de vista. Fá-lo-emos dentro de alguns dias.

ESQUECIMENTO DAS INJÚRIAS

(SOCIEDADE ESPÍRITA DE PARIS – MÉDIUM: SRA. COSTEL)

Minha filha, o esquecimento das injúrias é a perfeição da alma, como o perdão das feridas feitas à verdade é a perfeição do Espírito. A Jesus foi mais fácil perdoar os ultrajes de sua Paixão do que ao último de vós perdoar uma leve zombaria. A grande alma do Salvador, habituada à doçura, nem concebia amargura nem vingança; as nossas, atingidas por ninharias, esquecem o que é grande. Diariamente os homens imploram a Deus o perdão, que desce sobre eles como benéfico orvalho; mas seus corações esquecem essa palavra sem cessar repetida na prece. Em verdade vo-lo digo: o fel interno corrompe a alma: é a pedra enorme que a fixa ao solo e retarda a sua elevação. Quando fordes insultados, entrai em vós mesmos; examinei vosso pecado interior – aquele que o mundo ignora; medi a sua profundidade e curai a vossa miséria. Se, mais grave, a ofensa atingir o coração, lamentai o infeliz que a cometeu, como lamentais o ferido cuja chaga verte sangue: a piedade é devida àquele que aniquila seu ser futuro. No jardim das Oliveiras Jesus conheceu a dor humana; mas ignorou sempre a amargura do orgulho e a pequenez da vaidade: foi encarnado para mostrar aos homens o tipo da beleza moral que lhes devia servir de modelo: não vos afasteis jamais. Amassai as vossas almas como a cera mole e fazei que a vossa argila transformada se torne um mármore imperecível que Deus, o grande escultor, possa assinar.

Lázaro

SOBRE OS INSTINTOS

(SOCIEDADE ESPÍRITA DE PARIS – MÉDIUM: SRA. COSTEL)

Ensinar-te-ei o verdadeiro conhecimento do bem e do mal, que o Espírito confunde com frequência. O mal é a revolta dos instintos contra a consciência, esse tato interior e delicado, que é o tato moral. Quais os limites que o separam do bem, que contorna por toda a parte? O mal não é complexo; é uno e emana do ser primitivo, que quer a satisfação dos instintos à custa do dever. Primitivamente destinado a desenvolver no *homem animal* o cuidado de sua conservação e de seu bem-estar, o instinto é a única origem do mal; porque, persistindo mais violento e mais áspero em certas naturezas, ele as impele a se apoderarem do que desejam ou a concentrar o que possuem. O instinto a que os animais obedecem cegamente, e que é a sua própria virtude, deve ser incessantemente combatido pelo homem que quer elevar-se e substituir o grosseiro utensílio da necessidade pelas armas finamente cinzeladas da inteligência.

Pensas, porém, que nem sempre o instinto é mau e que, por vezes, a humanidade lhe deve sublimes inspirações, como, por exemplo, na maternidade e em certos atos de dedicação, nos quais com presteza e segurança substitui a reflexão. Minha filha, tal objeção é precisamente a causa do erro em que caem os homens prontos a desconhecerem a verdade sempre absoluta nas suas consequências. Sejam quais forem os bons resultados de uma causa má, os exemplos jamais devem levar a concluir contra as premissas estabelecidas pela razão. O instinto é mau, porque é puramente humano e a humanidade não deve pensar senão em se despojar, em deixar a carne para elevar-se ao Espírito. E se o mal contorna o bem, é que o seu princípio muitas vezes tem resultados opostos a si mesmo, e que o fazem desconhecer do homem leviano e arrastado pela sensação. Nada de verdadeiramente bom pode emanar do instinto: um impulso sublime não é devotamento, assim como uma inspiração isolada não é gênio. O verdadeiro progresso da humanidade é a sua luta e o seu triunfo contra a essência mesma de seu ser. Jesus foi enviado à Terra para o provar humanamente. Pôs a descoberto a verdade, bela fonte escondida nas areias da ignorância. Não perturbeis mais a limpidez da linfa divina pelos compostos do erro. E, crede, os homens que não são bons e devotados senão instintivamente, o são maus; porque sofrem uma cega dominação que, de repente, pode precipitá-los no abismo.

Lázaro

Observação: Não obstante o nosso respeito pelo Espírito de Lázaro, que nos tem dado tantas e tão belas páginas, permitimo-nos não concordar com suas últimas proposições. Pode-se dizer que há duas espécies de instintos: o animal e o moral. O primeiro, como diz muito bem Lázaro, é orgânico; é dado aos seres vivos para a sua conservação e a de sua progênie; é cego, quase inconsciente, porque a Providência quis dar um contrapeso à sua indiferença e à sua negligência. Já o mesmo não se dá com o instinto moral, que é privilégio do homem. Pode assim ser definido: *Propensão inata para fazer o bem ou o mal.* Ora, essa propensão é devida ao estado de maior ou menor avanço do Espírito. O homem cujo Espírito já é depurado faz o bem sem premeditação e como uma coisa muito natural, pelo que se admira de ser louvado. Assim, não é justo dizer que "os homens que não são bons e devotados senão instintivamente, o são maus; porque sofrem uma cega dominação que, de repente, pode precipitá-los no abismo". Os que são instintivamente bons e devotados denotam um progresso realizado; nos que o são intencionalmente, o progresso está por se realizar; por isso há trabalho e luta entre os dois sentimentos. No primeiro, a dificuldade está vencida; no segundo, deve ser vencida. O primeiro é como um homem que sabe ler, e lê sem esforço, quase sem se aperceber; o segundo é como o que soletra. Por que um chegou mais tarde, terá menos mérito que o outro?

MEDITAÇÕES FILOSÓFICAS E RELIGIOSAS

DITADAS PELO ESPÍRITO DE LAMENNAIS

(SOCIEDADE ESPÍRITA DE PARIS – MÉDIUM: SR. A. DIDIER)

A CRUZ

Em meio às revoluções humanas, em meio a todos os distúrbios, a todos os desencadeamentos do pensamento, eleva-se uma cruz alta e simples, fixada num altar de pedra. Um menino esculpido na pedra tem nas mãos uma bandeirola, sobre a qual se lê uma palavra: *Simplicitas.* Filantropos, filósofos, deístas e poetas, vinde ler e contemplar essa palavra: é todo o Evangelho, toda a explicação do Cristianismo. Filantropos, não inventeis a filantropia: só existe a caridade; filósofos, não inventeis uma sabedoria: só existe uma; deístas, não inventeis um Deus: só existe um; poetas, não perturbeis o coração do homem. Filantropos, quereis quebrar as cadeias materiais que mantêm cativa a humanidade; filósofos, elevais panteões; poetas, idealizais o fanatismo. Para trás! Sois deste mundo, e o Cristo disse: "Meu reino não é deste mundo". Oh! Sois demasiadamente deste mundo de lama, para compreenderdes essas sublimes palavras; e se algum juiz suficientemente poderoso vos pudesse perguntar: "Sois filhos de Deus"? Vossa vontade morreria no fundo da garganta e não poderíeis responder como o Cristo em face da humanidade: "Vós o dissestes". – "Vós todos sois deuses", disse o Cristo, quando a língua de fogo desce sobre as vossas cabeças e penetra os vossos corações; vós todos sois deuses, quando percorreis a Terra em nome da Caridade; mas sois filhos do mundo quando contemplais os sofrimentos atuais da humanidade e não pensais em seu futuro divino. Homem! Que aquela palavra seja lida por teu coração e não por teus olhos de carne. O Cristo não erigiu um Panteão: elevou uma cruz!

BEM-AVENTURADOS OS POBRES DE ESPÍRITO

As várias ações meritórias para o Espírito após a morte são, principalmente, as do coração, mais que as da inteligência. Bem-aventurados os pobres de Espírito não quer apenas dizer bem-aventurados os imbecis, mas, também, aqueles que, cumulados de dons intelectuais, não os empregaram para o mal, porque é uma arma muito poderosa para arrastar as massas. Contudo, como diz Gérard de Nerval ultimamente[1], a inteligência desconhecida na Terra terá um grande mérito perante Deus. Com efeito, o homem de inteligência poderosa, lutando contra todas as circunstâncias infelizes que vêm assaltá-lo, deve regozijar-se com estas palavras:

"Os primeiros serão os últimos e os últimos serão os primeiros". Isso não se deve entender unicamente na ordem material, mas, também, nas manifestações do Espírito e nas obras da inteligência humana. As qualidades de coração são meritórias, porque as circunstâncias que

---

[1] Alusão a uma comunicação de Gérard de Nerval.

as podem impedir são muito pequenas, muito raras e muito fúteis. A caridade deve brilhar por toda a parte, apesar de tudo, para todos, como o sol para todo o mundo. O homem pode impedir a inteligência do seu próximo de se manifestar, mas nada pode sobre o coração. As lutas contra a adversidade, as angústias da dor podem paralisar os impulsos do gênio, mas não podem parar os da caridade.

A ESCRAVIDÃO

Escravidão! Quando se pronuncia esse nome, o coração sente frio, porque vê à sua frente o egoísmo e o orgulho. Quando um padre vos fala de escravidão, refere-se a essa escravidão da alma, que rebaixa o Espírito do homem e o faz esquecer a sua consciência, isto é, a sua liberdade, Oh! sim, essa escravidão da alma é horrível e diariamente excita a eloquência de muitos pregadores. Mas a escravidão do ilota, a escravidão do negro, que se torna aos seus olhos? Diante dessa questão o sacerdote mostra a cruz e diz: "Esperai!". Com efeito, para esses infelizes é a consolação a oferecer; e ela lhes diz: "Quando vosso corpo for dilacerado pelo chicote e morrerdes de sofrimento, não penseis mais na Terra. Pensai no céu."

Tocamos aqui uma das questões mais graves e terríveis que agitam a alma humana e a lançam na incerteza. Está o negro à altura dos povos da Europa e a prudência humana, ou antes, a justiça humana lhe mostra a emancipação como o meio mais seguro de chegar ao progresso da civilização? Nessa questão os filantropos mostram o Evangelho e dizem: "Jesus falou de escravos?" Não; mas Jesus falou da resignação e disse estas sublimes palavras: "Meu reino não é deste mundo". John Brown, quando eu contemplo teu cadáver na forca, sinto-me tomado de profunda piedade e de admiração entusiasta; mas a razão, essa brutal razão que incessantemente nos arrasta ao *porquê,* nos leva a nos perguntarmos a nós mesmos: "Que teríeis feito após a vitória?".

Allan Kardec

ANO V
MARÇO DE 1862

AOS NOSSOS CORRESPONDENTES

Paris, 10 de março de 1862

Senhores:

Conheceis o provérbio: "Ninguém é preso pelo impossível". É escudado nesse princípio que venho reclamar junto a vós. Há seis meses, com a melhor vontade do mundo, é-me impossível pôr em dia a minha correspondência, que se acumula além de todas as previsões. Estou, assim, na situação de um devedor que procura um arranjo com os credores, sob pena de deixar o cargo. À medida que são pagas algumas dívidas, chegam novas e mais numerosas obrigações, posto o atrasado cresça em vez de diminuir e, no momento, já me encontre ante um passivo de mais de duzentas cartas. Ora, sendo a média diária de dez, não vejo meio de me liberar, se me não concederdes um *sursis* ilimitado.

Longe de mim lamentar-me pelo número de cartas que recebo, pois isto é uma prova irrecusável da extensão da doutrina e em sua maioria exprimem sentimentos que me sensibilizam profundamente e constituem um arquivo de preço inestimável. Aliás, muitas encerram ensinamentos que jamais ficarão perdidos e que, mais cedo ou mais tarde, serão utilizados conforme as circunstâncias, pois são imediatamente classificados por assunto.

Só a correspondência absorveria e ultrapassaria todo o meu tempo; entretanto ela apenas constituiu a quarta parte de minhas obrigações para com a tarefa que empreendi e cujo desenvolvimento eu estava longe de prever no início de minha carreira espírita. Assim, várias publicações importantes se acham paradas por falta de tempo para nelas trabalhar e dos meus guias espirituais acabo de receber um convite premente para me ocupar das mesmas sem demora, deixando tudo o mais por causas urgentes. Forçoso me é, pois, a menos que falhe na realização da obra tão felizmente iniciada, operar uma espécie de liquidação epistolar para o passado e limitar-me, para o futuro, às respostas estritamente necessárias e pedir, coletivamente, aos meus distintos correspondentes, aceitem a expressão de minha viva e sincera gratidão pelos testemunhos de simpatia que me dão.

Entre as cartas que me são dirigidas, muitas encenam pedidos de evocação ou de convite de evocações feitas alhures; muitas vezes pedem informações sobre aptidão para a mediunidade, ou sobre coisas de interesse material. Lembrai o que já disse alhures sobre a dificuldade e, mesmo, sobre os inconvenientes dessas espécies de evocações feitas na ausência das pessoas interessadas – únicas aptas a verificar a sua exatidão e fazer as perguntas necessárias – ao que se deve ajuntar que os Espíritos se comunicam mais facilmente e com melhor vontade aos seus afeiçoados do que a estranhos, que lhes são indiferentes. Por isso, de lado toda consideração relativa às minhas ocupações, não posso atender aos pedidos dessa natureza senão em circunstâncias muito excepcionais e, em todo o caso, jamais no que concerne a interesses materiais. Muitas vezes seriam evitadas uma porção de perguntas se tivessem lido atentamente as instruções a respeito em *O Livro dos Médiuns,* capítulo 26.

Por outro lado, as evocações pessoais não podem ser feitas nas sessões da Sociedade senão quando ofereçam assunto de estudo instrutivo e de interesse geral. Fora disso só se podem fazer em sessões especiais. Ora, para satisfazer a todos os pedidos não bastaria uma sessão diária de duas horas. Além do mais, há que considerar que todos os médiuns, *sem exceção,* que nos dão o seu concurso, o fazem por *mera gentileza* e não admitem outras condições; e como têm as suas próprias obrigações nem sempre estão disponíveis, por maior que seja a boa vontade. Compreendo todo o interesse que cada um liga às questões que lhe dizem respeito e sentir-me-ia feliz se pudesse a todos corresponder. Mas se levar em conta que minha posição me põe em contato com milhares de pessoas, compreender-se-á minha impossibilidade de o fazer. É preciso imaginar que certas evocações não exigem menos de cinco ou seis horas de trabalho, tanto para fazer quanto para as transcrever e passar a limpo, e que todas as que me foram pedidas formariam um volume como *O Livro dos Espíritos.* Aliás, os médiuns se multiplicam diariamente e é raro não encontrar um na família ou entre os conhecidos – quando não se é em pessoa – que é sempre preferível para as coisas íntimas. É uma questão de experimentar em boas condições, das quais a primeira é a de se compenetrar bem, antes de qualquer tentativa, das instruções sobre a prática do Espiritismo, se se quiserem evitar as decepções.

À medida que a doutrina cresce, minhas relações se multiplicam e aumentam os deveres de minha posição, o que me obriga a negligenciar um pouco os detalhes em favor dos interesses gerais, porque o tempo e as forças do homem têm um limite e eu confesso que as minhas, de algum tempo para cá, me vão faltando e não posso ter o repouso que, por vezes, me seria tanto mais necessário quanto sou só para dar conta de tudo.

Rogo-vos, senhores, aceiteis a renovada segurança de meu afetuoso devotamento.

Allan Kardec

OS ESPÍRITOS E O BRASÃO

Entre os argumentos opostos por certas pessoas à doutrina da reencarnação, um há que devemos examinar porque, à primeira vista, parece especioso. Dizem que ela tenderia a romper os laços da família, multiplicando-os; aquele que concentrasse sua afeição sobre o pai, deveria reparti-la por tantos pais quantas as reencarnações. Como, então, uma vez no mundo dos Espíritos, se reconhecer no meio dessa progenitura? Por outro lado, em que se torna a filiação dos antepassados, se aquele que se julga descendente em linha reta de Hugo Capeto ou de Godefroy de Bouillon viveu várias vezes? Se, depois de ter sido um grão-senhor, pode tornar-se um plebeu? Eis, assim, toda uma linhagem derrubada!

Para começar responderemos que de duas uma: ou isso é ou não é. Se for, todas as recriminações pessoais não impedirão que seja, porque, para regular a ordem das coisas, Deus não pede conselho a este ou àquele; do contrário cada um quereria que o mundo fosse regido à sua vontade. Quanto à multiplicidade dos laços de família, diremos que certos pais não têm senão um filho, enquanto outros têm dez, doze e mais. Já se pensou em acusar Deus de os obrigar a dividir a afeição em tantas partes? E esses filhos, que por sua vez têm filhos, tudo isso não forma uma família numerosa, cujo avô ou bisavô se vangloria, em vez de lamentar-se? Vós, que fazeis vossa genealogia remontar a cinco ou seis séculos, uma vez no mundo dos Espíritos, não devereis partilhar a vossa afeição entre todos os vossos ascendentes? Se vos atribuís uma dúzia de avós, então! Tereis o duplo ou o triplo – eis tudo! Mas tendes uma idéia muito mesquinha dos vossos sentimentos afetuosos, pois temeis que não bastem para querer a várias pessoas. Tranquilizai-vos, porém. Vou provar que com a reencarnação vossa afeição será menos dividida do que se não existisse. Com efeito, suponhamos que na vossa genealogia contásseis cinquenta avós, tanto ascendentes diretos quanto colaterais, o que é pouco, se remontardes às cruzadas. Pela reencarnação pode ser que alguns dentre eles voltem várias vezes, e que, assim, em lugar de cinquenta Espíritos que contais na Terra, só encontreis a metade no outro mundo.

Passemos à questão de filiação. Com o vosso sistema chegais a um resultado diferente daquele que esperais. Se não houver preexistência, anterioridade da alma, a alma ainda não viveu; nesse estado de coisas, não tem *nenhuma* relação com *nenhum* dos vossos antepassados. Suponhamos que descendais em linha reta de Carlos Magno. O que é que há de comum entre vós e ele? O que foi que vos transmitiu intelectual e moralmente? Nada, absolutamente nada. Por que vos apegais a ele? Por uma série de corpos que apodreceram todos, destruídos e dispersados; não há nisso por que vos sentirdes orgulhosos. Com a preexistência da alma, ao contrário, podeis ter tido com os vossos antepassados relações reais, sérias e mais lisonjeiras para o amor-próprio. Portanto, sem a reencarnação existe apenas um parentesco corporal, pela transmissão de moléculas orgânicas da mesma natureza que a dos cavalos puro-sangue. Com a reencarnação há um parentesco espiritual. Qual dos dois é melhor?

Certamente objetareis que com a reencarnação um Espírito estranho pode infiltrar-se na vossa linhagem e que, em vez de nela contar apenas gentis-homens, podem-se encontrar sapateiros. É perfeitamente certo: mas isso não quer dizer nada. São Pedro era um pobre pescador. Não seria de uma casa bastante digna que nos fizesse corar por tê-lo em nossa família?

Depois, entre os antepassados de nomes brilhantes, tiveram todos uma conduta muito edificante, a nosso ver a única coisa de que, até certo ponto, nos poderíamos honrar, posto o seu mérito nada tenha com o nosso? Que se perscrute a vida particular desses paladinos, desses grandes barões, que roubavam sem escrúpulos os transeuntes e que, em nossos dias, seriam arrastados à barra do tribunal por seus grandes feitos? De certos grão-senhores para quem a vida de um vilão não valia uma peça de caça pois faziam enforcar um homem como um coelho? Tudo isso eram pecadilhos, que não manchavam brasões. Mas fazer um casamento desigual, introduzir na família um sangue plebeu era um crime imperdoável. Ora, por mais que se faça, quando soar a hora da partida – e soa para os grandes como para os pequenos – terão que deixar na Terra as roupas bordadas e os pergaminhos de nada servirão diante do juiz supremo, que pronuncia esta sentença terrível: *Aquele que se exaltar será humilhado!* Se bastasse descender de qualquer grande homem para ter seu lugar marcado previamente no céu, a gente o compraria barato, pois custava apenas o mérito alheio. A reencarnação dá uma nobreza mais meritória – a única aceita por Deus – a de haver animado uma série de homens de bem. Feliz aquele que puder depor aos pés do Eterno o tributo dos serviços feitos à humanidade em cada uma de suas existências. Porque a soma de seus méritos será proporcional ao número de existências. Mas àquele que apenas puder prevalecer-se da ilustração de seus antepassados, perguntará Deus: "Por que vós mesmos não ilustrastes?".

Um outro sistema poderia, aparentemente, conciliar as exigências do amor-próprio com o princípio da não-reencarnação. É aquele pelo qual o pai não transmitisse ao filho apenas o corpo, mas também uma porção da alma. De tal modo, se descendêsseis de Carlos Magno, vossa alma poderia ter seu tronco na dele. Muito bem. Vejamos, porém, a que consequência chegamos. Em virtude de tal sistema, a alma de Carlos Magno teria o seu tronco na de seu pai e, assim, elo por elo, chegaríamos a Adão. Se a alma de Adão é o tronco de todas as almas do gênero humano, as quais transmitem aos sucessores uma porção de si própria, as almas atuais seriam um produto de fracionamento tal que ultrapassaria todas as subdivisões homeopáticas. Disso resultaria que a alma do pai comum deveria ser mais completa e mais inteira que a dos descendentes. Resultaria, ainda, que Deus teria criado apenas uma alma, que se subdividia ao infinito e, assim, cada um de nós não seria uma criação direta de Deus.

Aliás, tal sistema deixa imenso problema a ser resolvido: o das aptidões especiais. Se o pai transmitisse a seu filho os princípios de sua alma, necessariamente transmitiria suas virtudes e seus vícios, seus talentos e sua inépcia, como lhe transmite certas enfermidades congênitas. Como, então, explicar por que homens virtuosos ou de gênio têm filhos maus ou cretinos e vice versa? Por que uma linhagem seria misturada de bons e de maus? Dizei, ao contrário, que cada alma é individual, que tem existência própria e independente, que progride em virtude de seu livre-arbítrio, por uma série de existências corporais, em cada uma das quais adquire algo de bom e deixa algo de mau, até que tenha atingido a perfeição – e tudo se explica, tudo se acomoda à razão, à justiça de Deus, mesmo em proveito do amor-próprio.

O Sr. Salgues, de Angers, de quem falamos no número passado, não é partidário da reencarnação. Desde o aparecimento de *O Livro dos Espíritos* escreveu-nos uma longa carta, na qual combate essa doutrina com argumentos baseados na sua incompatibilidade com os laços de família. Nessa carta, datada de 18 de setembro de 1857, dá-nos a sua genealogia, que remonta aos carolíngios e pergunta em que se tornará essa gloriosa filiação, com a mistura de Espíritos pela reencarnação. Dela extraímos a seguinte passagem:

"Mas para que serviriam os quadros genealógicos? Tenho o meu *completo, regular:* de um lado, desde os antepassados de Carlos Magno, e, do outro desde a filha do emir Muza, um dos descendentes abassidas de Maomé, décima geração por seu casamento com Garcia, príncipe de Navarra, pai, com ela, de Garcia Ximenes, rei de Navarra; e, enfim, essa genealogia continuou, por meio de alianças, por soberanos de quase todas as cortes da Europa, até a época de Afonso VI, rei de Castela, depois nas casas de Comminges, de Lascaris Vintimille, de Montmorency, de Turenne e, finalmente, dos condes e senhores Pelhasse de Salgues, no Languedoc. Tudo isso se pode verificar na *Arte de verificar as datas,* os Beneditinos de Saint-Maur no *Dicionário da nobreza da França,* no *Armorial,* no Padre Anselmo, Noreri, etc. Mas se não nos ligamos aos nossos pais senão pela matéria carnal, que recebeu o nosso Espírito, não há em toda a parte lacunas e soluções de continuidade? É um caminho traçado na areia, que se perde em milhares de direções. Então que nos seja permitido crer que se o Espírito não se transmite, a alma é para o homem o que o aroma é para a flor. Ora, Swedenborg não diz nos Arcanos que nada se perde na natureza? E que o aroma das flores reproduz novas flores em outras regiões, que não aquela de onde saiu? É, pois, pela alma, que não é Espírito, que talvez existisse uma cadeia semi-espiritual das gerações. Se tivesse contentado ao meu Espírito saltar oito ou dez gerações de vez em quando, onde poderia reconhecer meus antepassados?"

Como se vê, o Sr. Salgues não se apega senão à procedência do corpo. Como, porém, conciliar as relações de Espírito a Espírito com a não-preexistência da alma? Se, nessa filiação, entre eles houvesse relações necessárias, como o descendente de tantos soberanos seria hoje um simples proprietário anjuvino? Aos olhos do mundo não é uma regressão? Não pomos em dúvida a autenticidade de sua genealogia – e o felicitamos por ela, desde que isso lhe dá prazer – mas diremos que o prezamos mais por suas virtudes pessoais do que pelas dos antepassados.

A autoridade de Swedenborg é nisto muito contestável, quando atribui ao aroma a reprodução das flores. Esse óleo essencial, volátil, que lhe dá o aroma, jamais teve a faculdade reprodutora, que reside unicamente no pólen. Falta justeza à comparação. Porque se a alma apenas se descora, por seu perfume, sobre a alma que lhe sucede, não a cria: contudo, deveria transmitir-lhe suas próprias qualidades e, em tal hipótese, não vemos por que o descendente de Carlos Magno não teria enchido o mundo com o brilho de suas ações, enquanto que Napoleão descende de Carlos Magno, ou melhor, que foi Carlos Magno, que veio no século dezenove continuar a obra começada no oitavo, e a gente compreenderá. Mas com o princípio da unicidade de existência nada liga Carlos Magno aos seus descendentes, houve tantos homens nulos e indignos e por que Napoleão é um gênio maior do que seus obscuros antepassados? Faça-se o que se fizer, sem a reencarnação, a gente se bate, a cada passo, contra dificuldades insolúveis, que só a preexistência da alma resolve de maneira ao mesmo tempo simples, lógica e completa, porque dá a razão de tudo.

Outra questão. Um fato conhecido é que as famílias se abastardam e degeneram quando as alianças não saem da linha direta. Dá-se nas raças humanas o mesmo que nas raças animais. Por quê, então, a necessidade de cruzamentos? Em que se torna, então, a unidade do tronco? Não há aí uma mistura de Espíritos, uma intrusão de Espíritos estranhos à família?

Um dia abordaremos esse grave problema, com todos os desenvolvimentos que o assunto comporta.

PALESTRAS DE ALÉM-TÚMULO

SR. JOBARD

Depois de morto, o Sr. Jobard comunicou-se várias vezes na Sociedade, em sessões a que, como diz, assiste quase sempre. Antes de as publicar, preferimos esperar ter uma série delas, formando um conjunto que permitisse melhor apreciá-las. Tínhamos a intenção de o evocar na sessão de 8 de novembro, mas ele previu o nosso desejo e manifestou-se espontaneamente. (Veja-se o seu necrológio, publicado na *Revista Espírita* de dezembro último).

DITADO ESPONTÂNEO

(SOCIEDADE ESPÍRITA DE PARIS, 8 DE NOVEMBRO DE 1861 – MÉDIUM: SRA. COSTEL)

Eis-me aqui – eu, que ides evocar e que quero manifestar-me para começar, por este médium, que em vão, até agora, solicitei.

Para começar, quero contar minhas impressões no momento da separação de minha alma. Senti um abalo estranho; de repente lembrei-me de meu nascimento, de minha juventude, de minha idade madura. Toda a minha vida avivou-se claramente em minha memória. Experimentava um piedoso desejo de encontrar-me nas regiões reveladas por nossa querida crença. Depois todo esse tumulto se acalmou. Eu estava livre e meu corpo jazia inerte. Ah! Meus caros amigos, que embriaguês desvencilhar-se do peso do corpo! Que ebriez abarcar o espaço! Não creiais, porém, que de repente me tenha tornado um eleito do Senhor: não, estou entre os Espíritos que, tenho aprendido pouco, muito devem ainda aprender. Não demorei a me lembrar de vós, *meus irmãos no exílio* e, vo-lo asseguro, toda a minha simpatia, todos os

MARÇO DE 1862

meus votos vos envolveram. Tive logo o poder de me comunicar e o teria feito por esta médium, que receia ser enganada. Que ela sossegue: nós a amamos.

Quereis saber quais os Espíritos que me receberam? Quais as minhas impressões? Meus amigos foram todos os que nos evocamos, todos os irmãos que participaram dos nossos trabalhos. Vi o esplendor, mas não o posso descrever. Apliquei-me em distinguir o que era verdadeiro nas comunicações, pronto a corrigir todas as asserções errôneas; enfim, pronto para ser o cavaleiro da verdade no outro mundo, como o fui no vosso. Assim, falaremos muito e isto não passa de um preâmbulo para mostrar à cada médium meu desejo de ser evocado por ela e a vós minha boa vontade virá responder as perguntas que me ireis dirigir.

Jobard

PALESTRA

1.– Em vida tínheis recomendado que vos chamássemos quando houvésseis deixado a Terra. Fazemo-lo, não só para satisfazer o vosso desejo, mas, sobretudo, para vos renovar o testemunho de nossa simpatia muito viva e muito sincera e, também no interesse de nossa instrução, porque, melhor do que nós, estais em condição de nos dar ensinamentos precisos sobre o mundo onde vos encontrais. Assim, seríamos felizes se quisésseis responder às nossas perguntas. R – A essa hora o que mais importa é a vossa instrução. Quanto à vossa simpatia, eu a vejo e não a compreendo mais apenas pelos ouvidos – o que constitui um progresso.

2. – Para fixar ideias e não falar vagamente e, também, para instrução das pessoas estranhas à sociedade, mas presentes à sessão, perguntaríamos, para começar, em que lugar estais aqui e como nós vos veríamos, se o pudéssemos? R – Estou perto da médium. Ver-me-íeis com a aparência do Jobard que se sentava à vossa mesa, porque os vossos olhos mortais não descerrados veem os Espíritos na aparência mortal.

3. – Teríeis a possibilidade de vos tornardes visível para nós? Senão o podeis, que é que o impede? R – A disposição que vos é inteiramente pessoal. Um médium vidente me veria; os outros não me veem.

4. – Este lugar é o que ocupáveis em vida, quando assistíeis às

sessões e que vos tínhamos reservado. Os que vos viram, devem imaginar que vos veem tal qual éreis então. Se aí não estais com o corpo material, estais com o corpo fluídico, que tem a mesma forma; se não vos vemos com os olhos do corpo, vemos com os do pensamento; se não vos podeis comunicar pela palavra, podeis fazê-lo pela escrita, auxiliado por um intérprete. Nossas relações convosco não são, pois, interrompidas pela vossa morte e podemos conversar convosco tão fácil e completamente como outrora. As coisas são mesmo assim? R – Sim; e o sabeis há longo tempo. Este lugar eu o ocuparei muitas vezes, mesmo sem o perceberdes, porque o meu Espírito habitará entre vós.

5. – Não há muito tempo estáveis sentado neste mesmo lugar. As condições em que agora estais vos parecem estranhas? R – Elas não me parecem estranhas, pois não senti perturbação e meu Espírito desencarnado desfruta de uma clareza que não deixa na sombra nenhuma das questões que encara.

6. – Lembrai-vos de haver estado nas mesmas condições antes de vossa última existência anterior e encontrais algo mudado? R – Lembro-me de minhas existências anteriores e acho que estou melhorado. Vejo e assimilo o que vejo. Quando de minhas encarnações precedentes, Espírito perturbado, não percebia senão lacunas terrenas.

7. – Lembrai-vos de vossa penúltima existência, a que precedeu o Sr. Jobard? R – Em minha penúltima existência fui um mecânico, roído pela miséria e pelo desejo de aperfeiçoar o meu trabalho. Como Jobard, realizei os sonhos do pobre operário e louvo a Deus, cuja bondade infinita fez germinar a planta cuja semente havia depositado em meu cérebro.

(11 DE NOVEMBRO – SESSÃO PARTICULAR – MÉDIUM: SRA. COSTEL)

8. – *Evocação.* R – Aqui estou, encantado por ter a oportunidade de te falar (à médium) e a vós também.

9. – Parece-nos que tendes um fraco pela médium. R – Não me censureis: foi preciso que me tornasse Espírito para o testemunhar.

10. – Já vos comunicastes alhures? R – Pouco me comuniquei. Em muitos lugares um Espírito toma o meu nome. Por vezes eu estava presente, mas não podia manifestar-me diretamente. Minha morte é

tão recente que ainda sofro certas influências terrenas. É preciso uma simpatia perfeita para que possa exprimir meu pensamento. Em pouco tempo agirei indistintamente. Por ora – repito – não posso. Quando morre um homem um pouco conhecido, chamam-no de todos os lados; milhares de Espíritos se apressam em revestir-se de sua individualidade. Foi o que me aconteceu em muitas circunstâncias. Asseguro-vos que logo depois da libertação poucos Espíritos podem comunicar-se, mesmo por um médium preferido.

11. – Vossas ideias se modificaram um pouco de sexta-feira para cá? R – São absolutamente as mesmas de sexta-feira. Pouco me ocupei das questões puramente intelectuais, no sentido em que as compreendeis. Como o poderia eu, deslumbrado, arrastado pelo maravilhoso espetáculo que me cerca? O mais poderoso elo do Espiritismo, que vós homens não podeis conceber, só pode atrair meu ser para a Terra que abandono não com alegria, pois seria impiedade, mas com profundo reconhecimento pela libertação.

12. – Vedes os Espíritos que aqui estão convosco? R – Vejo, principalmente *Lázaro* e *Erasto;* depois, mais afastado, o *Espírito de Verdade,* planando no espaço; depois uma multidão de Espíritos amigos que vos cercam, agradecidos e benevolentes. Sede felizes, amigos, porque boas influências vos disputam as calamidades do erro.

13. – Ainda uma pergunta, por favor. Conheceis as causas de vossa morte? R – Não me faleis disso ainda.

Observação: Diz a Sra. Costel ter recebido em casa uma comunicação, pela qual lhe anunciavam que o Sr. Jobard tinha morrido porque queria ultrapassar o limite atualmente assinado ao Espiritismo. Assim, sua partida teria sido precipitada por esse motivo. O Sr. Jobard em pessoa ainda não se pronunciou a respeito. Várias outras comunicações parecem corroborar a opinião acima. Mas o que ressalta de certos fatos é uma espécie de mistério sobre as verdadeiras causas de sua morte precipitada que, ao que se diz, mais tarde será explicada.

(SOCIEDADE, 22 DE NOVEMBRO DE 1861)

14. – Quando vivo, éreis de opinião que a formação da Terra se dera pela incrustação de quatro planetas, que se haviam soldado. Ainda sois da mesma opinião? R – É um erro. As novas descobertas geológi-

cas provam as convulsões da Terra e a sua formação sucessiva. Como os outros planetas, a Terra teve vida própria, e Deus não necessita dessa grande desordem ou dessa agregação de planetas. A água e o fogo são os únicos elementos orgânicos da Terra.

15. – Também pensáveis que os homens podiam entrar em catalepsia por um tempo indeterminado e que dessa maneira o gênero humano tinha sido trazido à Terra. R – Ilusão de minha imaginação, que excedia os limites. A catalepsia pode ser longa, mas não indefinida. Tradições, lendas ampliadas pela imaginação oriental. Meus amigos, já sofri muito ao repassar essas ilusões com que alimentei o meu Espírito. Não vos enganeis mais. Aprendi muito e – posso dizê-lo – minha inteligência, pronta para abarcar esses vastos e diversos estudos, tinha guardado da última encarnação o amor ao maravilhoso e ao composto tirado da imaginação popular.

(BORDEAUX, 24 DE NOVEMBRO DE 1861 –
MÉDIUM: SRA. CAZEMAJOUX)

16. – *Evocação*. R – Então, vamos sempre recomeçar? Ora, que quereis? Eis me aqui.

17. – Acabamos de saber de vossa morte. Como um dos campeões de nossa doutrina, quereríeis responder a algumas perguntas? R – Bom, eu não sei bem com quem estou; mas os Espíritos me dizem que esta médium recebeu algumas mensagens publicadas na *Revista* e que me agradaram. É necessário que eu agora retribua. Não há muito que me ausentei da Terra; depois de alguns anos lá voltarei para retomar o curso da missão que aí deveria cumprir, pois ela foi parada pelo anjo da libertação.

18. – Falais da missão que tínheis a realizar na Terra. Podeis dá-la a conhecer? R – Missão de progresso intelectual e moral em estado de germe. A doutrina ou Ciência Espírita contém os elementos fecundos que devem desenvolver, fazer crescer e amadurecer as modernas ideias de liberdade, de unidade e de fraternidade. Por isso não se deve temer de lhe dar um vigoroso impulso, que a fará transpor os obstáculos com uma força que nada poderá dominar.

19. – Marchando mais rápido que o tempo não é de temer prejudicar a doutrina? R – Derrubaríeis os seus adversários. Vossa lentidão

lhes deixa ganhar terreno. Não gosto do passo lerdo e pesado da tartaruga: prefiro o voo audacioso do rei dos ares.

Observação: Isso é um erro. Os partidários do Espiritismo ganham terreno diariamente, enquanto os adversários o perdem. O Sr. Jobard é sempre entusiasta: não compreende que com a prudência se chega ao fim com mais segurança, enquanto que se atirando aos obstáculos de cabeça baixa, a gente se arrisca a comprometer a causa.

Allan Kardec

20. – Então, como explicar os desígnios de Deus vos arrancando da Terra de maneira tão súbita, se em vós tinha um instrumento necessário à marcha rápida da humanidade para o progresso moral e intelectual? R – Oh! Que alavanca seria uma parte dos espíritas com as minhas ideias! Mas não: o medo os paralisa.

21. – Podeis explicar os desígnios de Deus vos chamando antes do término de vossa missão? R – Não me aborreci: vejo e aprendo para estar mais forte quando soar a hora da luta. Redobrai de fervor e de zelo pela nobre e santa causa da humanidade. Uma só existência não basta para ver resolver-se a crise que deve transformar a sociedade; e muitos dentre vós, que preparais os caminhos, revivereis depois de algum tempo, para ajudar novamente a obra santa e abençoada. Disse-vos o bastante por esta noite, não? Mas estou à vossa disposição: voltarei porque sois um bom e fervoroso adepto. Adeus. Quero assistir esta noite a sessão do nosso caro mestre Allan Kardec.

22. – Não respondestes à minha pergunta sobre os desígnios de Deus, chamando-vos antes do término de vossa missão. R – Nós somos instrumentos próprios para ajudar os desígnios. Ele nos quebra à sua vontade e nos põe de novo em cena quando julga útil. Submetamo-nos, pois, aos Seus desígnios sem querer aprofundá-los, porque ninguém tem o direito de rasgar o véu que aos Espíritos oculta os decretos imutáveis. Até logo!

Jobard

(PASSY, 20 DE DEZEMBRO DE 1861 – MÉDIUM: SRA. DOZON)

23. – *Evocação*. R – Sei porque me evocais. Nada sou para vós e nada vos devo. Também nada responderei sem o *Espírito de Verda-*

de, que me diz que foi Kardec quem vos pediu que me chamásseis. Bom! Eis-me aqui. Que vos devo dizer?

24. – O Sr. Allan Kardec realmente nos pediu que vos evocásse-mos, com o fito de controlar diversas comunicações vossas, comparando umas às outras. É um estudo, e esperamos que vos presteis a isso, no interesse da Ciência Espírita, descrevendo a vossa situação e as vossas impressões desde que deixastes a Terra R – Eu não estava certo de tudo na vida terrena. Começo a saber. Minhas ideias, depurando-se da perturbação, chegam a uma nova claridade e, desde já, volto dos erros de minhas crenças. Isso é uma graça da bondade de Deus, mas um pouco tardia. O Sr. Allan Kardec não tinha uma simpatia total por meu Espírito, e assim devia ser. Ele é positivo na sua fé. Eu sonhava e rebuscava, ao lado da realidade. Não sei ao certo o que eu queria a não ser uma vida melhor que a que tinha. O Espiritismo me veio mostrá-la e o mais esclarecido dos espíritas me ergueu o véu da vida dos Espíritos. Foi *A Verdade* quem o inspirou; *O Livro dos Espíritos* me fez uma verdadeira revolução na alma e um bem impossível de descrever. Mas houve em meu Espírito dúvidas sobre muitas coisas, que hoje se me apresentam sob uma luz completamente outra. Disse no começo de minha comunicação: desembaraçando-se da perturbação, o Espírito mostra o que eu não via. O Espírito se afasta; seu desprendimento ainda não é total; entretanto já se comunicou várias vezes. Mas – coisa original, ao menos para vós! – é a mudança que se faz aos olhos dos evocadores nas comunicações do Espírito de Jobard.

Em seguida a mesma médium recebeu a seguinte mensagem espontânea:

"Jobard era um Espírito pesquisador, querendo subir, subir sempre. As ideias espíritas lhe pareciam um panorama muito acanhado. Jobard representava *o espírito de curiosidade.* Queria saber, saber sempre. Essa necessidade, essa sede o empurraram a pesquisas que ultrapassavam os limites daquilo que Deus quer que saibais: não tenteis, pois, arrancar o véu que cobre os mistérios de seu poder! Jobard levou as mãos à arca e foi fulminado. Isso é um ensinamento. Buscai o Sol, mas não tenhais a audácia de o fixar, pois ficaríeis cegos. Deus não vos dá bastante, enviando-vos os Espíritos? Deixai, pois, à morte o poder que Deus lhe concedeu; o de levantar o véu àquele que o merece. Então podereis olhar a Deus, Sol dos céus, sem serdes enceguecido nem fulminado pelo poder que vos diz: "Não vades mais adiante!" Eis o que vos devo dizer.

A Verdade

(SOCIEDADE, 3 DE JANEIRO DE 1862 – MÉDIUM: SRA. COSTEL)

Nota: O Sr. Jobard manifestou-se várias vezes em casa do Sr. e Sra. P., membros da Sociedade. Uma vez ele se mostrou espontaneamente, e sem que tivesse pensado nele, a uma sonâmbula, que o descreveu de maneira muito exata e disse o seu nome, posto nunca o tivesse conhecido. Estabeleceu-se uma conversa entre ele e o Sr. P., por intermédio da sonâmbula. Ele lembrou várias particularidades que nenhuma dúvida deixavam quanto à sua identidade. Uma coisa, sobretudo, os tinha chocado: é que, na única ocasião que tiveram de o ver na Sociedade, durante quase toda a sessão tinha os olhos fixos neles, como se procurasse neles pessoas conhecidas. O fato tinha sido esquecido e o Espírito do Sr. Jobard o recordou por intermédio da sonâmbula. O casal jamais tinha tido contato com ele em vida e desejava saber o motivo da simpatia que lhe parecia demonstrar. A esse respeito ele ditou a seguinte comunicação:

"Incrédulo! Tu tinhas necessidade dessa confirmação da sonâmbula para acreditar em minha identidade! Ingrato! Esqueceste-me durante muito tempo sob o pretexto de que outros se recordam mais. Mas deixemos as censuras e falemos. Abordemos o assunto para o qual fui evocado. Posso explicar facilmente porque minha atenção se havia fixado, à vista do casal que me era estranho, mas que uma espécie de instinto, de segurança da vista, de presciência me levava a reconhecer. Depois de minha libertação vi que nos havíamos conhecido precedentemente e eu voltei para eles – é o termo.

Começo a viver espiritualmente, mais em paz e menos perturbado pelas evocações através das ocasiões que chovem sobre mim. A moda domina, mesmo entre os Espíritos. Quando a moda Jobard ceder o lugar a outro e eu entrar no nada do esquecimento humano, então pedirei aos amigos sérios – e com isso me refiro às inteligências que não esquecem – eu lhes pedirei que me evoquem. Então esgotaremos questões tratadas muito superficialmente, e o vosso Jobard, completamente transfigurado, vos poderá ser útil, o que ele deseja de todo o coração."

Jobard

(À médium, Sra. Costel) – Volto. Desejas saber porque manifesto preferência por ti. Quando eu era mecânico, tu eras poeta. Eu te conheci no hospital onde morreste, senhora!

Jobard

(MONTREAL, CANADÁ, 19 DE DEZEMBRO DE 1861)

O Sr. Henri Lacroix nos escreve de Montreal que havia dirigido três cartas ao Sr. Jobard, mas este só havia recebido duas. A terceira chegou demasiado tarde. Ele só responde à primeira. Tendo sabido de sua morte pelos jornais, o Sr. Lacroix recebeu comunicações de vários Espíritos, assinadas Voltaire, Volney, Franklin, garantindo que a notícia era falsa e que o Sr. Jobard passava bem. A *Revista Espírita* veio remover as dúvidas, confirmando o acontecimento. Foi então que o Espírito do Sr. Jobard, ao ser evocado, deu a comunicação abaixo, cuja exatidão o Sr. Lacroix nos pede que controlemos.

"Meu caro mestre, eu morri, como dizeis. Não estou morto, pois vos falo. Aqueles que se encarregaram de vos dizer que eu não era finado, certamente quiseram pregar-vos uma peça. Não os conheço ainda, mas os conhecerei e saberei por que motivo agiram assim. Escrevei a Kardec e eu vos responderei. Penso que não poderei responder pela prancheta. Em todo o caso, tentai e farei o que puder. As vossas duas cartas, que recebi, *contribuíram fortemente para me causar a morte*. Mais tarde sabereis como."

Jobard

Evocado a respeito, a 10 de janeiro, na Sociedade de Paris, o Sr. Jobard respondeu que se reconhecia como autor da comunicação. Mas que o suposto retrato, feito a seguir, nem era *ele,* nem *dele,* o que acreditamos sem esforço, pois não se parece com ele absolutamente.

P – Como puderam contribuir para a vossa morte as duas cartas recebidas? R – Não posso nem quero dizer senão que a leitura dessas duas cartas após a refeição determinou a congestão que me levou, ou se preferis, me libertou.

Observação: Enquanto o médium escrevia essa resposta, e antes que a mesma fosse lida, outro médium recebeu de seu guia particular a seguinte resposta:

"Explicação difícil que não dará em detalhes. Há coisas que Jobard não pode dizer aqui."

P – O Sr. Lacroix deseja saber por que vários espíritos vieram espontaneamente desmentir a notícia de vossa morte. R – Se ele tivesse prestado mais atenção, facilmente teria descoberto a intrujice. Quantas vezes será necessário repetir que devemos desconfiar, quase que absolutamente, das comunicações espontâneas a propósito de um fato, afirmando ou negando redondamente! Os Espíritos só enganam aos que se deixam enganar.

Observação: Durante essa resposta, outro médium escreveu o seguinte: "Espíritos que gostam de tagarelar sem preocupações com a verdade. Há Espíritos que são como os homens: recebem uma notícia e afirmam-na ou a negam com a mesma facilidade."

É evidente que os nomes que assinaram o desmentido da morte do Sr. Jobard são apócrifos. Para o reconhecer, bastava considerar que Espíritos como Franklin, Volney e Voltaire ocupam-se de coisas sérias e que detalhes dessa espécie são incompatíveis com o seu caráter. Isso só deveria inspirar a dúvida quanto à sua identidade e, conseguintemente, quanto à veracidade das comunicações. Nunca seria demais repetir: só um estudo prévio, completo e atento da Ciência Espírita pode dar meios de desmascarar as mistificações de Espíritos enganadores, a que se expõem todos os noviços sem a necessária experiência.

P – Respondestes apenas à primeira carta do Sr. Lacroix. Ele deseja uma resposta das duas outras e, principalmente, da terceira que, como diz, tinha um cunho particular, que só por vós seria compreendida. R – Ele a terá mais tarde. No momento não o posso. Seria inútil a provocar; do contrário ele poderia estar certo de que a resposta não seria minha.

(SOCIEDADE ESPÍRITA DE PARIS, 21 DE FEVEREIRO DE 1862 – MÉDIUM: SENHORINHA ESTEFÂNIA)

Quando foi aberta a subscrição pela Sociedade, em favor dos operários de Lyon, um sócio lançou 50 francos, dos quais 25 por sua conta e 25 em nome do Sr. Jobard. Este último deu a seguinte comunicação:

Ainda uma vez vou responder, meu caro Kardec. Estou sensibilizado e reconhecido por não ter sido esquecido entre os meus irmãos espíritas. Obrigado ao coração generoso que vos levou a oferta que eu teria feito, se ainda vivesse no vosso mundo. Naquele onde agora estou não há necessidade de moeda. Assim, foi preciso tirá-la da bolsa da amizade para dar provas materiais de que estava tocado pelo infortúnio dos meus irmãos de Lyon. Bravos trabalhadores que ardentemente cultivais a vinha do Senhor, quanto deveis crer que a caridade não é uma palavra vã, pois que pequenos e grandes vos demonstraram simpatia e fraternidade! Estais na grande via humanitária do progresso. Possa Deus aí vos manter e possais vós ser mais felizes. Os Espíritos amigos vos sustentarão e triunfareis!

Jobard

SUBSCRIÇÃO PARA UM MONUMENTO AO SR. JOBARD

Tendo os jornais anunciado uma subscrição para a construção de um monumento ao Sr. Jobard, o Sr. Allan Kardec comunicou à Sociedade na sessão de 31 de janeiro último, acrescentando do que se propunha falar na *Revista,* mas que tinha achado melhor adiar o anúncio dessa subscrição, pois contava com poucas possibilidades, se se pensasse que melhor seria levar pão aos vivos que pedras aos mortos.

Interrogado sobre o que pensava, o Sr. Jobard respondeu:

"Certamente. Mas refleti: quereis saber se gosto de estátuas. Para começar, dai o vosso dinheiro aos pobres; e se, por acaso nos bolsos dos vossos coletes tiverem ficado algumas moedas de 5 francos, mandai erigir uma estátua. Isso sempre dará para um artista viver."

Em consequência a sociedade receberá os donativos que para tanto lhe forem feitos e depositará as quantias na caixa do jornal *La Proprieté Industrielle,* rue Bergère, 21, onde foi aberta a subscrição.

CARRÈRE – VERIFICAÇÃO DE IDENTIDADE

Como se sabe, uma das dificuldades do Espiritismo é a identificação dos Espíritos que se manifestam; e os meios empregados para a verificação muitas vezes conduzem a resultados negativos. A respeito as melhores provas são as da espontaneidade das comunicações. Posto estas não sejam raras, quando são bem caracterizadas, é bom constatar, para a própria satisfação, e como estudo e, mais ainda, para responder às objeções dos que lhes negam a possibilidade, naturalmente porque, ou se conduziram mal, ou não tiveram êxito ou porque têm ideias preconcebidas. Repetiremos o que temos dito alhures, que a identidade dos Espíritos que viveram em eras remotas é mais ou menos impossível de verificar e que aos nomes se deve ligar apenas uma importância relativa. Aquilo que eles dizem é bom ou mau, racional ou lógico, digno ou indigno do nome que subscreve? Eis toda a questão. Já não é o mesmo com os Espíritos contemporâneos, cujo caráter e hábitos nos são conhecidos e que podem provar a sua identidade por particularidades e detalhes, que raramente se conseguem quando se lhos pedem e que é preciso saber esperar. Tal é o fato contado nesta carta:

"Bordeaux, 25 de janeiro de 1862.

Meu caro Sr. Kardec.

Sabeis que temos o hábito de vos submeter todos os nossos trabalhos, aceitando inteiramente as vossas luzes e a vossa experiência para os apreciar. Assim, quando para nós se trata de casos de chocante identidade, limitamo-nos a vo-los expor em todos os detalhes.

O Sr. Guipon, chefe da contabilidade da Companhia de Estradas de Ferro do Sul, membro do grupo dirigente da Sociedade Espírita desta cidade, escreve-me, em data de 14 do corrente, a carta que se segue:

Meu caro Sr. Sabô,

Permita lhe dirija o pedido de, em sessão, evocar o Espírito de Carrère, sub-chefe de turma da estação de Bordeaux, morto no comando de uma manobra a 18 de dezembro último. Junto em envelope separado os detalhes dos fatos que desejo sejam constatados e que, penso, seriam para nós sério assunto de estudo e de instrução. Ficaria muito agradecido se o envelope só fosse aberto após a evocação."

L. Guipon

A 18 do mesmo mês, em uma reunião de pessoas distintas de nossa cidade, cerca de doze, fizemos a evocação pedida.

1. – Evocação do Espírito de Carrère. R – Eis-me aqui.

2. – Qual a vossa posição no mundo dos Espíritos? R – Nem sou feliz nem infeliz. Aliás estou muitas vezes na Terra: mostro-me a alguém que não fica muito contente por me ver.

3. – Com que fito vos mostrais a essa pessoa? R – Ah! Bem. Eu

ia morrer. Tinha medo e tinham medo por mim. Em toda a parte procuravam um Cristo para me ajudar a transpor a difícil passagem da vida à morte, *e a pessoa a quem me mostro tinha um, mas recusou-se a emprestar,* para que o pusessem sobre os meus lábios moribundos e o depositassem entre as minhas mãos como um penhor de paz e amor. Ora! Ela terá que me ver muitas vezes *em volta do Cristo;* aí me verá sempre. Agora eu me vou. Sinto-me mal aqui: deixa-me partir. Adeus.

Imediatamente após a evocação abri o envelope selado, que continha os seguintes detalhes:

"Quando da morte de Carrère, sub-chefe de turma em Bordeaux, morto a 18 de dezembro último, o Sr. Beautey, chefe da estação P. V., mandou transportar o corpo para a estação de passageiros e mandou que um homem da turma fosse à sua casa, pedir à Sra. Beautey um Cristo para colocar sobre o cadáver. Essa senhora respondeu que o Cristo estava quebrado e, assim, não o podia emprestar.

A 10 de janeiro corrente a Sra. Beautey confessou a seu marido que o Cristo que ela recusara não estava quebrado, mas não tinha querido emprestá-lo para não experimentar as emoções consequentes a um acidente semelhante, ocorrido mais ou menos nas mesmas condições. Acrescentou que jamais o recusaria a um morto e assim se justificou: 'Durante toda a noite da morte daquele homem, ele ficou visível para mim; durante muito tempo eu o vi, colocado em volta ao Cristo, depois ao seu lado'.

A Sra. Beautey, que nunca tinha visto nem ouvido falar daquele homem, o descreveu tão exatamente ao seu marido que este o reconheceu como se tivesse estado presente. Aliás, não é a primeira vez que, em vigília, a Sra. Beautey vê Espíritos. Fortemente impressionada, ao ver o Espírito de Carrère, isso não lhe acontecia ao ver outros Espíritos. (ass.) Guipon."

Segue-se isto:

"Julguei dever relatar o caso de identidade, que acabo de expor, aliás raro e que certamente ocorreu com a permissão de Deus, que se serve de todos os meios para ferir a incredulidade e a indiferença.

Se julgardes útil publicar o interessante episódio, encontrareis adiante as assinaturas das pessoas presentes à sessão. Elas pedem que vos diga que os seus nomes podem ser publicados; que conservar o incógnito nessa circunstância seria um erro. Os nomes próprios que figuram nos minuciosos detalhes da evocação de Carrère também podem ser publicados.

Vosso servo dedicado,"

A. Sabô

Atestamos que os detalhes relatados na presente carta são inteiramente verdadeiros e não hesitamos em os confirmar com a nossa assinatura.

A. Sabô chefe da Contabilidade da Cia. de Estradas de Ferro do Sul, 13, rue Berennes. – *Ch. Collignon,* Capitalista, 12, rue Sauce. – *Emilie Collignon,* capitalista. – *L'Angle,* empregado das contribuições indiretas, 28, rue Pèlegrin. – Viúva Cazemajoux. – *Guipon,* inspetor da contabilidade e da receita das Estradas de Ferro do Sul, 119, chemin de Bègles. – *Ulrichs,* negociante, 17, rue des Chartrons. – *Chain,* negociante – *Jouanni,* empregado do Sr. Arman, construtor de navios, 26, rue Capenteyre. – *Gourgues,* negociante, 64, chemin de Saint-Genès. – *Belly,* mecânico,39, rue Lafurterie. – *Hubert,* capitão do 88º. de linha. – *Puginier,* 1º. tenente do mesmo regimento."

Como de costume, os incrédulos levarão o caso à conta de imaginação. Dirão, por exemplo, que a Sra. Beautey tinha o espírito chocado pela recusa e que o remorso a fez supor que via a Carrère. Convenhamos que é possível. Mas os negadores, que não primam por analisar antes de julgar, não examinam se alguma circunstância foge à sua teoria. Como explicarão a descrição que ela fez de um homem que nunca viu? "Como um acaso", dirão. – Quanto à evocação, também direis que o médium apenas traduziu o seu pensamento, ou o dos assistentes, desde que as circunstâncias eram ignoradas? Também foi o acaso? – Não. Mas entre os assistentes estava o Sr. Guipon autor da carta lacrada e conhecedor do fato. Ora, seu pensamento pôde ser transmitido ao médium, pela corrente de fluidos, visto como os médiuns estão sempre em estado de superexcitação febril, alimentada e provocada pela concentração dos assistentes e de sua própria vontade. Ora, nesse estado anormal, que não passa de um estado biológico, segundo o Sr. Figuier, há emanações que escapam do cérebro e dão percepções excepcionais, provenientes da expansão dos fluidos, que estabelecem relações entre as pessoas presentes e, mesmo, ausentes. Vede, pois, por essa explicação, tão clara quanto lógica, que não há necessidade de recorrer à intervenção dos supostos Espíritos, que existem em vossa imaginação. – Tal raciocínio – confessamo-lo humildemente – ultrapassa a nossa inteligência; e, perguntamos, vós mesmos o compreendeis bem?

ENSINOS E DISSERTAÇÕES ESPÍRITAS

A REENCARNAÇÃO

(ENVIADO DE HAYA – MÉDIUM: BARÃO DE KOCK)

A doutrina da reencarnação é uma verdade incontestável; e desde que o homem apenas quer pensar no amor, na sabedoria e na justiça de Deus, não pode admitir outra doutrina.

É verdade que nos livros sagrados só se encontram estas palavras: "Depois da morte o homem será recompensado por suas obras". Mas não se presta atenção a uma infinidade que vos dizem ser absolutamente impossível que o homem atual seja punido pelas faltas e pelos crimes dos que viveram antes de Cristo. Não me posso deter em tantos exemplos e demonstrações dadas pelos que acreditam na reencarnação: vós mesmos os podeis fornecer, os bons Espíritos vos ajudarão e será um trabalho agradável. Podeis acrescentar isso aos ditados que vos dei e vos darei ainda, se Deus o permitir. Estais convencidos do amor de Deus para com as criaturas; Ele só deseja a felicidade de seus filhos. Ora, o único meio que têm de um dia atingir a essa suprema felicidade está inteiramente nas encarnações sucessivas.

Já vos disse que o que Kardec escreveu sobre os anjos decaídos é a maior verdade. Os Espíritos que povoam o vosso globo, na maioria sempre o habitaram. Se são os mesmos que retornaram há tantos séculos, é que pouquíssimos mereceram a recompensa prometida por Deus.

O Cristo disse: "Esta raça será destruída e em breve essa profecia será cumprida". Se se acredita num Deus de amor e de justiça, como admitir-se que os homens que vivem atualmente e mesmo os que viveram há dezoito séculos, possam ser culpados pela morte do Cristo sem se admitir a reencarnação? Sim, o sentimento de amor a Deus, o das penas e recompensas futuras, a ideia da reencarnação são inatas no homem, desde séculos. Vede todos os historiadores, vede os escritos dos sábios da antiguidade e vos convencereis de que essa doutrina em todos os tempos foi admitida por todos os homens que compreendiam a justiça de Deus. Agora compreendeis o que é a nossa Terra e como é chegado o momento em que serão realizadas as profecias do Cristo.

Lamento que encontreis tão poucas pessoas que pensam como vós. Vossos compatriotas só pensam na grandeza e no dinheiro, em criarem um nome. Repelem tudo quanto possa travar as paixões más. Que isso, porém, não vos tire a coragem: trabalhai na vossa felicidade, no bem daqueles que talvez renunciem aos seus erros; perseverai na vossa obra; pensai sempre em Deus, no Cristo e a beatitude celeste será a vossa recompensa.

Se se quiser examinar o problema sem preconceitos, refletir sobre a existência do homem nas várias condições da sociedade, e coordenar essa existência com o amor, a sabedoria e a justiça de Deus, toda a dúvida concernente à reencarnação desaparecerá. Com efeito, como conciliar essa justiça e esse amor com uma existência única, na qual todos nascem em posições diferentes? Onde um é rico e grande, enquanto, que outro é pobre e miserável? Em que um goza saúde, ao passo que outro é afligido por doenças de toda a sorte? Aqui se encontram o prazer e a alegria; mais longe a tristeza e a dor; nuns a inteligência é bem desenvolvida; noutros, apenas se alça acima dos brutos. É possível crer que um Deus todo amor tenha feito nascer criaturas condenadas por toda a vida ao idiotismo e à demência? Que tenha permitido que crianças na primavera da vida fossem arrebatadas à ternura de seus pais? Ouso mesmo perguntar se se poderia atribuir a Deus o amor, a sabedoria e a justiça à vista desses povos mergulhados na ignorância e na barbárie, comparados às nações civilizadas, onde reinam as leis, a ordem, onde se cultivam as artes e as ciências? Não se basta dizer: "Em sua sabedoria, Deus assim regulou todas as coisas". Não; a sabedoria de Deus que, antes de tudo, é amor, deve tornar-se clara para o entendimento do homem. O princípio da reencarnação tudo esclarece. Este dogma, dado pelo próprio Deus, não se pode opor aos preceitos das Santas Escrituras: longe disso, ele explica os princípios dos quais emanam para o homem o melhoramento moral e a perfeição. Esse futuro, revelado pelo Cristo, está de acordo com os atributos infinitos de Deus. Disse o Cristo: "Os homens todos não são apenas filhos de Deus:

são também irmãos e irmãs da mesma família". Ora, essas expressões devem ser bem compreendidas.

Um bom pai terreno dará a alguns filhos aquilo que recusa aos outros? Lançará um no abismo da miséria enquanto cumula o outro de riquezas, honras e dignidades? Acrescentai ainda que, sendo infinito o amor de Deus, não poderia ser comparado ao do homem por seus filhos. As diferentes posições do homem têm uma causa, a qual tem por princípio o amor, a sabedoria, a bondade e a justiça de Deus. Então a sua razão de ser só se encontra na doutrina da reencarnação.

Deus criou todos os Espíritos iguais, simples, inocentes, sem vícios e sem virtudes, mas com o livre-arbítrio de regular suas ações conforme um instinto, que se chama consciência, e que lhes dá o poder de distinguir o bem e o mal. Cada Espírito está destinado a atingir a mais alta perfeição, depois de Deus e do Cristo. Para a atingir, deve adquirir todos os conhecimentos pelo estudo de todas as ciências, iniciar-se em todas as verdades, depurar-se pela prática de todas as virtudes. Ora, como as qualidades superiores não se podem obter em uma vida única, todas devem percorrer várias existências, a fim de adquirirem os diversos graus de saber.

A vida humana é a escola da perfeição espiritual e uma série de provas. Por isso é que o Espiritismo deve conhecer todas as condições sociais e, em cada uma delas, aplicar-se em cumprir a vontade divina. O poder e a riqueza, como a pobreza e a humildade, são provas; dores, idiotismo, demência, etc. são punições pelo mal cometido em vida anterior.

Do mesmo modo que pelo livre-arbítrio o indivíduo pode realizar as provas a que está submetido, também pode falir. No primeiro caso, a recompensa não se fará esperar: consiste numa progressão na perfeição espiritual. No segundo caso, recebe a punição, isto é, deve reparar em nova vida o tempo perdido na vida precedente, da qual não soube tirar vantagem para si próprio.

Antes da encarnação, os Espíritos planam nas esferas celestes: os bons gozando a felicidade, os maus entregando-se ao arrependimento, vítimas da dor de serem abandonados por Deus. Mas, conservando a lembrança do passado, o Espírito se recorda de suas infrações à lei de

MARÇO DE 1862

Deus e Deus lhe permite, em nova existência, escolher suas provas e sua condição, o que explica por que, muitas vezes, encontramos nas classes inferiores da sociedade sentimentos elevados e entendimento desenvolvido, ao passo que nas classes superiores por vezes encontramos inclinações ignóbeis e Espíritos muito brutos. Pode-se falar de injustiça quando o homem que empregou mal a sua vida pode reparar suas faltas numa outra existência, e chegar ao seu destino? A injustiça não estaria na condenação imediata e sem retorno? A Bíblia fala dos castigos eternos, mas isso não se deveria realmente estender para uma vida única, tão triste e tão curta; para este instante, para este piscar em relação à eternidade. Deus quer dar a felicidade eterna como recompensa do bem, mas é preciso merecê-la e uma vida única, de curta duração não basta para a alcançar.

Muitos perguntam por que durante tanto tempo teria Deus ocultado um dogma cujo conhecimento é útil à nossa felicidade. Teria amado aos homens menos do que agora?

O amor de Deus é de toda a eternidade. Para esclarecer os homens, enviou sábios, profetas, o Salvador Jesus Cristo. Não é uma prova de seu infinito amor? Como, porém, receberam os homens esse amor? Melhoraram?

O Cristo disse: "Muitas coisas teria ainda a dizer-vos, mas não podereis compreendê-las devido à vossa imperfeição". E, se tomarmos as Sagradas Escrituras no verdadeiro sentido intelectual, aí encontraremos muitas citações que parecem indicar que o Espírito deve percorrer várias vidas antes de chegar ao fim. Também não se encontram nas obras dos filósofos antigos a mesma ideia sobre a reencarnação dos Espíritos? O mundo progrediu bastante, no aspecto material, nas ciências, nas instituições sociais; mas do ponto de vista moral ainda está muito atrasado. Desconhecendo a lei de Deus, os homens não escutam mais a voz do Cristo. Eis por quê, em sua bondade, Deus lhes dá, como último recurso, para chegar a conhecer os princípios da felicidade eterna, a comunicação direta com os Espíritos e o ensino do princípio da reencarnação, palavras cheias de consolação e que brilham nas trevas dos dogmas de tantas religiões diferentes.

À obra! E que a busca se realize com amor e confiança. Lede sem preconceitos; refleti sobre tudo quanto Deus, desde a criação do mundo, dignou-se fazer pelo gênero humano e sereis confirmados na fé que a reencarnação é uma verdade santa e divina.

Observação: Não tínhamos a honra de conhecer o Sr. Barão de Kock. Essa comunicação, que concorda com todos os princípios do Espiritismo, não é produto de nenhuma influência pessoal [1].

O REALISMO E O IDEALISMO EM PINTURA

(SOCIEDADE ESPÍRITA DE PARIS – MÉDIUM: SR. A. DIDIER)

I

A pintura é mais uma arte que tem por objetivo retraçar as cenas terrestres mais belas e mais elevadas e, por vezes, simplesmente imitar a natureza pela magia da verdade. É uma arte que, por assim dizer, não tem limites, sobretudo em vossa época. A arte de vossos dias não deve ser apenas a personalidade: deve ser – se assim me posso exprimir – a compreensão de tudo o que foi na história, e as exigências da cor local,

---

[1] Nessa comunicação aparece com frequencia o vocábulo *dogma*. Allan Kardec o empregou de vez em quando. Como tradutor, encontramo-nos num dilema: evitá-lo, poderia parecer infidelidade na tradução; usá-lo sem qualquer observação poderia levar o leitor espírita a descobrir uma suposta contradição, pois a Doutrina Espírita não tem dogmas, ao mesmo tempo que os adversários do Espiritismo poderiam, em falta de argumentos para agressões, acusar Allan Kardec de inconsequente.

Assim devemos esclarecer que: 1º. – derivada de igual voz grega, dogma significa opinião dada como certa e intangível; 2º – na linguagem eclesiástica, o termo se aplica às doutrinas ou princípios ensinados em nome de Deus. As fontes dos dogmas da Igreja Católica são as *Escrituras* e a *Tradição*. A Tradição compreende: a – os decretos infalíveis e irreformáveis dos Concílios Gerais e dos Papas, que falam *ex cathedra;* b – os símbolos da fé; c – escritos dos pais da Igreja e dos teólogos; d – a liturgia. Para a Igreja Católica, os dogmas são revelações diretas de Deus, e são imutáveis. Com a morte do último apóstolo, logicamente cessou a revelação. Então ela não tem o direito de criar novos dogmas.

O vocábulo tende a ser usado exclusivamente pela Igreja Católica. Na sua primeira acepção, de *opinião dada como certa,* seu emprego vai se restringindo cada vez mais. Há um século era mais contradiço, e foi nessa acepção que Allan Kardec o empregou, bem como o Espírito que se comunicou com o Barão de Kock. Como quer que seja, não há dogmas – no sentido eclesiástico – na doutrina dos Espíritos, onde tudo é demonstrado ou demonstrável e onde não se admite manifestação direta de Deus. *Nota do Tradutor.*

longe de entravar a personalidade e a originalidade do artista, ampliam-lhe as vistas, formam e depuram o gosto e o fazem criar obras interessantes para a arte e para os que nela querem ver uma civilização caída e ideias esquecidas. A chamada pintura histórica de vossas escolas não está em correspondência com as exigências do século; e – ouso dizê-lo – há mais futuro para um artista em suas pesquisas individuais sobre a arte e sobre a história que nessa via onde dizem que comecei a pôr o pé. Só uma coisa poderá salvar a arte de vossa época: é um novo impulso e é uma nova escola que, aliando os dois princípios que dizem tão contrários – o *realismo* e o *idealismo* – leve os moços a compreender que se os mestres assim são chamados, é porque viviam com a natureza e sua imaginação poderosa inventava onde era preciso inventar, mas obedecia onde era necessário obedecer.

Para muitas criaturas desconhecedoras da ciência da arte, muitas vezes as disposições substituem o saber e a observação. Assim, em vossa época veem-se por todos os lados homens de uma imaginação muito interessante, é certo, mesmo artistas, mas não pintores. Estes não serão contados na história senão como desenhistas muito engenhosos. A rapidez no trabalho, a pronta realização do pensamento adquirem-se pouco a pouco pelo estudo e pela prática e, conquanto se possua essa imensa faculdade de pintar depressa, é necessário lutar ainda, lutar sempre. Em vosso século materialista, a arte – não o digo sob todos os pontos felizmente – se materializa ao lado dos esforços realmente surpreendentes dos homens célebres da pintura moderna. Por que essa tendência? É o que indicarei na próxima comunicação.

II

Como disse em minha última comunicação, para bem compreender a pintura seria necessário ir, sucessivamente, da prática à ideia da ideia à prática. Quase toda a minha vida se passou em Roma. Quando eu contemplava as obras dos mestres, esforçava-me por captar em meu espírito a ligação íntima, as relações e a harmonia do mais elevado idealismo e do mais real realismo. Raramente vi uma obra-prima que não realizasse esses dois princípios. Nelas via o ideal e o sentimento da expressão, ao lado de uma verdade tão brutal que dizia de mim para mim: é bem a obra do espírito humano: é bem a obra pensada e depois realizada; lá estão alma e corpo: é a vida inteirinha. Via que os mestres moles nas ideias e na compreensão o eram em suas formas, em suas cores, em seus efeitos. A expressão de suas cabeças era incerta e a de seus movimentos, banal e sem grandeza. É necessária uma longa iniciação na natureza para bem compreender os seus segredos, os seus caprichos e as suas sublimidades. Não é pintor quem o quer: além do trabalho de observação, que é imenso, é preciso lutar no cérebro e na prática contínua da arte; em um momento dado, é necessário trazer para a obra que se quer produzir os instintos e os sentimentos das coisas adquiridas e das coisas pensadas, numa palavra, sempre esses dois grandes princípios: corpo e alma.

Nicolas Poussin [1]

---

[1] Como sempre temos feito em nossas traduções da *Revista Espírita*, acrescentamos notas biográficas de vultos importantes que assinam as comunicações dadas na Sociedade Espírita de Paris e outras a ela ligadas, para que se possa aliar o valor do ensinamento transmitido à autoridade que, em vida, teve quem as subscreve. Agora é o caso de *Nicolas Poussin. Poussin* é francês, nasceu em Andelys, em 1594 e morreu em Roma, onde se casou e viveu a maior parte de sua vida, em 1665. Iniciou-se na pintura com *Quentin Varin;* vindo para Paris, entrou para o ateliê do pintor flamengo *Ferdinand Elle* e, a seguir, no *Lallemande.* Em 1624 passou-se para a Itália. Teve como protetor o *Cardeal Barberini,* para o qual pintou *A Morte de Germanicus* e *A Tomada de Jerusalém,* que se acham no Louvre; para o *Cardeal Omadei* pintou *O Rapto das Sabinas* e para *Cassiano del Pozzo* pintou a primeira série dos *Sete Sacramentos.* Graças a informações do pintor *Jacques Stella,* o mordomo do rei de França, *Chantelou,* encomendou a *Poussin La Manne,* que se acha no Louvre, tendo pintado mais *Camilo despedindo os filhos dos Faliscos,* para *La Vrillière,* secretário de Estado e *Ferindo o Rochedo* para *Gillier.* Para o próprio *Stella* pintou *Armida* e *Renaud.* O *Cardeal Richelieu* mandou convidá-lo, com uma carta do rei. *Poussin* lhe mandou quatro de suas *Bacanais,* duas das quais estão no Louvre, com *São João batizando o povo.* Só em 1640 ele voltou a Paris, tendo se hospedado no próprio Louvre; foi recebido por *Luís XIII* em Saint-Germain. Nessa fase executou *A Verdade* (no Louvre), a *Ceia, O Deslumbramento de São Paulo,* a segunda série de *Os Sete Sacramentos.* Voltando a Roma pintou *A Morte de Safira, A Mulher Adúltera, Os Cegos de Jericó, Rebeca* e, na última fase, uma série de sete grandes quadros, inspirados na história da Grécia e na *Bíblia,* dos quais o último, no Louvre, foi *O Dilúvio.* Como se vê, era uma grande autoridade. *Nota do Tradutor.*

OS OBREIROS DO SENHOR

(CHERBOURG, FEVEREIRO DE 1861 – MÉDIUM: SR. ROBIN)

Atingis a época da realização das coisas anunciadas para a transformação da humanidade. Felizes os que tiverem dito aos seus irmãos: "Irmão, trabalhemos unidos, e unamos os nossos esforços a fim de que o mestre, ao chegar, encontre a obra acabada"; pois o mestre lhes dirá: "Vinde a mim, vós que fostes bons servos, vós que abafastes as vossas invejas e as vossas discórdias para que a obra não fosse prejudicada!". Mas infelizes os que, por suas dissensões, tiverem retardado a hora da colheita, porque virá a tempestade e eles serão arrastados no turbilhão! Gritarão: "Graça! Graça!". Mas o Senhor lhes dirá: "Por que pedis graça, vós que não tivestes piedade dos vossos irmãos, que vos recusastes a lhes estender a mão, que esmagastes o fraco em vez de o amparar? Por que pedis graça, vós que procurastes a vossa recompensa nas alegrias terrenas e na satisfação do vosso orgulho? Vós já recebestes a vossa recompensa, tal qual a quisestes; não mais. As recompensas celestes são para os que não tiverem pedido recompensas na Terra".

Nesse momento Deus contou os seus servos fiéis e marcou a dedo os que têm a aparência de dedicação, para que estes não usurpem o salário dos servos dedicados, porque aos que não recuaram diante da sua tarefa Ele vai confiar os postos mais difíceis na grande obra da regeneração pelo Espiritismo; e estas palavras cumprir-se-ão: "Os primeiros serão os últimos e os últimos serão os primeiros no reino dos céus!"

O Espírito de Verdade

INSTRUÇÃO MORAL

(PARIS, GRUPO FAUCHERAUD – MÉDIUM: SR. PLANCHE)

Venho a vós, pobres tresmalhados numa terra que resvala num plano inclinado, já a poucos passos do abismo. Como bom pai de família, venho vos estender a mão caridosa para vos salvar do perigo. Meu maior desejo é conduzir-vos para o teto paternal e divino, a fim de vos fazer sentir o amor de Deus e do trabalho pela fé e pela caridade cristã, pela paz e pelos prazeres suaves do lar. Como vós, meus caros filhos, conheci alegrias e sofrimentos, e sei todas as dúvidas dos vossos Espíritos e as lutas dos vossos corações. É para vos premunir contra os vossos defeitos e para vos mostrar os escolhos contra os quais vos podeis arrebentar que serei justo, mas severo.

Do alto das esferas celestes que percorro, meu olhar mergulha com satisfação em vossas reuniões e é com um vivo interesse que acompanho as vossas santas instruções. Mas, ao mesmo tempo em que minh'alma se regozija por um lado, por outro experimenta um amargo sofrer, quando penetra em vossos corações e aí ainda vê tanto apego às coisas terrenas. Para a maioria, o santuário de nossas lições é para vós uma sala de espetáculo e esperais sempre que de nossa parte surjam coisas maravilhosas. Não estamos encarregados de vos apresentar milagres, mas de trabalhar os vossos corações, abrindo grandes leiras para nelas lançar a mancheias as sementes divinas. Empregamo-nos incessantemente em torná-la fecunda. Porque sabemos que suas raízes devem atravessar a Terra de um a outro polo e cobrir-lhe a superfície. Os frutos que daí saírem serão tão belos, tão agradáveis e tão grandes que subirão até os céus.

Feliz aquele que tiver sabido colhê-los para se fartar. Porque os Espíritos bem-aventurados virão ao seu encontro, cingirão a sua fronte com a auréola dos escolhidos e o farão subir os degraus do trono majestoso do Eterno, e lhe dirão que participe da felicidade incomparável, dos prazeres e das delícias sem fim das falanges celestes.

Infeliz aquele a quem foi dado ver a luz e escutar a palavra de Deus e que tiver fechado os olhos e tapado os ouvidos. Porque o Espírito das trevas o envolverá com suas asas lúgubres e o transportará para o seu negro império, para o fazer expiar, durante séculos, por tormentos sem conta, sua desobediência ao Senhor. É o momento de aplicar a sentença de morte do profeta Oséias: *Coedam eos secundum auditionem coetus eorum.* (Eu os farei morrer conforme o que tiverem ouvido). Que essas palavras não sejam uma fumaça a evolar-se nos ares: que reflitais seriamente. Apressai-vos em aproveitar os poucos instantes que vos restam para os consagrar a Deus. Um dia viremos pedir-vos conta do que tiverdes feito dos nossos ensinos e como tereis posto em prática a doutrina sagrada do Espiritismo.

MARÇO DE 1862

A vós, pois, espíritas de Paris, que muito podeis por vossa posição pessoal e por vossa influência moral, a vós, digo, a glória e a honra de dar o exemplo sublime das virtudes cristãs. Ide à frente dos vossos irmãos sofredores, dai ao pobre o óbolo do dia, enxugai as lágrimas da viúva e do órfão com palavras doces e consoladoras. Levantai o ânimo abatido do velho curvado ao peso dos anos e sob o jugo de suas iniquidades, fazendo brilhar em sua alma as asas douradas da esperança numa vida futura melhor. Por toda a parte, à vossa passagem, prodigalizai o amor e a consolação. Assim elevando as vossas boas obras à altura dos vossos pensamentos, merecereis dignamente o título glorioso e brilhante que mentalmente vos conferem os Espíritos do país e do estrangeiro, cujos olhos estão fixados sobre vós e que, tocados de admiração à vista das ondas de luz que escapam de vossas reuniões, vos chamarão o Sol da França.

Lacordaire

A VINHA DO SENHOR

(SOCIEDADE ESPÍRITA DE PARIS – MÉDIUM: SR. E. VÉRY)

Todos, enfim, virão trabalhar na vinha. Já os vejo: chegam, numerosos; vejo-os que acorrem. Vamos, à obra, filhos! Eis que Deus quer que todos vós trabalheis.

Semeai, semeai, e um dia colhereis com abundância. Vede o belo Sol no Oriente: como se ergue radioso e deslumbrante! Vem vos aquecer e fazer crescerem os frutos da vinha. Vamos, filhos! As vindimas serão esplêndidas e cada um de vós virá beber a taça do vinho sagrado da regeneração. É o vinho do Senhor que será servido no banquete da fraternidade universal! Aí todas as nações serão reunidas em uma só e mesma família e cantarão louvores a um mesmo Deus. Armai–vos de relhas e de arados, se quiserdes viver eternamente; amarrai as vides, para que não caiam e se mantenham erguidas e suas pontas subirão ao céu. Umas terão cem côvados, e os Espíritos dos mundos etéreos virão espremer os bagos e se refrescar; o suco será de tal modo poderoso que dará força e coragem aos fracos: será o leite a alimentar as crianças.

Eis a vindima que se vai fazer: ela já se faz; preparam-se os vasos que devem conter o sagrado licor; aproximai os lábios, vós que quereis provar, porque esse licor vos embriagará de celeste ebriez e vereis Deus em vossos sonhos, enquanto esperais que a realidade suceda ao sonho.

Filhos! Essa vinha esplêndida que deve erguer-se para Deus é o Espiritismo. Adeptos fervorosos, é necessário mostrá-la pujante e forte e vós, crianças, é necessário que ajudeis os fortes a mantê-la e propagá-la. Cortai os brotos e plantai-os em outro campo; eles produzirão novas vinhas e outros brotos em todos os países do mundo.

Sim, digo eu, enfim todo o mundo beberá do suco da vinha e bebereis no reino do Cristo, com o Pai celeste! Sede, pois, fortes e dispostos e não vivais vida austera. Deus não pede que vivais em austeridades e privações; não pede que vos cubrais com o cilício: quer que vivais apenas conforme a caridade e o coração. Ele não quer mortificações que destroem o corpo: quer que cada um se aqueça ao seu sol, e se fez uns raios mais frios que outros, foi para dar a compreender a todos quanto é forte e poderoso. Não, não vos cubrais com o cilício; não sevicieis a vossa carne aos golpes da disciplina; para trabalhar na vinha é necessário ser robusto e poderoso; o homem deve ter o vigor que Deus lhe deu. Ele não criou a humanidade para a transformar em raça bastarda e esquálida; ele a fez com a manifestação de sua glória e de seu poder.

Vós que quereis viver a verdadeira vida; estais nas vias do Senhor, quando tiverdes dado o pão aos infelizes, o óbolo aos sofredores e a vossa prece a Deus. Então, quando a morte vos fechar as pálpebras, o anjo do Senhor proclamará os vossos benefícios e vossa alma, transportada nas asas brancas da caridade, subirá para Deus tão bela e pura quanto o lírio que se abre pela manhã a um sol primaveril.

Orai, amai e fazei a caridade, meus irmãos. A vinha é grande, o campo do Senhor é grande. Vinde, vinde, que Deus e o Cristo vos chamam e eu vos abençoo.

Santo Agostinho

CARIDADE PARA COM OS CRIMINOSOS

PROBLEMA MORAL

"Um homem está em perigo de morte; para o salvar é preciso arriscar a vida; sabe-se, porém, que aquele é um malfeitor e que, se for

MARÇO DE 1862

salvo, poderá cometer novos crimes. Apesar disso devemos arriscar-nos para o salvar?"

A resposta que se segue foi obtida na Sociedade Espírita de Paris, a 7 de fevereiro de 1862, pelo médium Sr. A. Didier:

Eis uma questão muito grave e que se pode apresentar naturalmente ao Espírito. Responderei de acordo com o meu adiantamento moral, pois que a isso estamos sujeitos – expor a vida mesmo por um malfeitor. A dedicação é cega, a gente socorre a um inimigo; então deve socorrer a um inimigo da Sociedade, isto é, a um malfeitor. Credes, então, que é só à morte que a gente subtrai aquele infeliz? Talvez seja a sua vida passada inteirinha. Porque – pensem nisso – nesses rápidos instantes que lhe deslumbram os últimos minutos da vida, o homem perdido revê sua vida passada, ou antes, esta se ergue à sua frente. Talvez a morte chegue muito cedo para ele; a reencarnação talvez fosse terrível. Atirai-vos, pois, homens esclarecidos pela Ciência Espírita; atirai-vos, arrancai-o de sua danação e talvez então aquele homem, que talvez morresse blasfemando contra vós, se lance em vossos braços. Contudo, não pergunteis se o fará ou não: lançai-vos, porque, salvando-o, obedecereis a essa voz do coração que diz: "Tu podes salvá-lo; salva-o!".

Lamennais

Observação: Por singular coincidência, recebemos, há alguns dias, a seguinte comunicação, dada no grupo espírita do Havre, tratando mais ou menos do mesmo assunto.

Escrevem-nos que, em consequência de uma conversa a respeito do assassino Dumollard, o Espírito da Sra. Elisabeth de França[1], que já havia dado várias mensagens, apresentou-se espontaneamente e ditou o seguinte:

"A verdadeira caridade é um dos mais sublimes ensinos dados por Deus ao mundo. Deve existir entre os verdadeiros discípulos de sua doutrina uma

---

[1] Seu nome era Elisabeth-Philippine-Marie-Helène. Nasceu no palácio de Versailles em 1764, tendo sido a última filha do Delfim Louis e de Marie Josephine de Saxe e, portanto, irmã de Luís XVI. Ficou órfã aos três anos de idade. Subindo ao trono, Luís XVI lhe deu o Castelo de Montreuil, mas viveu sempre junto ao rei, sobre o qual exerceu influência benéfica. Recusou casar-se com o Infante de Espanha e com o Duque de Aosta. Foi aprisionada com a família real. Depois da execução de sua cunhada, a rainha Maria Antonieta, cuidava da sobrinha. Separada desta, foi encerrada na Conciergerie, levada ao tribunal revolucionário a 9 de maio de 1794 e decapitada no dia seguinte.

fraternidade completa. Vós deveis amar os infelizes, os criminosos, como criaturas de Deus, às quais o perdão e a misericórdia serão concedidos se se arrependerem, como a vós mesmos, pelas falhas que cometerdes contra a sua lei. Pensai que sois mais repreensíveis e mais culpados que aqueles a quem recusais o perdão e a comiseração, pois muitas vezes eles não conhecem Deus como o conheceis e lhes será pedido menos do que a vós. Não julgueis. Oh! Não julgueis, minhas caras amigas, porque o julgamento que fizerdes vos será aplicado ainda mais severamente e necessitais de indulgência para os pecados que incessantemente cometeis. Não sabeis que há muitas ações que são crimes ante os olhos do Deus de pureza e que o mundo nem considera faltas leves? A verdadeira caridade não consiste apenas na esmola que dais, nem mesmo nas palavras de consolo com que a acompanhais; não é somente isso que Deus exige. A caridade sublime ensinada por Jesus Cristo também consiste na benevolência concedida sempre e em todas as coisas ao vosso próximo. Ainda podeis exercer essa virtude sublime para com muitas criaturas que apenas dão esmolas e que as palavras amorosas e consoladoras as encorajarão e conduzirão ao Senhor. Os tempos se aproximam – digo-o ainda – nos quais reinará a grande fraternidade neste globo. A lei do Cristo é a que regerá os homens: só ela será o freio e a esperança, e conduzirá as almas às moradas da bem-aventurança. Amai-vos, pois, como filhos de um mesmo pai; não façais diferença entre os outros infelizes, porque Deus quer que todos sejam iguais. Assim, a ninguém desprezeis. Deus permite que grandes criminosos estejam em vosso meio, a fim de que vos sirvam de ensino. Em breve, quando os homens forem conduzidos às verdadeiras leis de Deus, não haverá mais necessidade desses ensinos e todos os Espíritos impuros e revoltados serão espalhados por mundos inferiores, em harmonia com as suas inclinações.

A esses, de quem vos falo, deveis o auxílio das vossas preces: é a verdadeira caridade. Não se deve dizer de um criminoso: 'É um miserável; deve pagar na Terra; a morte que lhe infligem é muito suave para um ser de sua espécie'. Não: não é assim que deveis orar. Olhai o vosso modelo – Jesus. Que dizia ao ver o malfeitor ao seu lado? Ele o lamentava; considerava-o um doente muito infeliz: estendia-lhe a mão. Na realidade tal não podeis fazer; mas ao menos podeis orar por esse infeliz; assistir o seu Espírito nos momentos que ainda deve passar na Terra. O arrependimento pode tocar o seu coração se orardes com fé. Ele é vosso próximo, tanto quanto o melhor dos homens; sua alma transviada e revoltada foi criada, como a vossa, à imagem de Deus perfeito. Assim, orai por ele. Não o julgueis – pois não o deveis. Só Deus o julgará."

Elisabeth de França

Allan Kardec

ANO V
ABRIL DE 1862

FRENOLOGIA ESPIRITUALISTA E ESPÍRITA

PERFECTIBILIDADE DA RAÇA NEGRA[1]

A raça negra é perfectível? Segundo alguns, a questão é julgada e resolvida negativamente. Se assim é, se essa raça é votada por Deus a uma eterna inferioridade, a consequência é que será inútil preocuparmo-nos com ela e que devemos limitar-nos a fazer do negro uma espécie de animal doméstico dedicado à cultura do açúcar e do algodão. Entretanto a humanidade, tanto quanto o interesse social, requer um exame mais acurado. É o que tentaremos fazer. Mas como uma conclusão dessa importância num ou noutro sentido, não pode ser alcançada levianamente, e deve apoiar-se em raciocínio sério, pedimos permissão para desenvolver algumas considerações preliminares, que nos servirão para mostrar, mais uma vez que o Espiritismo é a única chave possível de uma porção de problemas, insolúveis com o auxílio dos dados atuais da ciência.

A frenologia nos servirá de ponto de partida. Exporemos sumariamente as suas bases fundamentais, para melhor compreensão do assunto.

Como se sabe, a frenologia apoia-se no princípio que o cérebro é o órgão do pensamento, como o coração o da circulação, o estômago o da digestão, o fígado o da secreção da bile. Esse ponto é admitido por todos, porque ninguém pode atribuir o pensamento a outra parte do corpo. Cada um sente que pensa pela cabeça e não pelo braço ou pela perna. Mais: sente-se instintivamente que a sede do pensamento está na fronte: é aí, e não no occiput, que se leva a mão, para indicar que acaba de brotar uma ideia. Para todo o mundo o desenvolvimento da

---

[1] Vide *Revista Espírita* de julho de 1860: *Frenologia e Fisiognomonia.*

parte frontal leva a presumir mais inteligência do que quando ela é baixa e deprimida. Por outro lado, as experiências anatômicas e fisiológicas demonstraram claramente o papel especial de certas partes do cérebro nas funções vitais, e a diferença dos fenômenos produzidos pela lesão de tal ou qual parte. A esse respeito as pesquisas científicas não deixam dúvida: as do Sr. Flourens, principalmente, provaram à evidência a especialidade das funções do cerebelo.

Assim, é admitido como princípio que cada parte do cérebro tem a sua função. Além disso, é reconhecido que os cordões nervosos que, originado-se do cérebro, se ramificam em todas as partes do corpo, como os filamentos de uma raiz são afetados de maneira diferente, conforme a sua destinação. É assim que o nervo ótico, que alcança o olho e se espalha na retina é afetado pela luz e pelas cores e transmite essas sensações ao cérebro numa porção especial; que o nervo auditivo é afetado pelos sons, os nervos olfativos pelos odores. Se um desses nervos perder a sensibilidade por uma causa qualquer, não haverá mais a sensação: fica-se cego, surdo ou privado do olfato. Esses nervos têm, pois, funções distintas e não podem de modo algum se substituir, embora o mais atento exame não mostre a mais ligeira diferença na sua contextura.

Partindo de tais princípios, a frenologia vai longe: localiza todas as faculdades morais e intelectuais; a cada uma assina um lugar especial no cérebro. É assim que afeta um órgão com instinto de destruição que, levado ao excesso, se torna crueldade e ferocidade; um outro com a firmeza, cujo excesso, sem a contrapartida do julgamento, produz a teimosia; um outro ao amor da progenitura; outros à memória das localidades, à dos números, à das formas, ao sentimento poético, à harmonia dos sons, das cores, etc. Não é aqui o lugar de fazer a descrição anatômica do cérebro: apenas diremos que se se fizer uma secção longitudinal na massa, reconhecer-se-á que da base partem feixes fibrosos que vão espalhar-se na superfície, apresentando mais ou menos o aspecto de um cogumelo cortado na sua altura. Cada feixe corresponde a uma das circunvoluções na superfície externa, de onde se segue que o desenvolvimento da circunvolução corresponde ao desenvolvimento do feixe fibroso. Segundo a frenologia, sendo cada feixe a sede de uma sensação ou de uma faculdade, conclui ela que a energia da sensação ou da faculdade é proporcional ao desenvolvimento do órgão.

No feto a caixa óssea do crânio ainda não está formada; a princípio é apenas uma película, uma membrana muito flexível, que se modela, consequentemente nas partes salientes do cérebro e lhes conserva a impressão, à medida que se endurece, pelo depósito de fosfato de cálcio, que é a base dos ossos. Das saliências do crânio a frenologia conclui o volume do órgão; e do volume do órgão conclui o desenvolvimento da faculdade.

Tal é, em poucas palavras, o princípio da ciência frenológica.

Conquanto o nosso objetivo não seja desenvolvê-la aqui, ainda algumas palavras são necessárias quanto ao modo de apreciação. Cometer-se-ia grave erro se se pensasse em poder deduzir o caráter absoluto de uma pessoa pela simples inspeção das saliências do crânio. As faculdades se contrabalançam reciprocamente, se equilibram, se corroboram ou se atenuam umas às outras, de tal sorte que, para julgar um indivíduo, é necessário levar em conta o grau de influência de cada uma, em razão do seu desenvolvimento, depois fazer entrar na balança o temperamento, o meio, os hábitos e a educação.

Suponhamos um homem com o órgão da destruição muito pronunciado, com atrofia dos órgãos das faculdades morais e afetivas: será abjetamente feroz. Mas se à destruição aliar a benevolência, a afeição, as faculdades intelectuais, a destruição será neutralizada e terá o efeito de lhe dar mais energia; poderá ser um homem muito digno, ao passo que o observador superficial, que o julgar pela inspeção apenas do primeiro órgão, o tomará por um assassino. Compreendem-se, assim, todas as modificações do caráter, que podem resultar do concurso das outras faculdades, como a astúcia, a circunspecção, a estima de si próprio, a coragem, etc. A só sensação da cor fará o colorista, mas não fará o pintor; a da forma, só, não fará o desenhista; as duas reunidas apenas farão um bom copista, se não houver ao mesmo tempo, o sentimento da idealidade ou da poesia, e as faculdades reflexivas e comparativas.

Isso basta para mostrar que as observações frenológicas práticas apresentam grande dificuldade e repousam sobre considerações filosóficas, que não estão ao alcance de todos.

Estabelecidas essas preliminares, vejamos a coisa de outro ponto de vista.

De início dois sistemas radicalmente antagônicos dividiram os frenologistas em materialistas e espiritualistas. Não admitindo nada fora da matéria, dizem os primeiros que o pensamento é um produto da substância cerebral; que o cérebro secreta o pensamento, como as glândulas salivares secretam a saliva, como o fígado secreta a bile. Ora, como a quantidade de secreção é, geralmente, proporcional ao volume e à qualidade do órgão secretor, dizem que a quantidade de pensamentos é proporcional ao volume e à qualidade do cérebro; que cada parte deste, secretando uma ordem particular de pensamentos, os diversos sentimentos e as diversas aptidões estão na razão direta do órgão que os produz.

Não refutaremos essa monstruosa doutrina, que faz do homem uma máquina, sem responsabilidade por seus atos maus, sem mérito pelas boas qualidades, e que apenas deve o seu gênio e as suas virtudes ao acaso de sua organização[1]. Com semelhante sistema toda punição é injusta e todos os crimes são justificados.

Ao contrário, os espiritualistas dizem que os órgãos não são a causa das faculdades, mas os instrumentos das manifestações das faculdades; que o pensamento é um atributo da alma e não do cérebro; que, possuindo por si mesma aptidões diversas, a predominância dessa ou daquela faculdade impele o desenvolvimento do órgão correspondente, como o exercício de um braço determina o desenvolvimento dos músculos desse braço. Daí se segue que o desenvolvimento de um órgão é efeito e não causa. Assim, um homem não é poeta porque tenha o órgão da poesia: ele tem o órgão da poesia porque é poeta – o que é muito diferente.

Mas aqui se apresenta outra dificuldade, ante a qual forçosamente esbarram os frenologistas: se for espiritualista, dirá que o poeta tem o órgão da poesia porque é poeta; mas não nos diz porquê ele é poeta; porque o é, em vez de seu irmão, embora educado nas mesmas condições. E assim em relação a todas as outras aptidões.

Só o Espiritismo o explica.

Com efeito, se a alma fosse criada ao mesmo tempo que o corpo, a do sábio do Instituto seria tão nova quanto a do selvagem. Então, por que há na Terra selvagens e membros do Instituto? Direis

---

[1] Vide *Revista Espírita* de março de 1861: *A cabeça de Garibaldi.*

que depende do meio em que vivem. Seja. Mas, então, por que homens nascidos nos meios mais ingratos e mais refratários se tornam gênios enquanto que meninos que bebem a ciência com o leite materno são imbecis? Os fatos não provam à evidência que há homens instintivamente bons ou maus, inteligentes ou estúpidos? É, pois, necessário haja um germe na alma. De onde vem ele? Pode-se dizer razoavelmente que Deus os fez de todos os tipos, uns chegando sem esforço e outros nem mesmo com um trabalho sistemático? Haveria nisso justiça e bondade? Evidentemente não. Uma única solução é possível: a preexistência da alma, sua anterioridade ao nascimento do corpo, o desenvolvimento adquirido conforme o tempo vivido e as várias migrações percorridas. Unindo-se ao corpo, a alma traz, pois, o que adquiriu, em boas ou más qualidades. Daí as predisposições instintivas, de onde poder-se dizer com certeza que aquele que nasceu poeta já cultivou a poesia; o que nasceu músico, cultivou a música; e o que nasceu facínora já foi mais facínora. Tal é a fonte das faculdades inatas que produzem, nos órgãos afetados à sua manifestação, um trabalho interior, molecular, que determina o seu desenvolvimento.

Isso nos conduz ao exame da importante questão da inferioridade de certas raças e da sua perfectibilidade.

Para começar estabelecemos como princípio que todas as faculdades, todas as paixões, todos os sentimentos, todas as aptidões estão na natureza; são necessárias à harmonia geral, porque Deus nada faz de inútil; o mal resulta do abuso, bem como da falta de contrapeso e equilíbrio entre as diversas faculdades. Como as faculdades não se desenvolvem simultaneamente, disso resulta que só lentamente se estabelece o equilíbrio; que essa falta de equilíbrio produz os homens imperfeitos, nos quais o mal domina momentaneamente.

Tomemos para exemplo o instinto de destruição. Ele é necessário, porque na natureza há necessidade de que tudo seja destruído para se renovar. Por isso todas as espécies vivas são, ao mesmo tempo, agentes destruidores e reprodutores. Mas o instinto de destruição isolado é um instinto cego e brutal: domina entre os povos primitivos, entre os selvagens cuja alma ainda não adquiriu faculdades reflexivas próprias a regular a destruição em justa medida. Em uma única existência poderá o selvagem adquirir essas faculdades que lhe faltam? Seja qual for a educação que lhe derdes desde o berço, dele fareis um São Vicente de

Paulo, um cientista, um orador, um artista? Não, é materialmente impossível. Contudo esse selvagem tem uma alma. Qual a sorte dessa alma depois da morte? É punida pelos atos bárbaros que ninguém reprimiu? É colocada em igualdade com o homem de bem? Um não é mais racional que o outro. É, então, condenada a ficar eternamente em um estado misto, que nem é felicidade nem desgraça? Isso não seria justo, porque se ela não é mais perfeita, não depende de si.

Não se pode sair desse dilema senão admitindo a possibilidade de progresso. Ora, como pode progredir senão tendo novas existências? Dir-se-á que poderá progredir como Espírito, sem voltar à Terra. Mas, então, por que nós, civilizados e esclarecidos, nascemos na Europa e não na Oceânia? Em corpos brancos em vez de corpos negros? Por que um ponto de partida tão diferente, se só se progride como Espírito? Por que Deus nos livrou da longa rota percorrida pelos selvagens? Nossas almas seriam de natureza diversa das suas? Por que tentar torná-los cristãos? Se os tornais cristãos é que os olhais como vosso igual perante Deus. E se é vosso igual perante Deus, por que Deus vos concede privilégios? Por mais que façais não chegareis a nenhuma solução, a não ser admitindo para nós um progresso anterior e para os selvagens um progresso ulterior. Se a alma do selvagem deve progredir ulteriormente, é que nós fomos selvagens, pois se for diverso o ponto de partida, não haverá mais justiça e se Deus não for justo, não será Deus.

Temos, assim, forçosamente, duas existências extremas: a do selvagem e a do supercivilizado. Mas não haverá meios termos nesses extremos? Segui a escala dos povos e vereis que há uma cadeia ininterrupta, sem solução de continuidade. Ainda uma vez, todos esses problemas são insolúveis sem a pluralidade de existências. Dizei que os neozelandeses renascerão num povo um pouco menos bárbaro, e assim por diante até a civilização, e tudo se explica; que se, em vez de seguir os degraus da escada os transpuser de um salto e chegará, sem transição, até nós, dará um hediondo espetáculo de um Dumoilard, que para nós é um monstro e que nada apresentaria de anormal na gente da África central, de onde talvez tenha saído. Assim é, que se nos fecharmos em uma existência única, tudo é obscuridade, tudo beco sem saída; ao passo que com a reencarnação tudo é claridade, tudo tem solução.

Voltemos à frenologia. Ela admite órgãos especiais para cada faculdade, e pensamos que esteja certa. Mas vamos mais longe, vimos que cada órgão cerebral é formado de um feixe de fibras; pensamos que cada fibra corresponda a uma nuança da faculdade. É verdade que isso não passa de uma hipótese, mas que poderá abrir caminho a novas observações. O nervo auditivo recebe os sons e os transmite ao cérebro. Mas se o nervo é homogêneo, como percebe sons tão variados? É, pois, lícito admitir que cada fibra nervosa seja afetada por um som diferente, com o qual, de certo modo, vibra em uníssono, como as cordas de uma harpa. Todos os tons estão na natureza. Imaginemos uma centena deles, desde os mais agudos até os mais graves. O homem que possuísse cem fibras correspondentes os perceberia a todos; outro que só possuísse a metade, só acusaria a metade dos sons, deixando de registrar os outros, dos quais nem teria consciência. Dá-se o mesmo com as cordas vocais, para exprimir os sons; com as fibras óticas para perceber as diversas cores; com as olfativas para registrar todos os odores. O mesmo raciocínio pode aplicar-se aos órgãos de todos os gêneros de percepções e de manifestações.

Todos os corpos animados encerram, incontestavelmente, o princípio de todos os órgãos, embora, em certos indivíduos, alguns se achem em estado de tal modo rudimentar que não são suscetíveis de desenvolvimento e que são como se não existissem. Assim, nesses indivíduos, não pode haver percepções nem manifestações correspondentes a esses órgãos. Em uma palavra e em relação a essas faculdades, são como os cegos para a luz e os surdos para a música.

O exame frenológico dos povos pouco inteligentes constata a predominância das faculdades instintivas e a atrofia dos órgãos da inteligência. Aquilo que é excepcional nos povos adiantados é a regra em certas raças. Por quê? Será uma injusta preferência? Não, é sabedoria. A natureza é sempre previdente; nada faz de inútil. Ora, seria inútil dar um instrumento completo a quem não tenha meios para dele se servir. Os Espíritos selvagens são ainda crianças, se assim se pode dizer. Neles muitas faculdades ainda estão latentes. Que faria o Espírito de um hotentote no corpo dum Arago? Seria como alguém que nada sabe de música diante de um piano excelente. Por uma razão inversa, que faria o Espírito de Arago no corpo de um hotentote? Seria como um Liszt diante de um piano contendo apenas algumas cordas estragadas das quais o seu talento não conseguiria jamais tirar sons harmoniosos. Arago entre os selvagens, com todo o seu gênio, seria tão inteligente quanto o pode ser um selvagem, e nada mais; jamais será, numa pele negra, membro do Instituto. Seu Espírito faria o desenvolvimento dos órgãos? Dos órgãos fracos, sim; dos rudimentares, não[1].

Assim, a natureza apropriou os corpos ao grau de adiantamento dos Espíritos que neles devem encarnar-se. Por isso os corpos das raças primitivas possuem menos cordas vibrantes que as raças mais adiantadas.

Há, pois, no homem, dois seres bem distintos: o Espírito, ser pensante; o corpo, instrumento das manifestações do pensamento, mais ou menos completo, rico em cordas, conforme as necessidades.

Chegamos agora à perfectibilidade das raças. Por assim dizer, essa questão é resolvida pela precedente: apenas temos que deduzir algumas consequências. Elas são perfectíveis pelo Espírito que se desenvolve através de suas várias migrações, em cada uma das quais adquire, pouco a pouco, as faculdades que lhe faltam. Mas, à medida que suas faculdades se ampliam, necessita de um instrumento adequado, como uma criança que cresce precisa de roupas maiores. Ora, sendo insuficientes os corpos constituídos para o seu estado primitivo, necessitam encarnar-se em melhores condições, e assim por diante, conforme o progresso.

As raças são perfectíveis pelo corpo; mas é somente pelo cruzamento com raças mais aperfeiçoadas, que trazem novos elementos, que, por assim dizer, aí se enxertam os germes de novos órgãos. Esse cruzamento se faz pelas migrações, as guerras e as conquistas. Sob esse ponto de vista, as raças são como as famílias que se abastardam, quando não recebem sangue novo. Então não se pode dizer que haja raça primitiva pura porque sem o cruzamento, essa raça será sempre a mesma, pois seu estado de inferioridade depende de sua natureza: degenerará, em vez de progredir, o que determina o seu desaparecimento, ao cabo de certo tempo.

Diz-se a respeito dos negros escravos: "São seres tão brutos, tão pouco inteligentes, que seria vão esforço querer instruí-los. São uma raça inferior, incorrigível, profundamente incapaz". A teoria que acabamos de apresentar permite encará-los sob outro prisma. Na questão do aperfeiçoamento das raças é sempre necessário levar em

---

[1] Vide *Revista Espírita* de outubro de 1861: *Os Cretinos.*

consideração dois elementos constitutivos do homem: o elemento espiritual e o corporal. É preciso conhecer a ambos, e só o Espiritismo nos pode esclarecer quanto à natureza do elemento espiritual – o mais importante – por ser o que pensa e o que sobrevive, ao passo que o corporal se destrói.

Assim, como organização física, os negros serão sempre os mesmos; como Espíritos, são inquestionavelmente uma raça inferior, isto é, primitiva. São verdadeiras crianças às quais muito pouco se pode ensinar. Mas, por meio de cuidados inteligentes é sempre possível modificar certos hábitos, certas tendências, o que já representa um progresso que levarão para outra existência, e que lhes permitirá, mais tarde, tomar um invólucro em melhores condições. Trabalhando em sua melhoria, trabalha-se menos pelo seu presente que por seu futuro e, por pouco que se consiga, para eles é sempre uma aquisição. Cada progresso é um passo à frente que facilita novos progressos.

No mesmo invólucro, isto é, com os mesmos instrumentos de manifestação do pensamento, as raças só em estreitos limites são perfectíveis, pelas razões que acabamos de desenvolver. Por isso a raça negra, falando corporalmente, jamais atingirá os níveis das raças caucásicas; mas, como Espíritos, é outra coisa: pode tornar-se e tornar-se-á aquilo que somos. Apenas necessitará de tempo e de melhores instrumentos. Eis por que as raças selvagens, mesmo em contato com as raças civilizadas, ficarão sempre selvagens: entretanto à medida que as raças civilizadas se desenvolvem, as selvagens diminuem, até o desaparecimento completo, como desapareceram as raças dos Caraíbas, dos Guandes e outras. Os corpos desapareceram; mas, em que se transformaram os Espíritos? Alguns talvez se achem entre nós.

Dissemos e o repetimos: o Espiritismo rasga novos horizontes a todas as ciências. Quando os cientistas considerarem o elemento espiritual nos fenômenos da natureza, ficarão surpresos de ver que as dificuldades contra as quais esbarravam a cada passo, desapareceram como que por encanto. Mas é provável que, para muitos, seja necessário renovar o hábito. Quando voltarem, terão tido tempo de refletir e trarão novas ideias. Acharão as coisas muito mudadas aqui na Terra: as ideias espíritas, que hoje repelem terão germinado por toda a parte e serão a base de todas as instituições sociais. Eles próprios serão educados e alimentados nessa crença, que ao seu gênio abrirá novo campo para o progresso da ciência. E enquanto esperam, enquanto aqui ainda se encontram, procuram a solução deste problema: por que a autoridade de seu saber e suas negações não tolhem, só por um instante, ao menos, a marcha, cada dia mais rápida, das ideias novas?

CONSEQUÊNCIAS DA DOUTRINA DA REENCARNAÇÃO SOBRE A PROPAGAÇÃO DO ESPIRITISMO

Um fato que ninguém poderia negar é que o Espiritismo marcha com rapidez. Ora, quando uma coisa se propaga é porque convém. Se o Espiritismo se propaga, é porque convém. Há várias causas para isso. A primeira, e sem contradição, como já explicamos em diversas circunstâncias, é a satisfação moral que proporciona aos que o compreendem e praticam. Mas essa mesma causa em parte recebe o seu vigor do princípio da reencarnação.

É o que tentaremos demonstrar.

Nenhuma criatura que reflita deixará de se preocupar com o seu futuro após a morte, o que bem vale a pena. Quem é que não liga mais importância à sua situação na Terra durante alguns anos, do que durante uns poucos dias? Mais ainda: durante a primeira parte da vida a gente trabalha, extenua-se de fadiga e se impõe toda a sorte de restrições para, na outra metade, garantir-se um pouco de repouso e de bem-estar. Se temos tantos cuidados por alguns anos eventuais, não é racional tê-los ainda mais pela vida de além-túmulo, cujo duração é ilimitada? Por que motivo a maioria trabalha mais pelo presente fugidio do que pelo futuro sem fim? É que a gente acredita na realidade do presente e duvida do futuro. Ora, a *gente só duvida daquilo que não compreende.* Compreenda-se o futuro – e tudo cessará. Aos olhos daqueles mesmos que, no estado das crenças vulgares, estão melhor convencidos da vida futura, esta se apresenta de maneira tão vaga, que nem sempre basta a fé para fixar as ideias, pois aquela tem mais as características de uma hipótese que as de uma realidade.

O Espiritismo vem destruir essa incerteza, pelo testemunho dos que viveram e por provas de certo modo materiais.

Toda religião repousa necessariamente sobre a vida futura e todos os dogmas convergem forçosamente para esse fim único. É visando atingir esse fim que eles são praticados; e a fé nos dogmas está na razão direta da eficácia que se lhes atribui para o alcançar. A teoria da vida futura é, pois, a pedra angular de toda doutrina religiosa. Se essa teoria pecar pela base; se abrir brecha a sérias objeções; se se contradisser; se se puder demonstrar a impossibilidade de certas partes, tudo se esboroa. Para começar surge a dúvida. A esta sucede a negação absoluta e os dogmas são arrastados no naufrágio da fé. Pensaram em escapar ao perigo proscrevendo o exame e considerando uma virtude a fé cega. Mas pretender impor a fé cega neste século é desconhecer a época em que vivemos. A gente reflete, queira ou não queira; a gente examina, pela mesma força das coisas; quer saber como e por quê. O desenvolvimento das indústrias e das ciências exatas ensina a olhar o terreno onde se põe o pé e, por isso, a gente sonda aquele onde marcharemos, segundo dizem, depois da morte. E se não o encontrarmos, sólido, isto é, lógico e racional, dele não nos ocuparemos. Por mais que façam, não conseguirão neutralizar essa tendência, que é inerente ao desenvolvimento intelectual e moral da humanidade. Segundo uns, é um bem: segundo outros, um mal. Seja qual for a maneira de encarar, temos que nos acomodar, queiramos ou não, pois a coisa pode ser de outro modo.

A necessidade de se dar conta e de compreender vai das coisas materiais às coisas morais. Certamente a vida futura não é uma coisa palpável, como uma estrada de ferro a vapor; mas pode ser compreendida pelo raciocínio. Se o raciocínio, em virtude do qual a gente procura demonstrar não satisfizer à razão, a gente abandona premissas e conclusões. Interroguem-se aqueles que negam a vida futura e todos dirão que foram conduzidos à incredulidade pelo próprio quadro que lhes era apresentado, com seu cortejo de diabos, de labaredas e de sofrimentos sem fim.

Todas as questões morais, psicológicas e metafísicas se ligam de maneira mais ou menos direta à questão do futuro. Disso resulta que essa última questão, em certo modo, depende da racionalidade de todas as doutrinas filosóficas e religiosas. Por sua vez, o Espiritismo vem, não como uma religião, mas como doutrina filosófica, trazer a sua teoria, apoiada no fato das manifestações. Ele não é imposto: não exige confiança cega; mete-se entre as criaturas e diz: "Examinai, comparai e julgai; se achardes algo melhor do que isto que vos dou, tomai-o". Ele não diz: "Venho derrocar as bases da religião e substituí-la por um culto novo". Diz: "Dirijo-me não aos que creem e que se acham satisfeitos com suas crenças, mas aos que abandonam as vossas fileiras pela incredulidade e que não os soubestes ou pudeste reter. Venho falar-lhes sobre as verdades que repelem uma interpretação de natureza a satisfazer sua razão e que os leva a aceitá-la. E a prova de que o consigo é o número dos que tiro do atoleiro da incredulidade". Escutai, e todos vos dirão: "Se me tivessem ensinado essas coisas assim em minha infância, jamais teria duvidado. Agora creio porque compreendo".

Deveis repeli-los porque aceitam o espírito e não a letra? O princípio e não a forma? Tendes liberdade: se vossa consciência constitui isso um dever, ninguém pensará em a violentar. E não digo que isso seria um erro: seria uma imprudência.

Como dissemos, a vida futura é o objetivo essencial de toda doutrina moral. Sem a vida futura a moral não tem base. A vitória do Espiritismo está precisamente na maneira por que apresenta o futuro: além das provas que dá, o quadro que pinta é tão claro, tão simples, tão lógico, tão conforme à justiça e à bondade de Deus, que involuntariamente a gente diz: "Sim, é assim mesmo que a coisa deve ser; assim eu a tinha imaginado; e se não tinha acreditado é porque me tinham ensinado de outro modo".

Mas, que é o que dá tal poder à teoria do futuro? O que é que lhe consigna tantas simpatias? É – dizemos nós – a sua lógica inflexível, que resolve todas as dificuldades até então insolúveis; e isso ela o deve ao princípio da pluralidade das existências. Com efeito, tirai esse princípio, e imediatamente surgirão milhares de problemas cada qual mais insolúvel. A cada passo a gente se choca com inúmeras objeções. Essas objeções não eram levantadas outrora, porque ninguém pensava nelas. Mas hoje que a criança se fez adulto, quer ir ao fundo das coisas; quer ver claro o caminho por onde o conduzem; sonda e pesa o valor dos argumentos que lhe apresentam; e se estes não lhe satisfazem à razão, se a deixam no vago e na incerteza, rejeita-os e espera coisa melhor. A pluralidade das existências é uma chave que abre novos horizontes, que dá uma razão de ser a inúmeras coisas incompreendidas, que explica o inexplicado. Ela concilia todos os acontecimentos da vida com a justiça e a bondade de Deus. Por isso os que tinham chegado à dúvida quanto a essa justiça e a essa bondade, agora reconhecem o dedo da Providência onde o tinham ignorado. Sem a reencarnação, com efeito, a que atribuir as ideias inatas? Como justificar a idiotia, o cretinismo, a selvageria, ao lado do gênio e da civilização? A profunda miséria de uns ao lado da felicidade de outros? As mortes prematuras e tantas outras coisas? Do ponto de vista religioso, certos dogmas, como o do pecado original, o da queda dos anjos, a eternidade das penas, a ressurreição da carne, etc., encontram nesse princípio uma interpretação racional, que leva à aceitação do seu espírito, mesmo por aqueles que repeliam a letra.

Em resumo, o homem atual quer compreender. O princípio da reencarnação ilumina o que estava obscuro. Por isso dizemos que esse princípio é uma das causas que dão favorável acolhida ao Espiritismo.

Dir-se-á que a reencarnação não é necessária para crer nos Espíritos e em sua manifestação; e a prova disso é que há crentes que não admitem. É verdade. Também não dizemos que se não possa, sem isso, ser bons espíritas. Não somos daqueles que atiram pedras aos que não pensam como nós. Apenas dizemos que eles não abordaram todos os problemas levantados pelo sistema unitário, sem o que teriam reconhecido a impossibilidade de lhes dar uma solução. A ideia da pluralidade das existências a princípio foi acolhida com espanto, com desconfiança. Depois, pouco a pouco, familiarizaram-se com ela, à medida que reconhecia a impossibilidade de, sem ela, saírem das inúmeras dificuldades levantadas pela Psicologia e pela vida futura. Há uma coisa certa: o sistema ganha terreno diariamente, enquanto o outro o perde. Hoje na França os adversários da reencarnação – falamos dos que estudaram a Ciência Espírita – são em número imperceptível, em comparação com os seus partidários. Mesmo na América, onde são mais numerosos, por causas que explicamos no número anterior, tal princípio começa a se popularizar. Daí se pode concluir que não está longe o dia em que, sob esse ponto, não haja qualquer dissidência.

EPIDEMIA DEMONÍACA NA SABÓIA

Há tempos os jornais falaram de uma monomania epidêmica declarada em uma parte da Alta Sabóia e contra a qual falharam todos os recursos da Medicina e da religião. O único meio que produziu resultados mais ou menos satisfatórios foi a dispersão dos indivíduos por diversas cidades.

A respeito recebemos do capitão B., membro da Sociedade Espírita de Paris, atualmente em Annecy, a carta que se segue:

"Annecy, 7 de março de 1862.

Sr. Presidente,

Querendo ser útil à Sociedade, tenho a honra de lhe remeter uma brochura, enviada por um de meus amigos, o Dr. Caille, encarregado pelo ministro de acompanhar o inquérito feito pelo Sr. Constant, inspetor das casas de alienados, sobre os casos *muito numerosos* de demoniomania, observados na comuna de Morzine, departamento de Thonon, Alta Sabóia. Ainda hoje essa infeliz população se acha sob a influência da obsessão, a despeito dos exorcismos, dos tratamentos médicos, das medidas tomadas pela autoridade e do internamento nos hospitais do departamento. Os casos diminuíram um pouco, mas não cessaram e o mal existe, por assim dizer, em estado latente. Querendo exorcizar esses infelizes, na maioria crianças, o cura mandou trazê-los à igreja, conduzidos por homens vigorosos. Apenas pronunciou as primeiras palavras latinas, produziu-se uma cena terrificante: gritos, saltos furiosos, convulsões, etc., a tal ponto que mandaram chamar os soldados de polícia e uma companhia de infantaria para restabelecer a ordem.

Não me foi possível obter todas as informações que desejava mandar-lhe hoje, mas me parecem bastante sérios e dignos de exame. O alienista Dr. Arthaud, de Lyon, leu o relatório da Sociedade médica desta cidade, o qual foi publicado pela *Gazette Médicale de Lyon* e que o senhor poderá obter através do seu correspondente. No hospital desta cidade temos duas senhoras de Morzine, em tratamento. O Dr. Caille concluiu por uma afecção nervosa epidêmica, que escapa a toda espécie de tratamento e de exorcismo. Só o isolamento produziu bons resultados. Todos os infelizes obsedados, em suas crises, pronunciam palavras sujas; dão saltos prodigiosos por cima das mesas, trepam em árvores, nos telhados e, às vezes, profetizam.

Se tais fatos tivessem ocorrido nos séculos dezesseis e dezessete, nos conventos e nos campos, não é menos certo que no nosso século dezenove eles nos oferecem, a todos os espíritas, um assunto de estudo, do ponto de vista da obsessão epidêmica, generalizando-se e persistindo durante anos, pois o primeiro caso observado foi há cinco anos.

ABRIL DE 1862

Terei a honra de lhe enviar todos os documentos e informações que puder obter.

Receba, etc."

B.

As duas comunicações que se seguem foram dadas sobre o assunto, na Sociedade de Paris, por nossos Espíritos habituais.

"Não são médicos, mas magnetizadores, espiritualistas ou espíritas que deveriam ser mandados para dissipar a legião de Espíritos malévolos, extraviados no vosso planeta. Digo extraviados, porque eles apenas passarão. Muito tempo a infeliz população, manchada ao seu impuro contato, sofrerá moral e fisicamente. Onde o remédio? – Perguntais. Surgirá do mal, porque os homens, apavorados por essas manifestações, acolherão com transporte o benéfico contato dos bons Espíritos que os sucederão, como a aurora sucede à noite. Essa pobre população, ignorante de qualquer trabalho intelectual, teria desconhecido as comunicações inteligentes dos Espíritos, e nem mesmo as teria percebido. A iniciação e os males causados por essa turba impura abrem olhos fechados e as desordens, os atos de demência, são apenas o prelúdio da iniciação, porque todos devem participar da grande luz espírita. Não vos lamenteis por essa maneira cruel de proceder: tudo tem um fim e os sofrimentos devem fecundar, assim como as tempestades, que destroem a colheita de uma região, enquanto fertilizam outras."

Georges (Médium: Sra. Costel)

"Os casos de demoniomania, que agora ocorrem na Sabóia, já ocorreram em muitos outros lugares, notadamente na Alemanha, mas muito principalmente no Oriente. Esse fato anormal é mais característico do que pensais. Realmente ao observador atento revela uma situação análoga à que se manifestou nos últimos anos do paganismo. Ninguém ignora que quando o Cristo, nosso muito amado Mestre, encarnou-se na Judéia, sob os traços do carpinteiro Jesus, aquela região havia sido invadida por legiões de maus Espíritos que, pela possessão, como hoje, se apoderavam das classes sociais mais ignorantes, dos Espíritos que encarnados mais fracos e menos adiantados, em uma palavra, dos indivíduos que guardavam os rebanhos ou vagavam nas ocupações rurais. Não percebeis uma grande analogia entre a reprodução desses fenômenos idênticos de possessão? Ah! Nisso existe um ensinamento muito profundo! E disso deveis concluir que cada vez mais se aproximam os tempos preditos e que o Filho do Homem em breve virá expulsar de novo a turba de Espíritos impuros que se abateram sobre a Terra, e reavivar a fé cristã, dando a sua alta e divina sanção às consoladoras revelações e aos regeneradores ensinamentos do Espiritismo. Voltando aos casos atuais de demoniomania, é preciso lembrar que os cientistas, os médicos do século de Augusto trataram, conforme os processos hipocráticos, os infelizes possessos da Palestina e que toda a sua ciência esbarrou ante esse poder desconhecido. Ora! Ainda hoje todos os vossos inspetores de epidemias, os vossos mais notáveis alienistas, sábios doutores em materialismo puro, fracassam do mesmo modo ante essa doença exclusivamente moral, diante dessa epidemia que é só espiritual. Mas, que importa, meus amigos! Vós, que fostes tocados pela graça nova, sabeis quanto esses males passageiros são curáveis pelos que têm fé. Esperai, pois, esperai com confiança a vinda daquele que já resgatou a humanidade. A hora se aproxima; o Espírito precursor já está encarnado. Em breve, pois, o desenvolvimento completo desta doutrina, que tomou por divisa: 'Fora da Caridade não há salvação!'."

Erasto (Médium: Sr. D'Ambel)

Deve concluir-se, do que precede, que não se trata de uma afecção orgânica, mas de uma influência oculta. Custa-nos tanto menos crer, quanto temos tido numerosos casos idênticos isolados, devidos à mesma causa; e o que o prova é que os meios ensinados pelo Espiritismo bastaram para fazer cessar a obsessão. Está demonstrado pela experiência que os Espíritos perversos não só agem sobre o pensamento, mas, também, sobre o corpo, com o qual se identificam e do qual se servem como se fosse o próprio; provocam atos ridículos, gritos, movimentos desordenados com toda a aparência da loucura ou da monomania. A explicação disso encontra-se em O *Livro dos Médiuns,* no capítulo da obsessão e num próximo artigo citaremos alguns fatos que o demonstram de modo incontestável. Com efeito, é bem uma espécie de loucura, de vez que se pode dar esse nome a todo estado anormal, em que o espírito não age livremente. Nesse ponto de vista, a embriaguez é uma verdadeira loucura acidental.

É necessário, pois, distinguir a *loucura patológica* da *loucura obsessional.* A primeira é produzida por uma desordem nos órgãos da manifestação do pensamento. Notemos que, nesse estado de coisas, não é o Espírito que é louco: ele conserva a plenitude de suas faculdades, como o demonstra a observação; apenas estando desorganizado o instrumento de que se serve para se manifestar, o pensamento ou, melhor dito, a expressão do pensamento é incoerente.

Na loucura obsessional não há lesão orgânica. É o próprio Espírito que se acha afetado pela subjugação de um Espírito estranho que o domina e comanda. No primeiro caso é preciso tentar curar o órgão doente; no segundo basta livrar o Espírito doente do hóspede importuno, a fim de lhe restituir a liberdade. Casos semelhantes são muito frequentes e comumente tomam como loucura o que não passa de obsessão, para a qual deveriam empregar-se meios morais e não duchas. Pelo tratamento físico, e sobretudo pelo contato dos verdadeiros alienados, muitas vezes tem sido determinada uma verdadeira loucura onde esta não existia.

Abrindo novos horizontes a todas as ciências, o Espiritismo vem, também, esclarecer a questão muito obscura das doenças mentais, assinalando uma causa que, até agora, não era levada em conta: causa real, evidente, provada pela experiência e cuja verdade mais tarde será reconhecida. Mas como levar a admitir-se tal causa pelos que estão sempre dispostos a mandar para o hospício quem quer que tenha a fraqueza de acreditar que temos alma e que esta representa um papel nas funções vitais, sobrevive ao corpo e pode atuar sobre os vivos? Graças a Deus, e para o bem da humanidade, as ideias espíritas fazem maior progresso entre os médicos do que era dado esperar e tudo leva a crer que, em futuro não muito remoto, a Medicina sairá, enfim, da rotina materialista.

Os casos isolados de obsessão física ou de subjugação foram verificados. Compreende-se que, semelhantes a uma nuvem de gafanhotos, um bando de maus Espíritos pode cair sobre um certo número de criaturas, delas se apoderar e produzir um espécie de epidemia moral. A ignorância, a fraqueza das faculdades, a falta de cultura intelectual naturalmente lhes oferece maiores facilidades. Por isso eles atuam de preferência sobre certas classes, embora as pessoas inteligentes e instruídas nem sempre estejam isentas. Como diz Erasto, foi provavelmente uma epidemia que ocorreu ao tempo do Cristo, da qual por vezes se fala no Evangelho. Mas por que só a sua palavra bastava para expulsar os chamados demônios? Isso prova que o mal não podia ser curado senão por uma influência moral. Ora, quem poderá negar a influência moral do Cristo? Contudo, dirão, empregaram o exorcismo, que é um remédio moral e nada foi obtido. Se nada produziu é que o remédio nada vale e outro deve ser achado. Isso é evidente. Estudai o Espiritismo e compreendereis a razão. Só o Espiritismo assinalando a verdadeira causa do mal, pode dar os meios de combater os flagelos de tal natureza.

Mas quando aconselhamos a estudá-lo, entendemos um estudo sério e não com a esperança de encontrar nele uma receita banal, para uso do primeiro que aparecer.

O que acontece na Sabóia chamando a atenção, possivelmente apressará o momento em que será reconhecida a parte de ação do mundo invisível nos fenômenos da natureza. Uma vez entrando nesse caminho, a ciência possuirá a chave dos mistérios e verá cair a mais formidável barreira que detém o progresso: o materialismo, que restringe o círculo da observação, em vez de o ampliar.

RESPOSTAS À QUESTÃO DOS ANJOS DECAÍDOS

Observação: De várias direções recebemos respostas a todas as questões apresentadas no número de janeiro último. Sua extensão não permite a publicação simultânea de todas elas. Por hoje limitamo-nos a dos anjos rebeldes.

(BORDEAUX – MÉDIUM: SRA. CAZEMAJOUX)

Meus amigos, a teoria contida no resumo que acabais de ler é a mais lógica e mais racional. A sã razão não pode admitir a criação de Espíritos puros e perfeitos revoltando-se contra Deus e procurando igualá-lo em poder e grandeza.

Antes de atingir a perfeição, ignorante e fraco, o Espírito, entregue ao seu livre-arbítrio, muitas vezes atira-se à corrupção e mergulha com prazer num oceano de iniqüidades. Mas o que, sobretudo, causa a sua perda, é o orgulho. Nega a Deus, atribui ao acaso a sua existência, as maravilhas da criação e a harmonia universal. Então, infeliz dele! É um anjo decaído. Em vez de avançar para mundos felizes, é até exilado do planeta que habita, indo expiar em mundos inferiores a sua incessante revolta contra Deus.

Irmãos, guardai-vos de os imitar: são os anjos perversos. Fazei todo esforço para não lhes aumentar o número. Que o facho da fé espírita vos esclareça quanto aos vossos interesses futuros, a fim de que possais um dia evitar a sorte dos Espíritos rebeldes e subir a escala espiritual que leva à perfeição.

Vossos Guias Espirituais

(HAYA, HOLANDA – MÉDIUM: BARÃO DE KOCK)

Sobre esse artigo pouco terei que dizer, senão que é sublime verdade. Nada a acrescentar ou a subtrair. Felizes os que tiverem fé nessas belas palavras, os que aceitarem esta doutrina escrita por Allan Kardec. Kardec é o homem escolhido por Deus para a instrução das criaturas no presente. São palavras inspiradas por Espíritos do bem, Espíritos muito superiores. Tende fé. Lede e estudai toda a doutrina: é um bom conselho que vos dou.

Vosso Guia Espiritual

(SENS – MÉDIUM: SR. PICHON)

P – Que devemos pensar da interpretação da doutrina dos anjos decaídos, que o Sr. Kardec publicou no último número da *Revista Espírita*? R – Ela é perfeitamente racional e nós mesmos não a teríamos explicado melhor.

Arago

(PARIS – COMUNICAÇÃO PARTICULAR – MÉDIUM: SRTA. ESTEFÂNIA)

Está bem explicado, mas é preciso ser franco: há uma coisa que me contraria. Por que falar desse dogma da Imaculada Conceição? Tivestes revelações concernentes à Mãe do Cristo? Deixai essas discussões à igreja Católica. Lamento tanto mais essa comparação, quanto mais os padres dirão e crerão que vós lhes quereis fazer a corte.

Um Espírito amigo sincero do médium e do diretor da *Revista Espírita*

(LYON – MÉDIUM: SRA. BOUILLANT)

Nós acreditávamos outrora que os anjos, depois de haverem morado no mais radioso dos mundos, se tinham revoltado contra Deus e merecido a expulsão do Éden, que Deus lhes havia dado para morada. Tínhamos cantado a sua queda e a sua fraqueza e, acreditando nessa fábula do Paraíso Perdido, o tínhamos ornado com todas as flores da retórica que conhecíamos. Era para nós um tema que oferecia um encanto especial. Esse primeiro homem e essa primeira mulher, expulsos de seu oásis, condenados a viver na Terra, presas de todos os males que assediam a humanidade, eram para o autor uma grande fonte para desenvolver as suas ideias; e o assunto se prestava sobretudo e perfeitamente às nossas ideias melancólicas. Como os outros, acreditávamos no erro e juntávamos a nossa palavra a todas as demais que tinham sido proferidas. Mas agora que a nossa existência no espaço nos permitiu julgar as coisas do seu verdadeiro ponto de vista; agora que podemos compreender quanto era absurdo admitir que o Espírito, chegado ao seu mais alto grau de pureza, pudesse retrogradar de repente, revoltar-se contra o seu criador e com ele entrar em luta; agora que podemos julgar por quantos cadinhos o licor deve ser filtrado para se depurar, a ponto de se tornar essência e quintessência, estamos em estado de vos dizer o que são os anjos decaídos e o que deveis crer do Paraíso Perdido.

Em sua imutável lei do progresso, quer Deus que os homens avancem, avancem incessantemente, de século em século, em épocas por ele determinadas. Quando a maioria dos seres que habitam a Terra se torna muito superior à parte terrestre que ocupa, então Deus ordena uma migração de Espíritos; e os que realizaram sua missão com consciência vão habitar regiões que lhes são designadas; mas o Espírito recalcitrante ou preguiçoso, que vem manchar o quadro, é obrigado a ficar na retaguarda. E nessa depuração ele é repelido, como fazem os químicos com as substâncias que não foram filtradas. Então o Espírito se acha em contato com outros que são inferiores e sofre realmente o constrangimento que lhe é imposto.

Lembra-se intuitivamente da felicidade que desfrutava e se acha em meio a seus iguais como flor exótica, que tivesse sido de chofre transplantada para um terreno inculto. Tal Espírito se revolta ao compreender a sua superioridade: procura dominar os que o cercam. E essa revolta, essa luta contra si próprio, se transforma em luta contra o Criador que lhe deu vida, e que ele desconhece. Se seus pensamentos se puderem desenvolver, ele derramará o que extravasa do seu coração em recriminações amargas, como o condenado na sua prisão sofrerá cruelmente até que tenha expiado a preguiça e o egoísmo que o impediram de acompanhar os seus irmãos. Eis, meus amigos, quais os anjos decaídos e por que todos lamentam a perda de seu paraíso. Procurai, pois, por vossa vez apressar-vos para que não sejais abandonados quando soar o toque de retorno. Lembrai-vos de tudo o que deveis a vós mesmos. Dizei que vós sois vós e que tendes o vosso livre-arbítrio.

Essa personalidade do Espírito vos explica por que o filho de um cientista por vezes é um idiota e por que a inteligência não se pode transformar em morgadio. Um grande homem bem poderá dar à sua progênie o gabarito de sua figura, mas jamais lhe transmitirá o seu gênio. E podeis estar certos de que todos os gênios que vieram desenvolver os seus talentos entre vós eram filhos de suas próprias obras, porque, como disse um grande sábio: "É que as mães dos Patay, dos Lefronne e do vasto Arago criaram esses grandes homens muito inocentemente". Não, meu amigo, a mãe que dá à luz um talento ilustre nada influi no Espírito que anima o seu filho: esse Espírito já era muito adiantado quando veio reencarnar-se no cadinho da depuração. Subi, pois, os degraus da escada: degraus luminosos e brilhantes como sóis, pois que Deus os ilumina com sua luz esplêndida. E lembrai-vos de que agora que conheceis o caminho, seríeis muito culpados se vos tornásseis anjos decaídos. Aliás penso que ninguém vos lamentará nem vos cantará o *Paraíso Perdido*.

Milton

(FRANCFORT – MÉDIUM: SRA. DELTON)

Nada direi sobre essa interpretação dos anjos rebeldes se não que ela faz parte dos ensinamentos que vos devem ser dados, que possais dar o verdadeiro sentido às coisas mal compreendidas. Não creais que o autor do artigo o haja escrito sem assistência, como ele próprio o imaginou, supondo emitir as suas próprias opiniões, razão pela qual ficou desconfiado, quando, na realidade, ele apenas deu forma às ideias que lhe eram inspiradas.

Sim, ele está certo quando diz que os anjos rebeldes ainda estão na Terra, e que são os materialistas e os ímpios, os que ousam negar o poder de Deus. Não está aí o cúmulo do orgulho? Vós todos que credes em Deus e lhe cantais louvores, vos indignais com uma tal audácia da criatura – e tendes razão; mas sondai a vossa consciência e vede se, a cada instante, não vos revoltais contra Ele, esquecendo as suas santas leis. Praticais a humildade, vós que acreditais na superioridade do vosso mérito? Vós que se acreditais superiores pelos dons que haveis recebido? Vós que encarais com ciúme e inveja a posição superior do vosso vizinho? Os favores que lhe cabem e a autoridade que lhe é concedida? Praticais a caridade, vós que denegris o vosso irmão? Que derramais sobre ele maledicência e calúnia? Que em vez de lançar um véu sobre os seus defeitos sentis prazer em os exibir em público, para o humilhar?

Vós, que credes em Deus, sobretudo vós, espíritas, que assim agis, em verdade vos digo: sois mais culpados que o ateu e o materialista, porque tendes a luz e não vede. Sim, também sois anjos rebeldes, porque não obedeceis à lei de Deus. E no grande dia Deus vos perguntará: "Que fizestes dos meus ensinos?".

Paulo, Espírito Protetor

PALESTRAS FAMILIARES DE ALÉM-TÚMULO

GIRARD DE CODEMBERG

(BORDEAUX, NOVEMBRO DE 1861)

O Sr. Girard de Codemberg, antigo aluno da Escola Politécnica, é autor de um livro intitulado: *Le Monde Spirituel, ou Science chrétienne de communiquer intimement avec les puissances célestes et les âmes heureuses*[1]. Essa obra contém comunicações excêntricas, que deno-

---

[1] Como de costume damos no original o título das obras que sabemos ou supomos não traduzidas. Esta é *O Mundo Espiritual, ou Ciência cristã de comunicar-se intimamente com as forças celestes e as almas felizes*. Nota do Tradutor.

tam manifesta obsessão e cuja publicação os espíritas sérios lamentam. O autor faleceu em 1858 e foi evocado na Sociedade de Paris a 14 de janeiro de 1859. Pode ver-se o resultado dessa evocação na *Revista Espírita* de abril de 1859. A evocação que se segue foi feita em Bordeaux, em novembro de 1861. A coincidência das duas evocações é digna de nota.

P – Podereis responder a algumas perguntas que desejo fazer? R – É um dever.

P – Qual a vossa posição no mundo dos Espíritos? R – Feliz, relativamente à Terra. Porque aí eu não via o mundo espiritual senão através da névoa de meus pensamentos; e agora vejo desdobrar-se à minha frente a grandeza e a magnificência das obras de Deus.

P – Numa passagem de vosso livro, que tenho em mãos, dizeis: "Perguntam à mesa o nome de meu anjo da guarda que, conforme a crença americana, não é senão uma alma feliz, que teve vida terrena e que, consequentemente, deve ter tido um nome na sociedade humana". Dizeis que tal crença é uma heresia. Que pensais hoje dessa heresia? R – Disse-vos que tinha visto mal porque, inexperiente das práticas espíritas, tinha aceitado como verdades as coisas que me eram ditadas por Espíritos levianos e impostores. Mas – confesso em presença de verdadeiros e sinceros espíritas, aqui reunidos esta noite – o anjo da guarda, ou Espírito protetor não é senão o Espírito que chegou ao progresso moral e intelectual pelas diversas fases percorridas em suas encarnações nos diversos mundos, e que a reencarnação, que eu negava, é a mais sublime e a maior prova da justiça de nosso Pai, que está no céu, e que não quer a nossa perda, mas nossa felicidade.

P – Em vossa obra também falais do purgatório. Que significado quisestes dar a esse vocábulo? R – Eu pensava, com razão, que os homens não podiam chegar à felicidade sem se purificarem das manchas que o Espírito traz da vida material. Mas, em vez de ser um abismo de fogo, tal qual eu imaginava ou, melhor dito, tal qual o medo que dele tinha me dava uma fé cega, o purgatório não era, senão os mundos inferiores, em cujo número está a Terra, onde todas as misérias a que está sujeita a humanidade se manifestam de mil formas. Não está aí a explicação do vocábulo *purgare*?

P – Também dizeis que vosso anjo da guarda respondeu, a propósito do jejum: "O jejum é o complemento da vida cristã e a ele te deves submeter". O que é que pensais agora? R – O complemento da vida cristã! E os Judeus e os Muçulmanos que também jejuam! O jejum não é apenas apropriado à vida cristã. Contudo, por vezes é útil, nisso que pode enfraquecer o corpo e atenuar as revoltas da carne. Crede: uma vida simples e frugal é melhor que todos os jejuns feitos visando fazer exibição aos homens, pois não corrige as inclinações e as tendências para o mal. Vejo o que exigis de mim: é uma retratação completa de meus escritos. Eu vo-la devo, porque alguns fanáticos, que não são da época em que escrevi, têm fé cega naquilo que publiquei como a exata verdade. Não sou castigado por isso, porque era de boa-fé e escrevia sob a influência temerosa das lições da juventude, às quais não podia subtrair a vontade de pensar e agir; mas, crede, será muito restrito o número dos que abandonem o caminho traçado pelo Sr. Kardec para seguir o meu. Serão pessoas com quem não se deve contar e que são marcadas pelo anjo da libertação para serem arrastadas no turbilhão renovador, que deve transformar a sociedade. Sim, meus amigos, sede espíritas. É Girard de Codemberg quem vos convida a um lugar no grande banquete fraterno, porque vós sois e nós somos todos irmãos, e a reencarnação nos torna solidários e aperta os laços da fraternidade em Deus.

Observação: Esse pensamento que, no grande movimento que deve operar a renovação da humanidade, os homens que pudessem causar-lhes obstáculo e não aproveitar os avisos de Deus, dele serão expulsos e enviados a mundos inferiores, hoje se acha reproduzido por todos os lados, em comunicações dos Espíritos. Dá-se o mesmo com este outro: chegamos ao momento dessa transformação, cujos sintomas já se fazem sentir. Quanto ao que assina o Espiritismo como devendo ser a base dessa transformação, é universal. Tal coincidência tem algo de característico. Allan Kardec

P – Dissestes haver evocado a santa Virgem Maria, da qual recebestes conselhos. Essa manifestação foi real? R – Quantos dentre vós vos julgais por ela inspirados e sois enganados! Sede vós mesmos vossos e meus juízes.

P – Fizestes à Virgem a seguinte pergunta: "Há, pelos menos, na sorte das almas punidas, a esperança que vários teólogos conservaram da *gradação das penas?*". A resposta da Virgem – dizeis – foi esta: "As penas eternas não têm gradação. São todas as mesmas, e as chamas são os seus executores". Qual a vossa opinião a respeito? R – As penas infligidas aos maus Espíritos são reais, mas não eternas. Testemunham os vossos pais e amigos, que vêm diariamente ao vosso chamado e que vos dão, sob todas as formas, ensinamentos que apenas confirmam a verdade.

P – Alguém da assistência pergunta se o fogo queima fisicamente ou moralmente. R – Fogo moral.

Espontaneamente o Espírito continua:

– Caros Irmãos em Espiritismo, vós sois escolhidos por Deus para a santa propagação. Mais feliz que eu, um Espírito em missão na vossa Terra vos traçou o caminho, no qual deveis entrar com passo firme e determinado. Sede dóceis, nada temais: é o caminho do progresso e da moralidade da raça humana. Para mim, que apenas tinha esboçado a obra que vosso mestre vos traçou, porque me faltava coragem para deixar o caminho batido, tenho a tarefa de vos guiar à situação de Espírito no caminho bom e seguro onde entrastes. Assim, então, poderei reparar o mal que fiz por ignorância e ajudar com minhas fracas faculdades a grande reforma da sociedade. Não tenhais suspeitas dos irmãos que se afastam de vossas crenças. Ao contrário, agi de maneira que eles não mais se misturem com o rebanho dos verdadeiros crentes, pois são ovelhas sarnentas, e vós deveis evitar o contágio. Adeus. Voltarei com este médium. Até logo.

Girard de Codemberg

Nota: Consultamos quanto à identidade do Espírito e nossos guias responderam: "Sim, meus amigos, ele sofre por ver o mal que causa a doutrina errada que publicou. Mas já tinha expiado esse erro na Terra, porque era obsidiado e a doença de que morreu foi fruto da obsessão".

DE LA BRUYÈRE

(SOCIEDADE DE BORDEAUX – MÉDIUM: SRA. CAZEMAJOUX)

1. *Evocação*. R – Eis-me aqui.

P – Nossa evocação vos dá prazer? R – Sim, pois muito poucos de vós pensam nesse pobre Espírito trocista.

P – Qual a vossa posição no mundo espírita? R – Feliz.

P – Que pensais da atual geração que vive na Terra? R – Penso que quase nada progrediram em moralidade, porque se vivesse entre eles poderia aplicar os meus *Caracteres* com a mesma verdade chocante que os destacou quando eu vivia. Encontro os meus gastrônomos, os meus egoístas, os meus orgulhosos nos mesmos pontos em que os deixei quando morri.

P – Vossos *Caracteres* gozam de merecida reputação. Qual a vossa opinião atual sobre as vossas obras? R – Penso que não tinham o mérito que lhes atribuís, pois teriam produzido outro resultado. Mas compreendo que nenhum dos que leem se compara a qualquer daqueles retratos, posto a maioria seja de chocante verdade. Todos tendes uma pequena dose de amor-próprio, bastante para aplicar ao próximo os vossos defeitos pessoais e jamais vos reconheceis quando vos pintam com traços verdadeiros.

P – Acabastes de dizer que os *Caracteres* poderiam ser hoje aplicados com a mesma verdade. Então não achais os homens mais adiantados? R – Em geral a inteligência avançou, mas a melhora não deu um passo. Se Molière e eu ainda pudéssemos escrever, não faríamos senão aquilo que fizemos: trabalhos inúteis, que vos advertiram, sem vos corrigir. O Espiritismo será mais feliz. Pouco a pouco vos conformareis à sua doutrina e reformareis os vícios que em vida vos apontamos.

P – Pensais que a humanidade ainda seja rebelde aos avisos dados por Espíritos encarnados em missão na Terra e pelos Espíritos que os vêm ajudar? R – Não. A época do progresso e a da renovação da Terra e de seus habitantes chegou. É por isso que os bons Espíritos vêm prestar-vos o seu concurso. Disse-vos bastante esta noite. Mas prepararei um dos meus *Caracteres* para daqui a alguns dias.

P – Os *Caracteres* não podem ser aplicados também a alguns Espíritos errantes, movidos por idênticos sentimentos? R – A todos os que, no estado de Espíritos, têm ainda as mesmas paixões que em vida os dominavam. Perdoai-me a franqueza, mas quando me chamardes, eu vos direi as coisas sem finura e sem rodeios.

Jean de La Bruyère

POESIAS ESPÍRITAS

(SOCIEDADE ESPÍRITA DE BORDEAUX –
MÉDIUM: SRA. CAZEMAJOUX)

CREDE NOS ESPÍRITOS DO SENHOR

Crede em nós; nós somos a centelha,
Raio brilhante vindo do seio de Deus,
Que projetamos sobre as almas novas,
Que no berço choram o céu azul.

Crede em nós; nossa chama leve,
Espírito errante pelos túmulos amigos,
Venceu o obstáculo, passou a barreira
Entre nós posta pelo Eterno.

Crede em nós. As trevas e as mentiras
Se dispensam quando, suaves e risonhas,
Vimos do céu deitar em vossos sonhos
O néctar, o mel e a ambrosia.

Crede em nós. Erramos no espaço
Para vos guiar. Crede em nós,
Que vos amamos... Cada hora que passa,
Ó exilados, mais nos aproxima.

Elisa Mercoeur

AS VOZES DO CÉU

As vozes do céu suspiram na brisa,
Gemem no ar, murmuram nas ondas;
Nas florestas e nos montes cinzentos
Ecoam os seus suspiros.

As vozes do céu murmuram sob as folhas,
Nos prados, nos bosques e nos campos.
Juntos à fonte onde chora contrito
O poeta de tímidas rimas.

As vozes do céu cantam nos arvoredos,
No loiro trigo, nos jardins em flor,
No risonho azul das nuvens
Na riqueza do arcoíris.

As vozes do céu choram no silêncio.
Silêncio: elas falam ao coração.
E os Espíritos, cujo reino começa,
Vos levam ao criador.

Elisa Mercoeur

DISSERTAÇÕES ESPÍRITAS

OS MÁRTIRES DO ESPIRITISMO

A propósito dos milagres do Espiritismo, que nos haviam proposto e de que tratamos no último número, também nos propuseram esta pergunta: os mártires selaram com sangue a verdade do cristianismo; o Espiritismo tem mártires?

Tendes mesmo muito interesse em ver os Espíritos sobre a fogueira ou lançados às feras! Isso leva a supor que não vos falta boa vontade, caso isso ainda fosse possível. Quereis à fina força pôr o Espiritismo no nível de uma religião! Notai, porém, que ele jamais pretendeu isso; jamais se arvorou em rival do Cristianismo, do qual se declara filho. Ele combate os seus mais cruéis inimigos: o ateísmo e o materialismo. Mais uma vez, é uma filosofia que repousa sobre as bases fundamentais de toda religião e sobre a moral do Cristo. Se renegasse o Cristianismo, ele se desmentiria, suicidar-se-ia. São os seus inimigos que o mostram como uma nova seita, que lhe deram sacerdotes e alto clero. Estes gritarão tantas e tantas vezes que é uma religião, que a gente acabaria acreditando. Será necessário ser uma religião para ter mártires? As ciências, as artes, o gênio, o trabalho em todos os tempos não têm tido os seus mártires, tanto quanto as ideias novas?

Não ajudam a fazer mártires os que apontam os espíritas como condenados, como párias a cujo contato se deve fugir; que açulam contra eles a população ignorante, e chegam, até, a lhes roubar *os recursos do trabalho,* esperando vencê-los pela fome, em falta de bons argumentos? Bela vitória, se triunfassem! Mas a semente está lançada e germina em toda a parte. Se é cortada num lugar, brota em cem outros. Tentai então ceifar toda a Terra! Mas deixe-nos que falem os Espíritos – os encarregados de responder à pergunta.

I

Pedistes milagres. Hoje pedis mártires. Já existem os mártires do Espiritismo: entrai nas casas e os vereis. Pedis perseguidos: abri o coração desses fervorosos adeptos da ideia nova, que lutam contra os preconceitos, com o mundo, por vezes, até com a família! Como seus corações sangram e se enchem, quando seus braços se estendem para abraçar um pai, uma mãe, um irmão, uma esposa e não recebem a paga do carinho e dos transportes, mas sarcasmos, desdém e desprezo. Os mártires do Espiritismo são os que, a cada passo, escutam estas palavras insultuosas: *louco, insensato, visionário!* ... e durante muito tempo terão que suportar essas afrontas da incredulidade e outros sofrimentos ainda mais amargos. Mas a sua recompensa será bela, porque se o Cristo fez preparar um lugar soberbo aos mártires do Cristianismo, o que prepara aos mártires do Espiritismo será ainda mais brilhante. Mártires do Cristianismo na infância, marchavam para o suplício, corajosos e resignados, porque não contavam sofrer senão dias, horas e segundos do martírio, aspirando depois a morte como única barreira para viver a vida celeste. Mártires do Espiritismo, nem devem buscar, nem aspirar a morte; devem sofrer tanto tempo quanto praza a Deus deixá-los na Terra e não ousam julgar-se dignos dos puros gozos celestes logo que deixem a vida. Oram e esperam, murmurando palavras de paz, de amor e de perdão aos que os torturam e esperam novas encarnações nas quais poderão resgatar passadas faltas.

O Espiritismo elevar-se-á como um templo soberbo. A princípio os degraus serão difíceis de subir. Mas, transpostos os primeiros degraus, bons Espíritos ajudarão a vencer os outros até o lugar unido e reto que conduz a Deus.

Ide, ide, filhos, pregar o Espiritismo! Pedem mártires: vós sois os primeiros que o Senhor marcou, pois sois apontados a dedo e sois tratados como loucos e insensatos, por causa da verdade! Mas – eu vo-lo digo – vai chegar a hora da luz e em breve não mais haverá perseguidores nem perseguidos: sereis todos irmãos e o mesmo banquete reunirá opressores e oprimidos!

Santo Agostinho (Médium: Sr. E. Vézy)

II

O progresso do tempo substituiu as torturas físicas pelo martírio da concepção e do nascimento cerebral das ideias que, filhas do passado, serão as mães do futuro. Quando o Cristo veio destruir o costume bárbaro dos sacrifícios, quando veio proclamar a igualdade e a fraternidade entre o saiote proletário e a toga patrícia, os altares ainda vermelhos fumegavam o sangue das vítimas imoladas; os escravos tremiam ante os caprichos do senhor e os povos, ignorando sua grandeza, esqueciam a justiça de Deus. Nesse estado de rebaixamento moral, as palavras do Cristo teriam sido impotentes e desprezadas pela multidão, se não tivessem sido gritadas pelas suas chagas e tornadas sensíveis pela carne palpitante dos mártires. Para ser cumprida, a misteriosa lei das semelhanças exigia que o sangue derramado pela ideia resgatasse o sangue derramado pela brutalidade.

Hoje os homens pacíficos ignoram as torturas físicas. Só o seu ser intelectual sofre, porque se debate, comprimido pelas tradições do passado, enquanto aspira novos horizontes. Quem poderá pintar as angústias da geração presente, suas dúvidas pungentes, suas incertezas, seus ardores impotentes e sua extrema lassitude? Inquietos pressentimentos de mundos superiores, dores ignoradas pela antiguidade material, que só sofria quando não gozava; dores que são a tortura moderna e que transformarão em mártires aqueles que, inspirados pela revelação espírita, crerão e não serão acreditados, falarão e serão censurados, marcharão e serão repelidos. Não percais a coragem... vossos próprios inimigos vos preparam uma recompensa tanto mais bela quanto mais espinhos houverem eles semeado em vosso caminho.

Lázaro (Médium: Sra. Costel)

III

Como bem dizeis, em todos os tempos houve mártires. É, porém, preciso dizer que muitas vezes o fanatismo estava de ambos os lados e então, quase sempre, corria o sangue. Hoje, graças aos moderadores das paixões, aos filósofos, ou antes, a essa filosofia que começou com os escritores do século dezoito, o fanatismo apagou o seu facho e embainhou a espada. Em nossa época quase se não imagina a cimitarra de Maomé, a forca e a roda da idade média, as fogueiras e as torturas de toda espécie, do mesmo modo que se não imaginam os magos e as feiticeiras. Outros tempos, outros costumes, diz um sábio provérbio. O vocábulo costumes é aqui muito elástico, como vedes e, conforme a sua etimologia, significa: hábitos, maneira de viver. Ora, em nosso século, nossa maneira de ser não é de cobrir-se com cilício, ir às catacumbas, nem de subtrair suas preces aos procônsules e aos magistrados da cidade de Paris. O Espiritismo, pois, não verá erguer-se o machado e as fogueiras devorarem os seus adeptos. A gente se bate a golpes de ideias, a golpes de livros, a golpes de comentários, a golpes de ecletismo, e a golpes de teologia, mas a São Bartolomeu não se repetirá. Certamente poderá haver algumas vítimas nas nações atrasadas, mas nos centros civilizados só a ideia será combatida e ridicularizada. Assim, pois, não mais os machados, o feixe de varas, o óleo fervente; mas tomai sentido com o espírito voltaireano mal compreendido: eis o carrasco. É preciso preveni-lo, mas não o desafiar: ele ri, em vez de ameaçar; lança o ridículo em vez da blasfêmia e seus suplícios são as torturas do espírito que sucumbe ao abraço do sarcasmo moderno. Mas, sem desagradar aos pequenos Voltaires de nossa época, a juventude compreenderá facilmente estas palavras mágicas: *Liberdade, Igualdade, Fraternidade.* Quanto aos sectários, estes são mais para temer, porque são sempre os mesmos, malgrado o tempo, malgrado tudo: por vezes podem fazer o mal, mas são coxos, mascarados, velhos e rabugentos. Ora, vós que passais pela fonte de Juventa e cuja alma reverdece e remoça, não os temais, porque o seu fanatismo os perderá.

Lamennais (Médium: Sr. A. Didier)

ATAQUES À IDEIA NOVA

Como vedes, começam a comentar as ideias espíritas até nos cursos de teologia e a *Revista Católica* tem a pretensão de demonstrar *ex-professo,* como dizem, que o Espiritismo atual é obra do demônio, como se vê no artigo intitulado *do Satanismo no Espiritismo Moder-*

136 REVISTA ESPÍRITA

no, naquela revista. Ora! Deixai-os falar! Deixai-os agir. O Espiritismo é como o aço e todas as serpentes usarão os dentes para o morder. Seja como for, há um fato digno de nota: é que outrora desdenhavam ocupar-se com os que moviam mesas e cadeiras, ao passo que hoje muito se ocupam com esses inovadores, cujas ideias e teorias se elevaram à altura de uma doutrina. Oh! É que essa doutrina, essa revelação abre brecha em todas as antigas doutrinas, em todas as velhas filosofias, insuficientes para satisfazerem as necessidades da razão humana. Assim, sacerdotes, cientistas, jornalistas descem à arena empunhando a pena, para repelir a ideia nova: o progresso. Mas que importa! Não é uma prova irrefragável da propagação dos nossos ensinamentos? Ora! Não se discute, não se combate senão as ideias realmente sérias e bem espalhadas, que não podem ser tomadas como utopias, como quimeras brotadas de cérebros doentes. Aliás, melhor que ninguém podeis ver bem a rapidez com que o Espiritismo recruta adeptos diariamente e isso até nas fileiras esclarecidas do exército, entre oficiais de todas as armas. Não vos inquieteis, pois, com todos esses infelizes que uivam à toa, pois já não sabem onde estão: estão desaçaimados. Suas certezas, suas probabilidades se desvanecem ao facho do Espiritismo, porque, no fundo de suas consciências, sentem que apenas nós estamos com a verdade. Digo nós, porque hoje, Espíritos e encarnados, só temos um objetivo: a destruição das ideias materialistas e a regeneração da fé em Deus, a quem tudo devemos.

Erasto (Médium: Sr. d'Ambel)

PERSEGUIÇÃO

Bem! Bravos, meus filhos! Estou satisfeito de vos ver reunidos, lutando com zelo e persistência. Coragem! Trabalhai arduamente no campo do Senhor. Porquê, eu vos digo, chegará o momento em que não será apenas a portas fechadas que se propagará a doutrina santa do Espiritismo.

Flagelaram a carne. É preciso flagelar o Espírito. Ora, em verdade vos digo, quando isso acontecer estareis em vésperas de, juntos, entoar o cântico de ação de graça, e estaremos em vésperas de ouvir um só e mesmo grito sobre a Terra. Mas, eu vo-lo digo, antes da idade de ouro e do reinado do Espiritismo, são necessários estraçalhamentos, choro e ranger de dentes.

As perseguições já começaram. Espíritas! Sede firmes e mantende-vos de pé. Estais marcados pela unção do Senhor. Sereis chamados de insensatos, de loucos, de visionários. Não mais ferverão o óleo nem erguerão cadafalso e fogueiras, mas o fogo que usarão para vos levar à renúncia às vossas crenças será mais intenso e ainda mais vivo. Espíritas! Despojai-vos do homem velho, pois é ao homem velho que farão sofrer. Que vossas novas túnicas sejam brancas. Cingi as vossas frontes com as coroas e preparai-vos para entrar na liça. Sereis amaldiçoados: deixai que vossos irmãos vos digam *racca*; orai por eles e afastai de suas cabeças o castigo que o Cristo disse reservado aos que disserem *racca* aos irmãos!

Preparai-vos para as perseguições pelo estudo, pela prece, pela caridade. Os servos serão expulsos das casas de seus patrões e tratados como loucos. Mas à porta da casa encontrarão o Samaritano e, embora pobres e nus, ainda partilharão com ele as suas vestes e o último pedaço de pão. Ante tal espetáculo, os patrões perguntarão: "Mas, quem são essas criaturas que expulsamos de nossa casa? Só têm um pedaço de pão para esta noite e o dão! Só têm uma capa e a dividem com um estranho!" Então suas portas serão reabertas, pois vós é que sois os servidores do Mestre. Mas dessa vez eles vos acolherão e vos abraçarão; pedirão que os abençoem e os ensinem a amar. Não mais vos chamarão servos ou escravos, mas vos dirão: "Meu irmão, vem assentar-te à minha mesa. Há uma só e mesma família na Terra, como há um só e mesmo pai no céu".

Ide, ide meus irmãos! Pregai, mas, sobretudo, sede unidos: o céu vos está preparado.

Santo Agostinho (Médium: Sr. E. Vézy)

BIBLIOGRAFIA

O Espiritismo em sua Expressão Mais Simples, do qual já foram vendidos cerca de dez mil exemplares, está em nova impressão com várias correções importantes. Sabemos que já está traduzido em alemão, em russo e em polonês. Concitamos os tradutores a se conformarem ao texto da nova edição. Recebemos de Viena, Áustria, a tradução alemã, publicada naquela cidade, onde se organiza uma sociedade espírita, sob os auspícios da de Paris.

O segundo volume das *Révélations d'outre-tombe*[1], pela Sra. H. Dozon, se acha no prelo.

Novamente chamamos a atenção dos leitores para a interessante brochura da senhorita Clémence Guérin, intitulada: *Essai biographique sur Andrew Jackson Davis*[2], um dos principais escritores espiritualistas dos Estados Unidos. – Livraria Ledoyen, Preço. 1 fr.

Allan Kardec

---

[1] *Revelação de Além-Túmulo*. Nota do Tradutor.
[2] *Esboço biográfico de Andrew Jackson Davis*. Nota do Tradutor.

ANO V
MAIO DE 1862

EXÉQUIAS DO SR. SANSON

(MEMBRO DA SOCIEDADE ESPÍRITA DE PARIS)

Um dos nossos colegas, o Sr. Sanson, faleceu a 21 de abril de 1862, após mais de ano de sofrimentos cruéis. Na previsão da morte, tinha ele dirigido à Sociedade, a 27 de agosto de 1860, uma carta, da qual extraímos a seguinte passagem:

"Caro e respeitável Presidente,

Em caso de surpresa pela desagregação de minha alma e de meu corpo, tenho a honra de vos lembrar um pedido feito há cerca de um ano: o de evocar o meu Espírito o mais imediatamente possível e tantas vezes quanto julgardes conveniente, para que, membro muito inútil de nossa Sociedade durante a minha presença na Terra, para algo lhe possa servir no além-túmulo, dando-lhe os meios de estudar fase por fase, nessas evocações, as diversas circunstâncias que se seguem ao que o vulgo chama morte, mas que, para nós espíritas, não passa de uma transformação, sob as vistas impenetráveis de Deus, mas sempre útil ao fim que se propõe.

Além desta autorização e pedido de me dar a honra dessa espécie de autópsia espiritual, que meu insignificante avanço como espírito talvez torne estéril, caso em que a vossa sabedoria vos levará ao não prosseguimento dos ensaios além de um certo número, ouso pedir-vos, pessoalmente, bem como a todos os meus colegas, que supliquem ao Todo-Poderoso permita que os bons Espíritos me assistam com seus benevolentes conselhos, em particular a São Luís, nosso presidente espiritual com o fito de me guiar na escolha e no momento de uma reencarnação. Porquê, desde já, isso me preocupa muito. Tremo de me enganar quanto às minhas forças espirituais e de pedir a Deus, cedo demais e muito presumidamente, um estado corporal no qual não pudesse justificar a bondade divina – o que, em vez de servir ao meu adiantamento, prolongaria a minha demora na Terra ou alhures caso eu falisse.

* * *

Contudo, tendo toda a confiança na mansuetude e na indulgente equidade de nosso Criador e seu divino filho, e, enfim, esperando com humildade e resignação sofrer a expiação de minhas faltas, salvo aquelas que a misericórdia do Eterno me perdoar, repito, minha grande preocupação é o medo pungente de uma reencarnação, se nisso não for ajudado e guiado pelos Espíritos santos e benevolentes que pudessem julgar-me indigno de sua intervenção, caso fossem solicitados apenas por mim, mas cuja comiseração pode ser despertada, desde que, pela caridade cristã, fossem invocados por todos vós, em meu favor. Assim, tomo a liberdade de me recomendar a vós, caro Presidente, e a todos os meus honrados colegas da Sociedade Espírita de Paris."

* * *

Para nos conformarmos ao desejo do nosso colega, de ser evocado o mais cedo possível após o seu passamento, fomos à câmara ardente com alguns membros da Sociedade e, em presença do corpo, deu-se a conversa que se segue, uma hora antes do enterro. Nisso tínhamos um duplo objetivo: o de satisfazer a sua última vontade e o de observar, uma vez mais, a situação da alma num momento tão próximo da morte – e isso em um homem eminentemente inteligente e esclarecido, profundamente imbuído das verdades espíritas. Queríamos constatar a influência de tais crenças sobre o estado do Espírito, a fim de colher as suas primeiras impressões.

Como se verá, nossa espera não foi vã; cada um achará, assim como nós, um elevado ensino na descrição que ele faz do próprio instante da transição. Acrescentemos, entretanto, que nem todos os Espíritos seriam aptos a descrever esse fenômeno com tanta lucidez quanto ele. O Sr. Sanson viu na sua morte o seu próprio renascimento, circunstância pouco comum e que devia à elevação de seu Espírito.

1. – *Evocação*. R – Venho, ao vosso apelo, cumprir a minha promessa.

2. – Meu caro Sr. Sanson, cumprimos um dever, que é um prazer, vos evocar o mais cedo possível após a vossa morte, como o desejastes. R – É uma graça especial de Deus, que permite ao meu Espírito comunicar-se. Agradeço a vossa bondade; mas estou fraco e tremo.

3. – Estáveis tão doente que, penso, agora podemos perguntar como vos sentis. Ainda tendes dores? Que sensação experimentais, comparando o estado atual com o de dois dias passados? R – Minha posição é bem feliz, porque nada mais sinto de minhas antigas dores. Estou regenerado e em estado de novo, como costumais dizer, a transição da vida terrena à vida dos Espíritos a princípio me havia deixado tudo incompreensível, porque, às vezes, levamos dias para recuperar a lucidez. Mas antes de morrer fiz uma prece a Deus, pedindo-lhe poder falar àqueles a quem amo, e Deus me ouviu.

4. – Ao cabo de quanto tempo recuperastes a lucidez das ideias? R – Ao cabo de oito horas. Repito: Deus me havia dado uma prova de sua bondade. Tinha-me julgado digno e eu não saberia ser bastante agradecido.

5. – Estais bem certo de não mais vos encontrardes em nosso mundo? Como o constatais? R – Oh! Certamente. Não estou em vosso mundo. Mas estarei sempre perto de vós para vos proteger e vos sustentar, a fim de pregar a caridade e a abnegação que foram os guias de minha vida. Depois, ensinarei a fé verdadeira, a fé espírita, que deve exalçar a crença do justo e do bom. Estou forte, muito forte; em uma palavra, transformado. Vós não reconhecíeis mais o velho enfermo, que devia tudo esquecer, deixar longe todos os prazeres, toda a alegria. Sou Espírito: minha pátria é o espaço e meu futuro, Deus, que irradia na imensidade. Queria muito poder falar aos meus filhos, pois lhes ensinaria aquilo que sempre tiveram má vontade para crer.

6. – Que sensação vos causa o vosso corpo, aqui ao lado? R – Meu corpo, pobre e ínfimo despojo, deve voltar ao pó, enquanto eu guardo a agradável lembrança de todos os que me estimavam. Olho esta pobre carne deformada, morada de meu Espírito de tantos anos! Obrigado meu pobre corpo: tu purificaste o meu Espírito e o sofrimento dez vezes santo me deu um lugar bem merecido pois que encontro imediatamente a faculdade de vos falar.

7. – Conservastes as vossas ideias até o último instante? R – Sim,

meu Espírito conservou as faculdades. Eu não via mais, mas pressentia. Toda a minha vida desdobrava-se ante a minha lembrança e o meu último pensamento, minha última prece foi para vos poder falar, o que ora faço. Depois pedi a Deus que vos protegesse, a fim de que se realizasse o sonho de minha vida.

8. – Tivestes consciência do momento em que o vosso corpo exalava o último suspiro? O que se passou então? Que sensação experimentastes? R – A vida se parte e a vista, ou antes, a visão do Espírito se extingue; a gente encontra o vazio, o desconhecido e, levado não sei por que prestígio, a gente se encontra em um mundo onde tudo é alegria e grandeza. Não sentia mais, não me dava conta e, contudo, uma felicidade inefável me enchia. Não sentia mais o amplexo da dor.

9. – Tendes conhecimento... do que pretendo ler à borda do vosso túmulo?

Observação: Apenas pronunciadas as primeiras palavras da pergunta o Espírito respondeu, antes que a mesma fosse completada. Respondeu a mais, e sem ser perguntado, a uma discussão que se havia estabelecido entre os assistentes, quanto à oportunidade de ler essa comunicação no cemitério, em vista de certas pessoas não compartilharem de nossas opiniões.

R – Oh! Meu amigo, eu sei, porque vi ontem e vos vejo hoje e minha satisfação é muito grande. Obrigado! Obrigado! Falai, para que me compreendam e vos estimem. Nada temais pois respeitam a morte. Falai, pois, a fim de que os incrédulos tenham fé. Adeus. Falai. Coragem, confiança e que meus filhos possam converter-se a uma crença reverenciada!

Adeus.

J. Sanson

Durante a cerimônia no cemitério ele ditou o seguinte:

"Que a morte não vos espante, meus amigos: ela é uma etapa para vós, se tiverdes sabido bem viver; é uma felicidade, se tiverdes merecido dignamente as vossas provas e as tiverdes bem realizado. Coragem e boa vontade! Ligai apenas um valor medíocre aos bens da Terra e sereis recompensados. *Não se pode gozar muito sem prejudicar o alheio bem-estar e sem causar a si próprio um imenso mal. Que a terra me seja leve!"*

MAIO DE 1862 **143**

Nota: Depois da cerimônia alguns membros da Sociedade se reuniram e receberam espontaneamente a comunicação que se segue, e que estavam longe de esperar.

"Chamo-me Bernardo e vivi em 96 em Passy, então uma aldeia. Eu era um pobre diabo. Ensinava e só Deus sabe os dissabores que tive de suportar. Que aborrecimento prolongado! Anos inteiros de preocupações e sofrimentos! E eu amaldiçoei a Deus, ao diabo e aos homens em geral e às mulheres em particular. Entre estas nenhuma me veio dizer: 'Coragem, paciência! Foi preciso viver só, sempre só e a maldade me tornou mau. Desde então erro pelos lugares onde vivi, onde morri'.

Eu vos ouvi hoje. Vossas preces me tocaram profundamente. Acompanhastes um bom e digno Espírito e tudo quanto dissestes e fizestes me comoveu. Eu estava em numerosa companhia e, em comum, oramos por vós todos, pelo futuro de vossas santas crenças. Orai por nós, que necessitamos de socorro. O Espírito de Sanson, que nos acompanhava, prometeu que pensaríeis em nós. Desejo reencarcerar-me, a fim de que minha prova seja útil e conveniente ao meu futuro no mundo dos Espíritos. Adeus, meus amigos. Digo assim porque amais aos que sofrem. Para vós: bons pensamentos, futuro feliz."

Como o episódio se liga à evocação do Sr. Sanson, pareceu-nos dever mencioná-lo, porque encerra eminente assunto de instrução. Cremos cumprir um dever recomendando esse Espírito às preces de todos os verdadeiros espíritas. Elas poderão fortificá-lo nas boas ações.

A conversa com o Sr. Sanson foi continuada na sessão da Sociedade, na primeira sexta-feira depois de 25 de abril e deve ser prosseguida. Aproveitamos a sua boa vontade e as suas luzes para obter novos esclarecimentos, tão precisos quanto possível, sobre o mundo invisível, comparado com o visível e, principalmente, sobre a transição de um a outro, o que interessa a toda a gente, de vez que, sem exceção, todos passam por isso. O Sr. Sanson prestou-se com sua benevolência habitual. Aliás, como se viu, era seu desejo expresso antes de morrer. Suas respostas formam um conjunto muito instrutivo e de um interesse tanto maior quanto emanam de uma testemunha ocular, que acaba de analisar as suas próprias sensações, e que se exprime ao mesmo tempo com elegância, com profundidade e com clareza. No próximo número publicaremos o conjunto.

Um fato importante, que deve ser destacado é que o médium que serviu de intermediário no dia do enterro e nos dias seguintes, Sr. Leymarie, jamais tinha visto o Sr. Sanson e não conhecia o seu caráter, nem os seus hábitos. Não sabia se tinha filhos e, menos ainda, se estes partilhavam ou não de suas ideias sobre o Espiritismo. É, pois, de modo inteiramente espontâneo que a isso se refere, e o caráter do Sr. Sanson se revela pelo seu lápis, sem que sua imaginação tivesse podido influenciar, fosse no que fosse.

Fato não menos curioso, e que prova que as comunicações não mais são reflexo do pensamento é que a de Bernardo, em que nenhum dos assistentes poderia pensar, porque, desde que o médium tomou do lápis, pensava-se que provavelmente seria um dos seus Espíritos habituais, Baluze ou Sonnet. Seria o caso de perguntar: do pensamento de quem aquela comunicação poderia ser um reflexo?

DISCURSO DO SR. ALLAN KARDEC
NO ENTERRO DO SR. SANSON

Srs. e colegas da Sociedade Espírita de Paris.

É a primeira vez que trazemos um colega à sua última morada. Este a quem vimos dizer adeus vós conhecestes e soubeste apreciar as suas eminentes qualidades. Lembrando-as aqui apenas diria o que todos sabeis: coração eminentemente reto, de uma lealdade a toda a prova, sua via foi a de um homem de bem em toda a extensão do vocábulo. Penso que ninguém o contestará. Essas qualidades ainda eram postas em destaque por uma grande bondade e uma extrema benevolência. Haverá necessidade de ter praticado ações brilhantes e de deixar um nome à posteridade? Isso não lhe daria um lugar melhor no mundo onde se acha agora. Se, pois, sobre o seu túmulo não vamos lançar uma coroa de louros, todos quantos o conheceram aqui depositam, na sinceridade de seus espíritos, aquelas coroas mais preciosas da estima e da afeição.

Sabeis, senhores, que o Sr. Sanson era dotado de uma inteligência pouco comum e de uma grande justeza de apreciação, ainda mais desenvolvida por uma instrução variada e profunda. De uma simplicidade patriarcal nos seus modos de vida, encontrava em seu próprio íntimo os elementos de uma atividade intelectual que aplicava em pesquisas, em invenções, certamente muito engenhosas, mas que, infelizmente, não lhe trouxeram resultados. Era um desses homens que jamais se aborrecem, porque sempre estão pensando em algo de sério. Conquanto sua posição o tivesse privado daquilo que faz a doçura da vida, seu bom humor jamais se alterava. Creio não exagerar dizendo que era o tipo do verdadeiro filósofo: não do filósofo cínico, mas daquele que está sempre contente com o que tem, sem se atormentar nunca pelo que não tem.

Esses sentimentos sem dúvida constituíam o fundo do seu caráter, mas, nos últimos anos, foram singularmente fortificados por suas crenças Espíritas. Estas o ajudaram a suportar longos e cruéis padecimentos com uma paciência e uma resignação muito cristã. Não há um só dentre nós que o tendo visto em seu leito de dor, não se tenha edificado com a sua calma e a sua inalterável serenidade. Desde muito tempo ele previa o seu fim; mas longe de se apavorar, o esperava como a hora da libertação. Ah! É que a fé espírita dá, nesses momentos supremos, uma força da qual só se dá conta quem a possui. E o Sr. Sanson a possuía em grau supremo.

Que é, então, a fé espírita? Talvez perguntem alguns dos que me escutam.

A fé espírita consiste na convicção íntima de que temos uma alma; que esta alma, ou Espírito, o que é a mesma coisa, sobrevive ao corpo; é feliz ou infeliz, conforme o bem ou o mal que fez em vida. Dirão que isso é sabido por todos. Sim, exceto pelos que creem que tudo se acaba quando morremos, e estes são mais numerosos do que se pensa neste século. Assim, na opinião destes últimos, os despojos mortais que temos sob os nossos olhos, e que em alguns dias estarão reduzidos a pó, serão tudo quanto resta daquele de quem nos despedimos. Assim, o que é que homenageamos? A um cadáver. Porque de sua inteligência, de seu pensamento, das qualidades que o tornavam amado, nada restará, tudo será aniquilado. O mesmo se dará, quando morrermos.

Essa ideia do nada que nos esperaria não tem algo de pungente e glacial?

Quem, em presença deste túmulo aberto, não sente um calafrio percorrer as veias, ao pensar que amanhã, talvez, o mesmo lhe acontecerá e que, depois de umas pás de terra lançadas sobre o seu corpo, tudo estará terminado para sempre, que não mais pensará, não sentirá, não amará?

Mas ao lado dos que negam, há o número maior dos que duvidam, por não terem uma certeza positiva; e para esses a dúvida é uma tortura.

Vós todos que acreditais firmemente que o Sr. Sanson tinha uma alma, que pensais em que se tenha ela tornado? Onde está? O que faz? Ah! Exclamareis, se nós pudéssemos saber! Jamais a dúvida teria entrado em nosso coração. Porque, sondai bem o fundo dos vossos pensamentos e convencei-vos de que a mais de um entre vós já aconteceu dizer, no foro íntimo, falando da vida futura: "E se assim não fosse?" E o dizeis porque não a compreendíeis; porque dela fazíeis uma ideia que não podia aliar-se à razão.

Ora! O Espiritismo precisamente vem compreendê-la, por assim dizer fazer tocá-la com o dedo e vê-la, tornando-a tão palpável, tão evidente que não mais é possível negá-la do que negar a luz.

Então em que se tornou a alma do nosso amigo? Está aqui, ao nosso lado, escutando-nos, e penetrando o nosso pensamento, julgando o sentimento que anima a cada um nesta cerimônia. Esta alma não é o que vulgarmente pensam: uma chama, uma centelha, algo vago e indefinido. Não a vereis, de acordo com ideias supersticiosas, correr à noite pela terra como um fogo fátuo. Não: ela tem uma forma, um corpo como em vida; mas um corpo fluídico, vaporoso, invisível aos nossos sentidos grosseiros e que, entretanto, em certos casos, torna-se visível. Durante a vida tinha um segundo envoltório, pesado, material, destrutível. Quando esse envoltório se gasta e não mais pode funcionar, cai, como a casca de um fruto maduro, e a alma o deixa como se deixasse velha roupa de trabalho. É esse envoltório da alma do Sr. Sanson, é essa velha roupa que o fazia sofrer, que se acha ao fundo da cova: é tudo o que há dele. Mas conservou o envoltório etéreo, indestrutível, radioso, que nem está sujeito às doenças nem às enfermidades. É assim que está entre nós. Mas não penseis que esteja só: aqui há milhares no mesmo caso, assistindo à nossa despedida e felicitando o recém-chegado por se ter libertado das misérias da Terra. De sorte que, se neste momento o véu que no-los encobre pudesse ser levantado, veríamos uma multidão em redor de nós, se acotovelando e nesse número veríamos o Sr. Sanson, não mais impotente e deitado no leito de sofrimento, mas alerta, lépido, locomovendo-se sem esforço com a rapidez do pensamento, sem esbarrar em qualquer obstáculo.

Essas almas ou Espíritos constituem o mundo invisível, em cujo meio vivemos sem o perceber. De sorte que os parentes e os amigos que perdemos estão mais perto de nós depois da morte do que se em vida tivessem ido para um país distante.

É a existência desse mundo invisível que o Espírito põe em evidência, pelas relações que com ele é possível estabelecer e porque aí encontramos os nossos conhecidos. Então já não é uma vaga esperança: é uma prova patente. Ora, a prova do mundo invisível é a prova da vida futura. Adquirida essa certeza as ideias mudam completamente, porque a importância da vida terrena diminui à medida que cresce a da vida porvindoura.

Essa a fé no mundo invisível que possuía o Sr. Sanson. Ele o via e o compreendia tão bem que a morte lhe era apenas um pórtico a transpor, a fim de passar de uma vida dolorosa e de miséria para uma vida bem-aventurada.

A serenidade de seus últimos instantes era, pois, ao mesmo tempo, o resultado de sua confiança absoluta na vida futura, que já entrevia, e uma consciência irreprochável, que lhe dizia nada dever. Essa fé tinha sido adquirida no Espiritismo. Porque – necessário é dizê-lo – antes da época em que conheceu essa ciência consoladora, não era materialista, mas era cético. Suas dúvidas, porém, cessaram ante a evidência dos fatos que testemunham e desde então tudo mudou. Colocando-se em pensamento fora da vida material, não mais a via senão como um dia infeliz entre um número infinito de dias felizes. E, longe de se lamentar da amargura da vida, abençoava os sofrimentos como provas que deveriam acelerar o seu progresso.

Caro Sr. Sanson, sois testemunha da sinceridade da pena de todos nós que vos conhecemos e cuja afeição sobrevive. Em nome de todos os meus colegas presentes e ausentes, em nome de todos os vossos parentes e amigos, eu vos digo adeus, mas não um eterno adeus, pois isso seria uma blasfêmia contra a Providência e uma negação da vida futura. Nós, espíritas, menos que quaisquer outros, não devemos pronunciar essa palavra.

Até à vista, pois, caro Sr. Sanson. Que possais gozar no mundo onde vos encontrais agora a felicidade que mereceis e vir estender-nos a mão quando nos chegar a vez de nele entrar.

Permiti-me, senhores, uma curta prece junto a esta cova que se fecha.

"Deus Todo-Poderoso, que vossa misericórdia se estenda sobre a alma do Sr. Sanson, que acabais de chamar. Possam ser-lhe contadas as provas que sofreu na Terra, e as nossas preces abrandar e encurtar as penas que terá de sofrer como Espírito.

Bons Espíritos que viestes recebê-la, e sobretudo vós, seu anjo da guarda, assisti-a, para ajudá-la a despojar-se da matéria; dai-lhe a luz e a consciência de si própria, a fim de a tirar da perturbação que acompanha a passagem da vida corpórea à espiritual. Inspirai-lhe o arrependimento das faltas cometidas e que lhe seja permitido o desejo de as reparar, a fim de apressar o seu progresso para a vida eterna bem-aventurada.

Alma do Sr. Sanson que acabais de entrar no mundo dos Espíritos, aqui estais entre nós; vedes e nos escutais, pois entre nós apenas se acha o corpo perecível, que acabais de deixar e que em breve será pó.

Este corpo, instrumento de tantas dores, ainda lá está, ao vosso lado. Vós o vedes como o prisioneiro vê as cadeias de que acaba de se libertar. Deixaste o grosseiro invólucro sujeito às vicissitudes e à morte e apenas guardastes o invólucro etéreo, imperecível e inatingível pelos sofrimentos. Se já não viveis pelo corpo, viveis a vida do Espírito, que é isenta das misérias que afligem a humanidade.

Não mais tendes o véu que encobre aos nossos olhos os esplendores da vida futura; d'agora em diante podeis contemplar as novas maravilhas, enquanto ainda estamos mergulhados nas trevas. Ides percorrer o espaço e visitar os mundos livremente, enquanto nos arrastamos na Terra, retidos pelo corpo à vossa frente e, em presença de tanta grandeza, compreendereis a vaidade de nossos desejos terrenos, de nossas ambições mundanas, de nossas alegrias fúteis, que os homens transformam em delícias.

Entre os homens a morte não passa de curta separação material. Do lugar do exílio, onde nos retém a vontade de Deus, bem como os nossos deveres, nós vos seguimos em pensamento até onde nos for permitido, assim como vos unistes aos que vos precederam. Se não pudermos vos atingir, podereis vir a nós. Vinde, pois, entre aqueles que vos amam e que amastes. Sustentai-os nas provas da vida; velai pelos que vos são caros; protegei-os conforme o vosso poder e abrandai os seus pesares pelo pensamento de que agora estais mais feliz e pela consoladora certeza de estardes um dia reunido em um mundo melhor.

Que vos seja possível, para a felicidade futura, ficar inacessível aos ressentimentos terrenos! Perdoai aos que cometeram faltas para convosco, como eles vos perdoam as que poderíeis ter cometido para com eles. Amém."

PALESTRAS FAMILIARES DE ALÉM-TÚMULO

O CAPITÃO NIVRAC

(MORTO A 11 DE FEVEREIRO DE 1862; EVOCADO A PEDIDO DE SEU AMIGO CAP. BLOU, MEMBRO DA SOCIEDADE – MÉDIUM: SR. LEYMARIE)

O Sr. Nivrac era um homem nutrido por sérios estudos e uma notável inteligência. Inutilmente o capitão Blou lhe havia falado do Espiritismo e ofertado todas as obras que tratam do assunto. Ele olhava todas essas coisas como utopias e os que as seguem como sonhadores. A 1.º de fevereiro ele passeava com um de seus camaradas, atacando esse assunto, como de costume, quando, passando em frente a uma vitrine de livraria, viram a brochura *O Espiritismo na sua Expressão Mais Simples.* Boa inspiração diz o Sr. Blou.

Comprou-a – o que certamente não teria feito se eu estivesse presente. Desde esse dia o capitão Nivrac leu *O Livro dos Espíritos, O Livro dos Médiuns* e alguns números da *Revista Espírita.* Espírito e coração foram chocados. Longe de atacar, vinha fazer-me perguntas e entre os oficiais tornou-se um zeloso propagandista do Espiritismo, a tal ponto que durante oito dias a doutrina nova foi o assunto de todas as conversas. Desejava muito assistir a uma sessão, quando a morte veio surpreendê-lo sem nenhuma causa aparente de doença. A 11 de fevereiro, terça-feira, estando no banho, às quatro horas, expirava nos braços do médico. "Não estará aí o dedo de Deus" – pergunta o capitão Blou, "permitindo que o meu amigo abrisse os olhos à luz antes de sua morte?"

1. – *Evocação.* R – Compreendo por que desejais falar-me. Sin-

150 REVISTA ESPÍRITA

to-me feliz com esta evocação e é feliz que venho a vós, porque é um amigo que me pede e nada podia ser-me mais agradável.

Observação: O Espírito adianta-se à pergunta que ia ser feita, que era a seguinte: "Posto não tenhamos a vantagem de vos haver conhecido, pedimos que viésseis em nome do vosso amigo, capitão Blou, nosso colega, e ficaremos encantados por conversar convosco, se assim quiserdes".

2. – Sois feliz... (O Espírito não deixa concluir a pergunta, que assim termina: ...por ter conhecido o Espiritismo antes de morrer?) R – Sou feliz porque acreditei antes de morrer. Lembro-me das discussões que tive contigo, meu amigo, porque repelia todas as doutrinas novas. Na verdade eu estava abalado: dizia à minha mulher, à minha família que era maluquice escutar semelhantes bobagens e que te julgava perturbado. Eu o pensava; mas, felizmente, pude crer e esperar; minha posição é mais feliz, porque Deus me promete um avanço muito desejado.

3. – Como pode uma pequena brochura de algumas páginas ter mais autoridade sobre vós que as palavras de um amigo, no qual deveis confiança? R – Eu estava abalado, porque a ideia de uma vida melhor está no fundo de todas as religiões. Acreditava instintivamente, mas as ideias do soldado tinham modificado meus pensamentos: eis tudo. Quando li a brochura fiquei emocionado; achei aquele enunciado uma doutrina tão clara e precisa, que Deus me apareceu na sua bondade. O futuro pareceu-me menos sombrio. Acreditei, porque devia crer e a brochura tocava meu coração.

4. – De que morrestes? R – Morri de um derrame cerebral. Deram várias razões: era uma efusão do cérebro. O tempo estava marcado e eu devia partir.

5. – Poderíeis descrever as sensações no momento da morte e depois do vosso despertar? R – A passagem da vida à morte é uma sensação dolorosa, mas rápida. A gente pressente tudo quanto pode acontecer: toda a vida se apresenta espontaneamente, como numa miragem, e a gente tem vontade de retomar todo o passado, a fim de purificar os maus dias; e esse pensamento nos acompanha na transição espontânea da vida. Fica-se atordoado pela luz nova e eu fiquei numa confusão de ideias muito original. Eu não era um Espírito perfeito: não obstante pude dar-me conta e dou graças a Deus por me haver esclarecido antes de morrer.

Observação: Esse quadro da passagem da vida à morte tem uma chocante analogia com o dado pelo Sr. Sanson. Notemos, entretanto, que não se trata do mesmo médium.

6. – Vossa situação atual seria diversa se não tivésseis conhecido e aceitado as ideias Espíritas? R – Sem dúvida; mas eu tinha uma natureza boa e franca e, embora não seja muito adiantado, não é menos certo que Deus recompensa as boas decisões, inclusive a última.

7. – É inútil perguntar-se... (O Espírito não deixa concluir a pergunta, que é: ides ver vossa esposa e filha, mas não vos podeis fazer ouvir. Quereis que transmitamos algum recado?) R – Sem dúvida; estou sempre perto dela. Encorajo-a a ter paciência e lhe digo: Coragem, amiga; enxugue as lágrimas e sorria a Deus, que lhe dará forças. Pense que minha existência é um avanço, uma purificação, e que necessito da ajuda de suas preces. Com todas as forças desejo uma encarnação nova e, posto a separação terrena seja cruel, lembre-se de que a amo, que você está só e necessita de boa saúde, toda a resignação para se manter. Mas eu estarei ao seu lado para a encorajar, abençoar e amar.

8. – Temos certeza de que vossos camaradas do regimento ficariam felizes se recebessem algumas palavras vossas. A esta pergunta junto outra, que talvez caiba na vossa alocução. Até agora o Espiritismo quase não se propagou no exército, a não ser entre os oficiais. Pensais que seria útil o fosse também entre os soldados? Qual seria o resultado? R – É necessário que a cabeça se torne séria, para que o corpo a siga: e compreendo que os oficiais tenham primeiro aceitado essas soluções filosóficas e sensatas, dadas pelo *O Livro dos Espíritos*. Por essas leituras o oficial compreende melhor o seu dever: torna-se mais sério, menos sujeito a zombar da tranquilidade das famílias; habitua-se à ordem no seu interior e comer e beber deixam de ser os principais móveis de sua vida. Por eles os suboficiais aprenderão e propagarão; saberão poder, se o quiserem. Digo-lhes: avante! Sempre avante! É um novo campo de batalha da humanidade; apenas sem feridas, sem metralha, mas em tudo a harmonia, o amor e o dever. E o soldado será um homem liberal no bom sentido: terá coragem e boa vontade, que fazem do operário um bom cidadão, um homem de Deus.

Segui o novo rumo: sede apóstolos conforme Deus e dirigi-vos ao infatigável propagador da doutrina, o autor do livrinho que me esclareceu.

Observação: A respeito da influência do Espiritismo sobre o soldado, em uma outra ocasião foi dada a seguinte comunicação:

O soldado que se torna espírita é mais fácil de comandar, mais submisso, mais disciplinado, porque a submissão lhe será um dever sancionado pela razão, ao passo que, na maioria dos casos, não passa do resultado do constrangimento. Eles não mais se embrutecerão nos excessos que, muito frequentemente, engendram as sedições e os levam a desconhecer a autoridade. Dá-se o mesmo com todos os subordinados seja de que classe forem; operários, empregados e outros. Eles desempenharão mais conscienciosamente as suas tarefas quando se derem conta da causa que os colocou em tal posição na Terra, e da recompensa que espera os humildes na outra vida. Infelizmente muito poucos creem na outra vida – o que os leva a dar tudo à vida presente. Se a incredulidade é uma chaga social, o é sobretudo nas camadas inferiores da sociedade, onde não há o contrapeso da educação e o respeito à opinião. Quando os que são chamados ao exercício da autoridade, seja qual for o título, compreenderem o que lucrarão por terem subordinados imbuídos de ideias espíritas, farão todo o esforço para os auxiliar nesta vida. Mas, paciência! Isso virá.

Lespinasse

UMA PAIXÃO DE ALÉM-TÚMULO

MAXIMILIANO V..., DE DOZE ANOS, SUICIDA-SE POR AMOR

Lê-se no *Século* de 13 de janeiro de 1862:

"Maximilien V..., rapazinho de doze anos, morava com os pais à rue des Cordiers e estava empregado como aprendiz num tapeceiro. Tinha o hábito de ler romances-folhetins. Todos os momentos que podia subtrair ao trabalho dedicava-os à leitura, que lhe superexcitava a imaginação e lhe inspirava ideias acima de sua idade. Assim, imaginou que sentia paixão por uma criatura que tinha ocasião de ver algumas vezes e que estava longe de pensar que tivesse inspirado um tal sentimento. Desesperado de ver a realização dos sonhos produzidos pelas leituras, resolveu matar-se. Ontem o porteiro da casa onde trabalhavam encontrou-o sem vida num gabinete no terceiro andar, onde trabalhava sozi-

MAIO DE 1862

153

nho. Enforcara-se em uma corda que prendera em uma viga, com um enorme prego."

As circunstâncias de uma tal morte, em uma idade tão precoce, deram a pensar que a evocação desse menino poderia fornecer assunto para um ensino útil. Foi feita na sessão da Sociedade a 24 de janeiro último, pelo médium Sr. E. Véry.

No caso há·um difícil problema de moral, quiçá impossível de resolver pelos argumentos da filosofia ordinária e, ainda menos pela filosofia materialista. Pensam que tudo está explicado dizendo que é uma criança precoce. Mas isso nada explica; é absolutamente como se se dissesse que é dia porque o sol saiu. De onde tal precocidade? Por que certas crianças ultrapassam a idade normal para o desenvolvimento das paixões e da inteligência? Eis uma das dificuldades contra as quais esbarram todas as filosofias, porque suas soluções deixam sempre uma questão não resolvida e a gente sempre pode indagar do por quê. Admita-se a existência da alma e o desenvolvimento anterior e tudo se explica da maneira mais natural. Com esse princípio, a gente remonta à causa e à fonte de tudo.

1. – (Ao guia espiritual do médium). Poderia dizer-nos se podemos evocar o Espírito do menino a que acabamos de nos referir? R – Sim; conduzi-lo-ei, porque está sofrendo. Que a sua aparição em vosso meio sirva de exemplo e seja uma lição.

2. – (A Maximilien.) Você se dá conta de sua situação? R – Não sei bem dizer onde estou. Como que há um véu em minha frente; falo, mas não sei como falo e como me escutam. Contudo aquilo que até há pouco ainda era obscuro, já posso ver; sofria e neste instante me sinto aliviado.

3. – Lembra-se bem das circunstâncias de sua morte? R – Parecem muito vagas; sei que me suicidava sem motivo. Entretanto, poeta numa outra encarnação, tinha uma espécie de intuição de minha vida passada; criava sonhos e quimeras; enfim, eu amava.

4. – Como foi possível chegar a tal extremo? R – Acabo de responder.

5. – É singular que um menino de doze anos seja levado ao suicídio, sobretudo por um motivo como esse que o arrastou. R – Vocês são interessantes! Não disse eu que poeta em uma outra encarnação mi-

nhas faculdades tinham ficado mais amplas e desenvolvidas que nos outros? Oh! Ainda na noite em que me encontro agora vejo passar essa sílfide de meus sonhos na Terra; e isso é o castigo que Deus me inflige, de a ver bela e leviana como sempre passar à minha frente e eu, ébrio de loucura e de amor, quero me atirar... mas, ah! É como se estivesse preso a um anel de ferro... Chamo... mas em vão: ela nem vira a cabeça... Oh! Como sofro então!

6. – Pode descrever a sensação que experimentou quando se reconheceu no mundo dos Espíritos? R – Oh! Sim, agora que estou em contato com vocês. Meu corpo lá estava, inerte e frio e eu planava em volta dele; chorava lágrimas quentes. Vocês se admiram das lágrimas de uma alma. Oh! Como são quentes e escaldantes! Sim, eu chorava, porque acabava de reconhecer a enormidade de meu erro e a grandeza de Deus!... Entretanto não tinha certeza de minha morte; pensava que meus olhos se fossem abrir... Elvira! Chamava eu... supondo vê-la... Ah! É que eu a amo desde muito tempo; amá-la-ei sempre! Que importa se tiver de sofrer por toda a eternidade, se puder um dia possuí-la noutras encarnações.

7. – Qual o efeito que sente por estar aqui? R – Faz-me bem e mal ao mesmo tempo. Bem, porque sei que compartilham de meu sofrimento; mal, porque apesar de toda a vontade que tenho de os agradar, aceitando as suas preces, não posso, porque então deveria seguir um outro caminho, diferente daquele de meus sonhos.

8. – Que podemos fazer que lhe seja útil? R – Orar. Porque a prece é o orvalho divino que refresca o coração das nossas pobres almas em pena e em sofrimento. Orar. Entretanto parece que se vocês me arrancassem do coração o meu amor e o substituíssem pelo amor divino, então!... Não sei... creio... Olhem! Neste instante eu choro... Ah.. Ah!... Orem por mim!

9. – (Ao guia do médium.) Qual a punição para este Espírito por se haver suicidado? À vista de sua idade, sua ação é tão culposa quanto a dos outros suicidas? R – A punição será terrível porque foi mais culpado que os outros, ele já possuía grandes faculdades: a força de amar a Deus de maneira poderosa e de fazer o bem. Os suicidas sofrem longos castigos, Deus pune ainda mais os que se matam com grandes ideias na mente e no coração.

10. – Disse que a punição de Maximilien será terrível. Poderá

dizer-nos em que consiste? Parece que ela já começa. Ser-lhe-á reservado mais do que o que sente? R – Sem dúvida, pois sofre um fogo que o consome e o devora e que não cessará senão pelos esforços da prece e do arrependimento.

Observação: Sofre um fogo que o consome e o devora. Não é a imagem do fogo do inferno, apresentado como um fogo material?

11. – Há possibilidade de ser atenuada a sua punição? R – Sim: orando-se por ele; e, sobretudo, se Maximiliem se unir a essas preces.

12. – O objeto da paixão compartilha de seus sentimentos? Os dois seres estarão destinados a unir-se um dia? Quais as condições de sua união e quais os obstáculos que agora impedem? R – Os poetas amam as mulheres na Terra. Eles o acreditam por um dia, ou uma hora. O que eles amam é o ideal, é uma quimera criada por sua imaginação ardente: amor que não pode ser satisfeito senão por Deus. Todos os poetas têm uma ficção no coração – a beleza ideal que julgam ver passar na Terra; e quando encontram uma linda criança que não deverão possuir jamais, então dizem que a realidade tomou o lugar do sonho. Mas se tocarem a realidade cairão das regiões etéreas na matéria e, não mais reconhecendo o ser que sonhavam, criam outras quimeras.

13. – (A Maximilien.) Desejamos ainda fazer outras perguntas, que talvez lhe deem alívio. Em que época você viveu como poeta? Tinha um nome conhecido? R – No reinado de Luiz XV. Era pobre e desconhecido; amava a uma mulher, um anjo que vi passar num parque, num dia de primavera. Depois só a revi em meus sonhos; e meus sonhos prometiam que eu a possuiria um dia.

14. – O nome Elvira nos parece muito romântico e nos leva a pensar que se trate de um nome imaginário. R – Sim: era uma mulher. Sei o seu nome porque um cavalheiro que passava a seu lado a chamou Elvira. Ah! Era bem a mulher que a minha imaginação havia sonhado. Eu a vejo ainda, sempre bela e embriagadora. Ela é capaz de me fazer esquecer a Deus para vê-la e segui-la ainda.

15. – Você sofre e poderá sofrer ainda muito tempo. De você depende abreviar os tormentos. R – Que me faz o sofrimento? Vocês não sabem o que é um desejo insatisfeito. Meus desejos serão carnais? Entretanto me queimam e as pulsações, ao pensar nela, são mais fortes do que seriam se pensasse em Deus.

16. – Nós o lamentamos sinceramente. Para trabalhar pelo próprio adiantamento, você deve tornar-se útil e pensar em Deus mais do que o faz. É necessário pedir uma reencarnação visando apenas reparar os erros e a inutilidade das últimas existências. Não se diz que esqueça a Elvira, mas que pense um pouco menos apenas nela e um pouco mais em Deus, que pode abreviar os seus tormentos, se você fizer o que é necessário. Pela prece nós auxiliaremos os seus esforços. R – Obrigado! Orem e tentem arrancar Elvira de meu coração. Talvez um dia lhes agradeça.

CAUSAS DA INCREDULIDADE

Sr. Allan Kardec,

Li com muita desconfiança, direi mesmo, com o sentimento de incredulidade, vossas primeiras publicações sobre o Espiritismo; mais tarde as reli com enorme atenção, bem como as vossas outras publicações, à medida que apareciam. Devo dizer sem preâmbulo que pertencia à escola materialista. E eis a razão: é que de todas as seitas filosóficas ou religiosas era a mais tolerante e a única que não tomava armas para a defesa de um Deus que disse pela boca do Mestre: "Os homens provarão ser meus discípulos amando-se uns aos outros". Depois, a maioria dos guias que tem a sociedade para inculcar aos espíritos jovens as ideias de moral e de religião antes parecem destinados a lançar o pavor nas almas dos que lhes ensinam a bem se conduzirem, a esperar uma recompensa aos seus sacrifícios e uma compensação às suas aflições. Assim os materialistas de todas as épocas, e principalmente os filósofos do século passado, a maioria dos quais ilustram as artes e as ciências, aumentaram o número de seus prosélitos, à medida que a instrução emancipava as criaturas. Preferiu-se o nada aos suplícios eternos.

É da ordem que o infeliz compare. Se a comparação lhe for desvantajosa, ele duvidará de tudo. Com efeito, quando vemos o vício na opulência e a virtude na miséria, se não tivermos uma doutrina raciocinada e provada pelos fatos, o desespero apoderar-se-á da alma e perguntaremos o que é que se ganha em ser virtuoso; e atribuímos os escrúpulos da consciência aos preconceitos e aos erros de uma primeira educação.

Ignorando qual o uso que fareis desta carta, mas vos deixando, no caso, inteira liberdade, penso que não será inútil dar a conhecer as causas que operam a minha conversão.

Eu tinha ouvido falar vagamente do magnetismo. Uns o consideravam coisa séria e real, outros o tratavam de tolice. Assim, não me detive no assunto. Mais tarde ouvi falar por toda a parte das mesas falantes e girantes. Mas cada um usava a respeito a mesma linguagem que usava sobre o magnetismo, o que fez que também não me interessasse. Contudo, uma circunstância inteiramente imprevista pôs à minha disposição o *Traité de magnétisme et de somnambulisme*[1] do Sr. Aubin Gauthier. Li essa obra com uma disposição de espírito continuamente rebelde ao seu conteúdo, tanto o que aí é explicado me parecia extraordinário e impossível. Chegado, porém, àquela página em que aquele homem honesto diz: 'Não queremos que acreditem em nossa palavra: experimentem, de acordo com os princípios que indicamos e verificarão que o que adiantamos é certo; e tudo quanto pedimos é que sejam de boa-fé e que concordem'.

Essa linguagem de uma certeza racionada, só possível no homem prático, paralisou toda a minha efervescência, submeteu meu espírito à reflexão e o determinou a ensaiar. Inicialmente operei com uma criança de meus parentes, e de cerca de dezesseis anos e tive resultados que ultrapassaram as esperanças. Será difícil dizer da perturbação que se operou em mim: eu desconfiava de mim mesmo e me perguntava se não era vítima daquele menino que, me havendo adivinhado as intenções, fazia macaquices e simulações para me intrigar. Para me certificar tomei certas precauções indicadas e arranjei um magnetizador. Então adquiri a certeza de que realmente o menino se achava sob influência magnética. Esse primeiro ensaio me deu tanta coragem que me entreguei a essa ciência, cujos fenômenos tive ocasião de observar, ao mesmo tempo que constatar a existência do agente invisível que os produzia.

Qual é esse agente? Quem o dirige? Qual a sua essência? Por que não é visível? São perguntas às quais não posso responder, mas

---

[1] *Tratado de magnetismo e sonambulismo.* Damos no texto o nome das obras no original sempre que as mesmas não foram traduzidas para a nossa língua. Nota do Tradutor.

que me levaram a ler o que foi escrito pró e contra as mesas falantes, porque, dizia eu de mim para mim, se um agente invisível podia produzir os efeitos de que eu era testemunha, outro agente, ou talvez o mesmo, poderia bem produzir outros. De onde conclui que a coisa era possível; e hoje creio, embora nada tenha visto ainda.

Todas essas coisas, por seus efeitos, são tão surpreendentes quanto o Espiritismo, que os críticos aliás combateram muito fracamente e de maneira a não abalar qualquer convicção. Mas o que caracteriza diversamente dos efeitos materiais, são os efeitos morais. Para mim é evidente que todo homem que se ocupa disso honestamente, se for bom tornar-se-á melhor; se for mau forçosamente modificará o seu caráter. Outrora a esperança era uma corda em que se penduravam os infelizes; com o Espiritismo a esperança é um consolo, os sofrimentos uma expiação e o Espírito, em vez de se rebelar contra os decretos da Providência, suporta pacientemente suas misérias, nem maldiz a Deus nem aos homens e marcha sempre para a perfeição. Se eu tivesse sido alimentado por essas ideias, certamente não teria passado pela escola do materialismo, de onde me sinto feliz por ter saído.

Vedes, senhor, que por mais rudes que tenham sido os combates em que me empenhei, minha conversão se operou e vós sois um daqueles que para ela mais contribuíram. Registrai-o em vossas fichas, porque não será uma das menores e, de agora em diante, contai-me no número dos vossos adeptos.

Gauzy
Antigo Oficial
Rue Saint-Louis, 23, Batignolles (Paris)

Observação: Essa conversão é mais um exemplo da causa mais frequente da incredulidade. Enquanto forem dadas como verdades absolutas coisas que a razão repele, far-se-ão incrédulos e materialistas. Para fazer crer, é necessário fazer compreender. Nosso século assim o quer; e é preciso marchar com o século, se se não quiser sucumbir. Mas para fazer compreender é necessário que tudo seja lógico: princípios e conseqüências. O Sr. Gauzy proclama uma grande verdade quando diz que o homem prefere a ideia do nada, que põe fim aos sofrimentos, à perspectiva das torturas sem fim, às quais é tão difícil escapar. Assim, procura gozar o mais possível enquanto está na Terra. Perguntai a um homem que sofre o que é que prefere: morrer imediatamente ou viver na dor cinquenta anos. Sua escolha não será duvidosa. Quem muito quer provar nada prova; à força de exagerar as penas acabou por gerar a descrença. Temos certeza de que muita gente concorda conosco, dizendo que a doutrina do diabo e das penas eternas fez o maior número dos materialistas; que a de um Deus que cria os seres para votar a imensa maioria deles a torturas sem esperança por faltas passageiras, fez o maior número dos ateus.

RESPOSTA DE UMA SENHORA A UM PADRE SOBRE O ESPIRITISMO

Comunicam-nos de Bordéus que um padre daquela cidade, a 8 de janeiro escreveu a carta seguinte a uma senhora muito idosa e muito doente. Estamos formalmente autorizados a publicá-la, bem como a resposta que lhe foi dada.

"Senhora,

Lamento que ontem não tivesse podido distraí-la em particular sobre certas práticas religiosas contrárias ao ensino da santa Igreja. Falou-se muito disso em vossa família e mesmo em um círculo. Eu me sentiria feliz, senhora, de saber que só tendes desprezo por essas superstições diabólicas e que estais sempre sinceramente ligada aos dogmas invariáveis da religião católica.

Tenho a honra, etc."

X

RESPOSTA

"Meu caro Sr. vigário.

Estando minha mãe muito doente para responder pessoalmente a vossa bondosa carta de 8 do corrente, apresso-me em o fazer por ela e de sua parte, a fim de tranquilizar a vossa solicitude quanto aos perigos que ela e sua família podem correr.

Caro senhor, em minha casa não se faz nenhuma prática religiosa que possa inquietar os mais fervorosos católicos, a menos que o respei-to e a fé pelos mortos, a fé na imortalidade da alma, uma confiança ilimitada no amor e na bondade de Deus, uma observância tão rígida quanto o permite a natureza humana das santas doutrinas do Cristo sejam práticas reprováveis pela santa Igreja Católica.

Quanto ao que possam dizer de minha família, *mesmo em um círculo,* estou tranquila: nem lá nem alhures jamais dirão que algum de nós tenha feito coisas das quais tenha que corar ou esconder-se e eu nem coro nem me oculto por admitir o desenvolvimento e a clareza que as *manifestações espíritas* espalham para mim e para muitos outros, sobre aquilo que havia de obscuro do ponto de vista de minha inteligência, em tudo quanto parecia sair das leis da natureza. A essas *superstições diabólicas* eu devo o crer com sinceridade, com reconhecimento, em todos os milagres que a Igreja nos dá como artigo de fé e que, até o presente, eu conservava como símbolos, ou antes, – confesso-o como fantasias. Devo-lhes uma quietude de alma que até agora não tinha obtido, por maiores que tivessem sido os esforços. Devo-lhes a fé, enfim, tal qual ordena a Igreja aos seus filhos, tal qual o Senhor deve exigir das criaturas, tal qual o divino Salvador pregou pela palavra e pelo exemplo.

Tranquilizai-vos, pois, caríssimo senhor: o bom Pastor reuniu em seu redor as ovelhas indiferentes, que o seguiam maquinalmente e por hábito e que, agora o seguem e o seguirão sempre com amor e reconhecimento. O divino Mestre perdoou a São Tomé por não haver acreditado antes de ver. Então! Ainda hoje Ele vem fazer que os incrédulos toquem o seu lado e as suas mãos e é com um amor sem nome que os que duvidavam se aproximam para beijar os seus pés sangrentos e agradecer a esse pai bom e misericordioso por permitir que essas verdades imutáveis se tornem *palpáveis,* a fim de fortalecer os fracos e esclarecer os cegos que se recusavam até a ver a luz que brilha há tantos séculos.

Permiti, agora, reabilitar a minha mãe aos olhos da santa Igreja. De toda a minha família, meu marido e eu somos os únicos que temos a felicidade de seguir essa via que cada um tem liberdade de julgar do seu ponto de vista. Apresso-me, pois, em vos tranquilizar a tal respeito. Quanto a mim, pessoalmente, encontrei muita força e consolo na *certeza palpável* de que aqueles que nós amamos, e que choramos, estão sempre perto de nós, pregando o amor de Deus acima de tudo, o amor do próximo, a caridade sob todas as suas faces, a abnegação, o esquecimento das injúrias, o bem pelo mal (o que, parece, não se afasta dos dogmas da Igreja) que, aconteça o que acontecer aqui em baixo, apego-me àquilo que *sei* ao que *vi,* pedindo a Deus que envie as suas

MAIO DE 1862

161

consolações àqueles que, como eu, não ousavam refletir nos mistérios da religião, com receio de que essa pobre razão humana, que não quer admitir senão aquilo que compreende, destruísse as crenças que o hábito me dava um *ar* de possuir.

Agradeço, pois, ao Senhor, cuja bondade e poder incontestáveis permitem aos anjos e aos santos agora se tornarem visíveis, para salvarem os homens da dúvida e da negação, o que tinha sido permitido ao demônio fazer para os perder desde a criação do mundo. Tudo é possível a Deus – mesmo os milagres. Hoje eu o reconheço com felicidade e confiança.

Aceitai, caro senhor vigário, meus sinceros agradecimentos pelo interesse que nos testemunhastes e crede que faço votos ardentes para ver entrar em todos os corações a fé e o amor que hoje tenho a felicidade de possuir.

Recebei, etc."

Émilie Collignon

Observação: Dispensamo-nos de comentar essa carta, deixando a cada um a tarefa de apreciá-la. Apenas diremos que conhecemos um grande número delas, no mesmo sentido.

A passagem que se segue, de uma delas, pode resumi-las, se não quanto aos termos, ao menos quanto ao sentido:

"Posto nascida e batizada na religião católica, apostólica e romana, há trinta anos, isto é, desde a primeira comunhão, tinha esquecido minhas preces e o caminho da igreja. Numa palavra não acreditava em nada senão na realidade da vida presente. Por uma graça do céu, veio, enfim, o Espiritismo abrir-me os olhos. Hoje os fatos me falaram; não só creio em Deus e na alma, mas na vida futura, feliz ou infeliz; creio em Deus justo e bom, que pune os fatos maus e não as crenças erradas. Como um mudo que recupera a palavra, recordei-me de minhas preces e oro, não mais com os lábios e sem compreender, mas com o coração, a inteligência, com fé e amor. Ainda há pouco tempo eu admitia praticar um ato de fraqueza se me aproximasse dos sacramentos da Igreja; hoje acredito praticar um ato de humildade agradável a Deus em os receber. Vós me repelis mesmo do tribunal da penitência; antes de mais nada impondes uma retratação formal de minhas crenças espíritas: quereis que renuncie a conversar com o filho querido que perdi e que me veio dizer palavras tão doces e consoladoras; quereis que eu declare que essa criança, que reconheci como se estivesse viva em minha frente, é o demônio. Não! Uma mãe não se engana tão grosseiramente. Mas, senhor vigário, são as próprias palavras dessa criança que, tendo-me convencido da vida futura, me reconduzem à igreja! Como quereis que eu creia que é o demônio? Se isso tivesse que ser a última palavra da Igreja, a gente perguntará o que acontecerá quando todo o mundo for espírita?

Assinalastes-me do alto da cátedra; apontastes-me com o dedo; levantastes contra mim uma população fanática; fizestes retirar de uma pobre mulher que compartilha de minhas crenças o trabalho que a fazia viver, dizendo que ela teria auxílio se cessasse de me ver, esperando vencê-la pela fome. Francamente, senhor vigário, Jesus Cristo teria feito isso?

Dizeis agir conforme a vossa consciência. Não temeis que eu faça violência, mas achais bom que eu aja como entender. Repelis-me da Igreja: não tentarei lá voltar à força, porque por toda a parte a prece é agradável a Deus. Deixai-me apenas historiar as causas que, de há muito, dela me haviam afastado; que fizeram a princípio nascer em mim a dúvida e desta à negação de tudo. Se agora sou maldita, como pretendeis, vereis a quem cabe a responsabilidade."

* * *

Observação: As reflexões que brotam de semelhantes coisas resumem-se em duas palavras: Fatal imprudência! Fatal cegueira! Passamos os olhos sobre um manuscrito intitulado: *Memórias de um incrédulo*. É um curioso relato das causas que conduzem o homem às ideias materialistas e dos meios pelos quais ele pode ser reconduzido à *fé*. Ainda não sabemos se o autor irá publicá-lo.

O PADEIRO DESUMANO – SUICÍDIO

Uma correspondência de Crefeld, Prússia Rhenana, de 25 de janeiro de 1862, e inserta em o *Constitucionnnel* de 4 de fevereiro, contém o seguinte fato:

MAIO DE 1862

"Uma pobre viúva, mãe de três filhos, entra numa padaria e pede insistentemente que lhe vendam um pão fiado. O padeiro recusa. A viúva reduz o pedido a meio pão e, por fim, a uma libra de pão, apenas para os famintos. O padeiro recusa ainda, deixa o lugar e vai para o fundo da padaria. Crendo não ser vista, a mulher toma um pão e sai. Mas o roubo, imediatamente descoberto, é denunciado à polícia.

Um agente vai à casa da viúva e a surpreende cortando o pão em pedaços para os filhos. Ela não nega o roubo, mas se desculpa com a necessidade. Embora censurando a dureza do padeiro, o agente insiste para que ela o acompanhe até o comissário.

A viúva pede apenas alguns instantes para trocar de roupas. Entra no quarto, mas demora bastante até que o agente, perdendo a paciência, resolve abrir a porta: a infeliz estava estirada no chão, inundada de sangue. Com a mesma faca com que cortava o pão para os filhos tinha posto fim a seus dias."

Tendo sido lida a notícia na sessão da Sociedade de 14 de fevereiro de 1862, foi proposta a evocação dessa infeliz, quando ela mesma veio manifestar-se espontaneamente, na comunicação que segue. Acontece muitas vezes que assim se revelam Espíritos de quem falamos. É fora de dúvida que são atraídos pelo pensamento, o que é uma espécie de evocação tácita. Sabem que a gente se ocupa deles e vêm; então se comunicam, se o momento é propício ou se acham o médium que lhes convém. De acordo com isso, compreende-se que não há necessidade de ser um médium, e nem mesmo de ser espírita para atrair os Espíritos de que a gente se ocupa.

"Deus foi bom para a pobre alucinada e venho agradecer-vos a simpatia que tivestes a bondade de me testemunhar. Ah! Diante da miséria e da fome de meus pobres filhos, esqueci-me e fali. Então me disse: desde que és impotente para alimentar teus filhos e que o padeiro recusa o pão aos que não podem pagar; desde que não tens dinheiro nem trabalho, morre! Desde que não estejas mais com eles, virão em seu auxílio. Com efeito, hoje a caridade pública adotou esses pobres órfãos. Deus me perdoou, porque viu a razão vacilar no meu atroz desespero. Fui a vítima inocente de uma sociedade má, muito mal regulada. Ah! Agradecei a Deus por vos ter feito nascer neste belo país da França, onde a caridade vai descobrir e aliviar todas as misérias.

Orai por mim, a fim de que possa em breve reparar a falta que cometi, não por covardia, mas por amor materno. Como os vossos Espíritos protetores são bons! Eles me consolam, me fortificam, me encorajam dizendo que o meu sacrifício não foi desagradável ao grande Espírito que, sob o olho e a mão de Deus, preside os destinos da humanidade."

(Médium: Sr. d'Ambel)

A POBRE MARY

Em seguida à comunicação, o Espírito de Lamennais fez a seguinte apreciação sobre o fato:

"Essa infeliz mulher é uma das vítimas do vosso mundo, de vossas leis, de vossa sociedade. Deus julga as almas, mas também julga os tempos e as circunstâncias; julga as coisas forçadas e o desespero; julga o fundo e não a forma. E ouso afirmar: essa infeliz matou-se não por crime, mas por pudor, por medo da vergonha. É que onde a justiça humana é inexorável, julga e condena os fatos materiais, a justiça divina constata o fundo do coração e o estado de consciência. Seria desejável que em certas naturezas privilegiadas fosse desenvolvido um dom que seria muito útil, não para os tribunais, mas para o adiantamento de algumas pessoas: esse dom é uma espécie de sonambulismo do pensamento que descobre muitas vezes as coisas ocultas, mas que o homem habituado à corrente da vida negligencia e atenua por sua falta de fé. É certo que um médium desse gênero, examinando essa pobre mulher, teria dito: 'Essa mulher é abençoada por Deus porque é infeliz e esse homem é amaldiçoado porque recusou o pão'. Ó Deus, quando, pois, todos os teus dons serão reconhecidos e postos em prática? Aos olhos de tua justiça, o que recusou o pão será punido porque Cristo disse: 'Aquele que dá pão a seu próximo, a mim o dá'."

Lamennais

(Médium: Sr. A. Didier)

DISSERTAÇÕES ESPÍRITAS

AOS MEMBROS DA SOCIEDADE DE PARIS
QUE PARTEM PARA A RÚSSIA

(SOCIEDADE ESPÍRITA DE PARIS, ABRIL DE 1862 –
MÉDIUM: SR. É. VEZY)

Nota: Vários personagens russos de distinção tinham vindo passar o inverno em Paris, principalmente visando completar sua instrução espírita e, com esse objetivo tinham sido recebidos como membros da Sociedade, a fim de poderem assistir regularmente às sessões. Alguns já tinham partido e, entre eles, o príncipe Dimitry G...; outros estavam em véspera da partida. Tal circunstância deu lugar à seguinte comunicação espontânea:

"Ide e ensinai, disse o Senhor. É a vós, filhos da grande família que se forma, que me dirijo esta noite. Voltais à vossa pátria e às vossas famílias: no lar não esqueçais que um outro pai, o Pai Celeste, quis comunicar-se e se vos dar a conhecer. Ide e, sobretudo, que a semente sempre esteja pronta para ser lançada nas leiras que ides abrir nessa terra que não tem bastante rochas nas entranhas para não se abrir ao arado. Vossa pátria está chamada a tornar-se grande e forte, não só pela literatura, pela ciência, pelo gênio e pelo número, mas ainda por seu amor e seu devotamento ao criador de todas as coisas. Que a vossa caridade se torne, pois, larga e poderosa. Não receeis espalhar a mancheias em vosso derredor: sabei que a caridade não se faz somente com a esmola, mas, também, com o coração!... O coração, eis a grande fonte do bem, a fonte dos eflúvios que se devem espargir e aquecer a vida dos que sofrem em redor de vós!... Ide e pregai o Evangelho, novos apóstolos do Cristo; Deus vos situou no alto, a fim de que todos vos possam ver e que vossas palavras sejam bem compreendidas. Mas é sempre olhando o céu e a Terra, isto é, Deus e a Humanidade, que atingireis o grande objetivo que vos propondes atingir e para o que nós vos ajudamos. O campo é vasto; ide, pois, e semeai, para que em breve possamos fazer a colheita.

Podeis anunciar por toda a parte que em breve chegará o grande reino, reino de felicidade e satisfação para todos os que tiveram querido crer e amar, pois dele participarão.

Recebei, pois, antes de partir, o último conselho que vos damos sob este belo céu que todos amam, sob o céu da França! Recebei o último adeus dos amigos que vos ajudarão ainda no mais duro caminho que lá ides percorrer; entretanto nossas mãos invisíveis vo-lo tornarão mais fácil; e se souberdes aí ter perseverança, vontade, coragem, vereis caírem os obstáculos à vossa frente.

Quando ouvirem de vossa boca estas palavras: 'Todos os homens são irmãos e devem apoiar-se reciprocamente para marchar', quanta admiração e quantas exclamações! Sorrirão ao verem que professais tal doutrina; e dirão baixinho: 'Dizem coisas bonitas e grandiosas; mas não são marcos que indicam os caminhos que não percorrem?'

Mostrai; mostrai-lhe então que o espírita, esse novo apóstolo do Cristo, não está no meio da estrada para indicar a direção, mas toma do machado e do cutelo e se atira às mais sombrias florestas para rasgar o caminho e desviar os espinhos dos passos dos que os seguem. Sim, os novos discípulos do Cristo devem ser rigorosos, marchar com o passo firme e de mãos ativas. Não há barreiras à sua frente: todas devem cair aos seus esforços e aos seus golpes; as densas florestas, as lianas e as sarças quebrar-se-ão para deixar que vejam um pouco de céu!

Então aí estará o consolo e a felicidade. Que recompensa a vossa! Os Espíritos bem-aventurados exclamarão: 'Bravo! Bravo!'. Filhos, em breve sereis dos nossos e em breve vos chamaremos nossos irmãos, porque a tarefa que vos impusestes voluntariamente a soubestes desempenhar. Deus tem grandes recompensas para os que trabalham no seu campo: dá a colheita a todos os que contribuem para o grande serviço!

Ide, pois, em paz; ide, que vos abençoamos. Que essa bênção vos dê a felicidade e vos encha de coragem; não esqueçais nenhum dos vossos irmãos da grande sociedade da França: todos fazem votos por vós e por vossa pátria, que o Espiritismo tornará poderosa e forte. Ide, os bons Espíritos vos assistem!"

Santo Agostinho

RELAÇÕES AMIGAS ENTRE VIVOS E MORTOS

(SOCIEDADE ESPÍRITA DE ARGÉLIA – MÉDIUM: SR. B...)

P – Por quê, em nossas conversas com os Espíritos de pessoas que mais quisemos, sentimos um embaraço, uma frieza mesmo, que jamais teríamos sentido quando vivos? R – Porque sois materiais e nós não mais o somos. Vou fazer uma comparação que, como todas as comparações, não será absolutamente exata; mas será bastante para o que quero dizer.

Suponho que experimenteis por uma mulher uma dessas paixões que só os romancistas imaginam entre vós e que considerais exageradas, enquanto que para nós parecem diferir pouco das que conhecemos pelo espaço infinito.

Continuo supondo. Depois de ter tido, por algum tempo, a felicidade inefável de falar diariamente com essa mulher e de a contemplar à vontade, uma circunstância qualquer faz com que não mais a possa ver e que te deves contentar apenas em ouvi-la. Crês que teu amor resistiria sem nenhuma brecha a uma situação desse gênero, prolongada indefinidamente? Confessa que ele sofreria qualquer modificação, ou aquilo que nós chamaríamos *uma diminuição*.

Vamos mais longe. Não só não poderás mais vê-la, essa bela amiga, mas não podes nem mesmo ouvi-la: está sequestrada. Não deixam que te aproximes. Prolonga essa situação por alguns anos e verás o que acontece.

Agora, mais um passo. A mulher que amas está morta; está, desde muito, enterrada nas trevas da sepultura. Nova mudança em ti. Não quero dizer que a paixão morreu com o seu objeto; mas sustento que, pelo menos, transformou-se. E de tal modo que se, por um favor do céu, a mulher que tanto lamentas e por quem choras sempre viesse apresentar-se à tua frente, não na odiosa realidade de um esqueleto que repousa no cemitério, mas com a forma que tu amavas e adoravas até o êxtase, tens certeza de que o primeiro efeito da aparição imprevista não seria um sentimento de profundo terror?

Como vês, meu amigo, é que as paixões, as afeições vivas não são possíveis em toda a sua extensão senão entre criaturas da mesma natureza, entre mundanos e mundanos, entre Espíritos e Espíritos. Com isso não quero dizer que toda a afeição deva apagar-se com a morte: quero dizer que ela muda de natureza e toma um outro caráter. Numa palavra, quero dizer que em vossa Terra conservais uma boa lembrança daqueles a quem amastes, mas que a matéria, em cujo meio viveis, não vos permite compreender nem praticar outra coisa senão amores materiais; e que um tal gênero, naturalmente impossível entre vós e nós, vos torna tão canhestros e frios nas vossas relações conosco. Se queres convencer-te relê algumas conversas espíritas entre parentes, amigos e conhecidos: lá encontrarás um gelo que dará frio aos habitantes dos polos.

Não é por nossa vontade, nem nos entristecemos por isso, desde que sejamos suficientemente elevados na hierarquia dos Espíritos para o notar e compreender. Mas, naturalmente, isso não deixa de ter algumas influências sobre a maneira de ser para convosco.

Lembras-te da história de *Hanifa* que, podendo entrar em comunicação com a sua filha querida, que tanto chorara, faz-lhe esta primeira pergunta: "Há um tesouro oculto nesta casa?" Que bela mistificação recebeu! Essa não foi roubada.

Meu amigo: penso ter dito o bastante para que bem sintas a causa do mal-estar que necessariamente existe entre vós e nós. Poderia ter dito mais. Por exemplo, que vemos todas as vossas imperfeições e impurezas do corpo e da alma e que, do vosso lado tendes a consciência de que o vemos. Confessa que é embaraçante para ambos os lados. Coloca dois amantes apaixonadíssimos nessa caixa de vidro onde tudo aparece, tanto no moral como no físico e imagina o que acontecerá.

Quanto a nós, animados por um sentimento de caridade que não podeis compreender, somos, em relação a vós, como a boa mãe a quem as enfermidades e as sujeiras do filho chorão, que lhe tira o sono, não fazem esquecer, nem por um instante, os sublimes instintos da maternidade. Nós vos vemos fracos, feios, maus; e, contudo, vós não nos fazeis justiça, temendo-nos mais do que nos amando.

Désiré Léglise
(Poeta argelino, morto em 1851)

AS DUAS LÁGRIMAS

(SOCIEDADE ESPÍRITA DE LYON; GRUPO VILLON – MÉDIUM: SRA. BOUILLAND)

Era forçado a deixar a Terra, que não teria podido visitar, um Espírito que vinha de uma região muito inferior; mas havia pedido para sofrer uma prova, e Deus não lha tinha recusado. Ora! A esperança que tinha alimentado ao entrar no mundo terreno não se havia realizado e sua natureza bruta, passando a dominar cada um de seus dias, havia sido marcada por faltas sempre maiores. Durante muito tempo todos os Espíritos guias dos homens tinham tentado desviá-lo do caminho que trilhava mas, cansados de lutar, o haviam abandonado a si mesmo, quase temerosos de seu contato. Contudo, tudo tem um fim; mais cedo ou mais tarde o crime se descobre e a justiça repressiva dos homens impõe ao culpado a pena de talião. Dessa vez não foi cabeça por cabeça: foi cabeça por cem; e ontem esse Espírito, depois de ter ficado meio século na Terra, ia voltar ao espaço para ser julgado pelo Supremo Juiz, que pesa as faltas muito mais inexoravelmente do que o faríeis vós mesmos.

Em vão os guias tinham voltado com a condenação e tentado introduzir o arrependimento nessa alma rebelde; em vão dele tinham aproximado toda a família; cada um desejaria arrancar-lhe um suspiro de pesar ou, ao menos um sinal; aproximava-se o momento fatal e nada emocionava essa alma de bronze e, por assim dizer, bestial. Entretanto um único pesar, antes de deixar a vida, poderia ter dulcificado os sofrimentos do infeliz, condenado pelos homens a perder a vida, e por Deus aos incessantes remorsos, horrível tortura, semelhante ao abutre a roer o coração que se restaura sem cessar.

Enquanto os Espíritos trabalhavam sem descanso para nele fazer renascer ao menos o pensamento de arrependimento, um outro Espírito, Espírito encantador, dotado de uma sensibilidade e de uma ternura sublimes, voava em redor de uma cabeça muito querida, cabeça ainda viva, e lhe dizia: "Pensa nesse infeliz que vai morrer: fala-lhe de mim.". Quando a caridade é simpática, quando dois Espíritos se entendem e não fazem mais que um, o pensamento como que é elétrico. Em breve o Espírito encarnado disse a esse mensageiro do amor: Meu filho, procura inspirar um pouco de remorso a esse miserável que vai morrer; vai, consola-te. E assim pensando, compreendendo tudo que o infeliz criminoso ia ter de suportar em sofrimentos para sua expiação, uma lágrima furtiva escapou-se dos olhos daquele que só, nessa hora matinal levantava-se pensando naquele ser impuro, que dentro de instantes deveria prestar contas. O suave mensageiro recolheu essa lágrima benfeitora na concha da mão minúscula e, em voo rápido, a levou ao tabernáculo onde se guardam essas relíquias e assim fez a sua prece: Senhor, um ímpio vai morrer; vós o condenastes, mas dissestes: Eu perdoo ao remorso e concedo a indulgência do arrependimento. Eis uma lágrima de verdadeira caridade, que atravessou do coração para os olhos do ser que mais amo na Terra. Eu vos trago esta lágrima: é o resgate do sofrimento. Dai-me o poder de enternecer o coração de rocha do Espírito que vai expiar os seus crimes. – Vai, respondeu-lhe o Mestre; – vai meu filho; essa lágrima bendita pode pagar muitos resgates.

A suave criança partiu; chegou junto do criminoso no momento do suplício; o que ela lhe disse só Deus o sabe; o que se passou naquele ser transviado ninguém compreendeu, mas, abrindo os olhos à luz ele viu desdobrar-se à sua frente um passado horroroso. Ele, a quem o instrumento fatal não abalava, a quem a condenação à morte tinha feito sorrir, ergueu os olhos e uma grossa lágrima causticante como o chumbo fundido caiu de seus olhos. A essa prova muda que lhe testemunhava que sua prece tinha sido ouvida, o anjo da caridade estendeu sobre o infeliz as suas brancas asas, recolheu aquela lágrima e parecia dizer: "Infeliz! Sofrerás menos; eu levo a tua redenção!"

Que contraste pode inspirar a caridade do Criador! O mais impuro dos seres, nos últimos degraus da escada e o anjo mais casto prestes a entrar no mundo dos eleitos, a um sinal vem estender a sua proteção visível sobre esse pária da sociedade. Do alto de seu poderoso tribunal Deus abençoava essa cena tocante e nós todos dizíamos, rodeando a criança: "Vai receber a tua recompensa". A suave mensageira subiu aos céus, com a lágrima escaldante nas mãos e pôde dizer: "Senhor! Ele chorou; eis a prova". – "Está bem – respondeu o Senhor, – conservai essa primeira gota de orvalho do coração endurecido; que essa lágrima fecunda vá regar esse Espírito ressequido pelo mal; mas guardai sobretudo a primeira lágrima que essa criança me trouxe; que essa gota d'água se torne diamante puro, pois é mesmo a pérola sem mancha da verdadeira caridade. Contai esse exemplo aos povos e dizei-lhes: Solidários uns com os outros, vede, uma lágrima de amor da humanidade, e uma lágrima de remorso obtida pela prece: essas duas lágrimas serão as pedras mais preciosas do vasto escrínio da caridade".

Cárita

OS DOIS VOLTAIRES

(SOCIEDADE ESPÍRITA DE PARIS; GRUPO FAUCHERAND – MÉDIUM: SR. E. VÉZY)

Sou eu mesmo, mas não aquele Espírito trocista e cáustico de outrora; o reizinho do século dezoito, que dominava pelo pensamento e pelo gênio a tantos soberanos, hoje não mais tem nos lábios aquele sorriso mordaz, que fazia tremer os inimigos e os próprios amigos! Meu cinismo desapareceu diante da revelação das grandes coisas que eu queria tocar e que só as conheci no além-túmulo!

Pobres cérebros demasiado estreitos para conterem tantas maravilhas! Humanos, calai-vos, humilhai-vos ante o poder supremo: admirai e contemplai – é o que podeis fazer. Como quereis aprofundar Deus e o seu grande trabalho? Apesar de todos os seus recursos, a vossa razão se quebra diante do átomo e do grão de areia que não pode definir?

Eu empreguei a minha vida a procurar conhecer a Deus e seu princípio; minha razão se enfraqueceu e eu cheguei não a negar Deus, mas a sua glória, o seu poder e a sua grandeza. Eu o explicava desenvolvendo-se no tempo. Uma intuição celeste me dizia que rejeitasse tal erro, mas eu não escutava e me fiz apóstolo de uma doutrina mentirosa... Sabeis por quê? Porque, no tumulto e na confusão de meus pensamentos, num entrechoque incessante, eu só via uma coisa: meu nome gravado no frontão de um templo de memória das nações! Só via a glória que me prometia essa juventude universal que me cercava e parecia saborear com suave delícia o suco da doutrina que eu lhe ensinava. Entretanto, empurrado não sei por que remorso de minha consciência, quis parar, mas era tarde. Como toda utopia, todo sistema que abraçamos nos arrasta; a princípio segue a torrente, depois nos arrasta e nos quebra, tão rápida e violenta é por vezes a sua queda.

Crede-me, vós que aqui estais à procura da verdade, encontrá-la-eis quando tiverdes destacado de vosso coração o amor às lantejoulas, que um tolo amor-próprio e um falso orgulho fazem brilhar os vossos olhos. Na nova via por onde marchais, não temais combater o erro e o desafiar, quando se erguer à vossa frente. Não é uma monstruosidade preconizarmos uma mentira, contra a qual ninguém ousa defender-se, pelo fato de saber-se que fizemos discípulo que ultrapassaram as nossas crenças?

Vede, meus amigos. O Voltaire de hoje não é mais aquele do século dezoito. Eu sou mais cristão, porque aqui venho fazer-vos esquecer a minha glória e vos lembrar o que fui na juventude e o que amava em minha infância. Oh! Como eu gostava de me perder no mundo dos pensamentos! Minha imaginação ardente e viva percorria os vales da Ásia em busca daquele que chamais Redentor... Eu gostava de percorrer os caminhos que ele tinha percorrido. E como me parecia grande e sublime esse Cristo em meio à multidão! Julgava ouvir a sua voz poderosa, instruindo os povos da Galiléia, das bordas do Tiberíades e da Judéia!... Mais tarde nas minhas noites de insônia, quantas vezes me ergui para abrir uma velha *Bíblia* e reler suas páginas santas! Então minha fronte se inclinava diante da cruz, esse sinal eterno da redenção, que une a Terra ao céu, a criatura ao Criador!... Quantas vezes admirei esse poder de Deus, por assim dizer se subdividindo, e cuja centelha se encarna para fazer-se tão pequena, vindo render a alma no Calvário em expiação!... Vítima augusta cuja divindade eu negava, e que, entretanto, me fez dizer:

Teu Deus que tu traíste, teu Deus que tu blasfemas,

Para ti, para o Universo, morreu nesses lugares!

Sofro, mas expio a resistência que opus a Deus. Tinha a missão de instruir e esclarecer. A princípio o fiz, o meu facho se extinguiu nas minhas mãos na hora marcada para a luz...

Felizes filhos do século dezenove e do século vinte, a vós é que é dado ver luzir o facho da verdade. Fazei que vossos olhos vejam bem a sua luz, porque para vós ela terá radiações celestes e sua claridade será divina!

Voltaire

Filhos, deixei que em meu lugar falasse um dos vossos grandes filósofos, principal chefe do erro. Quis que ele viesse dizer-vos onde está a luz. Que vos parece? Todos virão repetir-vos: "Não há sabedoria sem amor nem caridade" – E, dizei-me, que doutrina será mais suave para ensinar que o Espiritismo? Nunca eu vos repetiria demasiado: o amor e a caridade são as duas virtudes supremas que unem, como diz Voltaire, a criatura ao Criador. Ah! Que mistério e que laço sublime! Ínfimo verme da terra, que pode tornar-se tão poderoso que a sua glória atinge o trono do Eterno!...

Santo Agostinho

Allan Kardec

ANO V
JUNHO DE 1862

SOCIEDADE PARISIENSE DE ESTUDOS ESPÍRITAS

DISCURSO DO SR. ALLAN KARDEC NA
ABERTURA DO ANO SOCIAL, A 1.º DE ABRIL DE 1862

Senhores e caros colegas.

A Sociedade Parisiense de Estudos Espíritas começou seu quinto ano a 10 de abril de 1862 e, temos que convir, jamais o fez sob melhores auspícios. O fato não tem importância apenas do nosso ponto de vista pessoal, mas é característico, sobretudo, do ponto de vista da doutrina em geral, porque prova, de modo evidente, a intervenção dos nossos guias espirituais. Seria supérfluo lembrar a origem modesta da Sociedade, bem como as circunstâncias para as quais um Espírito eminente, então no poder e depois passado ao mundo dos Espíritos, nos disse ter contribuído poderosamente ele próprio.

Vós vos lembrais, senhores: a Sociedade teve as suas vicissitudes; tinha em seu seio elementos de dissolução, vindos da época em que se recrutava gente muito facilmente, e sua existência chegou em certo momento, a estar comprometida. Naquele momento eu duvidei de sua utilidade real, não como simples reunião, mas como sociedade constituída. Fatigado por essas perplexidades, estava resolvido a retirar-me. Esperava que, uma vez livre dos entraves semeados em meu caminho, trabalharia melhor na grande obra empreendida. Fui dissuadido de o fazer por numerosas comunicações espontâneas, que me foram dadas de vários pontos. Entre outras há uma, cuja substância me parece útil vos dar a conhecer, porque os acontecimentos justificaram as previsões. Ela está assim concebida:

"A Sociedade formada por nós com o teu concurso é necessária; queremos que subsista e subsistirá, malgrado a má vontade de alguns, como tu o reconhecerás mais tarde. Quando existe um mal, não se cura sem crise. Assim é do pequeno ao grande; no indivíduo, como nas sociedades; nas sociedades como nos povos; nos povos como o será na humanidade. Nossa Sociedade, dizemos, é necessária. Quando deixar de o ser sob a forma atual, transformar-se-á como todas as coisas. Quanto a ti, não podes, não deves retirar-te. Contudo não pretendemos acorrentar o teu livre-arbítrio: apenas dizemos que a tua retirada seria um erro que lamentarias um dia, porque entravaria os nossos desígnios."

Então dois anos se passaram e, como vedes, a Sociedade felizmente saiu daquela crise passageira, cujas peripécias todas me foram assinaladas, e das quais um dos resultados foi dar-nos uma lição de experiência, que aproveitamos, e que provocou medidas de que nos felicitamos. Desembaraçadas das preocupações inerentes ao seu estado anterior, pôde prosseguir os seus estudos sem entraves. Também os seus progressos foram rápidos e ela cresceu a olhos vistos, não direi numericamente, posto seja mais numerosa do que nunca, mas em importância. Oitenta e sete membros, participando das cotizações anuais, figuraram na lista do ano findo, sem contar os sócios honorários e correspondentes. Ter-lhe-ia sido fácil dobrar, e mesmo triplicar esse número, se ela visasse receita: bastava cercar as admissões de menos dificuldades. Ora, longe de diminuir tais dificuldades, ela as aumentou, porque, sendo uma Sociedade de Estudos, não quis afastar-se dos princípios de sua instituição e porque jamais fez questão de interesses materiais. Não procurando entesourar, era-lhe indiferente ser um pouco mais, ou um pouco menos numerosa. Sua preponderância nada tem que ver com o número de sócios: está nas ideias que estuda, elabora e divulga; não faz propaganda ativa; não tem agentes nem emissários; não pede a ninguém que venha a ela e, o que pode parecer extraordinário, é a essa mesma reserva que deve a sua influência. A respeito é esse o seu raciocínio. Se as ideias espíritas fossem falsas, nada lhes daria raízes, porque toda ideia falsa só tem existência passageira; se são verdadeiras, firmar-se-ão a despeito de tudo, pela convicção e o pior meio de as propagar seria o de as impor, porque toda ideia imposta é suspeita e trai a sua fraqueza. As ideias verdadeiras devem ser aceitas pela razão e pelo bom senso; onde elas não germinam é porque não chegou a maturidade: é preciso esperar e limitar-se a lançar a semente ao vento porque mais cedo ou mais tarde, algumas cairão em terreno menos árido.

O número de membros da Sociedade é, assim, uma questão muito secundária; porque hoje, menos que nunca ela não poderia pretender absorver todos os adeptos; seu objetivo, por estudos conscienciosos, feitos sem preconceitos e sem partido, é o de elucidar as várias partes da Ciência Espírita, buscar as causas dos fenômenos e recolher todas as observações de natureza a esclarecer o problema tão importante, tão palpitante de interesse do estado do mundo invisível, de sua ação sobre o mundo visível e das inumeráveis consequências daí decorrentes para a humanidade. Por sua posição e pela multiplicidade de suas relações, ela se acha nas mais favoráveis condições para observar bem e bastante. Seu fim é, pois, essencialmente moral e filosófico. Mas o que acima de tudo deu crédito aos seus trabalhos é a calma, a gravidade que a eles aplica: é que aí tudo é discutido friamente, sem paixão, como devem fazê-lo as pessoas que de boa-fé procuram esclarecer-se. É porque sabem que ela só se ocupa de coisas sérias; é, enfim, a impressão que os numerosos estrangeiros, por vezes vindos de terras distantes para aí assistir, levaram da ordem e da dignidade de suas sessões.

Assim, a linha que ela seguiu dá os seus frutos. Os princípios que ela professa, baseados sobre observações conscienciosas, hoje servem de regra à imensa maioria dos Espíritas. Vistes caírem, seguidamente, diante da experiência, a maioria dos sistemas nascidos no começo e são pouquíssimos os que conservam uns raros partidários. Isso é incontestável. Quais as ideias que crescem e quais as que declinam? É uma questão de fato. A doutrina da reencarnação foi o mais controvertido dos princípios e seus adversários nada pouparam para abrir uma brecha, nem mesmo as injúrias e grosserias, supremo argumento daqueles a quem faltam boas razões. Nem por isso deixou de fazer o seu caminho, porque se apoia numa lógica inflexível; porque sem essa alavanca chocamo-nos com dificuldades intransponíveis e porque, enfim, nada se achou de mais racional para o substituir.

Há, entretanto, um sistema que, mais que nunca, se espalha agora: o sistema diabólico. Na impossibilidade de negar as manifestações, pretende um partido provar que são exclusiva manifestação do diabo. O encarniçamento com que se ataca prova que aquela gente não está muito convencida de ter razão, enquanto que os espíritas não se comovem absolutamente com essa manifestação de forças que deixam ir-se gastando. Nesse momento ele dá fogo em toda a linha: discursos, pequenas brochuras, grossos volumes, artigos de jornais; é um ataque geral para demonstrar o quê? Que aqueles fatos que, em nossa opinião, testemunham o poder e a bondade de Deus, ao contrário testemunham o poder do diabo. Daí resulta que só o diabo, podendo manifestar-se, é mais poderoso do que Deus. Atribuindo ao diabo tudo quanto é bom nas comunicações, é retirar o bem a Deus para assim homenagear o diabo. Nós nos julgamos mais respeitosos para com a Divindade. Aliás, como já disse, os espíritas quase não se inquietam com esse brado de armas, que terá o efeito de destruir, mais cedo ou mais tarde, o prestígio de Satã.

Sem o emprego de meios materiais, e embora restrita numericamente, por sua própria vontade, a Sociedade de Paris não deixou de fazer uma propaganda considerável, pela força do exemplo. E a prova disso é o número incalculável de grupos espíritas que se formam pelos mesmos processos, isto é, de acordo com os princípios que ela professa; é o número de sociedades regulares que se organizam e querem colocar-se sob o seu patrocínio. E as há em várias cidades da França e do estrangeiro, na Argélia, na Itália, na Áustria, no México, etc. O que é que fizemos para isso? Fomos à sua procura? Solicitamos? Mandamos emissários ou agentes? Absolutamente: nossos agentes são as obras. As ideias espíritas espalham-se numa localidade; a princípio aí encontram um pequeno eco; depois, aos poucos, ganham terreno; os adeptos sentem necessidade de se reunirem, menos para fazer experiências do que para conversar sobre um assunto que lhes interessa. Daí os milhares de grupos particulares, que podem ser chamados familiares. Destes alguns adquirem maior importância numérica. Pedem-nos conselhos e, assim insensivelmente se forma essa rede, que possui balizas em todos os pontos do globo.

Cabe aqui, senhores, uma observação importante sobre a natureza das relações entre a Sociedade de Paris e as reuniões ou sociedades fundadas sob os seus auspícios, e que seria erro considerar como sucursais. A Sociedade de Paris não tem sobre aquelas outra autoridade senão a da experiência; mas, como disse de outra vez, não se imiscui em seus negócios; seu papel limita-se a conselhos oficiais, quando solicitados. O laço que as une é, pois, puramente moral, baseado na simpatia e na similitude das ideias; não há *qualquer filiação, qualquer so-*

lidariedade material. A única palavra de ordem é a que deve ligar todos os homens: *caridade e amor do próximo,* palavra de ordem pacífica e que não levanta suspeitas.

A maior parte dos membros da Sociedade reside em Paris; entretanto alguns moram na província ou no estrangeiro e, posto só compareçam excepcionalmente, alguns jamais vieram a Paris desde a sua fundação, mas têm a honra de ser sócios. Além dos membros propriamente ditos, ela tem correspondentes, mas seus relatórios, puramente científicos, apenas objetivam mantê-la ao corrente do movimento espírita nas diversas localidades e me fornecem documentos para a história do estabelecimento do Espiritismo, cujos materiais venho recolhendo. Entre os adeptos, uns se distinguem pelo seu zelo, sua abnegação, seu devotamento à causa do Espiritismo; pagam pessoalmente, não em palavras, mas em atos. A Sociedade sente-se feliz por lhes dar um testemunho de especial simpatia, conferindo-lhe o título de membros honorários.

De dois anos para cá a Sociedade cresceu em crédito e em importância; mas os seus progressos são assinalados pela natureza das comunicações que recebe dos Espíritos. Com efeito, desde algum tempo essas comunicações adquiriram proporções e desenvolvimento que superam de muito nossa expectativa. Já não são, como outrora, pequenos fragmentos de moral banal, mas dissertações, nas quais as mais altas questões de filosofia são tratadas com uma amplidão e uma profundidade que as convertem em verdadeiros discursos. Foi o que observaram, em sua maioria, os leitores da *Revista.*

Sinto-me feliz ao assinalar um outro progresso no que concerne aos médiuns. Jamais em nenhuma outra época, os vimos tantos participando dos nossos trabalhos, pois chegamos a ter quatorze comunicações na mesma sessão. Mas, o que é mais precioso que a quantidade, é a qualidade, a julgar pela importância das instruções que nos são dadas. Nem todos apreciam a mediunidade do mesmo ponto de vista. Uns a avaliam pelo efeito: para estes os médiuns velozes são os mais notáveis e os melhores. Para nós, que antes de tudo buscamos a instrução damos mais valor àquilo que satisfaz ao pensamento do que ao que regala os olhos. Assim, preferimos um médium útil, com o qual aprendemos alguma coisa, a um outro admirável, com quem nada aprendemos. Sob esse ponto de vista não temos que nos lastimar e devemos agradecer aos Espíritos por terem cumprido a promessa que fizeram, de não nos deixarem desprovidos. Querendo ampliar o seu círculo de ensino, deviam também multiplicar os instrumentos.

Há, porém, um ponto ainda mais importante, sem o qual tal ensino não teria produzido frutos, ou pouco teria produzido. Sabemos que os Espíritos estão longe de possuir a soberana ciência e que se podem enganar; que, por vezes, emitem ideias próprias, justas ou falsas; que os Espíritos superiores querem que o nosso julgamento se exercite em discernir o verdadeiro do falso, aquilo que é racional daquilo que é ilógico. É por isso que nada aceitamos de olhos fechados. Assim, não haveria ensino proveitoso sem discussão. Mas, como discutir comunicações com médiuns que não suportam a menor controvérsia, que se melindram com uma observação crítica, com uma simples observação, e acham mau que não se aplaudam as coisas que recebem, mesmo aquelas inçadas de grosseiras heresias científicas? Essa pretensão estaria deslocada se o que escrevem fosse produto de sua inteligência; é ridícula desde que eles não são mais que instrumentos passivos, pois se assemelham a um ator que ficaria ofuscado, se nós achássemos maus os versos que tem de declamar. Seu próprio Espírito não se pode chocar com uma crítica que não o atinge; então é o Espírito comunicante que se magoa e transmite ao médium a sua impressão. Por isso o Espírito trai a sua influência, porque quer impor as suas ideias pela fé cega e não pelo raciocínio ou, o que dá no mesmo, porque só ele quer raciocinar. Disso resulta que o médium que se acha em tais disposições está sob o império de um Espírito que merece pouca confiança, desde que mostra mais orgulho que saber. Assim, sabemos que os Espíritos dessa categoria geralmente afastam seus médiuns dos centros onde não são aceitos sem reservas.

Esse capricho, em médiuns assim atingidos, é um grande obstáculo ao estudo. Se só buscássemos o efeito, isso seria sem importância; mas como buscamos a instrução, não podemos deixar de discutir mesmo com o risco de desagradar aos médiuns. Assim, outrora alguns se retiraram, como sabeis, por esse motivo, embora não confessado e porque não tinham podido impor-se perante a Sociedade como médiuns exclusivos e intérpretes infalíveis das potências celestes. Aos seus olhos os obsedados são aqueles que não se inclinam diante de suas comunicações. Alguns levam a sua suscetibilidade a ponto de se formalizarem com a prioridade dada à leitura das comunicações recebidas por outros médiuns. Por que uma comunicação é preferida à sua? Compreende-se o mal-estar imposto por tal situação. Felizmente, no interesse da Ciência Espírita, nem todos são assim; e apresso-me em aproveitar a ocasião para, em nome da Sociedade, dirigir agradecimentos àqueles que hoje nos prestam seu concurso com tanto zelo quanto devotamento, sem calcular esforço nem tempo e que, não tomando partido por suas comunicações, são os primeiros a participar da controvérsia que podem suscitar.

Em resumo, senhores, só nos podemos felicitar pelo estado da Sociedade, do ponto de vista moral: não há quem não tenha observado uma notável diferença no espírito dominante, em relação ao que era no princípio; e cada um sente instintivamente a impressão, em muitos casos traduzida em fatos positivos. É incontestável que aí reina menos mal-estar e constrangimento, enquanto se faz sentir um sentimento de mútua benevolência. Parece que os Espíritos perturbadores, vendo a sua impotência para semear a desconfiança, tomaram o sábio partido de afastar-se. Também só podemos aplaudir a feliz ideia de vários membros de organizar reuniões particulares em seus lares. Elas têm a vantagem de estabelecer relações mais íntimas. Além disso são centros para uma porção de pessoas que não podem vir à Sociedade. Aí podem ter uma primeira iniciação; podem fazer bom número de observações que depois convergem para o centro comum. Enfim, são canteiros para a formação de médiuns. Agradeço muito sinceramente as pessoas que me honraram, oferecendo a sua direção, o que me era materialmente impossível. Lamento mesmo muito não poder aí estar tanto quanto era meu desejo. Conheceis minha opinião em relação aos grupos particulares: assim, faço votos por sua multiplicação na Sociedade ou fora dela, em Paris ou alhures, porque são os agentes mais ativos da propaganda.

Do ponto de vista material o nosso tesoureiro vos deu conta da situação da Sociedade. Nosso orçamento, bem o sabeis, senhores, é muito simples, desde que haja equilíbrio entre o ativo e o passivo, coisa essencial, de vez que não procuramos capitalizar.

Peçamos, pois, aos bons Espíritos que nos assistam e, em particular, ao nosso presidente espiritual, São Luís, pela continuação de sua benevolente proteção, concedida tão visivelmente até hoje e da qual mais e mais nos esforçamos para nos tornarmos dignos.

Resta-me, senhores, dar-vos a conhecer uma coisa importante: quero falar do emprego de dez mil francos que me foram enviados há cerca de dois anos, por um assinante da *Revista Espírita* e que quis manter o incógnito: era um donativo a ser empregado no interesse do Espiritismo. Certamente vos lembrais que me foram entregues pessoalmente, sem formalidades e sem documentos e sem que eu devesse prestar quaisquer contas.

Comunicado à Sociedade essa feliz circunstância, declarei, na sessão de 17 de fevereiro de 1860, que não pretendia prevalecer-me da prova de confiança e que, para minha satisfação pessoal, desejava que aquele fundo fosse empregado sob controle. E acrescentei: "Essa soma formará o primeiro fundo de uma *caixa especial,* sob o nome de *Caixa do Espiritismo* e que nada em comum terá com os meus negócios pessoais. Será posteriormente aumentada com as somas que lhe vierem de outras fontes e exclusivamente destinada às necessidades da doutrina e ao desenvolvimento das ideias espíritas. Um de meus primeiros cuidados será suprir a falta de material da Sociedade, para a regularidade de seus trabalhos, e a criação de uma *biblioteca especial.* Pedi a vários colegas que aceitassem o controle dessa caixa e que, em datas que posteriormente serão determinadas, que verificassem o útil emprego do fundo".

Essa comissão, hoje parcialmente dispersa pelas circunstâncias, será completada quando for necessário e todos os documentos lhe serão entregues. Enquanto se espera e, em vista da absoluta liberdade que foi concedida, julguei conveniente aplicar essa soma no desenvolvimento da Sociedade; e a vós senhores, julgo dever prestar contas da situação, tanto para desobrigar-me pessoalmente, quanto para a vossa impossibilidade material de usar esse fundo em despesas cuja urgência dia a dia mais se acentuam, em vista da extensão dos trabalhos que reclama o Espiritismo.

Como sabeis, senhores, a Sociedade sentia vivamente os inconvenientes de não ter um local adequado para as sessões e onde seus arquivos pudessem estar à mão. Para trabalhos como o nosso, é preciso, de certo modo, um local consagrado, onde nada possa perturbar o recolhimento. Cada um deplorava a necessidade em que nos encontrávamos, de nos reunirmos num estabelecimento público, um pouco em harmonia com a seriedade de nossos estudos. Assim, julguei que fazia coisa útil lhe dando os meios de ter um lugar mais conveniente, com o auxílio dos fundos que tinha recebido.

Por outro lado, o progresso do Espiritismo traz à minha casa um número crescente de visitantes nacionais e estrangeiros, número que pode ser calculado em mil e duzentos a mil e quinhentos anualmente; e era preferível recebê-los na sede da Sociedade, a fim de concentrar aí todos os negócios e todos os documentos concernentes ao Espiritismo.

Quanto ao que me concerne, acrescentarei que, entregando-me inteiramente à doutrina, de certo modo, e para evitar perda de tempo, tornava-se necessário que tivesse meu domicílio aí ou, ao menos na vizinhança. Para mim pessoalmente eu não tinha qualquer necessidade, pois tenho em casa um apartamento que nada me custa, a todos os respeitos mais agradável e onde vivo tanto quanto me permitem as minhas obrigações. Um segundo apartamento teria sido uma despesa inútil e onerosa. Assim, sem o Espiritismo, eu estaria tranquilamente em casa à avenida Ségur e não aqui, obrigado a trabalhar da manhã à noite e, muitas vezes, da noite à manhã, sem mesmo repousar um pouco, o que me é muito necessário. Porque sabeis que sou sozinho para uma tarefa cuja extensão dificilmente imaginam, e que necessariamente aumenta com o desenvolvimento da doutrina.

Esse apartamento reúne as vantagens desejáveis por suas disposições internas e sua situação central. Nada tendo de suntuoso, é muito adequado; mas sendo os recursos da Sociedade insuficientes para o aluguel, tive que completá-lo com os fundos da doação. Sem isso a Sociedade teria que continuar na situação precária, mesquinha e incômoda em que se achava. Graças a esse suplemento, foi possível dar aos seus trabalhos desenvolvimentos que todos sabem vantajosos e proveitosos para a doutrina. É, pois, o emprego passado e a destinação futura dos fundos da doação que julgo dever comunicar-vos.

O aluguel do apartamento custa 2.500 francos anuais e, com os acessórios, 2.530 francos. As contribuições são de 198 francos, totalizando 2.128 francos. A Sociedade paga, de sua parte, 1.200 francos; resta uma diferença de 1.528 francos. O contrato foi feito por três anos, seis ou nove e começou a 1º. de abril de 1860. Calculando para seis anos a 1.528 francos, temos 9.168 francos, ao que temos que adicionar a compra de móveis e as despesas de instalação, de 900 francos; para gorjetas e despesas diversas, 80 francos, totalizando 10.148 francos, sem os imprevistos, a pagar com o capital de 10.000 francos.

No fim do contrato, isto é, daqui a quatro anos, haverá um excesso de despesas. Vedes, senhores, que não há necessidade de distrair a menor soma, se quisermos chegar ao fim. Que fazer, então? Aquilo que Deus quiser, que quiserem os bons Espíritos, os quais me disseram que não me inquietasse.

Chamo a atenção que a soma de 900 francos, gastos com material e instalação, é aquilo que gastei rigorosamente do capital. Se tivéssemos que adquirir todo o mobiliário que aqui se acha –já não falo das peças de recepção – haveria necessidade de três ou quatro vezes mais e, então, a Sociedade, em vez de seis anos de aluguel, teria apenas três. É, pois, o meu mobiliário pessoal que constitui a maior parte e que, devido ao uso, terá recebido um grande estrago.

Em resumo, esta soma de 10.000 francos, que alguns julgam inesgotável, se acha quase que inteiramente absorvida pelo aluguel, que importava antes de mais nada garantir por algum tempo, sem que tivesse sido possível distrair qualquer parcela para outros fins, principalmente para a compra de obras antigas e modernas, francesas e estrangeiras, necessária à formação de uma grande biblioteca espírita, como era projeto meu. Só isso não teria custado menos de 3.000 a 4.000 francos.

Disso resulta que todas as despesas além do aluguel, como viagens e uma porção de gastos necessários para o Espiritismo, e que não ficam por menos de 2.000 francos anuais, estão pessoalmente a meu cargo; e essa soma não deixa de pesar num orçamento restrito, que se mantém à custa de ordem, economia e até privações.

Não creiais, senhores, que eu queira conquistar méritos: assim fazendo, sei que sirvo a uma causa junto à qual a vida material nada é, e pela qual estou pronto a sacrificar a minha. Talvez uma dia eu tenha imitadores. Aliás, estou bem recompensado pelos resultados obtidos. Uma coisa lamento: a exiguidade de meus recursos, que não permitem que faça mais. Porque com suficientes meios de execução, bem empregados, com ordem e em coisas úteis, avançaríamos meio século no estabelecimento definitivo da doutrina.

PALESTRAS FAMILIARES DE ALÉM-TÚMULO

SR. SANSON

(SOCIEDADE ESPÍRITA DE PARIS, 25 DE ABRIL DE 1862 – MÉDIUM: SR. LEYMARIE) – 2.ª PALESTRA – VIDE *REVISTA* DE MAIO DE 1862

1. – *Evocação.* R – Meus amigos, estou junto a vós.

2. – Estamos contentes pela palestra que tivemos no dia do vosso enterro; e se o permitis, teremos a satisfação de a completar, para instrução nossa. R – Estou pronto e feliz por pensardes em mim.

3. – Tudo quanto nos possa esclarecer sobre a situação do mundo invisível e nos fazer compreendê-lo é um grande ensinamento, porque é a ideia falsa que dele a gente faz que geralmente conduz à incredulidade. Não vos surpreendais, pois, com as perguntas que vos poderemos dirigir. R – Não me admirarei e atenderei às vossas perguntas.

4. – Descrevestes com luminosa claridade a passagem da vida à morte; dissestes que no momento em que o corpo solta o último suspiro a vida se parte, e a visão do Espírito se extingue. Tal momento é acompanhado de sensação penosa, dolorosa? R – Sem dúvida, porque a vida é uma contínua série de dores e a morte é o complemento de todas as dores; daí uma dilaceração violenta, como se o Espírito tivesse que fazer um esforço que absorve toda a nossa energia e lhe faz perder o conhecimento daquilo em que se torna.

Observação: Esse caso não é geral. A separação pode dar-se com um certo esforço, mas a experiência prova que nem todos os Espíritos têm consciência disso, porque muitos perdem a consciência antes de expirar; as convulsões da agonia as mais das vezes são puramente físicas. O Sr. Sanson apresentou um fenômeno muito raro: o de ser, por assim dizer, testemunha de seu último suspiro.

5. – Sabeis se há Espíritos para os quais é esse o mais doloroso momento? Por exemplo, é mais penoso para o materialista, para aquele que julga que para si tudo acaba nesse momento? R – Isso é exato; porque o Espírito preparado já esqueceu o sofrimento, ou antes, já se acostumou a ele e a quietude com a qual vê a morte o impede de sofrer duplamente, por saber o que o espera. O sofrimento moral é mais forte e sua ausência no instante da morte é um grande alívio.

Aquele que não crê é semelhante a um condenado à pena máxima e cujo pensamento vê o cutelo e o desconhecido. Há semelhança entre essa morte e a do ateu.

6. – Haverá materialistas suficientemente endurecidos para crerem que nesse momento sejam mergulhados no nada? R – Sem dúvida: até a última hora alguns creem no nada. Mas no momento da separação o Espírito faz um retorno profundo: a dúvida o empolga e o tortura, porque a si mesmo pergunta o que vai acontecer; quer apreender alguma coisa e não o consegue. A separação não se dá sem essa impressão.

Observação: Em outras circunstâncias deu-nos um Espírito a seguinte descrição do fim de um incrédulo. "Nos últimos instantes o incrédulo endurecido experimenta as angústias dos pesadelos terríveis, nos quais se vê às bordas de precipícios, prestes a cair no abismo; faz inúteis esforços para fugir, mas não pode andar; quer agarrar-se em qualquer coisa, achar um ponto de apoio e se sente escorregando; quer chamar alguém e não pode articular o menor som; é então que vê o moribundo a se torcer, a crispar as mãos e soltar gritos abafados, sinais certos do pesadelo de que é vítima. No pesadelo comum o despertar o tira da inquietude e se sente feliz ao reconhecer que era vítima de um sonho; mas o pesadelo da morte prolonga-se, às vezes, durante muito tempo, até anos, após o transpasse; e o que dá a sensação ainda mais penosa para o Espírito são as trevas em que se sente, às vezes, mergulhado. Chegamos até a observar casos semelhantes, o que prova que a descrição não é exagerada.

7. – Dissestes que no momento da morte vós não víeis, mas que vós pressentíeis. Não víeis corporalmente, compreende-se. Mas antes que a vida fosse extinta, já entrevíeis a claridade do mundo dos Espíritos. R – Foi o que disse antes. O instante da morte dá a clarividência ao Espírito. Os olhos não veem mais; mas o Espírito que possui uma visão muito profunda descobre instantaneamente esse mundo desconhecido e a verdade lhe aparece de súbito, dando-lhe, posto que momentaneamente, ou uma alegria profunda, ou uma pena inexprimível, conforme o estado de sua consciência e a lembrança de sua vida passada.

Observação: Trata-se do instante em que o Espírito perde a consciência, o que explica o emprego daquele *momentaneamente,* porque as mesmas impressões agradáveis ou penosas continuam ao despertar.

8. – Podeis dizer-nos o que foi que vos atingiu, o que vistes, no momento em que vossos olhos se abriram à luz? É possível descrever o

aspecto das coisas que se vos ofereceram? R – Quanto me pude ver e ver o que havia ante os meus olhos, eu estava como que deslumbrado e não me dava muita conta, pois a lucidez não vem de chofre. Mas Deus, que me deu um sinal profundo de sua bondade, permitiu recuperar as faculdades. Vi-me cercado por numerosos e fiéis amigos. Todos os Espíritos protetores que nos vêm assistir me rodeavam sorridentes; animava-os uma felicidade sem igual e eu próprio, sentindo-me bem e forte, podia sem esforço transportar-me no espaço. Aquilo que vi não tem nome na linguagem humana.

Aliás, virei falar mais amplamente de todas as minhas felicidades, sem ultrapassar, contudo, o limite marcado por Deus. Sabei que a felicidade, tal qual a entendeis, é uma ficção. Vivei sabiamente, santamente, no espírito da caridade e de amor, e sereis preparados para as impressões que os vossos maiores poetas não poderiam descrever.

Observação: Sem dúvida os contos de fadas estão cheios de coisas absurdas; mas, nalguns pontos não serão o quadro do que se passa no mundo dos Espíritos? A descrição do Sr. Sanson não se parece com a do homem que, adormecido numa humilde cabana, despertasse num esplêndido palácio no meio de uma corte brilhante?

(TERCEIRA PALESTRA, 2 DE MAIO DE 1862)

9. – Sob que aspecto se vos apresentaram os Espíritos? Sob a forma humana? R – Sim, meu caro amigo. Os Espíritos nos haviam ensinado na Terra que eles conservam no outro mundo a forma transitória que haviam tido no vosso. É a verdade. Mas que diferença entre a máquina informe que se arrasta penosamente com o seu cortejo de provas e a maravilhosa fluidez do corpo dos Espíritos! Não existe feiura, porque os traços perderam a dureza de expressão que forma o caráter distintivo da raça humana. Deus beatificou todos os corpos graciosos, que se movem com toda a elegância da forma; a linguagem tem entonações para vós intraduzíveis e o olhar tem a profundeza das estrelas. Procurai mentalmente ver o que Deus pode fazer na sua onipotência, Ele, o arquiteto dos universos; e tereis feito uma pálida ideia da forma dos Espíritos.

10. – Para vós como vedes? Vós vos reconheceis com forma limitada embora fluídica? Sentis a cabeça, o tronco, os braços e as

pernas? R – Tendo conservado a forma humana, mas divinizada, idealizada, o Espírito tem, certamente, os membros de que falais. Sinto perfeitamente as pernas, os dedos, porque, à vontade, podemos vos aparecer e apertar-vos a mão. Estou junto de vós, e apertei a mão de todos os amigos, sem que disso eles tivessem tido consciência, pois a nossa fluidez pode estar por toda a parte, sem interferir no espaço, sem dar sensações, se assim o desejarmos. Neste momento tendes as mãos cruzadas e as minhas estão nas vossas. E eu vos digo: eu vos amo, mas meu corpo não ocupa lugar, a luz o atravessa, coisa que chamaríeis de milagre, se se tornasse visível. Isso é para os Espíritos uma ação de todos os instantes.

A visão dos Espíritos não tem relação com a visão humana, assim como o corpo não tem semelhança real, porque tudo mudou completamente. O Espírito – repito-o – tem uma perspicácia divina que alcança tudo, pois até pode adivinhar os vossos pensamentos; assim pode, à vontade, tomar a forma que melhor o recorde às vossas lembranças. Mas na verdade o Espírito superior, que terminou as suas provas, prefere a forma que o conduziu a Deus.

11. – Os Espíritos não têm sexo. Entretanto, como há poucos dias éreis homem, no vosso estado tendes antes a natureza masculina que a feminina? Dá-se o mesmo com um Espírito que deixou o corpo há muito tempo? R – Não nos atemos a ser de natureza masculina ou feminina: os Espíritos não se reproduzem. Deus os criou à sua vontade e se, na sua maravilhosa sabedoria, quis que os Espíritos se reencarnassem na Terra, teve que estabelecer a reprodução das espécies para o macho e a fêmea. Mas compreendeis, sem necessidade de explicação, que os Espíritos não podem ter sexo.

Observação: Sempre foi dito que os Espíritos não têm sexo: os sexos só são necessários para a reprodução dos corpos; porque os Espíritos não se reproduzem, o sexo lhes seria inútil. Nossa pergunta não visava constatar o fato; mas, em vista da morte recente do Sr. Sanson, queríamos saber se perdurava a impressão de seu estado terreno. Os Espíritos inferiores, não desmaterializados, muitos ainda se consideravam como eram na Terra e conservam as mesmas paixões e os mesmos desejos. Estes ainda se creem homens ou mulheres e por isso alguns disseram que os Espíritos têm sexo. É assim que certas contradições provêm do estado mais ou menos adiantado dos Espíritos que se comunicam. O erro não é dos Espíritos mas daqueles que os interrogam e não se dão ao trabalho de aprofundar o assunto.

12. – Entre os Espíritos que aqui se acham vedes o nosso presidente espiritual São Luís? R – Está sempre ao vosso lado e, quando se ausenta, sabe sempre deixar um Espírito superior, que o substitui.

13. – Não vedes outros Espíritos? R – Perdão: o Espírito de Verdade, Santo Agostinho, Lamennais, Sonnet, São Paulo, São Luís e outros amigos que evocais estão sempre nas vossas sessões.

14. – Que aspecto vos apresenta a sessão? Para as vossas novas vistas é o que era quando estáveis vivo? As pessoas têm a mesma aparência? É tudo tão claro e tão limpo? R – Muito mais claro, porque posso ler o pensamento de todos e me sinto muito feliz. Ora! Há boa impressão deixada pela boa vontade de todos os Espíritos reunidos. Desejo que a mesma concordância se faça não só em Paris, pela reunião de todos os grupos, mas em toda a França onde os grupos se separam e se invejam, impedidos por Espíritos reunidos perturbadores, que se comprazem na desordem, enquanto que o Espiritismo deve ser o esquecimento completo, absoluto do *eu*.

15. – Dissestes que ledes o nosso pensamento. Poderíeis dar a compreender como se opera essa transmissão? R – Isso não é fácil. Para vos dizer, para vos explicar esse prodígio singular, da visão dos Espíritos, seria necessário vos abrir todo um artesanal de agentes novos, e seríeis tão sábios quanto nós, o que não é possível, porque vossas faculdades são limitadas pela matéria. Paciência: tornai-vos bons e chegareis; atualmente só tendes aquilo que Deus vos concede; mas, com a esperança de progredir continuamente, mais tarde sereis como nós. Procurai bem morrer, a fim de saber muito. A curiosidade, que é o estimulante do homem que pensa, vos conduz tranquilamente até à morte, reservando-vos a satisfação de todas as curiosidades passadas, presentes e futuras. Enquanto esperais, eu vos direi, para responder mais ou menos à vossa pergunta: o ar que vos envolve, impalpável como nós, leva o caráter do vosso pensamento; o sopro que exalais é, por assim dizer, a página escrita dos vossos pensamentos; elas são lidas e comentadas pelos Espíritos que vos batem incessantemente: eles são os mensageiros de uma telegrafia divina, à qual nada escapa.

16. – Vedes, meu caro Sr. Sanson, que utilizamos largamente a permissão que nos destes para a vossa autópsia intelectual. Não abusaremos: de outra vez, se o quiserdes, faremos perguntas de outra ordem.

R – Sentir-me-ei sempre muito feliz por me tornar útil aos meus antigos colegas e ao seu digno presidente.

MENINO JESUS ENTRE OS DOUTORES

(ÚLTIMO QUADRO DE INGRES)

A Sra. Dozon, nossa colega da Sociedade, recebeu em casa, a 9 de abril de 1862, a seguinte comunicação espontânea:

O menino Jesus encontrado por seus pais pregando no Templo, entres os doutores. (São Lucas, *Natividade).*

"Tal é o assunto de um quadro inspirado a um dos nossos maiores artistas. Nessa obra do homem se mostra mais que o gênio: aí se vê brilhar essa luz que Deus dá às almas para as esclarecer e para as conduzir às regiões celestes. Sim, a religião iluminou o artista. Esse clarão foi visível? O trabalho viu o raio partindo do céu e descendo sobre si? Sob os seus pincéis teria visto divinizar-se a cabeça do Menino-Deus? Ter-se-ia ajoelhado diante dessa criação de inspiração divina e exclamado, como o santo velho Simeão: 'Senhor, deixareis morrer em paz o vosso servo, segundo a vossa palavra, porque meus olhos viram o Salvador que nos dais agora, e que destinais a ser exposto aos olhos de todos os povos'.

Sim, o artista pode-se dizer servo do Senhor, pois acaba de executar uma ordem de sua suprema vontade. Deus quis que no tempo em que reina o ceticismo, a multidão parasse diante dessa figura do Salvador! E mais de um coração afastar-se-á levando uma lembrança que o conduzirá aos pés da cruz onde essa divina Criança deu a vida pela humanidade, multidão despreocupada.

Contemplando o quadro de Ingres, a vista se afasta a custo para se voltar para essa figura de Jesus, onde há um misto de divindade, de infância e algo da flor; esse planejamento, essa túnica de cores claras, jovens, delicadas, lembrando o suave colorido que se balança nas hastes perfumadas. Tudo merece ser admirado na obra-prima de Ingres. Mas a alma gosta mais de aí contemplar dois tipos adoráveis, Jesus e sua divina Mãe. Ainda uma vez a gente experimenta a necessidade de a saudar por suas palavras angélicas: 'Eu vos saúdo, Maria, cheia de graça!' Mas se a gente apenas ousa levantar o olhar artístico para essa nobre figura divinizada, tabernáculo de um Deus, esposa de um homem, virgem pela pureza, mulher predestinada às alegrias do paraíso e às agonias da Terra, Ingres compreendeu tudo isso e a gente não passará diante da Mãe de Jesus sem lhe dizer: 'Maria, dulcíssima virgem, em nome de vosso filho, orai por nós!' Vós o examinareis um dia; eu vi as primeiras pinceladas sobre essa tela bendita. Vi surgirem, uma a uma, as figuras, as poses dos doutores; vi o anjo protetor de Ingres, inspirando-o, fazer cair os pergaminhos das mãos de um desses doutores. Porque aí, meu Deus, está toda uma revelação! Essa voz de criança destruirá, também, uma a uma, as leis que não são suas.

Não desejo aqui fazer arte como ex-artista: sou um Espírito e para mim só a arte religiosa me toca. Assim, vi nesses graciosos ornamentos da cepa da vinha a alegoria da vinha de Deus, onde todos os humanos devem saciar-se e, de mim para mim, disse com profunda alegria que Ingres acabava de fazer amadurecer uma de suas belas grapas. Sim, mestre! Teu Jesus vai falar, também diante dos doutores que negam a sua lei, diante dos que o combatem. Mas quando esses se encontrarem sós com a lembrança da Criança divina, ah! mais de um rasgará o rolo do pergaminho sobre o qual a mão de Jesus escreverá: 'Erro'!

Vede, pois, como todos os trabalhadores se encontram! Uns veem voluntariamente e por caminhos conhecidos; outros, conduzidos pela mão de Deus, que os vai buscar em seus lugares e lhes mostrar onde devem ir. Outros, ainda, chegam, sem saber onde se acham, atraídos pelo encanto que lhes faz semear flores de vida, para erguer o altar sobre o qual o menino Jesus ainda hoje vem para muitos, mas que, sob o planejamento das cores da safira, ou sob a túnica do crucificado, é sempre o mesmo, o único Deus."

David, pintor

Nem a Sra. Dozon nem seu marido haviam ouvido falar desse quadro. Tendo-nos informado pessoalmente com alguns artistas, nenhum tinha conhecimento; então começamos a pensar numa mistificação. O melhor meio de esclarecer a dúvida era ir diretamente ao artista, para saber se ele havia tratado do assunto. Foi o que fez o Sr. Dozon. Entrando no ateliê, viu o quadro, acabado havia poucos dias e, assim, desconhecido do público. Essa revelação espontânea é tanto mais notável quanto a descrição dada pelo Espírito é de uma exatidão perfeita. Tudo lá está: cepa da vinha, os pergaminhos caídos ao chão, etc. O quadro está agora exposto na sala do boulevard dos Italianos, onde fomos vê-lo e, como todo o mundo, ficamos em admiração ante essa página sublime, uma das mais belas, sem dúvida, da pintura moderna. Do ponto de vista da execução, é digna do grande artista que, parece-nos nada fez de superior, a despeito de seus oitenta e três anos. Mas o que o torna uma obra-prima excepcional, é o sentimento que aí domina a expressão, o pensamento que brota de todas essas figuras, sobre as quais a gente lê a surpresa, a estupefação, o empolgamento, a dúvida, a necessidade de negar, a irritação por se ver vencido por uma criança. Tudo isso é tão verdadeiro, tão natural, que a gente começa a pôr palavras em cada boca. Quanto à criança, é de um ideal que deixa muito para trás tudo quanto foi feito até aqui sobre o mesmo assunto: não é um orador que fala à sua audiência; nem mesmo a olha: nele a gente adivinha o órgão de uma voz celeste.

Em toda essa concepção, sem dúvida há o gênio, mas há, incontestavelmente, a inspiração. O próprio Sr. Ingres disse que não tinha composto esse quadro em condições ordinárias; disse tê-lo começado pela arquitetura, o que não é seu costume; a seguir vinham as personagens, por assim dizer, fixar-se por si mesma sob o seu pincel sem premeditação. Temos motivos para pensar que esse trabalho se liga a coisas cuja chave teremos mais tarde, mas sobre as quais devemos ainda guardar silêncio, como sobre muitas outras.

O fato acima foi relatado na Sociedade. Nessa ocasião o Espírito de Lamennais ditou espontaneamente a seguinte comunicação:

SOBRE O QUADRO DO SR. INGRES

(SOCIEDADE ESPÍRITA DE PARIS, 2 DE MAIO DE 1862 – MÉDIUM: SR. A. DIDIER)

Ultimamente eu vos falava do menino Jesus entre os doutores e vos destacava sua iluminação divina no meio das sábias trevas dos sacerdotes judeus. Temos um exemplo a mais que a espiritualidade e os movimentos da alma constituem a fase mais brilhante da arte. Sem conhecer a Sociedade Espírita, pode ser-se um grande artista espiritualista; e Ingres nos mostra em sua nova obra o estudo divino do artista, mas, também, a sua mais pura e mais ideal inspiração; não essa falsa idealidade que engana a tantas pessoas e que é uma hipocrisia da arte sem originalidade, mas a idealidade bebida na natureza simples, verdadeira e, consequentemente, bela em toda a acepção do vocábulo. Nós, Espíritos, aplaudimos as obras espiritualistas tanto mais quanto mais censuramos a glorificação dos sentimentos materialistas e de mau gosto. É uma virtude sentir a beleza moral e a beleza física nesse ponto: é o indício certo de sentimentos harmoniosos no coração e na alma; e, quando o sentimento do belo se desenvolve a esse ponto, é raro que o sentimento moral também não o seja. É um grande exemplo o desse velho de oitenta anos, que numa sociedade corrompida representa a vitória do Espiritismo, com o gênio sempre moço e sempre puro da fé.

Lamennais

ASSIM SE ESCREVE A HISTÓRIA!

OS MILHÕES DO SR. ALLAN KARDEC

Estamos informados que numa grande cidade comercial, onde o Espiritismo conta numerosos adeptos, e onde faz o maior bem entre a classe laboriosa, um padre tornou-se o propagandista de certos ruídos, que almas caridosas se apressaram em levar adiante e certamente amplificar. Conforme tais ditos, nós possuímos milhões; em nossa casa tudo brilha e nós só pisamos os mais belos tapetes d'Aubusson. Conhe-ceram-nos pobre em Lyon; hoje temos carruagem de quatro cavalos e arrastamos em Paris um trem principesco. Toda essa fortuna nos vem da Inglaterra desde que nos ocupamos do Espiritismo e pagamos larga-mente os nossos agentes na província. Vendemos caríssimos os ma-nuscritos de nossas obras, sobre os quais ainda temos um *royalty,* o que não nos impede de os vender a preços malucos, etc. Eis a resposta que demos à pessoa que nos envia tais detalhes:

"Meu caro senhor, ri muito dos milhões com que, tão generosa-mente, me gratifica o Sr. padre V... tanto mais quanto estava longe de suspeitar de tanta fortuna. O relatório feito à Sociedade de Paris, antes da recepção de vossa carta, e que vai aqui publicado, infelizmente vem reduzir essa ilusão a uma realidade muito menos dourada. Aliás não é a única inexatidão desse relato fantástico: para começar, jamais morei em Lyon, e, pois, não vejo como lá me tivessem conhecido pobre; quanto à minha equipagem de quatro cavalos, sinto dizer que se reduz aos sendeiros de um fiacre que tomo apenas cinco ou seis vezes por ano, por economia. É verdade que antes das estradas de ferro fiz algumas viagens em diligências. Certamente fizeram confusão. Mas esqueço que então ainda não se tratava de Espiritismo e que é ao Espiritismo que eu devo conforme aquele reverendo, a minha imensa fortuna. Onde, então, pescaram tudo isso, senão no arsenal da calúnia? Seria tanto mais verossímil se se pensasse na natureza da população em cujo meio propagam tais rumores. É de convir que se torna necessário ser curto de boas razões para se reduzir a tão ridículos expedientes a fim de desacreditar o Espiritismo. O Sr. vigário não vê que vai direto contra o seu objetivo, porque dizer que o Espiritismo me enriquece a tal ponto é confessar que se acha imensamente espalhado. Então, se se espalha é que agrada. Assim, aquilo que ele queria aplicar contra o homem, volta-se em benefício da doutrina. Depois disso façam alguém acreditar que seja uma utopia uma doutrina que em alguns anos dá milhões ao seu propagador! Tal resultado seria um verdadeiro milagre, pois não há exemplo de uma ideia filosófica que jamais tenha sido fonte de dinheiro. Geralmente, com as invenções, come-se o pouco que se tem; e ver-se-á que é mais ou menos o meu caso, se se soubessem quanto me custa a obra a que me dediquei e à qual sacrifico além de tempo, minhas vigílias, meu repouso e minha saúde. Mas eu tenho por princípio guardar aquilo que faço e não gritar dos telhados. Para ser imparcial, o Sr. vigário deveria ter feito um paralelo das quantias que as comunidades e os conventos subtraem aos fiéis; quanto ao Espiritismo, mede sua influência pelo bem que faz, o número de aflitos que consola e não pelo dinheiro que ajunta.

Com um trem principesco, é claro que se precisa de uma mesa de elegante. Que diria o Sr. vigário se visse minhas mais suntuosas refeições nas quais recebo os amigos? Achá-las-ia muito magras, ao lado das magras refeições de certos dignitários da Igreja, que as repeliriam, talvez para mais austeras quaresmas. Já que ele ignora, eu lhe direi, para lhe poupar o trabalho das comparações, que o Espiritismo não é, nem pode ser, um meio de enriquecer, ele repudia toda especulação de que pudesse ser objeto; ensina a fazer pouco caso do temporal, a con-

JUNHO DE 1862

tentar-se com o necessário e não procurar alegrias supérfluas, que não são o caminho do céu; que se todos os homens fossem espíritas não teriam inveja, nem ciúmes, nem se despojariam uns aos outros; não diriam mal do próximo, não o caluniariam, porque ele ensina esta máxima do Cristo: *Não faças a outrem o que não queres que te façam.* É para a pôr em prática que não escrevo todas as letras do nome do Sr. padre V...

Ainda ensina o Espiritismo que a fortuna é um depósito de que se há de dar contas e que o rico será julgado conforme o emprego que dela tiver feito. Se eu possuísse a que me atribuem e, sobretudo se a devesse ao Espiritismo, seria perjuro aos princípios de a empregar na satisfação do orgulho e na posse de prazeres mundanos, em lugar de a fazer servir à causa cuja defesa abracei.

Mas, perguntarão e as obras? Não vendem caro os manuscritos? Um instante: agora se entra no domínio privado onde não reconheço a ninguém o direito de se imiscuir. Sempre honrarei os meus negócios, não importa a que preço de sacrifícios e de privações; nada devo a quem quer que seja, enquanto muitos me devem, sem o que teria mais do dobro do que possuo, com o que em vez de subir, desci na escala da fortuna. Assim, não tenho que dar conta de meus negócios a ninguém, é bom que se diga. Entretanto, para contentar um pouco os curiosos, que se deveriam meter apenas com o que é de sua conta, direi que se tivesse vendido meus manuscritos apenas teria usado do direito que todo trabalhador tem de vender o produto de seu trabalho; mas não vendi nenhum: alguns até dei pura e simplesmente no interesse da causa e que são vendidos como querem, sem que me venha um tostão. Os manuscritos são vendidos caro quando de obras conhecidas, cujo lucro é previamente garantido; mas em parte alguma encontram-se editores tão complacentes que paguem a peso de ouro obras de lucro hipotético, quando eles nem mesmo querem correr o risco da impressão. Ora, a esse respeito, uma obra filosófica tem cem vezes menos valor que certos romances encabeçados por certos nomes. Para dar uma ideia de meus grandes lucros, direi que a primeira edição de *O Livro dos Espíritos,* que fiz por minha conta e risco não teve editor que dela quisesse encarregar-se e, feitas as contas, esgotada a edição, vendidos uns exemplares, dados outros, rendeu-me cerca de quinhentos francos, como posso provar documentadamente. Não sei que tipo de carruagem poderia ser comprada com isso. Na impossibilidade em que me encontrei, não possuindo ainda os milhões em questão, para enfrentar os gastos de todas as minhas publicações e sobretudo de me ocupar com as suas vendas, cedi por algum tempo o direito de publicação, mediante um direito do autor, calculado em uns poucos *cêntimos* por volume vendido; assim, estou inteiramente estranho aos detalhes das vendas e às transações que os intermediários possam fazer com as remessas feitas pelos editores aos seus correspondentes, transação de cuja responsabilidade eu declino, obrigado, no que me concerne, a abrir conta nos editores, a um determinado preço por exemplar que retiro, vendo ou dou de presente.

Quanto ao lucro que pode vir da venda de minhas obras, não tenho que dar contas de seu montante, nem do emprego que lhe faço. Certamente assiste-me o direito de o gastar como entender; entretanto não sabem se tal produto tem uma destinação determinada, da qual não pode ser desviado; é o que saberão mais tarde. Porquê, se um dia alguém tivesse a fantasia de escrever a minha história, com semelhantes dados, os fatos deveriam ser repostos em sua integridade. Por isso deixarei memórias circunstanciadas sobre todas as minhas relações e todos os meus negócios, sobretudo no que concerne ao Espiritismo a fim de poupar aos cronistas futuros os equívocos em que muitas vezes caem, ouvindo diz-que-diz-ques de criaturas estúrdias, de más línguas, de gente interessada em alterar a verdade, às quais eu deixo o prazer de deblaterar à vontade, para que mais tarde se torne mais evidente a sua má fé.

Por mim pessoalmente muito pouco me inquietaria, se meu nome não estivesse de agora em diante ligado intimamente à história do Espiritismo. Por minhas relações, naturalmente possuo a respeito os mais numerosos e autênticos documentos que existem; pude acompanhar a doutrina em todo o seu desenvolvimento, observar-lhe todas as peripécias, como lhe prever as consequências. Para todo homem que estuda esse movimento, a última evidência é que o Espiritismo marcará uma fase da humanidade. É, pois, necessário que, mais tarde, se saibam das vicissitudes que teve de atravessar, quais os obstáculos encontrados, quais os inimigos que procuraram inutilizá-lo, de que armas se serviram para o combater. Também importa saber por que meios pôde triunfar, e quais as pessoas que, por seu zelo, seu devotamento, sua abnegação terão contribuído eficazmente para a sua propagação. Aqueles cujos nomes e atos merecem ser assinalados para o reconhecimento da posteridade – é um dever que me impus – terão seus nomes inscritos nas minhas fichas. Compreende-se que essa história não pode aparecer tão já: o Espiritismo apenas acaba de nascer e as fases mais interessantes de seu estabelecimento ainda não se completaram. Aliás poderá acontecer que, entre os Saulo do Espiritismo de hoje, mais tarde surjam os São Paulo; esperamos não ter que registrar os Judas.

Tais são, meu caro senhor, as reflexões sugeridas pelos rumores que me chegaram. Eu os considerei, não pelos espíritas de vossa cidade, que sabem o que fazer a meu respeito e que teriam podido julgar-me, quando os visitei, se em mim houvesse gostos e atitudes de grão-senhor. Faço-o, pois, em atenção aos que me não conhecem e que poderiam ser induzidos em erro, por essa maneira mais que leviana de escrever a história. Se o Sr. padre V... quer apenas dizer a verdade, estou pronto a lhe fornecer verbalmente todas as explicações necessárias ao seu esclarecimento.

Todo vosso,

Allan Kardec

SOCIEDADE ESPÍRITA DE VIENA

Anunciando que uma edição alemã de nossa brochura *O Espiritismo em Sua Expressão mais Simples* tinha sido publicada em Viena, falamos da Sociedade Espírita dessa cidade. Recebemos do presidente daquela Sociedade a seguinte carta:

"Sr. Allan Kardec,

A Sociedade Espírita de Viena encarrega-me de vos comunicar que acaba de vos nomear seu presidente de honra, e vos pede aceiteis esse título como sinal de alta e respeitosa estima que vos dedica. Desnecessário acrescentar, senhor, que servindo aqui de instrumento, apenas obedeço a um impulso de meu coração que vos é inteiramente dedicado.

Permiti-me, senhor, sem abusar de vosso precioso tempo, acrescentar algumas palavras relativas à nossa Sociedade. Ela acaba de entrar em seu terceiro ano, e posto muito restrito seja ainda o seu número de associados, posso ter a satisfação de dizer que, no círculo privado em que ainda se acha, faz proporcionalmente muito bem e tenho a esperança que, ao chegar o momento de a expandir, ela produzirá frutos mais abundantes: é o meu mais vivo desejo. O ano passado, por ocasião do primeiro aniversário, nosso Espírito protetor me dizia em seu profundo e majestoso laconismo: 'Semeaste a boa semente; eu te abençoo'. Este ano me disse: 'Para o ano que vai começar eis a máxima: com Deus e para Deus'. O ano passado foi uma recompensa para o que passou; este ano é um encorajamento para o futuro. Assim preparei-me este ano para empregar meios mais diretos para agir sobre a opinião pública. Para começar, a tradução da vossa excelente brochura não terá deixado de preparar o terreno; em seguida, pensei na publicação de um jornal em alemão, como meio mais seguro de apressar os resultados. Não me faltará o material, sobretudo se permitirdes por vezes recorrer aos tesouros encerrados na vossa *Revista* onde sempre, bem entendido, tomarei como dever sagrado indicar a fonte das passagens e artigos que tiver traduzido. Enfim, para coroar a obra, desejo pôr ao alcance dos alemães o vosso precioso e indispensável *O Livro dos Espíritos*. Assim, pois, senhor, sem temer vos importunar, pois estou persuadido que todo pensamento do bem corresponde ao vosso próprio pensamento, venho pedir-vos, se ninguém ainda obteve o favor, que me permitais traduzi-lo em língua alemã.

Acabo de vos expor, senhor, os projetos que medito para, entre nós, dar um impulso maior à propagação do Espiritismo. Ousarei dirigir-me à vossa benévola experiência, para receber alguns salutares avisos que, tende certeza, senhor, terão grande peso na decisão que eu tomar.

Recebei, senhor, etc."

C. Delhez

Essa carta foi acompanhada do seguinte diploma:

SOCIEDADE ESPÍRITA, DITA DA CARIDADE, DE VIENA – ÁUSTRIA

(SESSÃO DE ANIVERSÁRIO, 18 DE MAIO DE 1862)

Em nome de Deus Todo-Poderoso e sob a proteção do Espírito divino,

A Sociedade Espírita de Viena, querendo, por ocasião de seu segundo aniversário, testemunhar à sua primogênita de Paris, na pessoa de seu digno e corajoso presidente, a deferência e o reconhecimento que lhe inspiram seus constantes esforços e seus preciosos trabalhos pela santa causa do Espiritismo e a vitória da fraternidade universal, por proposta de seu presidente e com a aprovação de seus conselheiros, nomeou, por aclamação o Sr. Allan Kardec, presidente de Honra da Sociedade Espírita de Paris, com o título de presidente de Honra da Sociedade Espírita, dita da Caridade, de Viena, Áustria.

Viena, 19 de maio de 1862.

O Presidente

C. Delhez

Devido a insistentes pedidos, sentimo-nos no dever de publicar textualmente as duas peças acima, como testemunho de nossa profunda gratidão pela honra que nos fazem os irmãos espíritas de Viena, honra que estávamos longe de esperar e porque nela vemos, não uma homenagem à nossa pessoa, mas aos princípios regeneradores do Espiritismo. É uma nova prova do crédito que adquirem tanto no estrangeiro quanto na França. Pondo de lado o que as cartas têm de lisonjeiro para nós, o que nos custa viva satisfação é ver a finalidade eminentemente séria, religiosa e humanitária, que se propõe a Sociedade Espírita de Viena, à qual o nosso concurso e a nossa dedicação não poderão faltar. Outro tanto diremos das Sociedades que se formam em vários pontos e que, sem restrições, aceitam os princípios de *O Livro dos Espíritos* e *O Livro dos Médiuns.*

Entre as que se organizaram ultimamente devemos citar a *Sociedade Africana de Estudos Espíritas,* de Constantina, que resolveu colocar-se sob o nosso patrocínio e o da Sociedade de Paris, e que já conta uns quarenta membros. Teremos ocasião de o recordar com mais detalhes.

À vista desse movimento geral e do incessante crescimento da opinião pública, os adversários do Espiritismo compreenderão, enfim, que todo esforço para o deter será inútil e que o que melhor há para fazer é o aceitar, considerando-o d'agora em diante, como um fato consumado. A arma do ridículo esgotou-se em vãos esforços e, pois, tornou-se impotente; a doutrina do diabo que buscam restaurar nesse momento com uma espécie de encarniçamento será mais feliz? A resposta está, por completo, no efeito que produz: causa riso. Para dar resultado fora preciso que dela estivessem convictos os que a propagam. Ora, podemos afirmar com segurança, que em seu número muitos não o acreditam absolutamente. É um último golpe cujo resultado será apressar a propagação das ideias novas, a princípio porque as torna conhecidas, despertando a curiosidade; depois porque prova a penúria de argumentos realmente sérios.

PRINCÍPIO VITAL DAS SOCIEDADES ESPÍRITAS

"Senhor,

Na *Revista* de abril de 1862 vejo uma comunicação assinada por Gérard de Codemberg, na qual há a seguinte passagem: 'Não vos preocupeis com os irmãos que se afastam de vossas crenças; ao contrário, fazei de modo que não se misturem no rebanho dos verdadeiros crentes, pois são ovelhas sarnentas e vos deveis guardar contra o contágio'.

A respeito das ovelhas sarnentas achei tal maneira de ver pouco cristã, ainda menos espírita e completamente fora dessa caridade para com todos, que pregam os Espíritas. Não ter preocupação com os irmãos que se afastam e guardar-se contra o seu contágio não é o meio de os reconquistar. Parece-me que, até o presente, nossos bons guias espirituais têm mostrado mais mansuetude. Esse Gérard de Codemberg será um bom espírito? Se é ele, eu o duvido. Perdoai-me essa espécie de controle que acabo de fazer, mas há um objetivo sério. Uma de minhas amigas, espírita noviça, acaba de percorrer aquele fascículo e parou nessas poucas linhas, não encontrando a caridade que até agora observou nas comunicações. A respeito consultou o meu guia e eis o que ele me respondeu: 'Não, minha filha, um Espírito elevado não se serve de tais expressões; deixai aos Espíritos encarnados a aspereza de linguagem e reconhecei sempre o valor das comunicações pelo valor das palavras e, sobretudo, pelo valor dos pensamentos'.

(Segue-se uma comunicação de um Espírito que se supõe ter tomado o lugar de Gérard de Codemberg).

Onde está a verdade? Somente vós podeis sabê-lo.

Recebei, etc."

E. Collingnon

Resposta. Em Gérard de Codemberg nada prova que seja um Espírito muito avançado; a obra que publicou, sob o império de evidente obsessão e com o que ele mesmo concorda, o demonstra de sobra. Por pouco evoluído que fosse, um Espírito não poderia enganar-se a tal ponto quanto ao valor das revelações que obteve em vida, como médium, nem aceitar como sublimes, coisas evidentemente absurdas. Segue-se que seja um mau Espírito? Certamente não; em vida sua linguagem e sua conduta depois da morte são a prova; está na categoria numerosa dos Espíritos inteligentes, bons, mas não suficientemente elevados para dominarem os Espíritos obsessores, que dele abusaram, pois não os soube reconhecer.

Isso no que concerne ao Espírito. A questão não é saber se é mais ou menos adiantado, mas se o conselho que dá é bom ou mau. Ora, mantenho que não há reunião espírita séria sem homogeneidade. Por toda a parte onde houver divergência de opinião, há a tendência a fazer prevalecer a sua, o desejo de impor suas ideias ou sua vontade; daí as discussões, as dissensões, depois a dissolução; isso é inevitável e acontece em todas as sociedades, seja qual for o objetivo, onde cada um quer marchar por vias diferentes. O que é necessário nas outras reuniões ainda mais o é nas reuniões espíritas sérias, nas quais a primeira condição é a calma e o recolhimento impossíveis com discussões que fazem perder tempo em coisas inúteis; é então que os bons Espíritos vão deixando o campo livre aos Espíritos perturbadores. Eis por que os pequenos grupos são preferíveis: a homogeneidade de princípios, de gostos, de caráter e de hábitos, condição essencial da boa harmonia, aí é bem mais fácil de obter que nas grandes assembleias.

O que Gérard de Codemberg chama ovelhas sarnentas não são as pessoas que de boa-fé procuram esclarecer quanto às dificuldades da ciência ou sobre aquilo que não compreendem, por uma discussão pacífica, moderada e comedida, mas as que vêm com ideia preconcebida de oposição sistemática, que a torto e a direito levantam discussões inoportunas, de natureza a perturbarem os trabalhos. Quando o Espírito diz que é preciso afastá-las tem razão, porque a existência da reunião está ligada a isso; ainda tem razão, porque a sua opinião pessoal, se falsa, não impedirá que prevaleça a verdade. O sentido dessa expressão é que não deve causar inquietação a sua oposição. Em segundo lugar, se aquele que tem uma diferente maneira de ver, a considera melhor que a dos outros; se o satisfaz, se nela se obstina, por que o contraria? O Espiritismo não se impõe: deve ser aceito livremente e de boa vontade; não vê nenhuma conversão por constrangimento. Aliás, a experiência lá está para provar que não é insistindo que lhe farão mudar de opinião. Com aquele que de boa-fé procura a luz, é todo devotamento, nada se deve poupar: é de zelo bem empregado e frutuoso; com aquele que não a quer ou que pensa tê-la é perder tempo e semear sobre a rocha. A expressão *nenhuma preocupação* então pode ser entendida nesse sentido que nem se deve atormentá-lo nem violentar as suas convicções; agir assim, não é faltar à caridade. Esperam trazê-lo a ideias mais sãs? Que o façam em particular, pela persuasão, vá. Mas se deve ser uma causa de perturbação para a reunião, conservá-lo não seria dar-lhe provas de caridade, pois que isso nada lhe adiantava, enquanto seria uma falta para com os outros.

O Espírito de Gérard de Codemberg diz claramente, e talvez um pouco cruamente a sua opinião, sem preocupações oratórias, sem dúvida contando com o bom senso daqueles a quem se dirige para a mitigar na aplicação, observando o que prescrevem ao mesmo tempo a urbanidade e as conveniências; mas, salvo a forma da linguagem, o fundo do pensamento é idêntico ao que se acha na comunicação referida a seguir, sob o título *O Espiritismo Filosófico,* recebida pela mesma pessoa que levantou a questão. Aí lê-se o seguinte: "Examinai bem em vosso redor se não há falsos irmãos, curiosos, incrédulos. Se os encontrardes rogai-lhes com doçura, com caridade, que se retirem. Se resistirem, contentai-vos com orar com fervor para que o senhor os esclareça e, de outra vez, *não os admitais em vossos trabalhos.* Não recebais em vosso meio senão os homens simples, que querem buscar a verdade e o progresso". Isto é, em outros termos desembaraçar-se polidamente dos que vos entravam.

Nas reuniões livres, onde se é livre de receber quem se quer, isso é mais fácil que nas sociedades constituídas, onde os sócios são ligados e têm voz no capítulo. Assim, nunca seriam tomadas bastantes precauções se se não quiser ser contrariado. O sistema dos *associados livres,* adotado pela Sociedade de Paris, é o mais próprio a prevenir os inconvenientes, pois só admite os candidatos a título provisório e sem voz ativa nos negócios da Sociedade, durante um período que permite se observe o seu zelo, sua dedicação e seu espírito de conciliação. O essencial é formar um núcleo de fundadores titulares, unidos por uma perfeita *comunidade* de vistas, de opiniões e de sentimentos e estabelecer regras precisas às quais forçosamente deverão submeter-se aqueles que, mais tarde, quiserem aí se reunir. A respeito recomendamos os regulamentos da Sociedade de Paris e as instruções que demos a tal respeito. Nosso mais caro desejo é o de ver reinarem a união e a harmonia entre os grupos e associados que se formam de todos os lados. É por isso que consideramos sempre um dever ajudar com conselhos de nossa experiência os que julgarem um dever os aproveitar. No momento limitamo-nos a dizer: sem homogeneidade, não há união simpática entre os sócios, não há relações afetuosas; sem união não há estabilidade; sem estabilidade não há calma; sem calma não há trabalho sério. De onde concluímos que a homogeneidade é o princípio vital de toda sociedade ou reunião espírita. É o que diz com razão Gérard de Godemberg e Bernardin; quanto ao Espírito que foi tomado como substituto do primeiro, sua comunicação tem todos os caracteres de uma comunicação apócrifa.

ENSINOS E DISSERTAÇÕES ESPÍRITAS

O ESPIRITISMO FILOSÓFICO

(BORDEAUX, 4 DE ABRIL DE 1862 – MÉDIUM: SRA. COLLIGNON)

Meus amigos, falamos do Espiritismo do ponto de vista religioso; agora que está bem estabelecido que *ele não é uma religião nova,* mas a consagração dessa religião *universal* cujas bases lançou o Cristo, e que hoje vem estabelecer o coroamento, vamos encarar o Espiritismo do ponto de vista moral e filosófico.

Para começar expliquemo-nos quanto ao exato sentido do vocábulo filosofia. A filosofia é a busca do que é sábio, do que é o mais exatamente razoável. E o que pode ser mais sábio, mais razoável que o amor e o reconhecimento que se deve ao seu Criador e, consequentemente o culto, seja qual for que pode servir para lhe provar esse reconhecimento e esse amor? A religião e tudo quanto a ela vos pode levar é, pois, uma filosofia, porque é uma sabedoria do homem que a ela se submete com alegria e docilidade. Isso posto, vejamos o que podeis tirar do Espiritismo, posto em prática seriamente.

Qual o fim para onde tendem os homens em qualquer posição que se achem? O melhoramento de sua posição presente. Ora, para o conseguir correm para todos os lados, extraviam-se na maior parte, porque, enceguecidos pelo orgulho, arrastados pela ambição, não veem a rota única que pode conduzir a esse melhoramento: buscam-na na satisfação de seu orgulho, de seus instintos brutais, de sua ambição, ao passo que não podem achá-la senão no amor e na submissão devidos ao Criador. O Espiritismo vem, pois, dizer aos homens: Deixai esses caminhos tenebrosos, cheios de precipícios, cercados de espinhos e urzes e entrai no caminho que leva à felicidade que sonhais. Sede prudentes para serdes felizes; compreendei, meus amigos, que para os homens os bens da Terra não passam de emboscadas que devem evitar; são os escolhos de que devem afastar-se. Eis porque o Senhor, enfim, permitiu que se vos deixasse ver a luz desse farol que vos conduzirá ao porto. As dores e os males que sofreis com impaciência e revolta são o ferro em brasa que o cirurgião aplica sobre a ferida aberta, para que a gangrena não perca todo o corpo. Vosso corpo, meus amigos, que é para o Espiritismo? Que deve ele salvar? Que deve preservar do contágio? Que deve cicatrizar por todos os meios possíveis, senão a chaga que rói o Espírito? A enfermidade que o entrava e o impede de lançar-se radioso para o seu Criador?

Voltai sempre os olhos para este pensamento filosófico, isto é, cheio de sabedoria: somos uma essência criada pura, mas decaída; pertencemos a uma pátria onde tudo é pureza; culpados, fomos exilados por algum tempo, mas só por algum tempo; empreguemos, pois, todas as forças, todas as nossas energias em diminuir o tempo do exílio; esforcemo-nos por todos os meios que o senhor pôs à nossa disposição, para reconquistar essa pátria perdida e abreviar o tempo de ausência. (Ver número de janeiro de 1862: *Doutrina dos anjos decaídos).*

Compreendei que vossa sorte futura está em vossas mãos; que a duração das provas depende inteiramente de vós; que o mártir tem sempre direito à palma; e que, para ser mártir, não se trata de ser, como os primeiros cristãos, pasto das feras. Sede mártires de vós mesmos; quebrai, destruí em vós próprios todos os instintos carnais, que se revoltam contra o Espírito; estudai com cuidado as vossas inclinações, os vossos gostos, as vossas ideias: desconfiai de tudo quanto a vossa consciência reprova. Por mais baixo que ela vos fale, porque pode, às vezes, ser repelida, por mais baixo que ela vos fale, essa voz do vosso protetor vos dirá que eviteis aquilo que vos pode prejudicar. Em todas as ocasiões a voz do vosso anjo de guarda vos falou, mas quantos ficaram surdos! Hoje, meus amigos, o Espiritismo vem explicar-vos a causa dessa voz íntima: positivamente vos vem dizer, mostrar, fazer tocar com o dedo aquilo que podeis esperar se a escutardes docilmente, o que deveis temer se a rejeitardes.

Eis, meus amigos, para o homem em geral, o lado filosófico: a vós cabe salvar-vos a vós mesmos. Meus filhos, não procureis, como fazem os ignorantes, distrações materiais, satisfação à curiosidade. Não vades, sob o menor pretexto, chamar a vós, Espíritos dos quais não tendes a menor necessidade; contentai-vos com vos entregardes sempre aos cuidados e ao amor de vossos guias espirituais; eles jamais vos faltarão. Quando reunidos num objetivo comum: o melhoramento de vossa humanidade, elevai o coração ao Senhor; que seja para lhe pedir suas bênçãos e a assistência dos bons Espíritos, aos quais vos confiou. Examinai bem em redor de vós se não há falsos irmãos, curiosos, incrédulos. Se os encontrardes, rogai-lhes com doçura, com caridade, que se retirem. Se resistirem, contentai-vos em orar com fervor para que o Senhor os esclareça e, de outra vez, não os admitais em vossos trabalhos. Não recebais em vosso meio senão os homens simples, que querem buscar a verdade e o progresso. Quando estiverdes certos de vossos irmãos que se acham reunidos em presença do Senhor, chamai os vossos guias e pedi-lhes instruções: eles vo-las darão sempre, proporcionados às vossas necessidades e à vossa inteligência; mas não busqueis satisfazer a curiosidade da maioria dos que pedem evocações. Quase todos saem menos convencidos e mais inclinados à zombaria.

Aqueles que desejam evocar os parentes e amigos não o façam jamais senão com um objetivo de utilidade e de caridade: é um ato sério, muito sério, chamar os Espíritos que erram em redor de vós. Se não trouxerdes a fé e o recolhimento enganar-vos-ão e vos farão cair em erros profundos e vos arrastarão por vezes em quedas terríveis!

Meus amigos, não esqueçais, pois, que o Espiritismo, sob o ponto de vista religioso, é apenas a confirmação do cristianismo, porque este entra inteirinho nestas palavras: "Amar ao Senhor sobre todas as coisas, e ao próximo como a si mesmo".

Sob o ponto de vista filosófico é a linha de conduta reta e sábia que vos deve conduzir à felicidade que todos ambicionais; e essa linha vos é traçada partindo de um ponto seguro, demonstrado: a imortalidade da alma, para chegar a outro ponto que ninguém pode negar: Deus!

Eis, meus amigos, o que vos tenho a dizer por hoje. Em breve continuaremos as nossas conversas íntimas."

Bernardin

Observação: Essa comunicação faz parte de uma série ditada sob o mesmo título: *O Espírito para todos,* marcadas todas elas por um cunho de profundeza e simplicidade paternal. Como nem todas podem ser publicadas na *Revista,* farão parte das coleções especiais que preparamos. Algumas delas nos são dirigidas por outros médiuns de Bordeaux e de outras cidades. Mas essas publicações serão tanto mais úteis quanto feitas com ordem e método e tanto mais produziriam um efeito contrário quanto feitas fossem sem discernimento e sem escolha. Há comunicações que são excelentes para a intimidade, mas que não teriam propósito se tornadas públicas. Outras, para serem compreendidas e não darem lugar a falsas interpretações, necessitam de comentários e de desenvolvimentos. Nas comunicações muitas vezes é preciso fazer a parte da opinião pessoal do Espírito que fala, e que, se não for muito adiantado, pode formar dos homens e das coisas ideias e sistemas não muito justos. Publicadas sem corretivo, essas ideias falsas só descrédito lançarão sobre o Espiritismo, fornecer armas aos seus inimigos e semear a dúvida e a incerteza entre os noviços. Com os comentários e as explicações dadas a propósito, o próprio mal por vezes se torna instrutivo. Sem isso poderiam responsabilizar a doutrina por todas as utopias lançadas por certos Espíritos mais orgulhosos que lógicos. Se o Espiritismo pudesse ser retardado em sua marcha, não o seria pelos ataques abertos de seus inimigos declarados, mas pelo zelo irrefletido dos amigos imprudentes. Não se trata, pois, de fazer coleções indigestas, onde tudo se acha amontoado sem ordem e cujo menor inconveniente seria enfatizar o leitor; é preciso evitar com cuidado tudo quanto possa falsear a opinião sobre o Espiritismo. Ora, tudo isso exige um trabalho que justifica a demora de tais publicações.

UM ESPÍRITA APÓCRIFO NA RÚSSIA

O príncipe D... K... nos manda da Rússia um prospecto em russo, começando por esta frase: "Obouan Bruné, célebre mágico, magnetizador, *membro da Sociedade Espírita de Paris,* terá a honra de dar, como foi anunciado, um sarau fantástico, no teatro desta cidade, a 17 de abril de 1862". Segue uma longa lista das escamoteações que o dito Bruné se propõe fazer. Pensamos que o bom senso de numerosos adeptos do Espiritismo na Rússia terá feito justiça a essa grosseira impostura. A Sociedade Espírita de Paris não conhece esse indivíduo que, na França, teria sido trazido aos tribunais por se atribuir uma falsa qualidade.

Allan Kardec

ANO V
JULHO DE 1862

O PONTO DE VISTA

Não há quem não tenha notado quanto as coisas mudam de aspecto, conforme o ponto de vista sob o qual são consideradas. Não só se modifica o aspecto, mas, também, a mesma importância da coisa. Coloquemo-nos no centro de qualquer coisa, mesmo pequena, e parecerá grande; se nos colocarmos fora, será outra coisa. Quem vê uma coisa do alto de um monte a vê insignificante, mas de baixo ela parece grande.

É um efeito de ótica, mas que também se aplica às coisas morais. Um dia inteiro de sofrimento parecerá uma eternidade; à medida que o dia se afaste de nós admiramo-nos de haver desesperado por tão pouco. Os pesares da infância também têm uma importância relativa e, para a criança, são tão amargos quanto para a idade adulta. Por quê, então, nos parecem tão fúteis? Porque não mais os sentimos, ao passo que a criança os sente completamente e não vê além do seu círculo de atividade; ela os vê do interior, nós, do exterior. Suponhamos um ser colocado, em relação a nós, na posição em que estamos em relação à criança: ele julgará as nossas preocupações do mesmo ponto de vista, e as achará pueris.

Um carreteiro é insultado por outro: discutem e se batem. Se um grão-senhor for injuriado por um carreteiro não se julgará ofendido e não se baterá com ele. Por quê? Porque se coloca fora da esfera: julga-se de tal modo superior que a ofensa não o atinge. Mas se descer ao nível do adversário, coloca-se por pensamento no mesmo meio e bater-se-á. O Espiritismo nos mostra uma aplicação desse princípio, mas de outra importância nas suas consequências. Ele nos mostra a vida feita no que ela é, colocando-nos no ponto de vista da vida futura; pelas provas materiais que fornece, pela intuição clara, precisa, lógica que nos dá, pelos exemplos postos aos nossos olhos, transporta-nos pelo pensamento: a gente a vê e a compreende; não essa noção vaga, incerta, problemática, que nos ensinavam do futuro, e que, involuntariamente, deixava dúvidas; para o espírita é uma certeza adquirida, uma realidade.

Faz ainda mais: mostra-nos a vida da alma, o ser essencial, porque é o ser pensante, remontado no passado a uma época desconhecida, estendendo-se indefinidamente pelo futuro, de tal sorte que a vida terrena, mesmo de um século, não passa de um ponto nesse longo percurso. Se a vida inteira é tão pouca coisa comparada com a vida da alma, que serão os acidentes da vida? Entretanto o homem colocado no centro da vida, com esta se preocupa como se fosse durar sempre. Para ele tudo assume proporções colossais: a menor pedra que o fere afigura-se-lhe um rochedo; uma decepção o desespera; um revés o abate; uma palavra o enfurece. Com a visão limitada ao presente àquilo que toca imediatamente, exagera a importância dos menores acidentes; um negócio que falha lhe tira o apetite; uma questão de precedência é um negócio de Estado; uma injustiça o põe fora de si. Triunfar é o fim de seus esforços, o objetivo de todas as suas combinações; mas, quanto à maioria delas, que é o triunfo? Será que se não possuem os meios de vida, criam por meios honestos uma existência tranquila? Será a nobre emulação de adquirir talento e desenvolver a inteligência? Será o desejo de deixar, depois de si, um nome justamente honrado e realizar trabalhos úteis para a humanidade? Não, triunfar é suplantar o vizinho, eclipsá-lo, afastá-lo, mesmo derrubá-lo, para lhe tomar o lugar. É para tão belo triunfo, que talvez a morte não deixe aproveitar vinte e quatro horas, quantas preocupações e quantas tribulações! Quanto talento por vezes despendido e que poderia ter sido melhor empregado! Depois, quanta raiva, quanta insônia se não triunfar! Que febre de inveja causa o sucesso de um rival! Assim, culpam a má estrela, a sorte, a chance fatal, ao passo que a má estrela as mais das vezes é a inabilidade e a incapacidade. Na verdade dir-se-ia que o homem assume a tarefa de tornar os mais penosos possíveis os poucos instantes que deve passar na Terra e dos quais não é senhor, pois jamais tem certeza do dia seguinte.

Como tudo isso muda de aspecto quando, pelo pensamento, sai o homem do vale estreito da vida terrena e se eleva na radiosa, esplêndida, incomensurável vida de além-túmulo! Como então tem piedade dos tormentos que se criou à vontade! Como então lhe parecem mesquinhas e pueris as ambições, a inveja, as suscetibilidades, as vãs satisfações do orgulho! É como se na idade madura considerasse os brincos infantis; do topo da montanha olhar criaturas no vale. Partindo desse ponto de vista, tornar-se-á voluntariamente joguete de uma ilusão? Não. Ao contrário, estará na realidade, no verdadeiro, e para si a ilusão é ver as coisas do ponto de vista terreno. Com efeito, não há ninguém na Terra que não ligue mais importância àquilo que, para si, deve durar muito mais do que ao que deve durar um dia, que não prefira uma felicidade duradoura a uma efêmera. A gente se inquieta pouco com um aborrecimento passageiro; acima de tudo o que interessa é a situação normal. Se, pois, elevarmos o pensamento de maneira a abarcar a vida da alma, chegaremos forçosamente a essa consequência: ver a vida terrena como uma estação passageira; a vida espiritual como vida real, porque indefinida; que é ilusão tomar a parte pelo todo, isto é, a vida do corpo, apenas transitória, pela vida definitiva. O homem que apenas considera as coisas do ponto de vista terreno é como aquele que, estando dentro de casa nem pode julgar da forma, nem da importância da construção: julga sob falsas aparências, porque não vê tudo. Ao passo que aquele que a vê de fora julga direito, porque pode observar o conjunto.

Dir-se-á que para ver as coisas dessa maneira é necessária uma inteligência fora do comum, um espírito filosófico que se não encontra nas massas; de onde necessário seria concluir que com raras exceções a humanidade arrastar-se-á sempre no terra à terra. É um erro. Para identificar-se com a vida futura não é preciso uma inteligência excepcional, nem grandes esforços de imaginação, pois cada um traz consigo a intuição e o desejo; mas a maneira pela qual geralmente a apresentam é muito pouco sedutora, porque oferece como alternativa as chamas eternas ou a contemplação perpétua, o que leva muitos a preferir o nada. Daí a incredulidade absoluta de uns e a dúvida no maior número. O que faltou até agora foi a prova irrecusável da vida futura; e essa prova vem dá-la o Espiritismo, não mais por uma vaga teoria, mas por fatos patentes. Mais ainda: ele a mostra tal qual a razão mais severa a pode aceitar, porque tudo explica, tudo justifica, resolvendo todas as dificuldades. E porque é claro e lógico, está ao alcance de todos. É por isso que o Espiritismo reconduz à crença tanta gente que o havia perdido. Diariamente demonstra a experiência quantos simples operários e camponeses sem instrução compreendem sem esforço esse raciocínio; colocam-se tanto mais à vontade nesse novo ponto de vista, quanto mais nele acham, como todas as criaturas infelizes, uma imensa consolação, e a única compensação possível em sua existência penosa e laboriosa.

Se generalizasse essa maneira de encarar as coisas terrenas, não teria como consequência destruir a ambição, estimulante dos grandes empreendimentos, dos mais úteis trabalhos, mesmo das obras de gênio? Se a humanidade inteira sonhasse apenas com a vida futura tudo não periclitaria neste mundo? Que fazem os monges nos conventos, senão ocupar-se exclusivamente do céu? Ora, o que seria da Terra se todos se fizessem monges?

Um tal estado de coisas seria desastroso e os inconvenientes maiores do que se supõe, porque os homens com isso perderiam na Terra mas nada ganhariam no céu; mas os resultados do princípio que expomos são completamente outros para quem quer que não o compreenda pela metade, conforme vamos explicar.

A vida corpórea é necessária ao Espírito, ou à alma, o que é a mesma coisa, para que possa realizar neste mundo material as funções que lhe são designadas pela Providência: é uma das engrenagens da harmonia universal. A atividade que é forçado a desenvolver nas funções que exerce sem suspeitar, crendo agir por si mesmo, ajuda o desenvolvimento de sua inteligência e lhe facilita o adiantamento. A felicidade do Espírito na vida espiritual é proporcional ao seu progresso e ao bem que pôde fazer como homem, do que resulta que, quanto maior importância adquire a vida espiritual aos olhos do homem, mais sente este a necessidade de fazer o que é necessário para se garantir o melhor lugar possível. A experiência dos que viveram vem provar que uma vida terrena inútil ou mal empregada não tem proveito para o futuro, e que aqueles que não buscam aqui senão as satisfações materiais as pagam muito caro, quer por sofrimentos no mundo dos Espíritos, quer pela obrigação em que se acham de recomeçar sua tarefa em condições mais penosas que as do passado, e tal é o caso dos que sofrem na Terra. Assim, considerando as coisas deste mundo do ponto de vista extracorpóreo, longe de ser estimulado à despreocupação e à ociosidade, o homem compreende melhor a necessidade do trabalho. Partindo do ponto de vista terreno, essa necessidade é uma injustiça aos seus olhos, quando se compara aos que podem viver sem nada fazer: tem-lhes ciúme e inveja. Partindo do ponto de vista espiritual, essa necessidade tem uma razão de ser, uma utilidade, e ele a aceita sem murmurar, pois compreende que sem o trabalho ficará indefinidamente na inferioridade e privado da facilidade suprema a que aspira e que não poderá alcançar se não se desenvolver intelectual e moralmente. A esse respeito parece que muitos monges compreendem mal o objetivo da vida terrena e, ainda menos, as condições da vida futura. Pelo sequestro, privam-se dos meios de se tornarem úteis aos seus semelhantes e muitos dos que hoje se acham no mundo dos Espíritos confessam-nos que se enganaram redondamente e que sofrem as consequências de seu erro.

Tal ponto de vista tem para o homem outra enorme consequência imediata: é a de lhe tornar mais suportáveis as tribulações da vida. É muito natural, e ninguém o proibe de procurar o bem-estar e a sua existência terrena ser o mais agradável possível. Mas sabendo que aqui está apenas momentaneamente, que um futuro melhor o aguarda, pouco se atormenta com as decepções que experimenta; e, vendo as coisas do alto, recebe os reveses com menor amargor; fica indiferente às embrulhadas de que é vitima, por parte dos ciumentos e invejosos; reduz a seu justo valor os objetos de sua ambição e coloca-se acima das pequenas suscetibilidades do amor próprio. Liberto das preocupações criadas pelo homem que não sai da esfera estreita, pela perspectiva grandiosa que se desdobra aos seus olhos, é, ao contrário, mais livre para se entregar a um trabalho proveitoso para si próprio e para os outros. Os vexames, as diatribes, as maldades de seus inimigos não lhe são mais nuvens imperceptíveis num imenso horizonte; não se inquieta por elas mais do que pelas moscas que zumbem aos ouvidos, pois sabe que em breve estará livre. Assim, todas as pequenas misérias que lhe suscitam deslizam por ele como água pelo mármore. Colocado do ponto de vista terreno irritar-se-ia e talvez se vingasse; do ponto de vista extraterreno, ele as despreza como os salpicos de lama de um caminhante inadvertido. São os espinhos lançados no caminho e pelos quais passa, mesmo sem se dar ao trabalho de os afastar, para não moderar a marcha para um objetivo mais sério que se propõe atingir. Longe de mal querer aos seus inimigos, ele lhes agradece por fornecerem oportunidade para exercitar a paciência e a moderação, em proveito de seu progresso futuro, ao passo que perderia os seus frutos se descesse a represálias. Ele os lamenta por tanto trabalho inútil e diz que são aqueles próprios que caminham sobre espinhos, com as preocupações que têm de fazer o mal. Tal é o resultado da diferença do ponto de vista sob o qual se encara a vida: um nos dá balbúrdia e ansiedade; outro a calma e a serenidade. Espírita que experimentais decepções, em pensamento deixai um instante a Terra; subi às regiões do infinito e mirai-as do alto: vereis o que serão elas.

Por vezes dizem: "Vós que sois infelizes, olhai para baixo e não para cima; vereis ainda mais infelizes". É muito certo. Mas muitos dizem que o mal alheio não nos cura. O remédio por vezes está na comparação e para alguns é difícil não olhar para cima sem dizerem: "Por que têm esses o que não tenho?" Ao passo que se se colocassem sob o ponto de vista de que falamos, a que em pouco seremos forçados, ficariam muito naturalmente acima daqueles aos quais poderiam invejar porque assim os maiores pareceriam muito pequenos.

Lembramo-nos de ter assistido, há uns quarenta anos, no Odéon, a uma peça em um ato, chamada *Os Efêmeros,* já não nos lembramos de que autor. Mas, embora jovem, tivemos uma forte impressão. A cena se passava no país dos Efêmeros, cujos habitantes vivem apenas vinte e quatro horas. No espaço de vinte e quatro horas, vimo-los passarem do berço à adolescência, à mocidade, à idade madura, à velhice, à decrepitude e à morte. Nesse intervalo realizaram todos os atos da vida: batismo, casamento, negócios civis e governamentais, etc.; mas como o tempo é curto e as horas contadas, é preciso pressa; tudo se faz com prodigiosa rapidez, o que não os impede de fazerem intrigas e de sofrerem muito para satisfazerem as ambições e suplantar os outros. Como se vê, a peça encerra um conteúdo profundamente filosófico e involuntariamente o espectador, que num instante via desenrolar-se uma existência bem cheia em todas as suas fases, raciocina: Que gente boba! Fazer tanto mal para uma vida tão curta! O que é que lhes resta dessa balbúrdia de uma ambição de algumas horas? Não seria melhor viver em paz?"

Eis aí um perfeito quadro da vida humana, vista do alto. Entretanto a peça quase não sobreviveu aos seus heróis. É incompreensível. Se o autor ainda vivesse, o que ignoramos, talvez hoje fosse espírita.

Allan Kardec

ESTATÍSTICA DE SUICÍDIOS

Em o *Siècle* de... de maio de 1862, lê-se:

"Na *Comédie sociale au dix-neuvième siècle*[1], novo livro que o Sr. B. Gastineau acaba de publicar na Casa Dentu, encontramos esta curiosa estatística de suicídios:

Calculou-se que desde o começo do século o número de suicídios na França não se eleva a menos de 300.000; e tal estimativa talvez esteja aquém da verdade, pois a estatística não fornece resultados completos senão a partir de 1836. De 1836 a 1852, isto é, num período de dezessete anos, houve 52.126 suicídios, ou seja, a média de 3.066 por ano. Em 1858 contaram-se 3.903 suicídios, dos quais *853* mulheres e 3.050 homens; enfim, segundo a última estatística que vimos no correr do ano de 1859, 3.899 pessoas se mataram, a saber 3.057 homens e 842 mulheres.

Constatando que o número de suicídios aumenta de ano para ano, o Sr. Gastineau deplora em termos eloquentes a triste monomania que parece haver-se apoderado da espécie humana."

Eis uma rápida oração fúnebre pelos infelizes suicidas. Entretanto a questão nos parece muito séria e merece um exame atento. Do ponto de vista em que se acham as coisas, o suicídio já não é um fato isolado e acidental: pode, ajusto título, ser considerado como um mal social, uma verdadeira calamidade. Ora, um mal que regularmente arrebata de três a quatro mil pessoas anualmente em um país, e que segue uma progressão ascendente, não é devido a uma causa fortuita; terá uma causa radical, absolutamente como quando se vê um grande número de pessoas morrer do mesmo mal, o que deve chamar a atenção da ciência e a solicitude das autoridades. Em semelhante caso cifram-se a verificar o gênero de morte e o modo empregado para a executar, enquanto é negligenciado o elemento essencial, o único que poderia nos pôr a caminho do remédio: o motivo determinante de cada suicídio. Assim chegar-se-ia a constatar a causa predominante; mas, salvo circunstâncias muito características, acham mais simples e mais expedido lançá-los como sobrecarga à classe dos monômanos e dos maníacos.

Incontestavelmente há suicídios por monomania realizados fora

---

[1] *Comédia social no século dezenove*. Nota do Tradutor.

do domínio da razão, como, por exemplo, os que ocorrem na loucura, nas febres altas, na embriaguez. Nestes a causa é puramente fisiológica. Mas ao lado está a categoria, muito mais numerosa, dos suicídios voluntários, realizados com premeditação e pleno conhecimento de causa. Certas pessoas creem que o suicida jamais esteja no seu bom senso. É um erro de que partilhávamos outrora, mas que caiu ante uma observação mais atenta. Com efeito, é muito natural pensar que o instinto de conservação esteja na natureza, que a destruição voluntária seja contra a natureza e que, por isso muitas vezes se veja o instinto triunfar no último instante sobre a vontade de morrer, de onde se concluiu que, para realizar esse ato, é preciso ter perdido a cabeça. Sem dúvida muitos suicidas são nesse momento tomados por uma espécie de vertigem e sucumbem a um primeiro momento de exaltação; se o instinto de conservação os empolga no último instante, como que despertam e se agarram à vida, Mas é muito evidente, também, que muitos se matam a sangue frio e com reflexão; e a prova está nas preocupações calculadas que tomam, na ordem raciocinada que põem nos negócios, o que não é uma característica de loucura.

Faremos notar, de passagem, um traço característico do suicida: é que os atos dessa natureza, realizados em lugares completamente isolados e desabitados, são excessivamente raros; o homem perdido no deserto ou no mar morrerá de privações mas não se suicidará, mesmo quando não espere auxílio, Aquele que, voluntariamente, quer deixar a vida aproveita bem o momento em que está só para não ser obstado em seu desígnio, mas o faz de preferência nos centros populosos, onde seu corpo ao menos tem a chance de ser encontrado. Este pulará do alto de um monumento no centro da cidade, mas não do alto de um precipício, onde não ficaria traço de sua passagem; aquele enforcar-se-á no bosque de Bolonha, mas não quer ser impedido, mas deseja que se saiba, mais tarde, que se suicidou; afigura-se-lhe que essa lembrança dos homens o liga ao mundo que quis deixar, tanto é certo que a ideia do nada absoluto tem algo de mais apavorante que a própria morte. Eis um curioso exemplo em apoio dessa teoria.

Por volta de 1815 um inglês rico foi visitar a famosa queda do Rheno; ficou de tal maneira impressionado, que voltou à Inglaterra, pôs ordem nos seus negócios e voltou, meses depois, para se precipitar na voragem. É, incontestavelmente, um ato de originalidade, mas duvidamos muito que ele se tivesse atirado na catarata do Niágara, sem que ninguém tivesse vindo a saber. Uma singularidade de caráter causou o ato; mas o pensamento de que iriam falar dele determinou a escolha do lugar e o momento. Se o seu corpo não tivesse que ser encontrado, ao menos sua memória não se apagaria. Em falta de uma estatística oficial, que desse a proporção exata dos diversos motivos de suicídio, não é duvidoso que os casos mais numerosos sejam determinados pelos reveses da fortuna, as decepções, os pesares de várias naturezas. Nesse caso o suicídio não é um ato de loucura, mas de desespero. Ao lado desses motivos, que poderiam ser chamados sérios, uns há que são evidentemente fúteis, sem falar do indefinível desgosto da vida, em meio aos prazeres, como o que acabamos de citar. O que é certo é que todos os que se suicidam só chegam a esse extremo, com ou sem razão, porque não estão contentes. Sem dúvida a ninguém é dado remediar essa causa primeira; mas o que é preciso deplorar é a felicidade com a qual os homens cedem, desde algum tempo, a esse arrastamento fatal. É isso, sobretudo, o que deve chamar a atenção e que, a nosso ver, é perfeitamente remediável.

Muitas vezes pergunta-se se há covardia ou coragem no suicídio. Incontestavelmente há covardia ante as provas da vida, mas há coragem em enfrentar as dores e as angústias da morte. Esses dois pontos, parece, encerram todo o problema do suicídio.

Por mais pungentes que sejam as crises da morte, o homem as afronta, as suporta, se excitado pelo exemplo. É a história do conscrito que, sozinho, recuava diante do fogo, ao passo que ficava eletrizado vendo que os outros marchavam sem medo. Dá-se o mesmo com o suicida; à vista dos que se libertam por esse meio dos aborrecimentos e dos desgostos da vida leva a dizer que em breve o momento está passado; aqueles que tivessem sido retidos pelo medo do sofrimento dizem que, desde que muitos assim o fazem, também podem fazer o mesmo; que é melhor sofrer uns instantes do que durante anos. É somente sob esse aspecto que o suicídio é contagiante. O contágio não está nos fluidos, nem nas atrações: mas no exemplo, que familiariza com a ideia da morte e com o emprego dos meios para a realizar. Isso é tão certo que quando se dá um suicídio de uma certa maneira, não é raro ver outros do mesmo gênero. A história da famosa guarita onde se enforcaram quatorze soldados, num curto período, não tinha outra causa. O meio lá estava à vista; parecia cômodo e, desde que tivessem a veleidade de acabar com a vida, o aproveitavam. A simples visão poderia fazer brotar a ideia. Tendo sido contado o caso a Napoleão, este mandou queimar a guarita fatal. O meio já não estava à vista. Então o mal cessou.

A publicidade dada aos suicídios produz sobre as massas o efeito da guarita: excita, encoraja, familiariza com a ideia e, até, a provoca. Sob esse ponto consideramos as descrições do gênero e que abundam nos jornais como uma das causas excitantes do suicídio: elas dão *a coragem de morrer.* Dá-se o mesmo com os crimes, com a ajuda dos quais se excita a curiosidade pública; produzem, assim, um verdadeiro contágio moral: jamais detiveram um criminoso; ao contrário, criaram mais que um.

Examinemos agora o suicídio de um outro ponto de vista. Dizemos que, sejam quais forem os motivos particulares, eles sempre têm o descontentamento como causa. Ora, aquele que está certo de não ser infeliz senão por um dia e de estar melhor nos dias seguintes facilmente adquire paciência; só se desespera se não vir um termo para os seus sofrimentos. Que é, pois, a vida humana em relação à eternidade, senão um dia? Mas para aquele que não acredita na eternidade, que tudo acaba com esta vida, se se sentir acabrunhado pelo pesar e pelo infortúnio, só vê um termo na morte; nada esperando, acha naturalíssimo e, mesmo, muito lógico, abreviar os sofrimentos pelo suicídio.

A incredulidade, a simples dúvida quanto ao futuro, as ideias materialistas, numa palavra, são os maiores excitantes ao suicídio: elas dão *a covardia moral.* E quando se veem homens de ciência apoiar-se na autoridade de seu saber, para se esforçarem por provar aos seus auditores ou leitores que nada devem esperar depois da morte, não é os ameaçar com essa consequência de que, caso sejam infelizes nada têm que fazer de melhor do que se matarem? O que é que lhes poderiam dizer para os desviar? Que compensação lhes podem oferecer? Que esperança lhes podem dar? Nada além do nada. Daí temos que concluir que se o nada é um remédio heróico, a única perspectiva, melhor é cair imediatamente do que mais tarde e, assim, sofrer menos tempo. A propagação das ideias materialistas é, pois, o veneno que inocula em muitos a ideia do suicídio; e os que se tornam seus apóstolos assumem uma terrível responsabilidade.

Contra isso talvez objetem que nem todos os suicidas são materialistas, de vez que há pessoas que se matam visando ir mais depressa para o céu e outras para unirem-se mais cedo aos que amaram. É verdade, mas é, incontestavelmente, o menor número, coisa de que todos se convenceriam se houvesse uma estatística, feita conscienciosamente, das causas íntimas de todos os suicídios. Seja como for se as pessoas que cedem a tal pensamento creem na vida futura, é evidente que têm desta uma ideia falsa e a maneira por que a apresentam em geral não é suficientemente para fazerem uma ideia mais justa. O Espiritismo não só vem confirmar a teoria da vida futura, mas a prova pelos fatos mais patentes que se possam apresentar: o testemunho daqueles que nela se acham. Faz mais: ele no-la mostra sob cores tão racionais, tão lógicas, que o raciocínio vem em apoio da fé. Já não sendo permissível a dúvida, muda o aspecto da vida; sua importância diminui em razão da certeza que se adquire de um futuro mais próspero. Para o crente a vida se prolonga indefinidamente para além do túmulo. Daí a paciência e a resignação que naturalmente desviam a ideia de suicídio; daí, numa palavra, *a coragem moral.*

Sob esse aspecto tem ainda o Espiritismo um outro resultado muito positivo e, talvez, mais determinante. Bem diz a religião que o suicídio é um pecado mortal, pelo qual se é punido. Mas como? Pelas chamas eternas, nas quais não mais se acredita. O Espiritismo nos mostra os suicidas em pessoa, vindo dar conta de sua posição infeliz, mas com a diferença que as penas variam conforme as circunstâncias agravantes ou atenuantes, o que é mais conforme à justiça divina; que, em vez de serem uniformes, são a natural consequência da causa que provocou a falta, com o que não se pode deixar de aí ver uma soberana justiça distribuída com equidade. Entre os suicidas uns há cujo sofrimento, embora temporário, nem por isso é menos terrível e de natureza a dar a refletir a quem quer que se sinta tentado partir daqui antes da ordem de Deus. Assim, tem o espírita vários motivos como contrapeso à ideia do suicídio: *a certeza* de uma vida futura, na qual sabe que será tanto mais feliz quanto mais infeliz e resignado tiver sido na Terra; *a certeza* de que, abreviando a vida, chega a um resultado absolutamente oposto ao que esperava; que se liberta de um mal para chegar a outro pior, mais longo e mais terrível; que não poderá rever no outro mundo os objetos de suas afeições aos quais queria unir-se. Daí a consequência que o suicídio é contra os seus interesses. Assim, o número de suicídios obstados pelo Espiritismo é considerável. De onde se pode concluir que quando todo o mundo for espírita, não mais haverá suicídios voluntários – o que acontecerá mais cedo do que se pensa. Comparando, pois, os resultados das doutrinas materialista e espírita, apenas do ponto de vista do suicídio, verifica-se que a lógica de um a ele conduz, ao passo que a lógica do outro dele desvia, o que é confirmado pela experiência.

Perguntarão se por esse meio se destrói a hipocondria, essa causa de tantos suicídios não motivados, desse inseparável desgosto da vida, que nada parece justificar? Essa causa é eminentemente fisiológica, ao passo que as outras são morais. Ora, se o Espiritismo só curasse estas, já seria muito. A bem dizer a primeira é do campo da ciência, à qual poderíamos abandoná-la, dizendo: nós curamos aquilo que nos diz respeito. Por que não curais o que é da vossa competência? Contudo não hesitamos em responder à questão afirmadamente.

Evidentemente certas afecções orgânicas são alimentadas, e mesmo provocadas pelas disposições morais. O desgosto da vida o mais das vezes é fruto da sociedade. O homem que tudo usou, não vendo nada além, está na situação do bêbado que, tendo esvaziado a garrafa nada mais tendo, a quebra. Os abusos e os excessos de toda a sorte conduzem forçosamente a um enfraquecimento e a uma perturbação das funções vitais. Daí uma porção de doenças cuja fonte é desconhecida, que são julgadas causativas, quando são consecutivas; daí uma sensação de langor, e de falta de coragem. O que é que falta ao hipocondríaco para combater as suas ideias melancólicas? Um objetivo na vida, um móvel à sua atividade. Que objetivo pode ter se em nada crê? O espírita faz mais do que acreditar no futuro: sabe, não pelos olhos da fé, mas pelos exemplos que tem à frente, que a vida futura, à qual não se subtrai, é feliz ou infeliz, conforme o emprego que faça da vida corpórea; que a felicidade é proporcional ao bem que fizer. Ora, certo de viver depois da morte, e de viver muito mais tempo do que na Terra, é muito natural que pense em lá ser infeliz se não fizer o bem, ou mesmo se, não fazendo o mal, nada faz, compreende a necessidade de uma ocupação, o melhor preservativo contra a hipocondria. Com a certeza do futuro, tem um objetivo; com a dúvida não o tem. É tomado pelo aborrecimento e acaba com a vida porque nada mais espera. Permitam-nos uma comparação talvez banal, mas à qual não falta analogia. Um homem passou uma hora no teatro; pensa que a peça acabou, levanta-se e sai. Mas se souber que ainda vão representar coisa melhor e mais longa do que o que viu, ficará, mesmo que no pior lugar. A espera do melhor nele vencerá, mesmo que no pior lugar. A espera do melhor nele vencerá a fadiga.

As mesmas causas que conduzem ao suicídio também produzem a loucura. O remédio de um é o remédio da outra, conforme o demonstramos. Infelizmente, enquanto a medicina só levar em conta o elemento material, privar-se-á de todas as luzes que lhe trariam o elemento espiritual, que representa um tão ativo papel num grande número de afeições.

Além disso o Espiritismo nos revela a causa primeira do suicídio – e só ele o poderia fazer. As tribulações da vida, por vezes são expiações de faltas de vidas passadas, e provas para o futuro. O próprio Espírito as escolhe, visando progredir; mas pode acontecer que, posto na obra ache a carga muito pesada e recue na sua execução e, como expiação, é lhe imposto, na seguinte, lutar contra a tendência para o suicídio. Se for vitorioso, progride; se for vencido, terá que recomeçar uma vida talvez mais penosa ainda que a precedente, e deverá lutar assim até que haja triunfado, pois toda recompensa na outra vida é fruto de uma vitória, e quem diz vitória, diz luta. O espírita encontra, pois, na certeza desse estado de coisas, uma força de perseverança que nenhuma outra filosofia lhe poderia dar.

Allan Kardec

HEREDITARIEDADE MORAL

Um dos nossos assinantes nos escreve de Wiesbaden:

"Senhor, eu estudo o Espiritismo cuidadosamente em todos os vossos livros e, malgrado a clareza decorrente, dois pontos importantes não me parecem bastante explicados aos olhos de certas pessoas. São eles: 1º. – as faculdades hereditárias; 2º. – os sonhos.

Com efeito, como conciliar o sistema da anterioridade da alma com a existência das faculdades hereditárias? Entretanto elas existem, embora não de maneira absoluta. Diariamente elas nos chocam na vida privada; também vemos numa ordem mais elevada os talentos sucedendo aos talentos, a inteligência à inteligência. O filho de Racine foi poeta; Alexandre Dumas teve como filho um autor ilustre; na arte dramática vemos a tradição de talentos numa mesma família e na arte da guerra uma raça, como a dos duques de Brunswick, por exemplo, fornecendo uma série de heróis. A inépcia, o vício, o próprio crime também conservam sua tradição. Eugène Sue cita famílias onde várias gerações passaram, seguidamente, pelo assassínio e pela guilhotina. A criação da alma por indivíduos explicaria ainda menos essas dificuldades, bem o compreendo, mas há que confessar que tanto uma doutrina quanto a outra se prestam aos golpes dos materialistas, que não vêm em todas as faculdades mais que uma concentração de forças nervosas.

Quanto aos sonhos, a Doutrina Espírita não concilia bem o sistema das peregrinações da alma durante o sono com opinião vulgar que o torna simples reflexo das impressões percebidas durante a vigília. Essa última opinião poderia parecer a verdadeira explicação dos sonhos, ao passo que a peregrinação seria apenas um caso excepcional.

Está bem entendido, senhor presidente, que não pretendo fazer aqui nenhuma objeção em meu nome pessoal, mas me parece útil que a *Revista Espírita* se ocupasse dessas questões, não fora senão para dar os meios de responder aos incrédulos; quanto a mim, sou crente e não procuro senão a minha instrução."

(Seguem-se alguns exemplos em apoio).

A questão dos sonhos será examinada, posteriormente, em artigo especial. Hoje só nos ocuparemos da *hereditariedade moral,* deixando que dela tratem os Espíritos e limitando-nos a algumas observações preliminares. Diga-se o que se disser a respeito, os materialistas não ficarão convencidos porque desde que não admitem o princípio, não lhe admitem as consequências. Antes de tudo seria necessário que se tornassem espiritualistas. Ora, não é por aí que se deve começar. Assim, não nos podemos ocupar de suas objeções.

Tomando para ponto de partida a existência de um princípio inteligente fora da matéria, por outras palavras, a existência da alma, a questão é saber se as almas procedem das almas, ou se são independentes. Cremos já haver demonstrado, em nosso artigo sobre *Os Espí-*

ritos e o Brasão publicado no mês de março último, a impossibilidade da criação de alma por alma. Realmente, se a alma da criança fosse uma parte da do pai, deveria ter sempre as suas qualidades e as imperfeições, em virtude do axioma que a parte é da mesma qualidade que o todo. Ora, a experiência todos os dias prova o contrário. É verdade que se citam exemplos de similitudes morais e intelectuais que parecem devidas à hereditariedade, de onde seria necessário concluir que tivesse havido uma transmissão. Mas, então, por que essa transmissão não se dá sempre? Por que vemos, todos os dias, pais essencialmente bons, ter filhos viciosos e vice-versa? Desde que é impossível tornar a hereditariedade moral uma regra geral trata-se de explicar, com o sistema da recíproca independência das almas, a causa das similitudes. Isso poderia ser no máximo uma dificuldade, mas não comprometeria a doutrina da anterioridade da alma e da pluralidade das existências, visto como essa doutrina está provada por centenas de fatos concludentes, e contra os quais é impossível levantar objeções sérias. Deixemos que falem os Espíritos que tiveram a bondade de tratar do assunto. Eis as duas comunicações que a respeito obtivemos.

(SOCIEDADE ESPÍRITA DE PARIS, 23 DE MAIO DE 1862 – MÉDIUM: SR. D'AMBEL)

Já foi dito muitas vezes que não havia necessidade de erguer um sistema sobre simples aparências; e é um sistema dessa natureza o que deduz das semelhanças familiares uma teoria contrária àquela que vos demos, da existência das almas, anteriormente à sua encarnação terrestre. É fato que muitas vezes estas jamais tiveram relações diretas com os meios, com as famílias nas quais se reencarnam. Já vos repetimos muitas vezes que as semelhanças corpóreas são devidas a uma questão material e fisiológica absolutamente independente da ação espiritual e que, quanto às aptidões e gostos semelhantes, estes resultam, não da procriação da alma, por outra alma já nascida, mas porque os Espíritos semelhantes se atraem. Daí as famílias de heróis, ou as raças de guerreiros. Admiti, pois, em princípio, que os bons Espíritos escolham de preferência para sua nova etapa terrena o meio onde o terreno já esteja preparado, a família de Espíritos adiantados, onde têm certeza de encontrar os materiais necessários ao seu progresso futuro; admiti, igualmente, que os Espíritos atrasados, ainda propensos aos vícios e aos apetites dos animais, fujam dos grupos elevados, das famílias moralizadas, e se encarnem, ao contrário, onde esperam encontrar meios para satisfazerem as paixões que ainda os dominam. Assim, pois, em tese, as semelhanças espirituais existem porque os semelhantes atraem os semelhantes, ao passo que as semelhanças corpóreas se devem à procriação. Agora é preciso acrescentar o seguinte: é que muitas vezes nascem em famílias dignas em todos os sentidos do respeito de seus concidadãos, indivíduos viciosos e maus que aí são enviados para servirem de pedra de toque daquelas. Por vezes, ainda, eles vêm por vontade própria, na esperança de saírem dos hábitos inveterados onde até então se arrastaram e se aperfeiçoaram sob a influência desses meios virtuosos e moralizados. Dá-se o mesmo com Espíritos já adiantados moralmente, e que, a exemplo dessa jovem de Saint-Étienne, de que se falou no passado, se reencarnam em famílias obscuras, entre Espíritos atrasados, a fim de lhes mostrar o caminho do progresso. Não esquecestes, tenho certeza , o anjo das asas brancas em que ela pareceu transfigurar-se aos olhos dos que a tinham amado na Terra, quando estes voltaram por sua vez ao mundo dos Espíritos *(Revista Espírita* de junho de 1861, Sra. Gourdon).

Erasto

(NA MESMA SESSÃO – MÉDIUM: SRA. COSTEL)

Venho explicar-vos a importante questão da hereditariedade das virtudes e dos vícios na raça humana. Essa transmissão faz que hesitem aqueles que não compreendem a imensidade do dogma revelado pelo Espiritismo. Os mundos intermediários são povoados de Espíritos à espera da prova da reencarnação ou se preparando de novo, conforme o seu grau de adiantamento. Nesses viveiros da vida eterna, os Espíritos são grupados e divididos em grandes tribos, uns à frente, outros mais para trás, e cada um escolhe entre os grupos humanos, aqueles que correspondem simpaticamente às suas faculdades adquiridas, as quais progridem, mas não podem regredir.

O Espírito que se reencarna escolhe o pai, cujo exemplo fá-lo-á avançar na via preferida e ele repercute, elevando-os ou enfraquecendo-os, os talentos daquele que lhe deu a vida corpórea. Em ambos os casos, a conjunção simpática existe anteriormente ao nascimento e a seguir é desenvolvida nas relações de família, pela imitação e pelo hábito.

Depois da hereditariedade familiar, meus amigos, quero revelar-vos a origem da discordância que separa os indivíduos de uma mesma raça, repentinamente ilustrada ou desonrada por um de seus membros tornado estranho ao meio. O bruto vicioso que encarnou num centro educado e o espírito luminoso que se reencarna entre gente grosseira, obedecem ambos à misteriosa harmonia que aproxima as partes dividi-das de um todo e faz a concordância entre o infinitamente pequeno e a suprema grandeza. O Espírito culpado, apoiado nas virtudes adquiridas de seu procriador terreno, espera por essas se fortificar; e se sucumbe ainda na prova, adquire pelo exemplo o conhecimento do bem e volta à erraticidade menos carregado de ignorância e melhor preparado para sustentar uma nova luta.

Os Espíritos adiantados entrevem a glória de Jesus e, como Ele, esforçam-se para esgotar o cálice da ardente caridade. Como Ele, tam-bém, querem guiar a humanidade para o objetivo sagrado do progresso e nascem nos baixos níveis sociais, onde se debatem, quais são alternati-vamente os vencedores e os mártires.

Se essa resposta não responder a todas as vossas dúvidas, interrogai-me, meus amigos.

São Luís

POESIA ESPÍRITA

(SOCIEDADE ESPÍRITA DE BORDEAUX – MÉDIUM: SR. RICARDO)

A CRIANÇA E A VISÃO

Mãezinha, é noite fechada,
E eu sinto o sono vir;
Põe-me no leito cor de rosa
Ou em teus braços vou dormir.

Criança, faz a prece a Deus.
Vamos, filha de joelhos.
Rezemos para teu pai
Lá no céu!... Longe de nós.

Lá em cima, não, mamãe?
Junto a Deus, pois Deus quis.
Só os maus têm sua cólera.
Paizinho é seu eleito!

Deus te entende, cara filha!
Teu desejo é escutado!
Peçamos para teu pai
Repouso... felicidade.

Também por ti peço, ó mãe!
Digo a Deus: Ó Poderoso,
Vós que levastes meu pai,
Não me leveis a mamãe!

Obrigado, Gabriela.
Tão jovem, que coração!
Do alto teu pai te guia
Su'alma vejo em teu rosto.

Como o queria, mamãe,
Pois o papai nos escuta,
Que voltasse d'outra vida,
A beijar sua filhinha!

Pede a Deus esse prodígio
Para nós que aqui sofremos!
A alma do morto embala
O berço de sua filha!

Mãezinha, é noite fechada
E eu sinto o sono vir;
Põe-me no leito cor de rosa!
Boa-noite!... vou dormir.

Mas não!... Eu vejo... é papai!
Aqui está junto ao meu leito!
Vem aqui, vem, ó mãezinha!
Ele nos olha e sorri!

Na testa sinto o seu beijo;
Sua mão em meus cabelos!
Como tu, fecha-me a boca.
E eis que sobe para o céu!

Mãezinha, é noite fechada,
Filhinha não vai dormir...
Papai ao leito cor de rosa
Prometeu tornar a vir!

Teu Anjo da Guarda

DUPLO SUICÍDIO POR AMOR E DEVER

ESTUDO MORAL

Em *Opinión Nationale* de 13 de junho lemos o seguinte:

"Terça-feira última dois enterros entraram juntos na Igreja da Boa Nova. Eram acompanhados por um homem que parecia presa de uma dor profunda e por uma multidão considerável, na qual se notava tristeza e recolhimento. Eis um ligeiro relato dos acontecimentos que determinaram a dupla cerimônia fúnebre.

A senhorita Palmira, modista, residente com os pais, era dotada de um físico encantador, ao qual se juntava um caráter muito amável. Assim, era muito assediada de propostas de casamento. Entre os aspirantes à sua mão, tinha preferido o Sr. B..., que experimentava uma viva paixão. Posto o amasse muito, entendeu, pelo respeito filial, ceder à vontade dos pais, de desposar o Sr. D..., cuja posição social lhes parecia mais vantajosa que a do rival. O casamento foi celebrado há quatro anos.

Os Srs. B... e D... eram amigos íntimos. Posto não tivessem nenhum interesse comum, não deixaram de se ver. O amor recíproco do Sr. B..., e de Palmira, agora Sra. D..., não havia morrido; e como se esforçassem por comprimi-lo, ele aumentava em razão da mesma violência. Para tentar apagá-lo, B... tomou o partido de se casar. Casou-se com uma moça de excelentes qualidades e fez todo possível para amá-la. Mas não tardou a perceber que esse meio heróico era inútil para o curar. Não obstante, durante quatro anos nem B... nem a Sra. D... faltaram aos seus deveres. Não se poderia descrever o que eles sofreram porque D..., que amava verdadeiramente o seu amigo, o atraía sempre para sua casa e, quando ele queria fugir, o obrigava a ficar.

Enfim, há alguns dias, aproximados por uma circunstância fortuita, os dois amantes não resistiram à paixão que os arrastava um ao outro. Apenas cometida a falta, sentiram o mais terrível remorso. A jovem senhora lançou-se aos pés do marido assim que ele voltou e disse-lhe em soluços:

– Enxote-me! Mate-me! Agora sou indigna de ti!

E como ele ficasse mudo de espanto e dor, ela lhe contou suas lutas, seus sofrimentos, tudo quanto lhe tinha sido preciso de coragem para não falir mais cedo. Fê-lo compreender que, dominada por um amor ilegítimo jamais tinha cessado de ter por ele o respeito, a estima e o apego de que ele era digno.

Em vez de amaldiçoá-la o marido chorava. B... chegou em meio a essa cena e fez idêntica confissão. D... os ergueu a ambos e lhes disse:

– Sois dois corações leais e bons. Só a fatalidade os tornou culpados. Li no fundo dos vossos pensamentos e li sinceridade. Por que vos puniria por um arrastamento ao qual não resistiram todas as vossas forças morais? A punição está no pesar que sentis. Prometei-me que vos deixareis de ver e não tereis perdido nem a minha estima, nem a minha afeição.

Esses dois desventurados amantes apressaram-se em fazer o juramento pedido. A maneira por que sua confissão havia sido recebida pelo Sr. D... aumentou-lhes a dor e o remorso. Tendo o acaso lhes proporcionado um encontro não buscado, comunicaram-se reciprocamente o estado de alma e concordaram em que só a morte seria remédio aos males que experimentavam. Resolveram matar-se juntos e fixaram a data para o dia seguinte, desde que o Sr. D... estaria ausente de casa grande parte do dia.

Depois de feitos os últimos preparativos escreveram uma longa carta, na qual diziam, em substância: 'Nosso amor é mais forte que todas as promessas. Poderíamos, ainda, apesar de tudo, fraquejar, sucumbir. Não conservaremos uma existência culposa. Para nossa expiação faremos ver que a falta por nós cometida não deve ser atribuída à nossa vontade, mas ao arrebatamento de uma paixão cuja violência estava acima de nossas forças.'

Essa carta comovedora terminava por um pedido de perdão e os dois amantes imploravam como graça serem reunidos no túmulo.

Quando o Sr. D... entrou em casa ofereceu-lhe um doloroso espetáculo. No meio do espesso vapor que se exalava de um forno portátil cheio de carvão, os dois amantes, deitados e bem vestidos no leito, estavam estreitamente abraçados. Tinham cessado de viver.

O Sr. D... respeitou a última vontade dos dois amantes. Quis que juntos participassem das preces na Igreja e que não se separassem no cemitério."

O Sr. cura de Boa Nova entendeu que deveria desmentir, num artigo em vários jornais, a admissão dos dois corpos em sua igreja, pela oposição das leis canônicas.

Tendo sido lido esse relato, como assunto de estudo moral na

Sociedade Espírita de Paris, dois Espíritos fizeram a seguinte apreciação.

"Eis aí a obra de vossa sociedade e dos vossos costumes! Mas o progresso será feito. Mais algum tempo e fatos que tais não se repetirão. Certas criaturas são como as plantas que se metem numa prensa: falta-lhes o ar, sufocam e não podem espalhar o seu perfume. Vossas leis e vossos costumes traçaram limites à expansão de certos sentimentos, o que muitas vezes leva duas almas, dotadas das mesmas faculdades, dos mesmos instintos simpáticos, se encontrem em duas ordens diferentes e, não podendo unir-se, quebram-se na tenacidade de quererem encontrar-se. Que fizestes do amor? Vós o reduzistes ao peso de um rolo de metal; vós o jogastes numa balança. Em vez de ser rei, é escravo. De um laço sagrado vossos costumes fizeram uma corrente de ferro, cujos elos esmagam e matam os que não nasceram seres acorrentados.

Ah! Se vossas sociedades marchassem pela via de Deus, vossos corações não se consumiriam em chamas passageiras e vossos legisladores não teriam sido forçados a manter as vossas paixões pelas leis. Mas o tempo marcha e soará a grande hora, na qual podereis todos viver a verdadeira vida, a vida do coração. Quando as batidas do coração não mais forem comprimidas pelos cálculos frios dos interesses materiais, não vereis mais esses suicídios horríveis, que de tempos em tempos vêm lançar um desmentido sobre os vossos preconceitos sociais."

Santo Agostinho
(Médium: Sr. Vézy)

Os dois amantes que se suicidaram ainda não vos podem responder. Eu os vejo. Estão mergulhados na perturbação e assustados pelo sopro da eternidade. As consequências morais de sua falta os castigarão durante migrações seguidas nas quais as suas almas desemparelhadas buscar-se-ão incessantemente e sofrerão o duplo suplício do pressentimento e do desejo. Realizada a expiação, serão para sempre reunidas no seio do eterno amor.

Georges
(Médium: Sr. Costel)

JULHO DE 1862

Oito dias depois, tendo consultado o guia espiritual do médium sobre a responsabilidade da evocação desses dois Espíritos, foi respondido: Eu vos disse da última vez que na vossa próxima sessão poderíeis evocá-los: virão ao apelo de meu médium, mas não se verão; uma noite profunda os oculta um do outro por muito tempo.

Santo Agostinho
(Médium: Sr. Vézy)

1. – (*Evocação da senhora*). R – Sim, comunicar-me-ei, mas com o auxílio do Espírito que aí está, que me ajuda e me impõe.

2. – Vedes o vosso amado, com o qual vos suicidastes? R – Nada vejo; nem mesmo os Espíritos que vagam comigo no lugar onde estou. Que noite! Que noite! Que espesso véu sobre o meu rosto!

3. – Que sensação experimentastes quando despertastes da morte? R – Estranha. Tinha frio e queimava; o gelo corria-me nas veias e o fogo estava em meu rosto! Coisa estranha! Mistura inaudita! Gelo e fogo parecendo extinguir-me! Pensava que ia sucumbir uma segunda vez!

4. – Sofreis dor física? R – Todo o meu sofrimento está *nisto e nisto!*

5. – Que quereis dizer por *nisto e nisto?* R – *Nisto,* em meu cérebro e *nisto,* no coração.

Observação: É provável que se se tivesse podido ver o Espírito, ter-se-ia visto levar a mão à fronte e ao coração.

6. – Credes que ficareis sempre nessa situação? R – Oh! Sempre, sempre! Por vezes escuto risos infernais, vozes espantosas que me gritam estas palavras: "sempre assim!"

7. – Ora! Nós vos podemos dizer, com toda a certeza, que não será sempre assim. Arrependendo-vos, obtereis o perdão. R – Que dissestes? Não compreendo.

8. – Repito que os vossos sofrimentos terão um termo, que podeis apressar pelo vosso arrependimento e nós vos ajudaremos pela prece. R – Só entendi uma palavra e sons vagos. Essa palavra é *graça*. É da *graça* que quereis falar? Oh! O adultério e o suicídio são dois crimes muito odiosos. Falastes de graça: sem dúvida à alma que passa ao meu lado, pobre criança que chora e espera.

Observação: Uma senhora da Sociedade disse que acabara de dirigir a Deus uma prece por essa infeliz que, sem dúvida, foi o que a tocou; que, na verdade, mentalmente para ela havia pedido a graça de Deus.

9. – Dissestes que estais nas trevas. Não nos vedes. R – É-me permitido escutar algumas das palavras que pronunciais; mas só vejo um crepe negro sobre o qual se desenha, em certas horas, uma cabeça que chora.

10. – Se não vedes o vosso amado, não sentis a sua presença perto de vós desde que aqui está? R – Ah! Não me faleis dele: devo esquecê-lo por enquanto, se quiser que do crepe se apague a imagem que aí vejo desenhada.

11. – Que imagem é essa? R – A de um homem que sofre e cuja existência moral na Terra eu matei para muito tempo.

Observação: Como o demonstram os fatos, frequentemente a escuridão acompanha o castigo dos Espíritos criminosos. Ela segue imediatamente à morte e sua duração, variável de acordo com as circunstâncias, pode ir de alguns meses a alguns séculos. Compreende-se facilmente o horror de seme-lhante situação, na qual o culpado não percebe senão aquilo que lhe pode lembrar a falta e, pelo silêncio, aumentar a solidão e a incerteza em que está mergulhado, as ansiedades e o remorso.

Lendo-se essa descrição, a princípio tem-se a impressão de que tal suicí-dio tem circunstâncias atenuantes, a encará-lo até como um ato heróico, pois que foi provocado pelo sentimento do dever. Vê-se, porém, que foi julgado diversamente, e que a pena dos culpados será longa e terrível, porque se refugiaram voluntariamente na morte, a fim de fugir à luta. A intenção de não faltar ao dever certamente era honrosa, e mais tarde ser-lhes-á levada em con-sideração mas o verdadeiro mérito teria sido vencer o arrastamento, ao passo que eles fizeram como o desertor, que foge no momento do perigo.

A pena dos culpados, como se vê, consistirá em se buscarem por muito tempo sem se encontrarem, quer no mundo dos Espíritos, quer em outras encarnações terrenas. Está momentaneamente agravada pela ideia de que o seu estado atual deve durar sempre. Fazendo parte do castigo, um tal pensa-mento, não lhes foi permitido ouvir as palavras de esperança que lhes dirigi-mos. Aos que achassem essa pena muito terrível e muito longa, sobretudo se não após várias reencarnações, diremos que sua duração não é absoluta e que dependerá da maneira por que suportarem as provas futuras, no que podere-mos ajudá-los por meio de preces. Como todos os Espíritos culpados, serão os árbitros de seu próprio destino. Isso não é melhor que a duração eterna e sem esperanças a que são irremediavelmente condenados, segundo a doutrina da Igreja, que os considera de tal modo destinados ao inferno, que lhes recusou as últimas preces certamente por que inúteis?

Certos católicos censuram o Espiritismo por não admitirem o inferno. Certamente ele não admite a existência de um inferno localizado, com as suas chamas, os seus tridentes e as torturas corporais renovadas do Tártaro pagão. Mas a posição em que nos mostra os Espíritos infelizes não é muito melhor: tem apenas a diferença radical que a natureza das penas nada tem de irracional e que em vez de irremissível, sua duração está subordinada ao arrependimento, à expiação e à reparação, o que é ao mesmo tempo, mais lógico e mais conforme à doutrina da justiça e da bondade de Deus.

Teria sido o Espiritismo um remédio eficaz, no caso vertente, para o suicídio? Sem dúvida. Ele teria dado a esses dois seres uma confiança no futuro que teria mudado completamente sua maneira de encarar a vida terrena e, por conseguinte, lhes teria dado a força moral que lhes faltou. Supondo que tivessem tido fé no futuro, o que ignoramos, e que se matando seu objetivo tivesse sido o de se reunirem mais depressa, teriam sabido, por exemplos análogos, que chegariam a resultados diametralmente opostos e encontrar-se-iam separados por muito mais tempo do que aqui na Terra, pois Deus não permitiria uma recompensa pela infração de suas leis; assim, certos de não poderem realizar seus desejos mas, ao contrário, de se encontrarem numa posição cem vezes pior, seu próprio interesse os aconselhava a terem paciência.

Nós os recomendamos às preces de todos os espíritas, a fim de lhes ser dada a força e a resignação que poderiam sustentá-los em suas novas provas e ainda abreviar o seu castigo.

ENSINAMENTOS E DISSERTAÇÕES ESPÍRITAS

UNIÃO SIMPÁTICA DAS ALMAS

(BORDEAUX, 15 DE FEVEREIRO DE 1862 – MÉDIUM: SRA. H...)

P – Já me dissestes várias vezes que nos reuniríamos para não mais nos separarmos. Como poderá dar-se isso? As reencarnações, mesmo as que seguem às da Terra, nem sempre separam por um tempo mais ou menos longo? R – Já to disse: Deus permite aos que se amam sinceramente e souberam sofrer com resignação para expiar as suas faltas, reunir-se, a princípio no mundo dos Espíritos, onde progridem juntos, a fim de obterem reencarnações em mundos superiores.

Podem, pois, se o pedirem com fervor, deixar os mundos espíritas na mesma ocasião, reencarnar-se nos mesmos lugares e, por um encadeamento de circunstâncias previstas, reunir-se pelos laços que mais convierem aos seus corações.

Uns terão pedido para serem pai ou mãe de um Espírito que lhes era simpático e que terão a felicidade de dirigir no bom caminho, cercando-o de suaves cuidados da família e da amizade. Outros terão pedido a graça de se unirem pelo casamento e de verem decorrer muitos anos de felicidade e de amor. Falo do casamento entendido no sentido de união íntima de dois seres que não querem separar-se mais. Mas, tal como é compreendido entre vós, o casamento não é conhecido nos mundos superiores. Nesses lugares de felicidade, de liberdade e alegria, os laços são de flores e de amor. E não penseis por isso que serão menos duráveis. Só o coração fala e guia nessas uniões tão suaves. Uniões livres e felizes, casamento de almas perante Deus, eis a lei do amor dos mundos superiores! E os seres privilegiados dessas regiões abençoadas, sentindo-se mais fortemente ligados por semelhantes sentimentos do que o são os homens da Terra, que muitas vezes calcam aos pés os mais sagrados compromissos, não oferecem o pungente espetáculo de uniões perturbadas sem cessar pela influência dos vícios, das paixões inferiores da inconstância, da inveja, da injustiça, da aversão, de todas essas horríveis inclinações que conduzem ao mal, ao perjúrio e à violação dos juramentos mais solenes. Então! Esses casamentos abençoados por Deus, essas uniões tão suaves, são a recompensa daqueles que, tendo-se amado profundamente no sofrimento, pedem ao Senhor, justo e bom, para continuarem a se amar em mundos superiores, sem temerem uma próxima e temerosa separação.

O que é que há nisso que não seja fácil de compreender e admitir? Deus, que ama a todos os seus filhos, não teria podido criar, para aqueles que se tiverem tornado dignos, uma felicidade tão perfeita quanto cruéis tinham sido as provas? Que poderia conceder que fosse mais conforme ao sincero desejo de todo coração amoroso? De todas as recompensas prometidas aos homens algo há semelhante a esse pensamento, a essa esperança, eu poderia dizer, a essa certeza: unir-se aos seres adorados para a eternidade?

Crê-me, minha filha, nossas secretas aspirações, essa misteriosa necessidade irresistível de amor, de amar longamente, de amar

JULHO DE 1862

sempre, não foram colocadas por Deus nos nossos corações senão porque a promessa do futuro nos permita essas doces esperanças. Deus não nos fará experimentar as dores da decepção. Nossos corações querem a felicidade e não batem senão por afeições puras. A recompensa só poderia ser a perfeita realização de nossos sonhos de amor. Do mesmo modo que, pobres Espíritos sofredores, destinados à provação, foi-nos preciso pedir e escolher por vezes as mais cruéis expiações, assim como Espíritos felizes e regenerados também escolhemos com a nova vida destinada a nos depurar ainda mais, a soma de felicidades concedidas ao Espírito adiantado. Eis, minha filha bemamada, um quadro ligeiro das felicidades futuras. Muitas vezes teremos ocasião de voltar a esse assunto agradável. Deves compreender quanto a perspectiva desse futuro me torna feliz e quanto me é doce confiar-te as minhas esperanças!

P – Nós nos reconhecemos em novas e felizes existências? R – Se não nos reconhecêssemos seria completa a felicidade? Sem dúvida seria felicidade, porque nesses mundos privilegiados todos os seres são destinados a serem felizes. Mas seria isso a perfeição da felicidade para os que separados bruscamente na mais bela época da vida, pedem a Deus para se unirem em seu seio? Seria a realização de nossos sonhos e de nossas esperanças? Não: tu pensas como eu. Se um véu fosse lançado sobre o passado, não haveria a suprema felicidade, a inefável alegria de nos revermos, após as tristezas da ausência e da separação. Não haveria, ou pelo menos ignoraríamos, essa antiguidade de afeição que ainda mais aperta os laços. Assim como em vossa Terra dois amigos de infância gostam de encontrar-se no mundo, na sociedade e se buscam muito mais do que se suas relações apenas datassem de alguns dias, também os Espíritos que merecem o inapreciável favor de se unirem nos mundos superiores são duplamente felizes e reconhecidos a Deus por esse novo encontro, que corresponde aos seus olhos mais caros.

Os mundos colocados acima da Terra na escala da perfeição são cumulados de todos os favores que possam contribuir para a felicidade perfeita dos seres que os habitam: o passado não lhes é oculto, porque a lembrança de seus sofrimentos antigos, de seus erros resgatados à custa de muitos males e a lembrança, ainda mais viva, de suas afeições sinceras, lhes fazem achar mil vezes mais doce essa nova vida e os protegem contra faltas a que, talvez, pudessem ser arrastados por uns restos de fraqueza. Esses mundos são para o homem o paraíso terrestre, destinado a conduzi-los ao paraíso divino.

Observação: Enganar-nos-íamos redondamente quanto ao sentido dessa comunicação se nela víssemos uma crítica às leis que regem o casamento e a sanção das uniões efêmeras extra-oficiais. Como leis, as únicas imutáveis são as leis divinas. Mas as leis humanas, devendo ser apropriadas aos costumes, aos usos, ao clima, ao grau de civilização, são essencialmente mutáveis, e seria mau se assim não o fossem; e que os povos do século dezenove estivessem presos à mesma regra que regiam os nossos antepassados. Assim, se as leis mudaram deles até nós, como não chegamos à perfeição, elas deverão mudar de nós até os nossos descendentes. No momento em que é feita, toda lei tem sua razão de ser e a sua utilidade. Mas pode dar-se que, sendo boa hoje não seja amanhã. No estado dos nossos costumes, de nossas exigências sociais, o casamento necessita ser regulado pela lei, e a prova que essa lei não é absoluta é que não é a mesma para todos os países civilizados. É, então, permitido pensar que nos mundos superiores, onde não há os mesmos interesses materiais a salvaguardar, onde não existe o mal, isto é, onde os Espíritos maus são excluídos da encarnação, onde, consequentemente, as uniões resultam da simpatia e não do cálculo, as condições devam ser diferentes. Mas aquilo que é bom para eles, poderia ser mau para nós.

Além disso, há que considerar que os Espíritos se desmaterializam à medida que se elevam e se depuram. Só nos planos inferiores é que a encarnação é material. Para os Espíritos superiores não há mais encarnação material e, consequentemente, não há procriação, pois esta é pelo corpo e não pelo Espírito. Uma afeição pura é, pois, o único objetivo da união e, por isso mesmo, ao contrário do que se dá na Terra, não necessita da sanção dos funcionários ministeriais.

UMA TELHA

(SOCIEDADE ESPÍRITA DE PARIS – MÉDIUM: SRA. C.)

Um homem passa pela rua. Uma telha lhe cai aos pés. Ele diz: "Que sorte! Um passo mais e eu estaria morto". Em geral é o único agradecimento que envia a Deus. Entretanto esse homem, pouco tempo depois, adoece e morre na cama. Por que foi preservado da telha, para morrer alguns dias após, como toda gente? Foi o acaso, dirá o incrédulo, como ele próprio disse: "Que sorte!" Para que, então, lhe serviu escapar ao primeiro acidente, se sucumbiu ao segundo? Em todo o caso, se a sorte o favoreceu, o favor não durou muito.

A essa pergunta o espírita responde: a cada instante escapamos de acidentes que, como se costuma dizer, nos deixam a dois dedos da morte. Não vedes nisso um aviso do céu, para vos provar que a vida está por um fio, que jamais temos certeza de viver amanhã e que, assim, devemos sempre estar preparados para partir? Mas, que fazeis quando ides empreender uma longa viagem? Tomais disposições, arranjais os negócios, muni-vos de provisões e de coisas necessárias para o caminho; desembaraçai-vos de tudo quanto pudesse atrapalhar e retardar a marcha. Se conheceis a terra para onde ides, se lá tendes amigos e conhecidos, partis sem receio, certos de serdes bem recebidos. Caso contrário, estudais o mapa da região, e arranjais cartas de recomendação. Suponde que sejais obrigados a empreender essa viagem no dia seguinte, que não tendes tempo de fazer preparativos, ao passo que se estivésseis prevenidos com bastante antecedência, teríeis dispostos todas as coisas para vossa utilidade e vossa conveniência.

Então! Todos os dias estais expostos a empreender a maior, a mais importante das viagens, a que deveis fazer inevitavelmente; e, contudo não pensais nisso mais do que se tivésseis de viver perpetuamente na Terra! Em sua bondade, Deus cuida de vós, advertindo-vos por numerosos acidentes, aos quais escapais, e só Lhe tendes esta expressão: que sorte!

Espíritas! Sabeis quais os preparativos a fazer para essa grande viagem, que tem para vós consequências muito mais importantes que todas as que empreendeis aqui na Terra, porque da maneira por ela se realizar depende a vossa felicidade futura. O mapa que vos dará a conhecer o país onde ides entrar é a iniciação nos mistérios da vida futura. Por ela o país não será desconhecido para vós; vossas provisões são as boas ações que tiverdes realizado e que vos servirão de passaporte e de cartas de recomendação. Quanto aos amigos que lá encontrareis, vós os conheceis. É dos maus sentimentos que vos devereis desembaraçar, pois infeliz é aquele a quem a morte surpreende com ódio no coração como alguém que caísse na água com uma pedra atada ao pescoço e que o arrastaria para o fundo. Os negócios que deveis pôr em ordem é o perdão àqueles que vos ofenderam; são os erros cometidos para com o próximo e que urge reparar, a fim de conquistardes o perdão, pois os erros são dívidas, de que o perdão é a quitação. Apressai-vos, pois que a hora da partida pode soar de um momento para o outro e não vos dar tempo para reflexão.

Em verdade vos digo, a telha que cai aos vossos pés é o sinal a vos advertir para estardes sempre prontos a partir ao primeiro sinal a fim de não serdes tomados de surpresa.

O Espírito de Verdade

CÉSAR, CLÓVIS E CARLOS MAGNO

(SOCIEDADE ESPÍRITA DE PARIS, 24 DE JANEIRO DE 1862.

ASSUNTO PROPOSTO – MÉDIUM: SR. A. DIDIER)

Esta não é apenas uma questão material, mas, também, muito espiritualista. Antes de abordar o ponto principal, um há, do qual falaremos em primeiro lugar. Que é a guerra? A guerra, respondemos de saída, é permitida por Deus, pois que existe, existiu e existirá sempre. É erro na educação da inteligência, não ver em César senão um conquistador, em Clóvis senão um bárbaro, em Carlos Magno senão um déspota, cujo sonho insensato era fundar um imenso império. Ah! Meu Deus! Como geralmente se diz, os conquistadores são os próprios joguetes de Deus. Como sua audácia, seu gênio os fez chegar ao primeiro posto, viram em torno de si não só homens armados, mas ideais, progresso, civilizações que era necessário lançar às outras nações. Partiram, como César, para levar Roma a Lutécia; como Clóvis, para os germes de uma solidariedade monárquica; como Carlos Magno para fazer raiar o facho do cristianismo para os povos cegos, nas nações já corrompidas pelas heresias dos primeiros tempos da Igreja. Ora, eis o que aconteceu: César, o mais egoísta desses três grandes gênios, faz servir a tática militar, a disciplina, a lei numa palavra , para os trazer às Gálias; na retaguarda do exército, seguia a ideia imortal e as reputações vencidas e indomáveis sofriam o jugo de Roma, é certo, mas se tornavam províncias romanas. A orgulhosa Marselha teria existido sem Roma? Lugdunum, e tantas outras cidades célebres nos anais, tornaram-se centros imensos, focos de luz para as ciências, as letras e as artes. César é, pois, um grande propagador, um desses homens universais, que se servem do homem para civilizar o homem, um desses homens que sacrificam homens em proveito da ideia.

O sonho de Clóvis foi estabelecer uma monarquia, uma regra para o seu povo. Mas como a graça do cristianismo não o iluminava ainda, foi propagador bárbaro. Devemos encará-lo na sua conversão: imaginação ativa, febril, belicosa, viu na vitória sobre os Visigodos um prêmio da proteção de Deus; e, daí por diante, certo de estar sempre com Ele fez-se batizar. Eis que o batismo se propaga nas Gálias e o cristianismo que se expande cada vez mais. É o momento de dizer, com Corneille, Roma não era mais Roma. Os bárbaros invadiam o mundo romano.

Depois do abalo de todas as civilizações esboçadas pelos Romanos, eis que um homem sonha espalhar pelo mundo, não mais os mistérios e o prestígio do Capitólio, mas as crenças formidáveis de Aix-la-Chapelle; eis um homem que está, ou se julga com Deus. Um culto odioso, rival do cristianismo, ainda ocupa os bárbaros: Carlos Magno cai sobre essa gente e Witikind, depois de lutas e de vitórias alternadas, se submete, por fim humildemente, e recebe o batismo.

Eis aí, por certo um quadro imenso, onde se desenrolam tantos fatos, tantos golpes da Providência, tantas quedas e tantas vitórias. Mas qual a conclusão? A ideia, universalizando-se, propagando-se de mais a mais, não esbarrando nem nos desmembramentos das famílias, nem no desânimo dos povos, e tendo por objetivo, por toda a parte, a implantação da cruz do Cristo em todos os pontos da Terra, não é um imenso fato espiritualista? É necessário, pois, encarar esses três homens como grandes propagadores que, por ambição ou por crença avançaram a luz no Ocidente, quando o Oriente sucumbia na enervante preguiça e na sua inatividade. Ora, a Terra não é um mundo em que o progresso se faça rapidamente e por via da persuasão e da mansuetude. Não vos admireis, pois, que muitas vezes seja preciso tomar da espada, em vez da cruz.

Lamennais

P – Dissestes que existirá sempre a guerra. Contudo, parece que o progresso moral, destruindo as suas causas, a fará cessar. R – Ela existirá sempre, no sentido em que sempre haverá lutas. Mas as lutas mudarão de forma. É verdade que o Espiritismo deve espalhar no mundo a paz e a fraternidade. Mas, bem o sabeis, se o bem triunfa, nada obstante sempre haverá luta. Evidentemente o Espiritismo cada vez mais fará compreender a necessidade da paz; mas o mal vela sempre. Ainda será necessário muito tempo, na Terra, lutar pelo bem. Apenas as lutas se irão tornando mais raras.

(MESMO ASSUNTO – MÉDIUM: SR. LEYMAR)

A influência dos homens de gênio sobre o futuro dos povos é incontestável. Nas mãos da Providência eles são instrumentos para abreviar as grandes reformas que, sem eles, só viriam depois de muito tempo. São eles que semeiam os germes das ideias novas. E, o mais das vezes, voltam alguns séculos mais tarde, sob outros nomes, para continuar ou completar a obra que começaram.

César, essa grande figura da antiguidade, nos representa o gênio da guerra, a lei organizada. As paixões por ele levadas ao extremo abalaram profundamente a sociedade romana. Esta muda de face e na sua evolução tudo se transforma em seu redor. Os povos sentem mudar a sua antiga constituição; uma lei implacável, a da força, une o que não devia separar-se, conforme a época em que vivia César. Sob sua mão triunfante as Gálias se transformam e, após dez anos de combates, constituem uma unidade poderosa. Mas dessa época data a decadência romana. Levada ao excesso, essa potência que fazia tremer o mundo, cometia as faltas do poder extremo. Tudo quanto cresce além das proporções assinadas por Deus deve cair também. Esse grande império foi invadido por uma nuvem de povos saídos de regiões então desconhecidas. O renome tinha levado, com as armas de César, as ideias novas aos países do Norte, que se precipitaram como uma torrente. Vede, essas tribos bárbaras lançando-se rapaces sobre as províncias onde o sol era melhor, o vinho mais doce, as mulheres mais belas. Atravessavam as Gálias, os Alpes, os Pirineus, para ir fundar suas colônias em toda a parte e desagregar o grande corpo chamado império romano. Só o gênio de César tinha bastado para levar sua nação ao auge do poder. Dele data a época da renovação, em que todos os povos se confundem, se atritam uns aos outros, buscando outras coesões, outros elementos. E, entretanto, durante vários séculos, que ódio entre essa gente! Quantos combates! Quantos crimes! Quanto sangue!

Barbaret

Com sua mão bárbara, Clóvis devia ser o ponto de partida de uma nova era para os povos. Obedecia ao costume e, para formar uma nação não recuava ante coisa alguma. Tomava-a com o punhal e a astúcia. Criava um novo elemento adotando o batismo, iniciando seus rudes soldados numa crença. Entretanto, como ele, tudo ia à deriva, apesar da ideia, apesar do cristianismo. Eram precisos Carlos Martel, Pepino e depois Carlos Magno.

Saudemos essa figura poderosa, essa natureza enérgica que sabe, novo César, reunir num feixe, todos os povos dispersos, mudar as ideias e dar uma forma a esse caos. Carlos Magno é a grandeza na guerra, na lei, na política, na moralidade nascente, que devia fundir os povos e lhes dar a intuição da conservação, da unidade, da solidariedade. Dele datam os grandes princípios que formaram a França; dele datam as nossas leis, as nossas ciências aplicadas. Transformador, era ele marcado pela Providência para ser o traço de união entre César e o futuro. Também o chamam o Grande porque, se empregou terríveis meios de execução, foi para dar forma e um pensamento único a essa reunião de povos bárbaros, que não podiam obedecer senão a quem era poderoso e forte.

Barbaret

Nota: Como o nome era desconhecido, pediu-se ao Espírito que desse alguns esclarecimentos sobre a sua pessoa.

Eu vivia no tempo de Henrique IV. Era entre todos humilde. Perdido nessa Paris onde tão bem se esquece aquele que se esconde e só busca o estudo, gostava de ser só, ler e comentar à minha maneira. Pobre, trabalhava e o labor diário me dava essa alegria inefável que se chama liberdade. Copiava livros, fazia essas maravilhosas vinhetas, prodígios de paciência e de saber que davam o pão e a água a toda a minha paciência. Mas eu estudava, amava a minha pátria e buscava a verdade na ciência. Ocupava-me de história e para a minha França bem amada eu desejava a liberdade: desejava todas as aspirações sonhadas na minha humildade. Desde então estou num mundo melhor e Deus me recompensou de minha abnegação, dando-me essa tranquilidade de espírito, em que todas as obsessões do corpo estão ausentes, e eu sonho pelo meu país, pelo mundo inteiro, pela nossa Terra, pelo amor e pela liberdade.

Venho muitas vezes para vos ver e vos ouvir. Gosto dos vossos trabalhos e deles participo com todo o meu ser. Desejo-vos perfeitos e satisfeitos no futuro. Que sejais felizes, como eu o desejo. Mas não o sereis completamente senão vos despojardes da roupagem velha que desde muito veste o mundo inteiro: falo do egoísmo. Estudai o passado, a história do vosso país e aprendereis mais com o sofrimento dos vossos irmãos que com qualquer outra ciência.

Viver é saber, é amar, é auxiliar-se mutuamente. Ide, pois, e fazei segundo o vosso Espírito: de lá Deus vos vê e vos julga.

Barbaret

AVISO

Foi-nos enviado um manuscrito muito volumoso intitulado *O Amor, revelações do Espírito de 3ª. ordem da série angélica ao irmão P. Montani*. A remessa não veio acompanhada de uma carta, de modo que ignoramos a quem agradecer. Enquanto esperamos, diremos que o trabalho tem coisas excelentes e é baseado na mais sã moral e sobre os princípios fundamentais do Espiritismo. Mas, ao lado disso, há teorias aventurosas sobre vários pontos e que se prestam a uma crítica séria. De nossa parte, não poderíamos aceitar tudo quanto ali contém e achamos inconveniente publicá-lo sem modificações.

Allan Kardec

ANO V
AGOSTO DE 1862

CONFERÊNCIA DO SR. TROUSSEAU, PROFESSOR DA FACULDADE DE MEDICINA

FEITA NA ASSOCIAÇÃO POLITÉCNICA, PARA ENSINO GRATUITO DOS OPERÁRIOS A 18 E 25 DE MAIO DE 1862 (BROCHURA IN-8º)

Se usaram inutilmente os cornos do diabo para derrubar o Espiritismo, eis um reforço que chega aos adversários: é o Sr. doutor Trousseau, que vem dar o golpe de graça nos Espíritos. Infelizmente se o Sr. Trousseau não acredita nos Espíritos, também não crê no diabo. Mas pouco importa o auxiliar, desde que bata o inimigo. Sem dúvida esse novo campeão vai dizer à respeito a última palavra da ciência: é, pelo menos, o que há de esperar de um homem tão atualmente colocado por seu saber. Atacando as ideias novas, não quererá deixar um argumento sem réplica; não quererá ser acusado de falar de coisas que desconhece; sem dúvida vai tomar os fenômenos um por um, pesquisá-los, analisá-los, comentá-los, explicá-los, demoli-los, demonstrando por a mais b que são ilusões. Ah! Espíritas! Fiquemos firmes! Se o Sr. Trousseau não fosse um sábio ou ao menos um meio-sábio, seria capaz de esquecer alguma coisa. Mas um sábio inteiro não quererá deixar a tarefa pela metade. Em geral hábil, quererá a vitória completa. Escutemos e tremamos!

Depois de uma tirada contra as pessoas que se deixam levar por anúncios, assim se exprime:

"É que, na verdade, as pessoas capazes de julgar, seja o que for, não são as mais numerosas. O Sr. de Sartines queria mandar para a cadeia um charlatão que vendia suas drogas na Ponte Nova e fazia um belo negócio. Mandou chamá-lo e lhe perguntou: 'Maroto, como é que você atrai tanta gente e ganha tanto dinheiro?' O homem respondeu: 'Senhor, quantas pessoas pensais que passam diariamente pela Ponte Nova?'

– Não sei. – Vou dizer-vos: cerca de dez mil. Nesse número quantas pensais que sejam espertas? – Oh! Oh! Talvez cem, disse o Sr. Sartines. – É muito, mas vo-las deixo e fico com as nove mil e novecentas.

O charlatão era muito modesto e o Sr. Sartines muito severo para com a população de Paris. Sem a menor dúvida mais de cem pessoas inteligentes talvez atravessassem a Ponte Nova e os mais inteligentes talvez parassem diante dos cavaletes do charlatão com tanta confiança quanto a multidão. Porque, senhores, direi que as classes elevadas sofrem a influência do charlatanismo.

Entre as nossas sociedades científicas citarei o Instituto. Citarei a seção da Academia de Ciências que encerra, com certeza, a elite dos cientistas do nosso país. Desses sábios há uns vinte que se dirigem aos charlatães.

Prova evidente da grande confiança que têm no saber de seus confrades, já que a estes preferem os charlatães.

É certo que são pessoas de grande mérito. Somente porque são matemáticos, químicos ou naturalistas eminentes, concluem que são muito bons médicos e então se julgam perfeitamente capazes de julgar as coisas que ignoram completamente.

Se isso prova em favor de seu saber, não prova muito em favor de sua modéstia e de sua opinião. Foram feitas muitas sátiras contra os sábios do Instituto. Não conheço nenhuma mais mordaz. É provável, pois, que juntando o exemplo ao preceito, o professor só fale do que sabe.

Conosco por vezes temos essa modéstia que, sendo apenas médicos, se nos apresentam grandes teoremas de Matemática ou de Mecânica, confessamos não saber, declinamos da competência. Mas os verdadeiros sábios jamais declinam de sua competência em coisa alguma, sobretudo no que se refere à Medicina.

Já que os médicos declinam de sua competência naquilo que não sabem, temos uma garantia de que o Sr. Trousseau não tratará, sobretudo numa lição pública, de questões ligadas à Psicologia, desde que não seja profundamente versado nessas matérias. Esses conhecimentos lhe fornecerão, sem dúvida, argumentos irresistíveis em apoio de seu argumento.

É triste dizer que os empíricos sempre tiveram muito acesso às criaturas inteligentes. Tive a extrema honra de ser amigo íntimo do ilustre Béranger.

Em 1848 tinha ele uma pequena oftalmia, para a qual o Sr. Bretonneau lhe havia aconselhado um colírio. A oftalmia foi curada. Mas como Béranger lia e trabalhava muito e como fosse um pouco dartroso, a oftalmia reapareceu. Então se dirigiu a um sacerdote polonês, que curava moléstias de olhos com um remédio secreto. Nessa época eu era, na faculdade, presidente do júri encarregado do exame de oficiais da saúde. Como o sacerdote polonês tinha contas a ajustar com a polícia, porque tinha inutilizado alguns olhos, quis regularizar-se. Com esse objetivo foi procurar Béranger e lhe perguntar se, por sua influência, poderia conseguir que fosse autorizado como oficial de saúde, a fim de estar em condições de tratar dos olhos e à vontade vazar os olhos dos clientes.

Desde que Béranger tinha sido curado pelo Sr. Bretonneau, por que motivo iria dirigir-se a um outro? É natural ter mais confiança naquele que nos curou, que tem mais experiência do nosso temperamento do que um estranho.

Na verdade o diploma é um salvo-conduto, que não só permite aos oficiais de saúde arrancar os olhos dos clientes, mas aos médicos matá-los sem remorso e sem responsabilidade. É certamente por isso que os seus sábios confrades, como confessa o Sr. Trousseau, são tão arrastados a se dirigirem aos empíricos e charlatães.

Béranger procurou-me e me disse: – Meu amigo, prestai-me um grande obséquio. Tratai de fazer aprovarem esse pobre diabo. Ele só se ocupa de moléstia dos olhos e, posto o exame para oficiais de saúde abranja todos os ramos da arte de curar, sede indulgente e manso. É um refugiado e depois, ele me curou: eis a melhor razão. Eu lhe respondi: – mandai-me o vosso homem. O sacerdote polonês veio à minha casa. Sois recomendado, disse-lhe eu, por um homem a quem sou particularmente obrigado; é o mais caro de meus amigos. Além disso, é Béranger, o que vale ainda mais. Dois de meus colegas, a quem falei, e eu, estamos decididos a fazer o que for possível; apenas os exames são públicos, e será bom tapar um pouco os ouvidos, custa pouco. E acrescentei: – vamos, serei um bom príncipe. Examinarei anatomia e não vos será difícil saber tanta anatomia quanto eu. Eu interrogarei sobre o olho.

Nosso homem pareceu desconcertado. Continuei: sabeis o que é o olho? Muito bem. Sabeis o que é a pálpebra? – Sim. – Tendes ideia do que é a córnea? ...Ele hesitou. A Pupila? –Ah! Senhor, a pupila conheço bem. – Sabeis o que é o cristalino, o humor vítreo, a retina? –Não, senhor; para que me serviria isso? Só me ocupo de doença de olhos. Digo-lhe: isso serve para alguma coisa; e vos garanto que quase seria necessário suspeitar da existência de um cristalino, principalmente se quiserdes, como por vezes o fazeis, segundo me parece, operar cataratas. – Eu não opero. – Mas se vos desse na telha extrair uma ... Não houve saída. o infeliz queria exercer a arte do oculista sem a menor noção de anatomia do olho.

É realmente difícil mostrar-se menos exigente para dar a esse infeliz o direito de legalmente vazar os olhos do próximo. Contudo parece que ele não operava – embora a fantasia pudesse arrastá-lo – e que apenas estava de posse de um remédio para curar as oftalmias, e cuja aplicação absolutamente empírica, não requer conhecimentos especiais e que isso não é bem aquilo que se chama a arte do oculista. A nosso ver, o mais importante era a certeza de que o remédio nada contivesse de ofensivo; tinha curado o Sr. Béranger e era uma presunção favorável; e, no interesse da humanidade poderia ser útil continuar em uso. Aquele homem podia ter conhecimentos de anatomia, obter o diploma, mas isso não tornaria bom o remédio, caso fosse mau. Entretanto, graças ao diploma, teria podido receitá-lo com segurança, por mais perigoso que fosse. Jesus Cristo, que curava os cegos, os surdos, os mudos e os paralíticos, não sabia mais que aquele a respeito de anatomia. E o Sr. Trousseau incontestavelmente teria recusado o direito de fazer milagres. Que multas não teria que pagar hoje se não pudesse curar sem diploma!

Nada disso tem relação com os Espíritos, mas são as premissas do argumento com que vai esmagar os seus partidários.

Procurei Béranger e lhe contei a história. Béranger exclamou:

'Coitado!...'

É provável que dissesse, de si para consigo: entretanto me curou! – Longe de fazermos a apologia dos charlatães e dos vendedores de panacéias: queremos apenas dizer que pode haver remédios eficazes, fora das fórmulas do Codex; que os selvagens que têm segredos infalíveis nas picadas de cobras, não conhecem a teoria da circulação do sangue nem a diferença entre sangue venoso e sangue arterial. Queríamos saber se o Sr. Trousseau, picado por uma cascavel ou por uma coral recusaria os socorros daqueles, apenas porque não têm diploma.

No próximo artigo falaremos especialmente das diversas categorias de médiuns curadores, que parece, se multiplicam de uns tempos para cá.

Eu lhe disse: – meu caro Béranger, sou vosso médico há oito anos. Hoje vou cobrar os meus honorários. – E quais são eles? – Ides fazer uma canção dedicada a mim, mas eu vou dar o estribilho.

– Ah! Bem! e o estribilho? *–Ah! Como a gente sabida é boba!* Ficou acertado entre nós que ele não mais me falaria do seu sacerdote polonês. Não é triste ver um homem como Béranger, a quem eu contava tais coisas, não compreender que o seu protegido podia fazer muito mal e era absolutamente incapaz de fazer fosse o que fosse de útil pelas mais simples doença dos olhos?

Parece que Béranger não estava muito convencido da infalibilidade dos doutores diplomados e podia repetir o estribilho:

Ah! Como a gente sabida é boba.

Como vedes, senhores, as pessoas inteligentes são as que caem primeiro. Lembrai-vos do que se passava no fim do século passado. – Um empírico alemão emprega a eletricidade, ainda mal conhecida naquela época. Submete algumas mulheres vaporosas à ação do fluido; há pequenos acidentes nervosos, que ele atribui a um fluido emanado de si próprio; lança uma teoria bizarra, na época chamada *mesmerismo.* Vem a Paris, instala-se na Praça Vendôme, no grande centro de Paris; aí as pessoas mais ricas, as camadas mais altas da sociedade da capital, vem se postar em torno da varinha de *Mesmer.* Eu não saberia dizer quantas curas foram atribuídas a Mesmer, que aliás é o inventor e o importador, entre nós, dessa maravilha que se chama sonambulismo, isto é, *uma das mais vergonhosas chagas do empirismo.*

Com efeito, que dizer do sonambulismo? Moças histéricas, geralmente perdidas, juntam-se a qualquer charlatão famélico e simulando o êxtase, a catalepsia, o sono, e ei-los, com a mais truanesca segurança, exibindo mais inépcias do que se poderia imaginar, inépcias bem pagas, bem aceitas, acreditadas com uma fé mais robusta que os conselhos do clínico mais esclarecido.

248 REVISTA ESPÍRITA

De que serve serem inteligentes, se são os que caem primeiro? Que é preciso para não se deixar cair? Ser sábio?

– Não. – Ser membro do instituto? – Não, pois um bom número deles têm a fraqueza de preferir os charlatães aos seus confrades. É o Sr. Trousseau quem no-lo diz. – Ser médico? –Também não, pois um bom número deles se dá ao absurdo do magnetismo. – Que é, então, necessário para ter bom senso? – Ser o Sr. Trousseau."

Sem dúvida o Sr. Trousseau tem direito a externar a sua opinião, de crer ou não no sonambulismo de *moças perdidas, unidas a charlatães?* É inevitável que nisso, como em tudo, haja abusos, do que não está isenta a medicina oficial. Sem dúvida há simulacros de sonambulismo. Mas pelo fato de haver falsos devotos, pode-se dizer que não haja verdadeira devoção? O Sr. Trousseau ignora que entre os sonâmbulos profissionais há senhoras casadas muito respeitáveis? Que o número das que não se põem em evidência é muito maior? Que as há nas famílias mais honradas e mais altamente colocadas? Que muitos médicos, devidamente diplomados, de um saber incontestável, são hoje campeões declarados do magnetismo que empregam com sucesso numa porção de casos rebeldes à medicina comum? Não tentamos fazer o Sr. Trousseau mudar de opinião, provando a existência do magnetismo e do sonambulismo, pois talvez fosse tempo perdido. Aliás isso nos desviaria do nosso escopo. Diremos, porém, que se o ataque e o sarcasmo são armas pouco dignas da ciência, é ainda mais indigno que ela arraste na lama uma ciência, hoje espalhada no mundo inteiro, reconhecida e praticada pelos mais eminentes homens e atirar sobre os que a professam os insultos mais grosseiros que se possam encontrar no vocabulário da injúria. É para lamentar ouvir expressões tão triviais, feitas para inspirar desgosto descendo das cátedras do ensino.

"Vós vos admirais que inépcias, como vos apraz chamar, sejam 'acreditadas com uma fé mais robusta que os conselhos de clínico mais esclarecido'. A razão disso está na inumerável quantidade de erros cometidos pelos clínicos mais esclarecidos dos quais citaremos dois exemplos.

Uma senhora do nosso conhecimento tinha um filho de quatro a cinco anos, com um tumor no joelho, em consequência de uma queda. O mal tornara-se tão grave que julgou dever consultar uma celebridade; esta prescreveu imediatamente a amputação indispensável e urgente, para salvar a vida da criança. A mãe era sonâmbula. Não podendo decidir o caso da operação de sucesso duvidoso, resolveu tratar ela própria. Ao cabo de um mês a cura era completa. Um ano depois o menino estava forte e sadio; ela foi ver o médico e lhe disse: 'Eis o menino que, em vossa opinião, deveria morrer se a perna não fosse cortada'. – Que quereis? Respondeu ele, – a natureza tem recursos imprevistos!

O outro caso é pessoal. Há doze anos fiquei quase cego, a ponto de quase não poder ler nem escrever e não reconhecer as pessoas a quem dava a mão. Consultei as notabilidades da ciência, entre outras o doutor L..., professor de clínica para as moléstias dos olhos. Depois de um exame muito atento e consciencioso, declarou que eu sofria de uma amaurose e que devia resignar-me.

Fui ver uma sonâmbula, que me disse que não era amaurose, mas uma apoplexia nos olhos, que podia degenerar em amaurose se não fosse cuidada adequadamente. Declarou responder pela cura. Em quinze dias, disse ela, experimentareis uma ligeira melhora; em um mês começareis a ver e em dois ou três meses nada mais tereis. Tudo se passou como ela tinha previsto e hoje minha visão está completamente restabelecida."

O Sr. Trousseau continua:

"Ainda em nossos dias tendes um americano que evoca os Espíritos, fazendo falar Sócrates, Voltaire, Rousseau, Jesus Cristo e quem se queira! E em que lugares? Nas privadas de alguns bêbados?"

A escolha de expressões do professor é realmente notável.

"Não: ele os faz falar nos palácios, no senado, nos mais aristocráticos salões de Paris. Há gente decente que diz: "Mas eu vi; recebi um toque de mão invisível; a mesa foi até o teto!" Eles vo-lo dizem e repetem. E durante sete ou oito meses os Espíritos batedores deslumbraram os homens, espantaram as mulheres e lhes deram ataques de nervos. Essa estupidez não tem nome; essa estupidez que o homem mais grosseiro teria vergonha de aceitar, foi aceita por gente esclarecida, mais ainda, por gente das classes altas de Paris."

O Sr. Trousseau poderia acrescentar: e do mundo inteiro. Parece que ele ignora que essa estupidez sem nome não durou sete ou oito meses, mas dura sempre e se propaga cada vez mais por toda a parte;

que a evocação dos Espíritos não é privilégio de um americano, mas de milhares de pessoas de ambos os sexos, de todas as idades e de qualquer país. Até o presente, em boa lógica; a adesão das massas e das pessoas esclarecidas tinha sido considerada como de certo valor. Parece, porém, que não vale nada e que a única opinião sensata é a do Sr. Trousseau e dos que pensam como ele. Quanto aos outros, seja qual for a sua posição social, a sua instrução, morem em palácios e ocupem no Estado as primeiras posições, estão abaixo do homem grosseiro, porque o homem mais grosseiro teria vergonha de aceitar suas ideias. Quando uma opinião se acha tão espalhada quanto a do Espiritismo, quando, em vez de diminuir progride rapidamente e prodigiosamente, quando é aceita pela elite da sociedade, se falsa e perigosa é necessário opor-lhe um dique, combater com provas contrárias. Parece que o Sr. Trousseau só dispõe deste argumento:

Ah! Como a gente sabida é boba!

NECROLOGIA

MORTE DO BISPO DE BARCELONA

Escrevem-nos da Espanha que o bispo de Barcelona, aquele mesmo que mandou queimar trezentos volumes espíritas pela mão do carrasco, a 9 de outubro de 1861[1], morreu a 9 deste mesmo mês e foi enterrado com a pompa costumeira para os chefes da Igreja. Apenas nove meses são decorridos, e já esse auto-de-fé produz os resultados pressentidos por todos, isto é, apressou a propagação do Espiritismo naquele país. Com efeito, a repercussão daquele ato inqualificável neste século, chamou para essa doutrina a atenção de uma multidão de criaturas que jamais dela tinham ouvido falar e a imprensa, fosse qual fosse a sua opinião, não pôde silenciar. O aparelho exibido em tal circunstância era de molde a aguçar a curiosidade pela atração do fruto proibido e, principalmente, pela mesma importância dada à coisa, desde que cada um teria dito, lá com os seus botões, que não se faz assim com uma ninharia ou com um sonho vão. Muito naturalmente o pensamento recuou alguns séculos e deve ter-se lembrado que nesse mesmo país

---

[1] Vide, para detalhes, a *Revista Espírita* de novembro e dezembro de 1861.

não só queimaram livros, mas criaturas. Que poderiam, pois, conter tais livros que merecessem a solenidade da fogueira? Foi o que quiseram saber; e na Espanha o resultado foi o mesmo que em toda a parte onde o Espiritismo foi atacado: sem os ataques trocistas ou sérios, de que foi objeto, contaria dez vezes menos partidários do que tem; quanto mais violenta e insistente a crítica, mais ele tomou relevo e se desenvolveu. Os ataques anódinos passariam em branco, ao passo que o brilho do raio desperta os mais entorpecidos; querem ver o que se passa – e é tudo quanto pedimos, antecipadamente seguros do resultado do exame. Isso é um fato positivo, pois cada vez que, numa localidade, o anátema desceu sobre ele do alto da cátedra, temos certeza de ver aumentar o número dos assinantes, ou estes aparecerem se não os houvesse antes. A Espanha não podia escapar a essa consequência: assim, não há um Espírita que não se tenha alegrado ao saber do auto-de-fé de Barcelona, pouco depois seguido do de Alicante; e mais de um adversário deplorou um ato do qual a religião nada tinha a ganhar. Diariamente temos a prova irrecusável da marcha progressiva do Espiritismo nas classes mais esclarecidas daquele país, onde conta fervorosos adeptos.

Um dos nossos correspondentes na Espanha, anunciando a morte do bispo de Barcelona, nos sugere a sua evocação. Dispúnhamo-nos a fazê-lo e, assim, tínhamos preparado algumas perguntas, quando ele se manifestou espontaneamente a um dos nossos médiuns, respondendo por antecipação a todas as perguntas que lhe queríamos fazer e antes que as mesmas fossem emitidas. Sua comunicação, de caráter absolutamente imprevisto, continha, entre outras, a seguinte passagem:

"... Auxiliado por vosso chefe espiritual pude vir ensinar-vos com o meu exemplo e vos dizer: não repilais nenhuma das ideias anunciadas porque um dia, um dia que durará e pesará como um século, essas ideias amontoadas gritarão como a voz do Anjo: Caim, que fizeste de teu irmão? Que fizeste de nosso poder, que devia consolar e elevar a humanidade? O homem que voluntariamente vive cego e surdo de espírito, como outros o são do corpo, sofrerá, expiará e renascerá para recomeçar o labor intelectual, que a sua preguiça e o seu orgulho o levaram a evitar; e essa voz terrível me disse: queimaste as ideias e as ideias te queimarão!...

Orai por mim. Orai, porque é agradável a Deus a prece que lhe é dirigida pelo perseguido em favor do perseguidor.

Aquele que foi bispo e que não passa de um penitente."

Esse contraste entre as palavras do Espírito e as do homem nada tem de surpreendente. Todos os dias vemos gente que, após a morte, pensa diversamente do que pensava em vida, uma vez caída a venda das ilusões, o que é uma prova incontestável de superioridade. Os Espíritos inferiores e vulgares são os únicos que persistem no erro e nos preconceitos da vida terrena. Quando vivo, o bispo de Barcelona via o Espiritismo através de um prisma particular, que lhe desnaturava as cores ou, melhor dito, não o conhecia. Agora o vê sob sua verdadeira luz e lhe sonda a profundidade. Caído o véu, já não é para ele uma opinião, uma teoria efêmera, que se pode sepultar nas cinzas: é um fato; é a revelação de uma lei da natureza, irresistível como a força da gravitação, lei que deve, pela força das coisas, ser aceita por todos, como tudo quanto é natural. Eis o que ele compreende agora e o que o fez dizer que as ideias que quis queimar o queimarão. Por outras palavras, os preconceitos que o tinham levado a condená-las.

Não o podemos desejar pelo tríplice motivo de que o verdadeiro espírita a ninguém deseja isso, não conserva rancor, esquece as ofensas e, a exemplo do Cristo, perdoa aos inimigos. Em segundo lugar porque, longe de nos prejudicar, ele nos serviu; enfim porque ele reclama de nós a prece *do perseguido pelo perseguidor,* como a mais agradável a Deus, pensamento todo caridade, digno da humildade cristã, revelada pelas últimas palavras: "Aquele que foi bispo e que não passa de um penitente". Bela imagem das dignidades terrenas deixadas à borda da sepultura, para se apresentar a Deus tal qual se é, sem os atavios impostos aos homens.

Espíritas, perdoemos-lhe o mal que nos quis fazer, como quereríamos que as nossas ofensas nos fossem perdoadas e roguemos por ele no aniversário do auto-de-fé a 9 de outubro de 1861.

MORTE DA SRA. HOME

Lemos em o NORD, de 15 de julho de 1862:

"O famoso Sr. Dunglas Home passou por Paris nestes dias. Pouca gente o viu. Ele acaba de perder sua senhora, irmã da Condessa Kuchelew-Bezborodko. Por mais cruel que seja essa perda, disse ele que lhe é menos sensível do que para outro homem, não porque a amasse menos, mas porque a morte não o separa daquela que aqui tinha o seu nome. Eles se veem e conversam tão à vontade como quando habitavam juntos o mesmo planeta. 'O Sr. Home é católico romano e sua senhora, antes de soltar o último alento, querendo unir-se ao marido numa última comunhão espiritual, abjurou a religião grega em presença do bispo de Périgueux. Isso se passou no Castelo de Laroche, residência do Conde Kuchelew'."

O folhetim – pois é num folhetim, ao lado do Pré-Catalão, que encontramos essa nota – é assinado *Nemo,* um dos críticos que não poupou zombarias aos espíritas e às suas pretensões de conversar com os mortos. Senhor, não é engraçado acreditar que aqueles a quem amamos não estejam perdidos para sempre e que os veremos? Não é mesmo ridículo e muito tolo e supersticioso acreditar que estejam ao nosso lado, que nos vejam e nos escutem quando não os vemos e que possam comunicar-se conosco? O Sr. Home e sua esposa *se veem, conversam* tão à vontade como se estivessem juntos. Que absurdo! E dizer que em pleno século dezenove, o século das luzes, haja criaturas tão crédulas que acreditem em semelhantes tolices, dignas dos contos de Perrault! Perguntem a razão ao Sr. Trousseau. O nada, falai-me disso! Isso é que é lógico! A gente tem mais liberdade de fazer na vida aquilo que se quer. Ao menos não se teme o futuro. Sim; mas onde a compensação para o infeliz? – *Nemo,* singular pseudônimo para a circunstância!

SOCIEDADE ESPÍRITA DE CONSTANTINA

Nota: Falamos da sociedade que se formou em Constantina, sob o título de *Sociedade Africana de Estudos Espíritas,* sob os auspícios da Sociedade de Paris. Transcrevemos a seguir a comunicação por ela obtida para a sua instalação:

"Posto os trabalhos até hoje feitos por vossa sociedade não estejam isentos de crítica, não nos queremos deter sobre essas considerações, à vista da boa vontade que vos anima. Levamos mais em conta a intenção que os fatos.

Antes de mais nada penetrai-vos da grandeza da tarefa que empreendestes e fazei quanto possível para chegardes a bom termo. Só assim podereis esperar ser assistidos pelos Espíritos superiores.

Entremos na matéria e vejamos se não cometestes algumas faltas. Para começar cometestes o grande equívoco de vos servirdes de todos os vossos médiuns para as comunicações particulares. Que é a evocação geral senão o apelo aos bons Espíritos para se comunicarem convosco? Então, que fazeis? Em vez de esperar, após a evocação geral e de dar aos bons Espíritos tempo para se comunicarem por este ou aquele médium, conforme as simpatias que possam existir, passais imediatamente às evocações particulares. Sabei que esse não é um bom meio de obter comunicações espontâneas, como estas são recebidas em outras sociedades. Assim, esperai um pouco e recolhereis as comunicações gerais, que sempre vos ensinarão algumas verdades necessárias. Em seguida podeis passar às evocações particulares. Mas então, para cada uma não vos sirvais senão de um só médium. Não sabeis que só os Espíritos superiores estão em condições de se manifestarem por vários médiuns? Não façais senão um só médium servir a cada evocação particular; e se tiverdes dúvidas quanto à verdade das respostas obtidas, então, num outro dia, fazei nova evocação, empregando outro médium.

Estais apenas no começo da ciência espírita e ainda não podeis colher todos os frutos que ela dá aos adeptos experimentados. Mas não desanimeis: ser-vos-ão levados em conta os esforços para vos melhorardes e para proteger a verdade imutável de Deus. Avante, pois, meus amigos; e que o ridículo que encontrais mais uma vez no caminho não vos desvie da linha da crença espírita."

Jacques

Os espíritas de Constantina nos pediram solicitássemos de Santo Agostinho o seu patrocínio espiritual para a sua sociedade. Ele nos deu a respeito esta comunicação:

(SOCIEDADE DE PARIS, 29 DE JUNHO DE 1862 – MÉDIUM: SR. E. VÉZY)

Dirigindo-se, para começar, aos membros da Sociedade de Paris, diz ele:

"Bem andaram os nossos filhos da Nova França ligando-se a vós; fizeram bem em não se separarem do tronco. Ficai sempre unidos e os bons Espíritos estarão convosco." Continua dirigindo-se aos de Constantina.

Amigos, sinto-me feliz por me haverdes escolhido para vosso guia espiritual. Ligado à Terra por uma grande missão que deve regenerá-la, estou satisfeito por poder encorajar mais especialmente um grupo de pensadores que se ocupam com a grande ideia e por presidir aos seus trabalhos. Ponde, pois, o meu nome à frente dos vossos, e os Espíritos da minha ordem virão afastar os maus Espíritos que sempre rondam à porta das assembleias onde se discutem as leis da moral e do progresso. Que a fraternidade e a concórdia permaneçam em vosso meio. Lembrai-vos de que todos os homens são irmãos e que o grande objetivo do Espiritismo é reuni-los um dia no mesmo lar e de fazer que se sentem à mesa do Pai Comum: Deus.

Como é bela essa missão! Assim, com que alegria vimos a vós para vos dar a conhecer os desígnios divinos! Para vos revelar as maravilhas do além-túmulo! Mas vós, que já sois iniciados nessas sublimes verdades, espalhai a semente em vosso derredor e a recompensa será bela. Gozareis, na Terra, as suas primícias. Que alegria! Marchai sempre na via do ensino, do amor e da caridade!

Pronunciai meu nome com confiança nas horas de temor e de dúvida: logo os vossos corações serão aliviados da amargura e do fel que podem conter. Não esqueçais que estarei em todos os pontos da Terra onde tiverdes de levar o apostolado evangélico. Eu vos encerrarei a todos em minh'alma, para um dia vos depositar numa alma mais vasta e mais forte. Estarei sempre convosco, como aqui estou; minha voz terá para vós a doçura que reconheceis, porque nem gosto dos gritos, nem dos sons agudos. Incessantemente ouvir-me-eis repetir: amai-vos, amai-vos! Poupai-me de me armar do açoite com que se deve ferir o mau. Posto isso por vezes seja necessário, não sejais nunca desse número. Tempo virá em que a humanidade marchará dócil à voz do bom pastor. Sois vós, filhos, que deveis ajudar-nos nessa regeneração e que deveis ouvir soar a primeira hora. Porque eis o rebanho que se reúne e o pastor que chega."

Observação: O Espírito alude a uma revelação de subida importância, feita pela primeira vez num grupo espírita de pequena cidade africana, nos confins do deserto, por um médium completamente iletrado. Essa revelação, que nos foi transmitida imediatamente, chegou simultaneamente de diversas paragens da França e do estrangeiro. Desde então numerosos documentos muito característicos e mais minuciosos vieram lhe dar uma espécie de consagração. Dar-lhe-emos publicidade em tempo oportuno.

"Trabalhai, pois, e tende coragem. Nas vossas reuniões discuti friamente, sem arroubos; pedi o nosso conselho, a nossa opinião, a fim de não cairdes em erro, em heresia. Sobretudo nem formuleis artigos de fé, nem dogmas. Lembrai-vos que a religião de Deus é a religião do coração; que ela tem por base apenas um princípio: a caridade; por desenvolvimento: o amor à humanidade.

Jamais corteis o galho da árvore. Esta é mais verde com todos os seus ramos e estes morrem quando separados do tronco que lhes deu origem. Lembrai-vos que o Cristo compreendeu que a sua igreja se assentasse sobre a própria pedra, a fim de ser sólida, do mesmo modo que ordena não tenha o Espiritismo senão uma raiz, para que esta tenha mais força de penetração em toda a superfície do solo, por mais árida e ressecada que seja.

Um Espírito encarnado foi escolhido para vos dirigir, para vos conduzir. Submetei-vos com respeito, não às suas leis, pois ele não dá ordens, mas aos seus desejos. Por essa submissão provareis aos vossos inimigos que tendes o necessário espírito de disciplina para fazerdes parte da nova cruzada contra o erro e a superstição; o necessário espírito de amor e de obediência para marchardes contra a barbárie. Envolvei-vos na bandeira da civilização moderna: o Espiritismo sob um só chefe e derrubareis essas ideias esquisitas nas frontes cornudas e de grandes caudas que devem ser destruídas.

Esse chefe, cujo nome não direi, bem o conheceis. Está na frente: marcha sem temor às dentadas venenosas das serpentes e répteis da inveja e do ciúme que o cercam; ficará de pé, porque ungimos o seu corpo, para que seja sempre sólido e robusto. Segui-o, então. Mas em vossa marcha as tempestades cairão sobre as vossas cabeças e alguns de vós não encontrarão refúgio nem abrigo. Que esses se resignem com coragem, como os mártires cristãos e pensem que a grande obra pela qual tiverem sofrido é a vida, é o despertar das nações adormecidas e que por isso serão largamente compensados um dia, no reino do Pai."

Santo Agostinho

O trecho que se segue foi extraído de uma carta recente que nos mandou o presidente da Sociedade de Constantina:

"Estamos preocupados todos os residentes europeus e mesmo os indígenas. Em redor de nós formaram-se vários grupos e por toda a parte se ocupam do Espiritismo. Pelo menos a criação de nossa Sociedade terá tido como resultado chamar a atenção para essa ciência nova. Contudo não deixamos de experimentar algum embaraço, mas somos sustentados pelos Espíritos que nos exortam à paciência e dizem que são provas das quais a Sociedade sairá vitoriosa e de certo modo fortalecida. Também temos a oposição externa: o clero de um lado e do outro a gente da mesquita, afirmando em altas vozes que nos encontramos sob a inspiração de Satã e que nossas comunicações vêm do inferno. Temos ainda contra nós os vivedores, entregues ao sensualismo, despreocupados com a própria alma. Materialistas ou céticos que repelem tudo o que se refere a essa outra vida, cuja existência não querem admitir. Fecham os olhos e os ouvidos, chamam-nos de charlatães e procuram abafar-nos pela troça e pelo ridículo. Mas prosseguimos por entre todos os espinhos: não nos faltam os médiuns, os quais surgem diariamente e muito interessantes. Temos comunicações de diversa natureza, e incidentes imprevistos para convencer os mais rebeldes, como uma resposta em italiano por uma pessoa que ignora essa língua; respostas a perguntas sobre a formação do globo terráqueo, por uma senhora médium que não estudou geologia; um outro grupo recebeu mensagens poéticas cheias de encanto."

Observação: Como se vê os sacerdotes muçulmanos também meteram o diabo no jogo. É de notar que os padres de todos os cultos lhe dão tal poder que a gente não sabe qual a parte que reservam a Deus, nem como se deve entender a Sua Onipotência. Se esta é absoluta, o diabo não agirá sem a sua vontade; se é parcial, Deus não é Deus. Felizmente a gente tem mais fé na Sua bondade *infinita* do que na Sua vingança infinita e o diabo ficou muito desacreditado depois que o levaram para o palco a representar desde a comédia até a ópera. Assim, seu nome quase não produz mais efeito sobre as criaturas do que as imagens horrorosas que os chineses colocavam nas muralhas, a fim de espantar os bárbaros europeus. O progresso incessante do Espiritismo prova que tal meio é ineficaz. Será bom procurar outro.

CARTA DO SR. JEAN REYNAUD AO JOURNAL DES DÉBATS

(PUBLICADA NESSE JORNAL A 6 DE JULHO DE 1862)

"Ao Sr. Diretor-Gerente.

258 REVISTA ESPÍRITA

Neuilly, 2 de julho de 1862

Senhor,

Permiti-me responder a duas acusações consideráveis, que me faz, no vosso jornal de hoje, o Sr. Franck, que me toma por partidário do panteísmo e da metempsicose. Não só repilo tais erros com abundância de coração: as pessoas que me honraram com a leitura de meu livro *Terre et Ciel* puderam ver que são contrárias a todos os sentimentos expressos no livro.

Quanto ao panteísmo limito-me a dizer que o princípio da personalidade de Deus é o ponto de partida de todas as minhas ideias e que, sem me inquietar com o que pensam os judeus, estou com os Cristãos que o dogma da Trindade resume toda a teologia sobre o assunto. Assim, à página 226 do citado livro, enuncio que a criação procede da Trindade inteira; melhor ainda, cito textualmente a tese de Santo Agostinho, sob cuja autoridade me coloco, e acrescento: 'Se, afastando-me da Idade Média, no que concerne a ancianidade do mundo, corresse o risco de resvalar no abismo dos que confundem Deus e o Universo num caráter comum de eternidade, eu estacaria. Mas pode ter a menor inquietação a respeito?'

Quanto à segunda acusação, sem me inquietar se penso ou não com o Sr. Salvador, direi apenas que se se entende por metempsicose, no sentido vulgar, a doutrina que expõe o homem, após a morte, a passar pelo corpo de animais, eu a repilo, como filha do panteísmo, como repilo o próprio panteísmo. Creio que o nosso destino futuro se baseia essencialmente na permanência de nossa personalidade. O sentimento dessa personalidade pode eclipsar-se momentaneamente, mas nunca se perde e sua plena posse é o primeiro caráter da vida bem-aventurada a que todos os homens, no curso mais ou menos longo das provas, são chamados continuamente. A personalidade do homem decorre, muito naturalmente, da de Deus. A página 258 daquele livro pergunta-se: 'Como não teria Deus criado à Sua imagem o que quis criar na plenitude de seu amor?' E ainda sobre o ponto refiro-me a Santo Agostinho, cujas palavras cito textualmente: 'Desde, pois, que fomos criados à imagem do nosso Criador, contemplemos em nós essa imagem e, como a criança perdida do Evangelho, voltemos a Ele, depois de nos termos d'Ele afastado por nossos pecados.'

Se o livro *Terre et Ciel* se afasta das ideias aceitas pela Igreja, não é pelas teses substanciais, como quer fazer crer o Sr. Franck, mas apenas, se assim se pode dizer, numa questão de tempo. Ensina-se que a duração da criação é proporcional à sua extensão, de modo que a imensidade reina igualmente nos dois sentidos. E é ensinado, também, que a nossa vida atual, em vez de representar a totalidade das provas pelas quais nos capacitamos para participar da plenitude da vida bem-aventurosa, é apenas um termo da série, mais ou menos longa, de existências análogas. Eis, senhor, o que pôde dar a crítica do Sr. Franck, que me pareceu tanto mais temível quanto é bem conhecida a perfeita lealdade de seu caráter.

Recebei, senhor, etc."

Jean Reynaud

Vê-se que nem fomos o único, nem o primeiro a proclamar a doutrina da pluralidade das existências, isto é, a reencarnação. A obra *Terre et Ciel,* do Sr. Jean Reynaud, apareceu antes de O *Livro dos Espíritos.* Pode-se ver o mesmo princípio, exposto em termos explícitos num brilhante opúsculo do Sr. Louis Jourdan, intitulado *Les Prières de Ludovic,* cuja primeira edição é de 1849, da Librairie-Nouvelle, Boulevard des Italiens. É que a ideia da reencarnação não é nova: é tão velha quanto o mundo e encontrada em autores antigos e modernos. Aos que alegam ser ela contrária aos dogmas da Igreja, respondemos que uma de duas: ou existe a reencarnação, ou não existe. Não há alternativa. Se existe, é uma lei da natureza. Ora, se um dogma é contrário a uma lei da natureza, é preciso saber com quem está a razão. Quando a Igreja anatematizou e excomungou como culpados de heresia os que acreditavam no movimento da Terra, não impediu que a Terra girasse e que todo o mundo hoje creia nisso. Dar-se-á o mesmo com a reencarnação. Não é, pois, questão de opinião, mas questão de fato. Se o fato existe, tudo quanto poderá dizer-se ou fazer-se não impedirá a sua existência e, mais cedo ou mais tarde, os recalcitrantes aceitá-lo-ão. Deus não indaga de suas conveniências para regular a ordem das coisas e o futuro provará, mais cedo ou mais tarde, quem tem razão.

PANDUS E KURUS

A REENCARNAÇÃO NA ANTIGUIDADE

De Nantes escreve um dos nossos assinantes:

"Num livro que trata de obras em sânscrito, encontrei numa passagem do poema *Mahabárata* a exposição das crenças daqueles tempos remotos. Grande foi a minha admiração ao encontrar aí a reencarnação, doutrina que então parece ter sido bem compreendida. Eis o fato que permite ao deus *Krishna* explicar ao chefe dos Pandus a teoria bramânica.

Tendo rebentado a guerra civil entre os descendentes de Pandu, legítimos herdeiros do trono e os descendentes de Kuru, que eram usurpadores, vêm os Pandus à frente de um exército comandado pelo herói Arjuna, atacar estes últimos. A batalha foi longa e a vitória era ainda incerta; um armistício permitiu que os dois exércitos recuperassem as forças; de repente soaram as trombetas e os dois grupos se movimentam para o combate. Cavalos brancos puxam o carro de Arjuna, junto ao qual se mantém Krishna. De repente o herói para no meio do terreno que separa os contendores e os abarca com o olhar; irmãos contra irmãos, diz ele; parentes contra parentes, prestes a se estrangularem sobre os cadáveres dos irmãos! É tomado de profunda melancolia e intensa dor.

Krishna! Exclama ele, – eis os nossos parentes armados, de pé, prestes a se estrangularem. Vê! Meus membros tremem, meu rosto empalidece, meu sangue gela; um frio de morte circula-me nas veias e meus cabelos se eriçam de horror. O arco fiel cai-me da mão, incapaz de o suster, vacilo; nem posso avançar nem recuar e minh'alma, tomada pela dor, parece querer abandonar-me. Deus dos cabelos louros, ah! Dize-me, terei felicidade quando tiver assassinado os meus? Que representarão a vitória, o poder e a vida, quando aqueles para os quais quero obter e conservar tiverem morrido no combate? Ó conquistador celeste, quando o mundo tríplice fosse o preço de sua morte, eu não os quereria estrangular por este globo miserável. Não, não o quero, ainda que se preparem para matar-me impiedosamente.

– Esses cuja morte choras, respondeu o deus, – não merecem que os chores; quer vivam, quer morram, o sábio não tem lágrimas para a vida nem para a morte. O tempo em que eu não existia e tu não existias, em que esses guerreiros não existiam, jamais existiu e jamais virá a hora de nossa morte. Metidas nos corpos, as almas atravessam a juventude, a idade madura, a decrepitude, passando a novos corpos, onde continuam o seu curso. Indestrutível e eterno, um deus desdobra de suas mãos o universo onde estamos. Quem aniquilará a alma que Ele criou? Quem destruirá a obra do Indestrutível? Envoltório frágil, o corpo se altera, corrompe-se e morre; mas a alma, a alma eterna que a gente não pode conceber, jamais perece. Ao combate, Arjuna! Avança os teus corcéis no combate; tu não destróis a alma; esta não será morta; jamais nasce, jamais morre. Ela não conhece presente, nem passado, nem futuro. É antiga, eterna, sempre virgem, sempre jovem, imutável, inalterável. Que significa cair no combate, estrangular os inimigos senão deixar uma vestimenta ou tirar a vestimenta de outrem? Vai! Não temas; atira sem escrúpulo uma veste usada; vê sem terror os teus inimigos e os teus irmãos deixando os corpos perecíveis e suas almas revestindo formas novas. A alma é uma coisa que o gládio não penetra, o fogo não consome, as águas não deterioram e o vento sul não resseca. Para de gemer."

Observação: A ideia da reencarnação está muito bem definida nessa passagem, como, aliás, todas as crenças espíritas o estavam na antiguidade. Só faltava um princípio: o da caridade. Estava reservado ao Cristo proclamar essa suprema lei, fonte de todas as felicidades terrenas e celestes.

O PLANETA VÊNUS

(DITADO ESPONTÂNEO – MÉDIUM: SR. COSTEL)

Vênus é o ponto intermediário entre Mercúrio e Júpiter. Seus habitantes têm a mesma conformação física que vós. A maior ou menor beleza e idealidade nas formas é a única diferença entre os seres criados. Em Vênus a sutileza do ar, comparável a das altas montanhas o torna impróprio aos vossos pulmões. As doenças aí são ignoradas. Seus habitantes só se nutrem de frutas e produtos do leite: desconhecem o bárbaro costume de alimentar-se de cadáveres de animais, ferocidade só existente nos planetas inferiores. Em consequência, as grosseiras necessidades do corpo são aniquiladas e o amor se reveste de todas as paixões e de todas as perfeições apenas sonhadas na Terra.

Como a aurora, em que as formas se revestem indecisas e envoltas no vapor da manhã, a perfeição da alma, quase completa, tem os desconhecimentos e os desejos da infância feliz. A própria natureza reveste a graça da felicidade velada: suas formas moles e arredondadas não têm a violência e a agressividade dos sítios terrenos; o mar, profundo e calmo, ignora as tempestades; as árvores jamais se curvam sob a pressão das tempestades e o inverno não as despoja de sua verdura; nada é deslumbrante; tudo sorri, tudo é suave. Os costumes, marcados de quietude e ternura, não necessitam de repressão para se manterem puros e fortes.

A forma política reveste a expressão da família: cada tribo ou aglomeração de indivíduos tem seu chefe, eleito por classe de idade. A velhice aí é o apogeu da dignidade humana, porque aproxima do fim desejado. Isenta de doenças e feiura, é calma e radiante, como bela tarde de outono.

A indústria terrena, aplicada à inquieta busca do bem-estar material, é simplificada e quase desaparece nas regiões superiores, onde não tem razão de ser. As artes sublimes a substituem e adquirem um desenvolvimento e uma perfeição que os vossos sentidos grosseiros não podem imaginar.

A vestimenta é uniforme: grandes túnicas brancas envolvem o corpo com suas pregas harmoniosas, mas não o desnaturam. Tudo é fácil a esses que só desejam a Deus e que, despojados dos interesses grosseiros, vivem simples e quase luminosos.

Georges

PERGUNTAS SOBRE O DITADO PRECEDENTE – SOCIEDADE DE PARIS, 27 DE JUNHO DE 1862 – MÉDIUM: SR. COSTEL

1. – Por vosso médium predileto fizestes uma descrição de Vênus. Estamos encantados com a sua concordância com o que já nos foi dito, posto que com menor precisão. Rogaríamos que a completásseis, respondendo a algumas perguntas.

Para começar, dizei como tendes conhecimento desse mundo.

R – Sou errante, mas inspirado por Espíritos superiores. Fui mandado a Vênus em missão.

2. – Os habitantes da Terra podem lá encarnar diretamente, ao saírem daqui? R – Ao deixar a Terra os mais adiantados passam por uma erraticidade mais ou menos longa, que os despoja dos laços carnais, imperfeitamente rotos pela morte.

Observação: A questão não era saber se os habitantes da Terra podem lá encarnar-se *imediatamente* após a morte, mas diretamente, isto é, sem passar por mundos intermediários. A resposta foi que é possível aos mais adiantados.

3. – O estado de adiantamento dos habitantes de Vênus permite se lembrem de sua passagem em mundos inferiores e comparar as duas situações? R – Os homens olham para trás com os olhos do pensamento, que reconstitui de relance o passado extinto. Assim, o Espírito adiantado vê com a mesma rapidez com que se move, rapidez fulminante como a eletricidade, bela descoberta que se liga estreitamente à revelação espírita. Ambas contêm em si o progresso material e intelectual.

Observação: Fazendo uma comparação não é necessário saber a posição pessoal que se ocupou; basta conhecer o estado material e moral dos mundos inferiores por onde se passou para lhes notar a diferença. Assim, conforme o que nos dizem de Marte, devemos felicitar-nos para não mais lá estar; e sem sair da Terra, basta considerar os povos bárbaros e ferozes e saber que tivemos de passar por esses estados, para nos sentirmos mais felizes. Sobre outros mundos temos apenas informações hipotéticas; mas é possível que nos mais adiantados que nós esse conhecimento tenha um grau de certeza que não nos é dado.

4. – Aí a duração da vida é proporcionalmente mais longa ou mais curta que na Terra? R – Em Vênus a reencarnação é muitíssimo mais longa que a prova terrena. Despojada das violências terrestres e humanas e expandida e impregnada da vivificante influência que a penetra, experimenta as asas que transportam a planetas gloriosos como Júpiter e outros semelhantes.

Observação: Conforme fizemos já notar, a duração da vida corpórea parece ser proporcional ao progresso dos mundos. Em sua bondade, quis Deus abreviar as provas nos mundos inferiores. A essa razão junta-se uma causa física: quanto mais adiantados os mundos, tanto menos são os corpos devastados pelas paixões e pelas doenças, que são a sua consequência.

264 REVISTA ESPÍRITA

5. – O caráter dos habitantes de Vênus, conforme a vossa descrição, faz-nos pensar que entre eles não haja guerras, disputas, ódios e inveja. R – O homem só se torna aquilo que as palavras exprimem e seu pensamento limitado está privado do infinito. Assim atribuís até aos planetas superiores as vossas paixões e os vossos motivos inferiores, venenos depositados em vossos seres pela grosseria do ponto de partida, dos quais só vos curais lentamente. As divisões, as discórdias e as guerras são desconhecidas em Vênus, assim como desconhecem a antropofagia.

Observação: Com efeito, por seus vários estágios sociais, a Terra nos apresenta uma infinidade de tipos, que nos podem dar uma ideia dos mundos nos quais cada um desses tipos é o estado normal.

6. – Qual o estado da religião nesse planeta? R – A religião é a adoração constante e ativa do Ser Supremo. Mas adoração despojada de qualquer erro, isto é, de qualquer culto idólatra.

7. – Os seus habitantes estão todos no mesmo nível, ou, como na Terra, uns são mais adiantados que outros? Nesse caso, a quais habitantes da Terra correspondem os menos adiantados? R – A mesma desigualdade proporcional existe entre os habitantes de Vênus, como entre os seres terrenos. Os menos adiantados são as estrelas do mundo terrestre, isto é, os vossos gênios e os homens virtuosos.

8. – Há senhores e servos R – A servidão é o primeiro degrau da iniciação. Os escravos da antiguidade, como os da América moderna, são seres destinados a progredir num meio superior ao que habitavam na última encarnação. Por toda a parte os seres inferiores estão subordinados aos superiores; mas em Vênus tal subordinação moral não se compara a subordinação corpórea que existe na Terra: os superiores não são senhores, mas pais dos inferiores. Em vez de os explorar, ajudam-nos a progredir.

9. – Vênus chegou gradualmente ao estado em que se encontra? Passou anteriormente pelo estado em que se encontram a Terra e Marte? R – Reina uma admirável unidade no conjunto da obra divina. Como as criaturas, como tudo o que é criado, animais ou plantas, os planetas progridem, inevitavelmente. Nas suas variadas expressões, a vida é uma perpétua ascensão para o Criador: numa imensa espiral ele desenvolve os graus de sua eternidade.

10. – Tivemos comunicações concordantes sobre Júpiter, Marte e Vênus. Por que sobre a Lua só temos coisas contraditórias e que não permitem se fixe uma opinião? R – Essa lacuna será preenchida e em breve tereis sobre a Lua revelações tão claras e precisas quanto as obtidas sobre os outros planetas. Se ainda não vos foram dadas, mais tarde compreendereis o motivo.

Observação: Certamente essa comunicação sobre Vênus não tem os caracteres de autenticidade absoluta, razão por que a damos a título condicional. Contudo, o que já foi dito sobre esse mundo lhe dá, ao menos um certo grau de probabilidade, e, seja como for, não deixa de ser o quadro de um mundo que necessariamente deve existir para quem quer que não tenha a orgulhosa pretensão de que seja a Terra o apogeu da perfeição humana: é um elo na escala dos mundos e um grau acessível aos que não se sentem com forças para atingir diretamente a Júpiter.

CARTA AO JORNAL DE SAINT-JEAN-D'ANGELY

Encontramos a carta seguinte no jornal de Saint-Jean-d'Angely, de 15 de junho de 1862:

"Ao Sr. Pierre de L..., redator acidental do jornal *Le Mellois*.

Numa carta dirigida ao *Mellois* de 8 do corrente, lançais um desafio ao que chamais a pequena Igreja de Saint-Jean-d'Angely. Chocado por ter sido repelido pelo Sr. Borreau, que não vos quis receber, voltai-vos contra seu colega em Espiritismo, a fim de o interrogar. Sem ser o médium notável que indicais sob uma transparente inicial, tomo a liberdade de vos apresentar algumas observações.

Qual teria sido o vosso objetivo ao lançar um desafio, primeiro ao Sr. Borreau e depois aos espíritas de Saint-Jean-d'Angely, para que evocassem a alma de Jacques Bujault? Uma brincadeira para pôr fim à guerra civil e intestina que parece querer ensanguentar os campos férteis do Poitou? Se assim é, penso que deveis compreender que a dignidade das pessoas sérias e conscienciosas, que acreditam firmemente nos princípios estabelecidos sobre os fenômenos, cuja certeza reconheceram, lhes impõe não se associem ao vosso jogo. Certamente, como os céticos, tendes liberdade de rir dessas teorias. Vós sabeis que na França riem de tudo. Contudo, por melhor que fosse a vossa brincadeira, ela não é nova e, entre outros, certo cronista do jornal ao qual dirijo esta, já a tinha usado em seu começo.

Se a questão foi levantada com seriedade, permiti vos diga e não tomastes bom caminho para atingir o objetivo. Não seriam as pilhérias contidas no vosso primeiro artigo que iriam convencer o Sr. Borreau de vossa sinceridade. Ele tinha o direito de duvidar e de não vos dar ocasião para uma discussão à base da evocação do prior que sabeis. Também não são as vossas sátiras sobre a inutilidade do Espiritismo e sobre as dissidências que dividem os seus adeptos que irão convencer o Sr. C... de vossa boa-fé ao reclamar as suas luzes. Se, pois, tendes verdadeira intenção de resolver tal problema, o meio melhor, o mais simples e o mais conveniente, em minha opinião, é virdes ao cenáculo e aí, despojado de qualquer ideia preconcebida, fazendo tábula rasa de todas as prevenções anteriores, examinar friamente os fenômenos que se operarem em vossa presença e os submeterdes ao critério da certeza. Pois se uma ou duas vezes temeis ser vítima de alucinação, repeti as vossas experiências. Como o Cristo a Tomé; o Espiritismo vos dirá: *Vide pedes, vide manus, noli esse incredulus.*

E se tais experiências conduzem sempre ao mesmo resultado, conforme todas as regras da lógica, devereis ter confiança no testemunho dos vossos sentidos – a menos que estejais reduzido ao pirronismo – o que estou longe de crer.

Se, ao contrário, como admiti pouco acima, vossos artigos não passavam de um jogo para divertir a disputa regional suscitada pelo voto desastrado da Sociedade de Agricultura de Niort, continuai vossas piadas divertidas, assaltos brilhantes admirados por nós, espectadores desinteressados. Permitireis apenas que os espíritas conservem a sua fé. Com efeito, nem sempre a troça tem razão; o aforisma o *ridículo mata* não tem exatidão perfeita; poderíamos dizer dessa arma tão cruel – principalmente entre nós – o que foi dito a um personagem da comédia:

Todos aqueles que matais passam muito bem.

A gente ri de todas as grandes coisas, tratadas como loucura, o que não as impediu se realizassem. Riram-se da existência de um outro continente, e a América foi descoberta; riram-se do vapor e estamos no século das estradas de ferro; riram-se dos piróscafos e de Fulton, seu inventor e agora eles singram mares e rios; riram-se – inclinai-vos, senhor, – riram-se do Cristo e sua sublime loucura, a loucura da cruz, que conquistou e submeteu o Universo. Assim, se no momento o Espiritismo está exposto aos epigramas dos filhos de Voltaire, ele toma o seu partido e segue o seu caminho. O futuro o julgará. Se esse sistema está baseado na Verdade, nem piadas, nem paixões prevalecerão contra ele; se não passa de um erro, erro muito generoso – força é confessar – em nosso século de materialismo ele irá encontrar no nada as mil e uma aberrações do espírito que, sob nomes diversos e esquisitos, desviaram a humanidade.

Recebei, senhor, a expressão de minha sincera cortesia."

Um Adepto

Observação: Não é a primeira vez que um adepto levanta a luva de desafio lançado contra o Espiritismo pelos trocistas, entre os quais alguns puderam convencer-se que enfrentavam a parte mais forte e mais numerosa do que imaginavam. Assim muitos agora compreendem que o melhor que fazem é calar-se. Então é preciso dizer que as ideias espíritas penetraram no próprio campo adversário, onde começam a sentir-se ultrapassados e, assim, esperam. Hoje o Espiritismo não mais é professado em segredo: a gente se diz espírita abertamente, como poderia dizer-se francês ou inglês, católico, judeu ou protestante, partidário desta ou daquela filosofia. Todo receio pueril foi banido. Então que todos os Espíritas tenham a coragem de suas opiniões, que é o meio de calar a boca dos detratores e de os levar à reflexão.

O Espiritismo cresce incessantemente, como uma vaga que sobe, que circunscreve a ilhota, antes grande, e que alguns dias mais estará reduzida a um ponto. Que farão os negadores quando se virem sobre esse ilhéu, cada vez mais reduzido pelo oceano das ideias novas? Vemos crescer a vaga que nos arrasta. Eis por que não nos inquietamos. Um dia, porém, os que estiverem na ilhota, apavorados pelo isolamento, estenderão os braços e nos pedirão socorro.

CASTIGO DE UM AVARENTO

François Riquier, homem muito simples, era um velho solteirão avarento, morto em C..., há quatro ou cinco anos, deixando aos colaterais uma fortuna considerável. Tinha sido senhorio de uma de nossas amigas, a Sra. F. Essa senhora o havia esquecido completamente. Ultimamente sua filha, que é sujeita a crises de catalepsia, seguidas de sono magnético espontâneo, nesse sono viu o Sr. Riquier, o qual, diz ela, queria aproximar-se de sua mãe. Dias depois a moça, aliás boa médium escrevente, tomou do lápis e escreveu a comunicação seguinte, depois da qual Riquier pôs seu nome e endereço exato. Não sabendo tal endereço, a Sra. F. foi verificá-lo e ficou muito surpreendida, pois a indicação estava correta. Eis a comunicação, que é um novo exemplo das penas reservadas aos Espíritos culpados. Como a manifestação foi espontânea, e exprimia o desejo de falar à Sra. F., foi-lhe feita esta pergunta: – Que quereis de nós? – O meu dinheiro, que aqueles miseráveis tomaram todo, para repartirem entre si. Dilapidaram meu patrimônio, como se não fosse meu. Venderam minhas fazendas, minhas casas, para dividir tudo. Fazei-me justiça, porque eles não me escutam e não quero assistir a tais infâmias. Dizem que eu era usurário e guardam o meu dinheiro! Por que não mo querem entregar, se acham que foi mal adquirido?

P – Mas vós estais morto, pobre homem. Já não precisais de dinheiro. Pedi a Deus uma nova existência pobre, a fim de expiardes a avareza desta. R – Não; não poderia viver pobre. Necessito do meu dinheiro para viver. Aliás não preciso de outra vida, pois estou vivo agora.

(A pergunta que se segue foi feita com o fito de o trazer à realidade).

P – Sofreis? R – Oh! Sim: sofro piores torturas que a moléstia mais cruel, porque é minh'alma que suporta essas torturas. Tenho sempre presente a iniquidade de minha vida, que para muitos foi motivo de escândalo. Bem sei que sou um miserável, indigno de piedade. Mas sofro tanto que necessito me ajudem a sair desse estado miserável.

P – Oraremos por vós. R – Obrigado. Rogai para que eu esqueça minhas riquezas terrenas, sem o que jamais poderia arrepender-me. Adeus e obrigado.

François Riquier
Rue de la Charité, n°. 14.

Observação: Esse exemplo e muitos outros análogos provam que o Espírito pode conservar, durante muitos anos, a ideia de ainda pertencer ao mundo corpóreo. Tal ilusão não é exclusiva dos casos de morte violenta: parece ser consequência da materialidade da vida terrena; e a persistência do sentimento de tal materialidade, que não pode ser vencida, é um suplício para o Espírito. Além disso, aí encontramos a prova que o Espírito é um ser semelhante ao ser corpóreo, embora fluídico, porque, para que ainda se julgue neste mundo, que continue onde pensa continuar, poder-se-ia dizer, entregue aos seus negócios, é preciso que se veja em forma e num corpo como em vida. Se dele só restasse um sopro, um vapor, uma centelha, não se enganaria quanto à situação. É assim que o estudo dos Espíritos, mesmo vulgares, nos esclarece quanto ao estado real do mundo invisível e confirma as mais importantes verdades.

VALOR DA PRECE

A mesma pessoa referida no fato precedente recebeu um dia a comunicação que se segue, espontaneamente, mas a princípio não compreendeu a sua origem.

"Vós não me esquecestes e jamais o vosso Espírito teve para mim um sentimento de perdão. É verdade que vos causei muito mal; mas de há muito tempo sou castigada. Não parei de sofrer. Vejo-vos cumprindo os vossos deveres com tanta coragem, para enfrentar os deveres de vossa família e a inveja não cessou de me devorar o coração. Vossa... (Aqui paramos para perguntar quem era esse pobre ser. O Espírito acrescentou: "Não me interrompais; darei o nome quando terminar"). ... resignação, que acompanhei, foi um dos meu maiores sofrimentos. Tende um pouco de piedade de mim, se realmente sois discípula do Cristo. Eu estava muito só na Terra, embora entre os meus, e a inveja foi o meu maior defeito. Foi por inveja que dominei vosso marido. Parecia que tomáveis o domínio sobre ele, quando vos conheci e me coloquei entre vós. Perdoai-me e tende coragem. Em tempo Deus terá piedade de vós. Minha irmã, que oprimi durante minha vida, foi a única a orar por mim. Mas são as vossas preces que me faltam. As outras não trazem o selo do perdão. Adeus; perdoai."

Angèle Rouget

Acrescenta aquela senhora: "Então lembrei-me perfeitamente daquela criatura, morta há uns vinte e cinco anos, e na qual não pensava desde há muitos anos. Pergunto-me como as preces de sua irmã, criatura suave e virtuosa, dedicada, piedosa e resignada, não sejam mais frutuosas do que as minhas. Diante disso, certamente admitireis que orei e perdoei".

RESPOSTA: – O próprio Espírito o explica, quando diz: "As preces dos outros não trazem o selo do perdão". Com efeito, aquela senhora, a principal ofendida e tendo sofrido mais pela conduta da outra, envolvia o perdão em suas preces, o que deveria tocar ainda mais o

Espírito culpado. Orando, sua irmã apenas cumpria um dever. Por outro lado, havia um ato de caridade. A ofendida tinha mais direito e mais mérito para pedir graça; seu perdão, pois, deveria tranquilizar mais o Espírito. Ora, sabe-se que o principal efeito da prece é agir sobre o moral do Espírito, tanto para o acalmar, quanto para o conduzir ao bem. Trazendo-o ao bem, ela apressa a demência do julgamento supremo, que sempre perdoa o pecador arrependido.

Imperfeita como é, em face da justiça divina, a justiça humana com frequência oferece exemplos semelhantes. Se um homem for levado ao tribunal, por ofensas a alguém, ninguém o defenderá melhor e lhe conseguirá a absolvição do que o próprio ofendido, vindo espontaneamente retirar a queixa.

Tendo sido lida a comunicação acima na Sociedade Parisiense, provocou a seguinte pergunta de um sócio:

"Continuamente os Espíritos pedem preces aos mortais. Será que os bons Espíritos não oram pelos sofredores? E, nesse caso, por que as dos homens são mais eficazes?"

A resposta que se segue foi dada na mesma sessão, por Santo Agostinho, através do médium Sr. E. Vézy:

"Filhos, orai sempre. Já vos disse: a prece é um orvalho benéfico, que deve tornar menos árida a terra ressequida. Venho repetir mais uma vez e acrescentar algumas palavras em resposta à vossa pergunta. Perguntais por que os Espíritos preferem pedir-vos preces, do que a nós. As preces dos mortais são mais eficazes que as dos bons Espíritos? – Quem vos disse que nossas preces não tinham a virtude de espargir consolação e dar força aos Espíritos fracos, que não podem ir a Deus senão com esforço e por vezes sem coragem? Se imploram as vossas preces, é porque estas têm o mérito das emanações terrenas, que sobem voluntariamente a Deus e que as aproveitam, por virem da vossa caridade e do vosso amor.

Para vós orar é abnegação; para nós, um dever. O encarnado que ora pelo próximo cumpre nobre tarefa dos puros Espíritos; sem possuir a coragem e a força destes, realiza as suas maravilhas. É peculiar à nossa vida consolar o Espírito que pena e sofre; mas uma de vossas preces é o colar que tirais do pescoço para dar ao indigente; é o pão que retirais de vossa mesa para dá-lo ao que tem fome.

Por isso vossas preces são agradáveis ao que as escuta. Um pai não atende sempre à prece do filho pródigo? Não chama sempre os servos para matar o vitelo gordo pela volta do filho culpado? Como não o faria por aquele que, de joelhos, lhe vem dizer: 'O meu pai, sou muito culpado; não vos peço graça; mas perdoai a meu irmão arrependido, mais fraco e menos culpado que eu!' Oh! E então que o pai se enternece; é então que arranca do peito tudo quanto este encerra em dons e em amor. E diz: 'Estavas cheio de iniquidades e te disseste criminoso. Mas, compreendendo a enormidade de tuas faltas, não me pediste graça para ti; aceitas o sofrimento de meus castigos e, a despeito de tuas torturas, tua voz tem força bastante para pedir por teu irmão!' E então! O pai não quer ser menos caridoso que o filho: perdoa a ambos; a um e outro estende as mãos, para que possam marchar direito no caminho que leva à sua glória.

Meus filhos, eis por que os Espíritos sofredores, que vagam em torno de vós, imploram as vossas preces. Nós *devemos* orar; mas vós *podeis* orar. Prece do coração, tu és a alma das almas se assim me posso exprimir; quintessência sublime que sobe, sempre casta, bela e radiosa, para a alma mais vasta de Deus!"

Santo Agostinho

DISSERTAÇÕES ESPÍRITAS

A CONQUISTA DO FUTURO

(GRUPO DE SAINTE-GEMME – Tarn. MÉDIUM: SR. C.)

A ideia espírita vai crescendo; em breve cobrirá o solo francês do norte e do sul, do leste e do oeste. As balizas são fincadas de distância em distância. Vós sois essas balizas. A vós caberá a honra de, com os nossos conselhos, haver traçado aos irmãos a rota a seguir. Reuni-vos, pois, não só com um pensamento comum, mas com uma ação comum. Já passou a fase de observação e experiências: agora é a aplicação. Agi, e agi sem medo; não olheis para trás; ao contrário, fixai os olhos para a frente; contemplai o objetivo e os obstáculos que dele vos separam. Se vos distrairdes na contemplação dos vossos passos, em vez de avançardes rapidamente, faltareis à missão que vos foi confiada. Tomai, pois, o bordão do viajor; cingi os rins e a caminho. Mas não partais sós: que todo o exército espírita, essa guarda avançada da doutrina evangélica, se ponha em marcha ao mesmo tempo. Uni-vos, consultai-vos e voai à conquista do futuro.

Hippolyte Fortoul

A PENTECOSTE

(GRUPO DE SAINTE-GEMME – Tarn. MÉDIUM: SR. C.)

O Espírito de Deus sopra sobre o mundo, a fim de regenerar os seus filhos. Se, como ao tempo dos apóstolos, não se mostra sob a forma de línguas de fogo, não está menos realmente presente entre vós. Orai, pois, com fervor ao Todo-Poderoso, a fim de que Ele se digne fazer-vos tirar proveito de todas as vantagens morais, de todos os dons imperecíveis que Ele houve por bem derramar sobre a cabeça dos apóstolos e do Cristo. Pedi e recebereis e nada do que pedirdes de bom e útil para o vosso progresso espiritual vos será recusado. Mais uma vez, orai com fervor; mas que seja o vosso coração que fale, e não os lábios; ou se os vossos lábios se agitarem, que digam apenas o que o coração houver pensado. A felicidade que sentireis quando estiverdes animados pelo Espírito de Deus será tão grande que não podereis fazer uma ideia. Depende de vós obtê-la. E, a partir desse momento, considerareis os dias que restam como um pedaço de caminho a percorrer para chegardes ao destino e onde encontrareis, no fim do dia, a vossa ceia e um abrigo para a noite.

Mas que aquela pouca importância relativa que deveis ligar às coisas terrenas não vos impeça de considerar os vossos deveres materiais como muito sérios: aos olhos de Deus cometeríeis grave falta se não vos entregásseis conscientemente aos vossos deveres cotidianos. Nada se deve desprezar do que saiu das mãos do Criador: deveis, em certa medida, desfrutar os bens materiais que vos foram concedidos. Vosso dever é não os guardar exclusivamente para vós, mas fazer deles participarem os irmãos aos quais eles foram recusados. Uma consciência pura, uma caridade e uma humildade sem limites, eis a melhor das preces para chamar a si o Espírito Santo. E o verdadeiro *Veni Creator;* não que este, cantado nas Igrejas não seja uma prece que será exalçada, sempre que feita de bom coração, mas, como já vos foi dito tantas vezes, o fundo é tudo, a forma quase nada.

Então pelos atos pedi que o Espírito Santo venha visitar-vos e derramar em vossa alma essa força que dá a fé para superar as misérias terrenas e para estender a mão àqueles dos vossos irmãos a quem a fraqueza do Espírito impede de ver a luz, sem a qual só marchareis tateantes, com o risco de vos chocardes nos obstáculos semeados no caminho. A verdadeira felicidade, pela qual todos suspirais, lá se acha: cada um a tem sob a mão; basta querer para alcançá-la. Tomai hoje resoluções firmes e boas e o Espírito de Deus não vos faltará – tende certeza. Amai ao vosso próximo como a vós mesmos pelo amor de Deus e tereis dignamente solenizado o dia em que o Espírito-Santo veio visitar os apóstolos do Cristianismo.

Hippolyte Fortoul

O PERDÃO

(SOCIEDADE ESPÍRITA DE PARIS – MÉDIUM: SR. A. DIDIER)

Como se pode achar em si a força para perdoar? A sublimidade do perdão é a morte do Cristo no Gólgota. Ora, já vos disse que o Cristo tinha resumido em sua vida todas as angústias e lutas humanas. Todos os que mereciam o nome de cristãos antes de Jesus Cristo morreram com o perdão nos lábios: os defensores das liberdades oprimidas, os mártires das verdades e das grandes causas de tal modo compreenderam a elevação e a sublimidade de sua vida que não faliram no último instante e perdoaram. Se o perdão de Augusto não é inteiramente sublime historicamente, o Augusto de Corneille, o grande trágico, é senhor de si como do Universo, porque perdoa. Ah! Como são mesquinhos e miseráveis os que possuíam o mundo e não perdoavam! Como é grande aquele que continha, no futuro dos séculos, todas as humanidades e perdoava! O perdão é uma inspiração e, por vezes, um conselho dos Espíritos. Infelizes os que fecham o coração a essa voz: como diz a Escritura, serão punidos porque tinham ouvidos e não escutavam. Então! Se quereis perdoar, se vós mesmos vos sentis fracos, contemplai a morte do Cristo. Aquele que se conhece a si próprio triunfa facilmente de si mesmo. Eis por que o grande príncipe da sabedoria antiga sabia, antes de mais nada, conhecer-se a si próprio. Antes de se lançar na luta, aos atletas para os jogos, para as lutas grandiosas ensinavam-se os meios seguros de vencer. Ao lado disso, nos liceus, Sócrates ensinava que havia um ser supremo e, algum tempo depois, séculos antes do Cristo, ensinava a toda a nação grega a morrer e perdoar. O homem vicioso, mesquinho e fraco, não perdoa; o homem habituado às lutas pessoais, às reflexões justas e sãs, perdoa facilmente.

Lamennais

A VINGANÇA

(SOCIEDADE ESPÍRITA DE PARIS – MÉDIUM: SR. DE B. M.)

"A vingança é agradável ao coração", diz o poeta. Oh! Pobres cegos, que dais livre curso à mais feia paixão: credes fazer mal ao próximo quando o golpeais e não notais que este se volta contra vós. Ela não só é um crime, mas incompreensão absurda. É, como seus irmãos o rancor, o ódio, o ciúme, filhos do orgulho, o meio de que se servem os Espíritos das trevas para atrair a si aqueles que receiam lhes escapem; é o mais infalível instrumento de perdição posto nas mãos dos homens pelos inimigos que se encarniçam na sua derrota moral. Resisti, filhos da Terra, a esse culposo arrastamento e, tende certeza, se alguém mereceu vossa cólera, não será no auge do rancor que encontrareis a calma de consciência. Ponde nas mãos do Todo-Poderoso o cuidado de se pronunciar quanto aos vossos direitos e à justiça de vossa causa. Na vingança existe algo de ímpio e de degradante para o Espírito.

Não, a vingança não é compatível com a perfeição. Enquanto uma alma conservar tal sentimento ficará nos porões do mundo dos Espíritos. Mas o vosso não será o eterno joguete dessa paixão infeliz. Posso garantir que a abolição da falsa noção do inferno eterno, ou antes, da danação eterna, que tem sido pretexto ou escusa para atos de vingança, será a aurora de uma nova era de tolerância e mansuetude, que não tardará a estender-se até às regiões privadas da vida moral. Poderia o homem condenar a vingança quando lhe apresentaram Deus como ciumento e se vingando por torturas eternas? Cessai, pois, ó homens, de insultar a divindade, emprestando lhe vossas paixões ignóbeis.

AGOSTO DE 1862

Então, ó habitantes da Terra, sereis abençoados por Deus. Vós que me escutais, procedei de modo que, liberta a vossa alma do vergonhoso motivo para atos contrários à caridade, mereçais serdes admitidos no conjunto sagrado, cujas portas só a caridade pode abrir.

Pierre Ange (Espírito Protetor)

BIBLIOGRAFIA

O ESPIRITISMO EM LYON

Comunicações de Além-Túmulo. Seleção de manifestações da Sociedade Espírita dos Brotteaux, com a epígrafe: *O Espiritismo não se impõe; vem-se a ele, porque dele se necessita.* (ALLAN KARDEC. *Revista,* 1861). Brochura in-8°, 32 páginas, com quatro gravuras de desenhos mediúnicos. 15 cêntimos. Nas principais livrarias de Lyon e, em Paris, em Ledoyen.

Essa é a primeira de uma série de brochuras a serem publicadas proximamente. Contém uma seleção de mensagens recebidas no grupo dos Brotteaux, dirigido pelo Sr. Déjoud, chefe de ateliê. Todas elas, concordes com *O Livro dos Espíritos,* respiram a mais sã moral e têm o cunho inconteste de Espíritos bons e benevolentes. O estilo é simples, familiar e adequado ao meio onde foram dadas e não comportam ideias abstratas. Antes de tudo os bons Espíritos querem instruir. Por isso põem-se à altura do auditório e não se preocupam em satisfazer aos que nas mensagens buscam a pompa do estilo sem lhes aproveitarem as lições. O essencial para eles é que a boa instrução penetre o coração. Pensamos que, sob tal ponto, a coleção atinge o seu objetivo. Sentimo-nos felizes de aproveitar a ocasião para felicitar o Sr. Déjoud, chefe desse grupo, um dos mais numerosos de Lyon, por seu zelo e perseverança na propagação do Espiritismo entre os trabalhadores.

O terceiro volume das *Revelações de Além-Túmulo,* da Sra. Dozan, aparecerá em breve.

Allan Kardec

ANO V
SETEMBRO DE 1862

INAUGURAÇÃO DE UM GRUPO ESPÍRITA EM BORDEAUX

DISCURSO DE ABERTURA

A despeito de certa má vontade, multiplicam-se diariamente os grupos espíritas. Temos o prazer de apresentar aos nossos numerosos leitores o discurso inaugural de um deles, feito pelo seu fundador, Sr. Condat, a 20 de março último. A maneira pela qual a séria questão do Espiritismo nele é encarada prova quanto, agora, são compreendidos o seu objetivo e o seu verdadeiro alcance social. Sentimo-nos felizes em dizer que tal sentimento é hoje geral, porque em toda a parte a curiosidade é substituída pelo desejo de instrução e de melhora. Foi o que constatamos nas visitas a várias cidades da província. Vimos atentarem para as comunicações instrutivas, considerarem o valor dos médiuns que as recebem. É um fato característico na história do estabelecimento do Espiritismo. Desconhecemos o grupo ao qual nos referimos, mas julgamos suas tendências pelo discurso inaugural. O orador não teria tido essa linguagem ante um auditório leviano e superficial, reunido para se distrair. São as reuniões sérias que dão uma ideia séria do Espiritismo. Por isso nunca seria demais encorajar a sua multiplicação.

"Senhoras e Senhores.

Pedindo recebais os meus agradecimentos pela benevolente acolhida ao meu convite, permiti vos dirija algumas palavras sobre o motivo de nossa reunião. Em falta de talento, espero encontreis a convicção de um homem profundamente dedicado ao progresso da humanidade.

Muitas vezes o viajor intrépido, aspirando atingir o pico da montanha, encontra estreito caminho obstruído por uma rocha; outras vezes, também, no curso das idades, a humanidade que tende a aproximar-se de Deus, encontra o seu obstáculo: seu rochedo é o materialismo. Ela estaciona por algum tempo, talvez séculos; mas a força invencível a que obedece, agindo na proporção da resistência, triunfa do obstáculo e a humanidade, sempre solicitada a marchar, retoma a caminhada com impulso maior.

Assim, senhores, não nos admiremos quando se manifesta uma dessas grandes ideias que melhor denunciam a origem celeste do homem, quando se produz um desses fatos prodigiosos, que vêm perturbar os cálculos restritos e as observações limitadas da ciência materialista; não nos espantemos e, sobretudo, não nos deixemos desencorajar pelas resistências que se opõem a tudo quanto pode servir para demonstrar que o homem não é apenas um pouco de barro, cujos elementos, após a morte, voltarão à terra.

Antes constatemos, e o constatemos com alegria, nós, adeptos do Espiritismo, os filhos do século dezenove, o qual, por sua vez foi a manifestação mais completa, por assim dizer a encarnação do ceticismo e de suas desencorajadoras consequências; constatemo-lo a humanidade está em marcha!

Vede o progresso que aqui faz o Espiritismo, nesta cidade grande, bela e inteligente. Vede como por toda a parte a dúvida se apaga às claridades da ciência nova.

Contemos, senhores, e confessemos com sinceridade quantos de nós, na véspera, com um sorriso de incredulidade nos lábios, estamos hoje com o pé na estrada e o coração resolvido a não recuar. Compreende-se: estamos na corrente e esta nos arrasta. Que é, então, essa doutrina, senhores? Aonde nos conduz?

Despertar a coragem do homem, ampará-lo nos desfalecimentos, fortificá-lo contra as vicissitudes da vida, reanimar a fé, provar-lhe a imortalidade da alma, não só por demonstração, mas pelos fatos: eis a doutrina e aonde ela conduz!

Que outra doutrina produzirá sobre o moral e sobre o intelecto melhores resultados? Será a negação de uma vida futura que lhe poderão opor como preferível, no interesse da humanidade inteira e para a perfeição moral e intelectual de cada um individualmente?

Tomando por princípio as palavras seguintes, que resumem todo o materialismo: 'Tudo acaba quando se abre um túmulo', que é o que se consegue produzir senão o nada? Experimento uma penosa sensação, uma espécie de pudor por haver feito um paralelo entre esses dois extremos: a esperança de, num mundo melhor, encontrar os nossos entes queridos, cuja alma abriu as asas, o horror invencível que experimentamos, que o próprio ateu experimenta ao pensar que tudo estaria aniquilado com o último sopro da parte material do nosso ser, bastariam para afastar toda ideia de comparação. Contudo, senhores, se todas as consolações encenadas no Espiritismo não passassem de crença, se fossem apenas um sistema puramente especulativo, uma engenhosa ficção, como objetam os apóstolos do materialismo, para submeterem certas inteligências fracas a umas tantas regras, chamadas arbitrariamente virtude, e, desse modo, as reter fora dos sedutores apetites da matéria, compensação que num dia de piedade o autor dessa ordem fatal, que dá tudo a uns e reserva o sofrimento à maioria, a esta teria concedido para atordoar-se. Senhores, não é para as inteligências fortes, para o homem que sabe usar a razão legítima e essas engenhosas combinações, estabelecidas como consequências de um princípio sem base e simples fruto da imaginação, que seriam um tormento a mais, acrescentado aos tormentos da fatalidade a que não poderiam subtrair-se?

Sem dúvida a demonstração é uma coisa admirável: antes de tudo a razão humana, a alma, essa abstração da matéria. Mas até esse dia seu ponto de partida único foi a expressão de Descartes: 'Penso, logo existo'. Hoje o Espiritismo veio dar uma força imensa ao princípio da imortalidade da alma, apoiado em fatos tangíveis e irrefutáveis.

O que precede explica por que e como aqui estamos reunidos. Mas, senhores, deixai-me ainda comunicar-vos uma impressão que sempre senti, um desejo constantemente renovado, cada vez que me encontrei em presença de uma sociedade que tenha por objetivo o aperfeiçoamento moral do homem. Eu queria estar na primeira reunião, participar das primeiras comunicações de alma para alma dos fundadores, queria presidir ao desenvolvimento do germe da ideia que, como o grão tornado gigante, mais tarde produziu frutos abundantes.

Ora, senhores! Hoje que tenho a felicidade de vos reunir para propor a formação de um novo grupo espírita, minha ideia tem plena aceitação e vos peço que, como eu, conserveis no coração e na memória a data de 20 de março.

280 REVISTA ESPÍRITA

Agora, senhores, é tempo de passar à prática, que talvez eu tenha retardado. Sem transição, para reparar a perda de tempo, largamente concedido para vacilações, abordarei o objetivo de nossa reunião, pedindo que vos previnais contra uma objeção que, naturalmente, levantar-se-á em vosso espírito, como se levantou no meu, quanto à indispensável necessidade de médiuns, quando se quer formar um grupo espírita. Senhores, aqui está uma aparente dificuldade – não uma dificuldade. Inicialmente a ausência de médiuns em nossas sessões não as tornará estéreis, crede-o. Eis uma ideia que vos apresento, pedindo o vosso conselho. Procederemos assim:

Na primeira parte de cada sessão far-se-á a leitura de *O Livro dos Espíritos* e de *O Livro dos Médiuns*. A segunda será consagrada à formação de médiuns entre nós e, acreditai, se seguirmos os conselhos e os ensinos dados nessas obras de nosso venerado chefe, Sr. Allan Kardec, a faculdade mediúnica não tardará a se desenvolver na maior parte de nós. Então os nossos trabalhos receberão sua mais larga e suave recompensa, porque Deus, o Criador de todas as coisas, o juiz infalível, não se enganará quanto ao bom uso que queremos fazer da preciosa faculdade mediúnica. Não deixará, pois, de nos dar a mais bela recompensa que possamos ambicionar e permitir que um de nós, ao menos, obtenha tal faculdade no mesmo grau que vários médiuns sérios que temos, nesta noite, a felicidade de contar entre nós.

Nossos queridos irmãos Gourgues e Sabô, que tenho a honra de vos apresentar, assistindo a nossa sessão inaugural, quiseram dar-lhe o mais alto grau de solenidade. Que eles nos deem a esperança, que lhes suplicamos, e que com a frequência que lhes for possível, vos venham visitar. Sua presença fortificará a nossa fé, avivará o nosso ardor, ante o insucesso das primeiras tentativas mediúnicas, que poderiam levar-nos ao desânimo.

Sobretudo, senhores, não tomemos um caminho errado: demo-nos perfeita conta de nossa empresa e de seu objetivo. Seria lamentável engano se alguém tentasse participar do grupo, que vamos formar, apenas levado pela esperança de encontrar distrações fúteis e fora da boa moral pregada pelos bons Espíritos. "O fim essencial do Espiritismo", disse nosso venerado chefe, "é o melhoramento das criaturas. Nele só se deve procurar aquilo que possa ajudar o progresso moral e intelectual. Não se deve perder de vista que a crença no

Espiritismo só é proveitosa àquele de quem se possa dizer: ele hoje é melhor que ontem".

Assim, não esqueçamos que o nosso pobre planeta é um purgatório, onde, por nossa existência atual, expiamos as faltas cometidas nas precedentes. Isso prova uma coisa, senhores: que nenhum de nós pode-se dizer perfeito; enquanto tivermos faltas a expiar, reencarnaremos. Nossa presença na Terra atesta, pois, a nossa imperfeição.

O Espiritismo fincou as balizas da estrada que conduzem a Deus. Marchemos sem as perder de vista. A linha traçada pelos bons Espíritos, geômetras da Divindade, está ladeada de precipícios: as urzes e os espinhos são as suas margens. Não temamos os arranhões. Que são tais feridas, comparadas à felicidade eterna, que acolherá o viajor que chegou ao termo da viagem?

Esse termo, senhores, esse objetivo desde muito tempo é objeto de minhas meditações. Abarcando o meu passado com um olhar, e voltando-me para reconhecer o espinheiro que me havia ferido, o obstáculo que me tinha feito tropeçar, não deixei de fazer o que faz todo homem, ao menos uma vez na vida: por assim dizer o balanço das alegrias e dos desgostos, dos bons momentos de coragem e das horas de desânimo. E, com o cérebro repousado, a alma livre, isto é, dobrada sobre si mesma, desprendida da matéria, disse-me a mim mesmo: a existência humana é apenas um sonho, mas um sonho horroroso, que começa quando a alma ou Espírito encarnado da criança se esclarece aos primeiros lampejos da inteligência, para terminar no aniquilamento da morte. A morte! Essa palavra de espanto para todos, na verdade é apenas o despertar desse sono horrível, o benfeitor e socorrista que nos liberta do pesadelo insuportável que nos acompanha, passo a passo, desde o nascimento.

Falo em geral, mas não de maneira absoluta. A vida do homem de bem não tem mais esses mesmos caracteres. Aquilo que fez de bom, de grande, de útil, ilumina com puras claridades o sonho de sua existência. Para ele, a passagem da vida à morte é feita sem transição dolorosa; nada deixa para trás que lhe possa comprometer o futuro em nova existência espiritual, recompensa de seus benefícios.

Mas, ao contrário, quanto aos cegos voluntários, que tiverem constantemente fechados os olhos, para melhor negarem a existência de

Deus, que se tiverem recusado à contemplação do sublime espetáculo de suas obras divinas, provas e manifestações de sua bondade, de sua justiça e de seu poder; direi que terão um terrível despertar, cheio de amargos lamentos, sobretudo por haverem desconhecido os benéficos conselhos de seus irmãos Espíritas, e o sofrimento moral que terão de suportar durará até que um arrependimento sincero mova a piedade de Deus, que lhes concederá a graça de nova encarnação.

Muita gente ainda vê nas comunicações espíritas uma obra do demônio. Contudo o seu número diminui dia a dia. Tal diminuição evidentemente é devida à curiosidade de visitar os grupos espíritas e a ler *O Livro dos Espíritos* e porque no número dos curiosos encontram-se pessoas que se convencem, principalmente as que leem aquele livro. Porque, senhores, não creiais poder atrair muitos adeptos à nossa doutrina fazendo-os, antes de tudo, assistir às sessões. Não: tenho a íntima convicção de que uma criatura completamente estranha à doutrina não se convencerá pelo que vir em nossos trabalhos; terá antes vontade de rir dos fenômenos, em vez de os tomar a sério.

Quanto a mim, senhores, creio ter feito muito mais pela doutrina levando alguém a ler *O Livro dos Espíritos* do que levando-o a uma das nossas sessões. Quando tenho certeza de que a leitura foi feita e de que deu os frutos que não deixa de produzir, oh! então levo com satisfação aquela pessoa a um grupo espírita. Porque, então, tenho a certeza de que se dará conta de tudo o que vir e compreenderá; e que aquele que possivelmente riria antes daquela leitura, sentirá efeitos diametralmente opostos. Não quero dizer que chore.

A melhor maneira de terminar é com uma citação de *O Livro dos Espíritos*. Ela convencerá, mais que minhas pobres palavras, àqueles que ainda duvidam do fundo de verdade sobre o qual repousam as crenças espíritas:

Os que dizem que as crenças espíritas ameaçam invadir o mundo proclamam, por isso mesmo, a sua força. Porque uma ideia destituída de base e de lógica não se tornaria universal. Se, pois, o Espiritismo se planta em toda a parte, se recruta principalmente nas camadas esclarecidas, como todos reconhecem, é porque tem um fundo de verdade. Contra essa tendência serão vãos os esforços dos detratores. E o que prova é que o próprio ridículo, com que tentam cobri-lo, longe de deter a sua marcha, parece dar-lhe vida nova. Tal resultado justifica

SETEMBRO DE 1862

plenamente o que muitas vezes nos têm dito os Espíritos: *Não vos inquietem com a oposição; tudo quanto fizerem contra vós tornar-se-á em vosso favor e os vossos maiores adversários servirão à vossa causa, sem o querer. Contra a vontade de Deus não prevalecerá a má vontade dos homens.*"

Condat

CARTA DO SR. DOMBRE A UM PREGADOR

Tendo pregado em Marmande durante o mês de maio último, Frei F..., dominicano, num de seus últimos sermões atirou algumas pedras contra o Espiritismo. O Sr. Dombre desejaria uma discussão mais ampla do assunto e que Frei F..., em vez de limitar-se aos ataques banais, abordasse resolutamente certas questões de detalhes. Temendo, porém, que seu nome não tivesse bastante prestígio para o decidir, mandou-lhe a carta abaixo, sob o pseudônimo de *Um católico*.

"Senhor Pregador:

Acompanho com assiduidade vossas instruções dogmáticas de todas as noites. Por deplorável fatalidade, sexta-feira cheguei mais tarde que de costume e soube, ao sair da Igreja, que tínheis começado, sob a forma de escaramuça, um ataque contra o Espiritismo. Alegro-me por isso, em nome dos católicos fervorosos. Se bem me informaram, estas são as questões afloradas: 1º. – O Espiritismo é uma religião nova, do século XIX; 2º. – Incontestavelmente há comunicações com os Espíritos; 3º. – Nas comunicações com os Espíritos, bem constatadas, bem reconhecidas, vós vos encarregais de provar, depois de longos e sérios estudos que fazeis do Espiritismo, que os Espíritos que se comunicam são apenas o demônio; 4º. – Finalmente, seria perigoso, do ponto de vista da salvação da alma, tratar do Espiritismo, antes que a Igreja se pronuncie a respeito.

Aprecio muito esse quarto item. Mas se se reconhece, de antemão, que é o demônio, a Igreja nada mais tem a fazer[1].

---

[1] Se a Igreja ainda não se pronunciou, a questão do demônio não passa de opinião individual, sem sanção legal. E isso é tão certo que nem todos os eclesiásticos a compartilham; conhecemos muitos nesse caso. Até mais ampla informação, a dúvida é permitida e desde já pode-se ver que a doutrina do demônio tem pouco império sobre as

284 REVISTA ESPÍRITA

Eis quatro questões importantes, que desejo ver resolvidas para, de um só golpe, confundir os *espíritas e os católicos de nome,* que nem creem no demônio nem nas penas eternas, mas admitem um Deus e a imortalidade da alma, bem como os *materialistas,* que em nada creem.

A primeira questão – o *Espiritismo é uma religião* – os espíritas respondem: não; o Espiritismo não é uma religião e não pretende sê-lo. O Espiritismo se baseia na existência de um mundo invisível, formado por seres incorpóreos, que povoam o espaço e que são apenas as almas dos que viveram na Terra e, em outros globos. Esses seres, que nos rodeiam incessantemente, exercem sobre os homens, malgrado seu, uma grande influência; representam um papel muito ativo no mundo moral e, até um certo ponto, no mundo físico. O Espiritismo está na natureza e pode dizer-se que, numa certa ordem de coisas, é uma força, como, sob outro ponto de vista, o é a eletricidade, o é a gravitação. O Espiritismo desvenda-nos o mundo invisível; não é novidade; menciona-o a história de todos os povos. Repousa sobre princípios gerais, independentes de qualquer questão dogmática. Tem consequências morais, é certo, no sentido do cristianismo, mas nem tem culto, nem templos, nem ministros; cada um pode fazer de suas opiniões uma religião, mas daí para a constituição de uma nova Igreja há muita distância. Assim, o Espiritismo não é uma religião nova. Senhor pregador, eis o que dizem os espíritas quanto à primeira questão.

A essa questão riem *os falsos católicos* e *os materialistas.* Os

---

massas. Se a Igreja a proclamasse oficialmente, seria para temer que de tal julgamento decorresse o que decorreu da declaração de heresia e da condenação outrora pronunciada contra o movimento da Terra, do mesmo modo que, em nossos dias, com os anátemas contra a ciência, a propósito dos seis períodos da Criação. Cremos que seria mais sábio e mais prudente que o clero não se apressasse em liquidar a questão, afirmando uma coisa que atualmente provoca mais riso e incredulidade do que medo e na qual – podemos atestar – muitos padres não creem mais do que nós, por ser ilógica. Expor-se a receber um desmentido do futuro e depois confessar o erro, é prejudicar a autoridade moral da Igreja, que pretende a infalibilidade de seus pronunciamentos. Melhor seria abster-se. Aliás, digam o que disserem do Espiritismo, a experiência mostra que sua marcha é irresistível; é uma ideia que se implanta por toda a parte com rapidez espantosa, porque satisfaz, ao mesmo tempo, à razão e ao coração. Para o deter fora preciso opor-lhe uma doutrina que satisfizesse melhor: e certamente não será a do demônio e das penas eternas.

Allan Kardec

primeiros, se são os felizes deste mundo, riem no canto da boca, pois a doutrina que comporta a pluralidade de existências ou reencarnações, lhes fere os prazeres e o orgulho. É horrível pensar numa volta em condições talvez inferiores! Os espíritas lhes dizem: 'Eis a justiça, a verdadeira igualdade'. Mas não lhes convém uma tal igualdade. Os *materialistas*, espíritos fortes e compostos de pretensos sábios, riem gostosamente, porque não acreditam no futuro: a sua sorte e a do cachorrinho que os acompanha são absolutamente as mesmas. E eles preferem isso.

A segunda questão – *há comunicação com os Espíritos* – os espíritas e nós, católicos fervorosos, estamos de acordo: os falsos católicos e os materialistas têm o riso da incredulidade.

A terceira questão – *só o demônio se comunica* – os espíritas riem por sua vez; os materialistas também riem, zombando dos que acreditam nas comunicações e dos que, nelas crendo, as atribuem aos demônios. Os falsos católicos silenciam, como se dissessem: *Vocês lá que se entendam.*

A quarta questão – *é preciso esperar o pronunciamento da Igreja* – dizem os espíritas: 'Dia virá em que a crença no Espiritismo será tão vulgarizada, tão espalhada que a Igreja, a menos que queira ficar só, será forçada a seguir a corrente. O Espiritismo fundir-se-á então no catolicismo e o catolicismo no Espiritismo'. A essa questão o materialista ri ainda e diz: 'Que me importa!' O falso católico sente uma espécie de despeito. Como disse antes, não poderá acomodar-se a essa doutrina; seu egoísmo e seu orgulho ficam chocados; repele a eventualidade dessa fusão. 'É impossível', diz ele, 'o Espiritismo é pura utopia, que não dará quatro passos no mundo[1]'.

Aceitai, etc."

Um católico fervoroso

---

[1] Há falsos católicos, verdadeiros católicos e materialistas que usam a mesma linguagem. Que o tivessem dito há alguns anos, poder-se-ia conceber. Mas desde quatro ou cinco anos ele deu tantos passos e os dá todos os dias, que em breve terá atingido o seu objetivo. Procure-se na História uma doutrina que tenha marchado tanto em tão pouco tempo. Em presença desse resultado inaudito de uma propagação contra a qual vêm quebrar-se todos os raios e todas as troças; que cresce na razão da violência dos ataques, é, na verdade, muita ingenuidade dizer que o Espiritismo é simples fogo de palha. Se assim é, por que tanta cólera? Deixem que ele se apague por si. Nós que

Numa carta dirigida a Bordeaux, sobre o assunto diz o Sr. Dombre:

"Frei F... procurou saber quem era o espírita e não o católico fervoroso que lhe havia escrito aquela carta. Seus emissários vieram a mim e me disseram: "Frei F... teria necessidade de sete ou oito sermões para lhe responder, mas falta-lhe o tempo. Assim, queria saber de quem se trata". Minha resposta foi: garanto-lhes que o autor da carta dar-se-á a conhecer, caso queira responder de cadeira. Parece que aqui sabem, por experiência, que quanto mais se fala contra o Espiritismo, mais prosélitos se fazem e que acharam melhor fazer silêncio, pois Frei F... partiu sem voltar ao assunto.

Certamente direis que há um pouco de temeridade em querer entrar na liça. Conheço bem a nossa localidade: é necessário barulho. Os inimigos sistemáticos ou interessados do Espiritismo apenas querem o mutismo e eu os quero ensurdecer com discussões. Em torno dos incrédulos que discutem há sempre indiferentes ou predispostos a crer, que tiram proveito da luta, relativamente à instrução espírita.

– Mas, pensareis e talvez digais, saireis honrosamente dessas polêmicas?

– Ah! Meu Deus! Quando se é assinante da *Revista Espírita* e se leu todos os livros da doutrina; quando se está inteiramente imbuído dos argumentos em que ela se apoia e dos que são dados pelos Espíritos, a gente sai como Minerva, armado dos pés à cabeça e nada se teme."

Observação: Dizem: "Credes na reencarnação; mas a pluralidade das existências é contrária aos dogmas, que admitem apenas uma. Por isso mesmo estais fora da Igreja".

A isso repetiremos o que temos dito centenas de vezes: "Outrora expulsastes da Igreja, anatematizando, excomungando, condenando como heréticos os que acreditavam no movimento da Terra". Responderão: "Isso foi num tempo de ignorância". Seja. Mas se a Igreja é infalível, deveria sê-lo outrora como hoje. E sua infalibilidade não pode ser submetida às flutuações da ciência mundana. Mas ultimamente, e apenas há um quarto de século, neste século de luz, não tem ela conde-

---

ocupamos os primeiros postos para o ver marchar, que lhe acompanhamos todas as peripécias, vemos a sua conclusão. Então é a nossa vez de rir.

Allan Kardec

nado as descobertas científicas relativas à formação do globo? Que aconteceu agora? E que teria acontecido se ela persistisse em repelir de seu seio todos os que acreditam nessas coisas? Não haveria mais católicos, nem o papa. Por quê, então, teve a Igreja que ceder? E porque o movimento dos astros e a sua formação repousam em leis da natureza e porque contra essas leis não há opinião que se sustente.

Quanto à reencarnação, de duas, uma: ou existe, ou não existe; não há meio termo. Se existe, é porque está nas leis da natureza. Se um dogma diz o contrário, trata-se de saber se a razão está com o dogma ou com a natureza, que é obra de Deus. A reencarnação, pois, não é uma opinião, um sistema, como uma opinião política ou social, que podemos admitir ou impugnar: é um fato ou não é. Se é um fato, por mais que contrarie o gosto de todo o mundo, nada do que digam o impedirá de ser um fato.

Por conta própria cremos que a reencarnação, longe de ser contrária aos dogmas, dá uma explicação das vidas sucessivas, que as torna aceitáveis pela maioria dos que as repeliam, porque as não compreendiam. Temos a prova no grande número de pessoas trazidas às crenças religiosas pelo Espiritismo.

Mas admitamos essa incompatibilidade, se quiserem. Então apresentaremos a questão frontalmente: quando for reconhecida a pluralidade das existências – o que não tardará muito – como uma lei natural; quando todo o mundo reconhecer essa lei como a *única* compatível com a justiça de Deus, e como a *única* a explicar o que sem ela será inexplicável, que farão?

– Farão o que fizeram com o movimento da Terra e os seis dias da Criação. E não será difícil conciliar o dogma com essa lei.

Allan Kardec

O ESPIRITISMO NUMA DISTRIBUIÇÃO DE PRÊMIOS

Um dos nossos colegas da Sociedade Espírita de Paris manda-nos cópia da carta que damos a seguir e por ele dirigida às diretoras do pensionato onde estuda uma de suas filhas, em Paris.

"Senhoras,

Peço permissão para algumas reflexões sobre um discurso pronunciado na distribuição de prêmios do vosso pensionato. Minha condição de pai de família e, sobretudo, de pai de uma de vossas alunas, dáme direito a esta apreciação.

O autor do discurso, estranho ao vosso estabelecimento e, segundo me disseram, professor do Colégio C..., permitiu-se longos motejos, não sei bem a propósito de que, sobre a ciência espírita e os médiuns. Compreenderia que ele emitisse a sua opinião sobre a matéria em qualquer outra circunstância. Mas perante um auditório como aquele em que falava, em presença de gente moça confiada aos vossos cuidados, permiti vos diga, a questão estava deslocada e o tema era mal escolhido para buscar sucesso.

Entre outras coisas, disse aquele senhor que 'as pessoas que se ocupam de experiências das mesas e outros fenômenos ditos Espíritas, ou de ordem psicológica são jograis, enganadas ou estúpidas'.

Encontro-me, senhores, entre os que se ocupam do assunto e não o oculto; e tenho certeza de não ter sido o único em vossa reunião. Não pretendo o título de sábio, como o vosso orador e, assim, do seu ponto de vista, talvez eu seja um estúpido. Contudo a expressão é bastante grosseira quando a gente se dirige a pessoas que não conhece e quando se generaliza. Mas com certeza minha posição e meu caráter me põem ao abrigo do epíteto de jogral. Aquele senhor parece ignorar que essa estupidez conta hoje milhões de adeptos no mundo inteiro e que os supostos jograis se acham até nas mais altas camadas da sociedade, sem o que teria ele refletido que suas palavras poderiam dirigir-se a mais de um de seus ouvintes. Se ele provou, por essa tirada intempestiva, uma falta de tato e de elegância, também provou que falava de uma coisa que jamais estudou.

Quanto a mim, senhores, há quatro anos estudo, observo e o resultado de minhas observações convenceu-me, como a tantos outros, que, em certas circunstâncias, o nosso mundo material pode entrar em relações com o mundo espiritual. As provas do fato eu as tenho tido aos milhares, por toda a parte, em todos os países que visitei, e sabeis que as tenho tido, e muitas, em minha família, com minha esposa, que é médium sem ser jogral, com parentes e amigos que, como eu, procuram a verdade.

Não penseis, senhores, que tenha acreditado à primeira vista e sem exame. Como disse, estudei e observei conscienciosamente, com calma e sem ideia preconcebida e que só depois de madura reflexão tive a felicidade de me convencer da realidade de tais coisas. Digo felicidade porque – e o confesso – o ensino religioso que havia recebido não fora suficiente para esclarecer a minha razão e eu me havia tornado cético. Agora, graças ao Espiritismo, às provas patentes que ele fornece, já não o sou, porque pude assegurar-me da imortalidade da alma e de suas consequências. Se aí está aquilo que aquele senhor chama uma estupidez, ao menos deveria abster-se de o dizer em presença de vossas alunas, que bem poderão e mais cedo do que pensais, dar-se conta dos fenômenos cujo véu lhes levantaram. Para tanto bastará que entrem no mundo. A nova ciência aí faz grandes e rápidos progressos, eu vo-lo garanto. Então é de temer que elas façam esta reflexão: 'Se nos induziram em erro sobre essas matérias; se nos quiseram ocultar a verdade, não nos poderão ter enganado sobre outros pontos? Na dúvida, a mais elementar prudência recomenda a abstenção. Em todo o caso, nem era o lugar, nem o momento de abordar semelhante assunto'.

Senhoras, julguei meu dever comunicar-vos as minhas impressões. Peço-vos as acolhais com a vossa bondade habitual.

Aceitai, etc."

A. Gassier
38, Rue de la Chausséc – d'Antin

Observação: O Espiritismo alastra-se por toda a parte, de modo que é raro não se encontre, numa assembleia qualquer, certo número de adeptos. Fazer tiradas virulentas contra uma opinião que cresce sem cessar; servir-se de expressões ferinas perante um auditório que se não conhece, é expor-se a molestar gente respeitável e, por vezes, a ver-se chamado à ordem. Fazê-lo numa reunião que, por sua natureza, mais do que em qualquer outra, exige estrita observação das conveniências, onde toda palavra deve ser um ensinamento, é um erro. Se uma dessas jovens, cujos pais se ocupam do Espiritismo, lhes disser: "Sois jograis, iludidos ou estúpidos?" Não poderia ela justificar-se, dizendo: "Foi o que me ensinaram na distribuição de prêmios?" Se aquele senhor tivesse feito uma tirada semelhante contra os protestantes ou os judeus, chamando-os de heréticos e danados; contra tal ou qual opinião política? Não, porque há poucos colégios onde não haja alunos cujos pais

290 REVISTA ESPÍRITA

professam diferentes opiniões políticas ou religiosas, e ele temeria ferir a estes últimos. Então! Que fique sabendo que hoje na França há tantos espíritas quantos judeus e protestantes e, dentro em pouco, tantos quantos católicos.

Aliás, no caso, como sempre, o resultado será negativo. Eis uma porção de moças, naturalmente curiosas, muitas das quais jamais ouviram falar de tais coisas, e que quererão sabê-lo na primeira ocasião: experimentarão a mediunidade e, infalivelmente, algumas triunfarão; falarão às suas companheiras e assim por diante. Proibis se ocupem de tais coisas; amedrontai-as com a ideia do diabo; será uma razão a mais para que o façam às escondidas, pois quererão saber o que lhes dirá o diabo. Pois não ouvem falar diariamente dos bons diabos, dos diabos cor de rosa? Ora, aí está o perigo porque, inexperientes e sem um orientador prudente e esclarecido, poderão achar-se sob influências perniciosas, das quais não saberiam livrar-se. Daí podem resultar inconvenientes tanto mais graves quanto à vista da proibição feita e por medo dos castigos, nada ousarão dizer. Proibis que escrevam? Nem sempre é fácil: as professoras do internato sabem algo sobre isso. Mas, o que é que fareis se se tornarem médiuns videntes e auditivos? Podereis tapar-lhes os olhos e os ouvidos? Eis, senhor orador, o que pode produzir o vosso discurso imprudente, com o qual certamente ficastes muito satisfeito.

O resultado é absolutamente outro nos filhos educados pelos pais nessas ideias. Para começar, nada têm a esconder, sendo assim preservados contra os perigos da inexperiência; depois, cedo isso lhes dá uma piedade raciocinada, que a idade fortifica. Tornam-se mais dóceis, mais submissos, mais respeitadores. A certeza da presença dos pais mortos, que os veem incessantemente, com os quais podem entreter-se e dos quais recebem sábios conselhos, é-lhes um freio poderoso, pelo medo salutar que aqueles inspiram. Quando a geração for educada nas crenças espíritas, ver-se-á outra juventude, mais estudiosa e menos turbulenta. Isso já pode ser avaliado pelo efeito que tais ideias produzem nos jovens que delas se compenetram.

PERSEGUIÇÕES

Desde que a troça se esboroou na couraça do Espiritismo e serve mais a propagá-lo do que desacreditá-lo, seus inimigos ensaiam um outro meio que, prenunciamos, não dará melhores resultados e, provavelmente, ainda criará mais prosélitos; tal meio é a perseguição. Dizemos que fará mais por uma razão muito simples: é que, levando a sério o Espiritismo, sua importância cresce. Além disso, quanto mais uma causa faz sofrer, mais nos apegamos a ela. Sem dúvida recordam-se os leitores das belas comunicações dadas sobre os mártires do Espiritismo, publicadas na *Revista* de abril último. Essa fase de há muito foi anunciada pelos Espíritos:

Dizem eles: "Quando virem a impotência da arma do ridículo, experimentarão a da perseguição. Não haverá mais os martírios sangrentos, mas muitos irão sofrer nos seus interesses e nas afeições: procurarão desunir as famílias, reduzir os adeptos à fome, dar-lhes alfinetadas, por vezes piores que a morte. Mas aí encontrarão ainda almas sólidas e fervorosas, que saberão enfrentar as misérias do mundo, na esperança de um futuro melhor. Lembrai-vos das palavras do divino Salvador: *Bem-aventurados os aflitos, porque serão consolados*. Tende, pois, certeza: a era da perseguição, na qual em breve entrareis, terá curta duração e os vossos inimigos colherão apenas vergonha, porque as armas que empregarem contra vós virar-se-ão contra eles".

Começou a era predita. De várias direções assinalam-vos atos que a gente lamenta sejam praticados pelos ministros de um Deus de paz e de caridade. Não falaremos das violências feitas à consciência, expulsando da Igreja aqueles que a ela conduz o Espiritismo. Tendo tido tal meio resultados mais ou menos negativos, buscaram outros mais eficazes. Poderíamos citar as localidades onde criaturas que vivem de seu trabalho foram ameaçadas de verem cortados os seus recursos; outras onde os adeptos foram marcados pela animadversão pública, perseguidos pelos moleques de rua; outras onde expulsam das escolas as crianças cujos pais se ocupam do Espiritismo; uma outra onde um pobre professor foi demitido e reduzido à miséria, porque tinha em casa *O Livro dos Espíritos*. Deste recebemos tocante prece em versos, cheia dos mais nobres sentimentos e da mais sincera piedade. Acrescentemos que espírita benfeitor estendeu-lhe a mão; acrescentemos, ainda, em tais circunstâncias, ele foi vítima de infame traição, por parte de um homem no qual havia confiado e que parecia entusiasmado por aquele livro.

Numa pequena cidade onde o Espiritismo conta bom número de adeptos, um missionário disse do púlpito, na última quaresma: "Confio que no auditório só se encontrem bons fiéis: que não haja judeus, nem protestantes, nem espíritas". Parece que confiava muito pouco em sua palavra, para converter os que tivessem vindo ouvi-lo com o fito de se esclarecerem. Numa comuna perto de Bordeaux quiseram impedir se reunissem mais de cinco espíritas, sob o pretexto de que a tal a lei se opunha. Mas uma autoridade superior obrigou a autoridade local a respeitar a lei. Desse pequeno vexame resultou que hoje três quartos dessa comuna são espíritas. No departamento de Tarn-et-Garonne os espíritas de várias localidades quiseram reunir-se e foram acusados de conspiração contra o governo. Essa ridícula acusação caiu logo, como tinha de ser, e provocou o riso.

Em compensação contaram-nos que um magistrado tinha dito: "Praza a Deus que todo o mundo fosse espírita! Nossos tribunais teriam menos que fazer e a ordem pública nada teria a temer". Enunciou assim uma grande e profunda verdade. Porque já se começa a perceber a influência moralizadora que o Espiritismo exerce sobre as massas. Não é um resultado maravilhoso ver homens, sob a influência dessa crença, renunciar ao alcoolismo, aos hábitos de deboche, aos excessos degradantes e ao suicídio? Homens violentos tornarem-se comportados, suaves, pacíficos e bons pais de família? Homens que blasfemavam o nome de Deus, orando com fervor e piedosamente aproximar-se do altar? E são tais homens que expulsais da Igreja? Ah! Rogai a Deus para que, se ainda estão reservados dias de provação à humanidade, haja muitos espíritas. Porque estes aprenderam a perdoar aos inimigos e consideram como primeiro dever do cristão estender-lhes a mão no momento do perigo, em vez de lhes pisar ao pescoço.

Um livreiro da Charente escreve-nos o seguinte:

"Não temi proclamar abertamente minhas opiniões espíritas: pus de lado as mesquinharias mundanas, sem me preocupar se o que fazia viria prejudicar o meu negócio. Contudo estava longe de esperar o que me aconteceu. Se o mal se tivesse limitado a piadas, pouco seria. Mas, ah! Graças aos que pouco entendem a religião, tornei-me a ovelha negra do rebanho, a peste do distrito: sou apontado como o precursor do anticristo. Usaram de toda influência – inclusive a calúnia – para me derrubar, tirar-me a freguesia, numa palavra, arruinar-me. Ah! Os Espíritos nos falam de perseguições, de mártires do Espiritismo. Não me orgulho com isso. Mas, sem dúvida, estou no número das vítimas. É verdade que minha família sofre com isso. Mas tenho o consolo de uma esposa que partilha de minhas ideias. Não tardará que meus filhos estejam em idade de compreender essa bela doutrina: devo esclarecê-los nessa bela crença. Que Deus me conserve a possibilidade – seja o que

SETEMBRO DE 1862

for que façam para m'a tirar – de os instruir e os preparar para, por sua vez, lutarem, se tal for preciso.

Os fatos relatados em vossa *Revista* do mês de maio têm chocante analogia com o que me aconteceu. Como o autor da carta fui repelido impiedosamente do confessionário; antes de tudo o vigário queria fazer-me renunciar às ideias espíritas. De sua imprudência resulta que jamais me verá nas cerimônias religiosas. Se pratico um mal, deixo a responsabilidade ao seu autor."

As passagens que se seguem são extraídas de uma carta que nos vem de uma aldeia dos Vosges. Conquanto estejamos autorizados a declinar o nome do autor e a localidade, não o faremos por uma questão compreensível; mas temos a carta em mãos e a usaremos quando necessário. É o mesmo com os casos citados e que, conforme sua maior ou menor importância, mais tarde figurarão na história do estabelecimento do Espiritismo.

"Não sou muito versado em literatura para tratar dignamente do assunto que pretendo. Não obstante, tentarei fazer-me compreender, desde que perdoeis a imperfeição do estilo, a redação, porque há meses ardo de desejo de me corresponder convosco, desde que meu filho me enviou os preciosos livros de instrução da Doutrina Espírita e dos médiuns.

A noite, voltando do campo, avistei os livros que o carteiro trouxera. Apressei-me em jantar e deitar-me, com uma vela à cabeceira, pensando em ler até vir o sono. Mas li a noite inteira com tal avidez que não tive vontade de dormir."

Segue a enumeração das causas que o haviam levado à absoluta incredulidade religiosa e que omitimos por uma questão de respeito.

"Todas essas considerações repassavam diariamente por meu espírito; o desgosto apoderara-se de mim: havia caído num estado de ceticismo duríssimo; depois, em minha triste solidão, de aborrecimento e desespero, julgando-me inútil à sociedade, estava decidido a pôr termo a meus dias tão infelizes pelo suicídio.

Ah! Senhor! Não sei se alguém jamais poderá fazer uma ideia do efeito sobre mim produzido pela leitura de *O Livro dos Espíritos*. Renasceu a confiança; o amor de Deus tomou-me o coração e eu sentia como que um bálsamo divino em todo o meu ser. Ah! Dizia eu, em toda

294 REVISTA ESPÍRITA

a vida busquei a verdade e a justiça de Deus e só encontrei abusos e mentiras; e agora, em meus dias de velhice, tenho a felicidade de encontrar essa verdade tão desejada. Que mudança em minha situação que, de tão triste, tornou-se tão suave! Agora me acho continuamente em presença de Deus e de seus Espíritos bem-aventurados, meu criador, protetores, amigos fiéis. Creio que as mais belas expressões poéticas seriam insuficientes para pintar uma tão agradável situação. Quando meu peito fraco o permite, distraio-me cantando hinos e cânticos que, parece, lhes são mais agradáveis. Enfim, sou feliz, graças ao Espiritismo. Ultimamente escrevi a meu filho, que me mandara aqueles livros, com o que me tornara mais feliz do que se me tivesse posto às mãos a mais brilhante fortuna."

Segue-se um minucioso relato de ensaios de mediunidade, feitos na aldeia, entre adeptos, com os resultados obtidos. Entre aqueles apareceram vários médiuns, um dos quais parece admirável. Chamaram pais e amigos, que lhes deram incontestáveis provas de identidade e Espíritos Superiores, que lhes deram conselhos excelentes.

"Todas essas evocações foram levadas ao cura por criaturas alcoviteiras, que em parte as desnaturaram. A 18 de maio último, ensinando o catecismo aos seus alunos para a primeira comunhão, o cura vomitou milhares de injúrias contra a casa C... (um dos principais adeptos) e contra mim. Depois, disse ao filho de C...: 'Não te quero. Mas em dois anos serás bastante forte para ganhar a vida. Aconselho-te que deixes os teus pais, que não são capazes de te dar bons exemplos'. Que belo catecismo! Na véspera subiu ao púlpito de propósito, para repetir o sermão feito aos alunos pouco antes, dizendo com muita volubilidade que não reconhecíamos o inferno, não temíamos dedicar-nos ao roubo e à rapinagem, para nos enriquecermos à custa alheia; que nos dávamos a sortilégios e superstições da idade média e mil outras invetivas.

A propósito escrevi uma carta ao procurador imperial de M...; mas antes de enviá-la quis consultar o Espírito de São Vicente de Paulo na primeira reunião. Esse bom espírito fez o médium escrever o seguinte: lembrai-vos destas palavras do Cristo: 'Perdoai-lhes, porque não sabem o que fazem'. Depois disso, queimei a carta.

O ruído dessa doutrina espalha-se por todas as aldeias vizinhas. Muitos me pediram e encomendaram livros, que não me restam. Todos os que compreendem um pouco a leitura querem conhecer e passam de mão em mão.

Depois de haver lido *O Livro dos Espíritos* e *O Livro dos Médiuns,* meu primeiro cuidado foi ver se eu podia ser médium. Nada tendo obtido durante oito dias, comuniquei a meu filho a falta de êxito. Como ele morasse perto de um magnetizador, este propôs que me escrevesse uma carta, que ele magnetizaria e com esta eu poderia com certeza fazer a evocação de minha esposa. O pobre magnetizador não imaginava que me fornecia chicote para o açoitar. Com isso tornei-me médium auditivo; pus-me novamente em posição de escrever e imediatamente disseram-me ao ouvido: 'Procuram ludibriar teu filho'. Durante três dias, com uma força crescente, esse aviso me vinha ao ouvido e desviava a atenção que eu devia prestar ao que fazia. Escrevi ao meu filho sobre o caso, advertindo-o para que desconfiasse daquele homem. Pela volta do correio escreveu-me, censurando as dúvidas que eu levantava contra aquele homem, que lhe merecia toda confiança. Poucos dias depois mandou-me nova carta, com linguagem diferente, dizendo que havia expulsado o infeliz intrujão que, com aparência de honestidade, servia-se de sua suposta qualidade para melhor enganar as vítimas. Expulsando-o, mostrou-lhe a minha carta que, de uma distância de cem léguas, havia pintado tão bem."

Essa carta dispensa comentários. Vê-se que o sermão do senhor cura produziu efeito no meio dos aldeões, como alhures. Se, em tal circunstância, foi o diabo quem tomou o nome de São Vicente de Paulo, o senhor cura lhe deve ser grato. Não temos razão para dizer que os próprios adversários fazem a propaganda e, sem o querer, servem à nossa causa? Digamos, entretanto, que fatos como esse constituem exceções. Pelo menos preferimos assim pensar. Conhecemos muitos padres honestos, que deploram essas coisas, como impolíticas e imprudentes. Se nos apontam alguns atos deploráveis, também nos assinalam muitos de um caráter verdadeiramente ético. Um sacerdote disse a um seu penitente, que o consultava sobre o Espiritismo: "Nada acontece sem a permissão de Deus. Assim as coisas acontecem só por Sua vontade". – Um moribundo mandou chamar um padre e lhe disse: Há cinquenta anos que não frequentava as igrejas e havia esquecido a Deus. Foi o Espiritismo que me reconduziu a Ele e por isso vos mandei chamar antes de morrer. Dar-me-eis a absolvição? – Meu filho, respondeu o padre, – os desígnios de Deus são impenetráveis; dai-lhe graças por vos haver enviado essa tábua de salvação; morrei em paz. Poderíamos citar casos semelhantes.

UMA RECONCILIAÇÃO PELO ESPIRITISMO

Muitas vezes provou o Espiritismo sua benéfica influência restabelecendo a harmonia entre famílias e indivíduos. Disso temos numerosos exemplos, na maioria casos íntimos que nos foram confiados, por assim dizer, sob o selo da confissão e que, por isso, não podem ser revelados. Já não temos o mesmo escrúpulo para o que segue, de tocante interesse.

Um capitão da marinha mercante do Havre, nosso conhecido pessoal, é excelente espírita e bom médium. Havia iniciado ao Espiritismo vários homens de sua equipagem e só tinha motivos para se felicitar pela ordem, disciplina e bom comportamento. Tinha a bordo seu irmão de dezoito anos e um piloto de dezenove, ambos bons médiuns, animados de fé viva e que recebiam com fervor e reconhecimento os sábios conselhos dos Espíritos protetores. Uma noite, porém, discutiram. Das palavras foram a vias de fato. Assim, acertaram lugar e hora para se baterem a bordo, na manhã seguinte. Tomada a decisão, separaram-se. A noite sentiram vontade de escrever e, cada qual de seu lado, recebeu dos guias invisíveis, uma séria admoestação sobre a futilidade de sua discussão e conselhos sobre a felicidade da amizade, com um convite à reconciliação, sem preconceitos. Movidos pelo mesmo sentimento, os dois jovens deixaram simultaneamente seu lugar, e vieram chorando lançar-se nos braços um do outro. Desde então nenhuma nuvem turvou a sua mútua compreensão.

O próprio capitão nos fez o relato. Vimos o seu caderno de comunicações espíritas, bem como os dos dois jovens, onde lemos aquela de que acabamos de falar.

O fato seguinte ocorreu ao mesmo capitão, numa de suas travessias. Temos o prazer de o transcrever, posto que alheio ao assunto.

Foi em alto mar, com o melhor tempo do mundo, quando ele recebeu a seguinte comunicação:

"Toma todas as precauções; amanhã às duas horas cairá uma borrasca e teu navio correrá grande perigo." Como nada deixava prever o mau tempo, o capitão logo pensou numa mistificação. Contudo, para nada ter a censurar-se, ao acaso tomou medidas. Foi bom: à hora certa desencadeou-se violenta tempestade e durante três dias o navio enfrentou os maiores perigos que jamais lhe ocorreram. Graças, porém, às precauções tomadas, safou-se sem acidentes.

O fato da reconciliação sugeriu-nos as seguintes reflexões.

Um dos resultados do Espiritismo *bem compreendido* – e insistimos na expressão *bem compreendido* – é o desenvolvimento do sentimento de caridade. Mas, como se sabe, a própria caridade tem um conceito muito elástico – desde a simples esmola até o amor aos inimigos, que é o sublime da caridade. Pode-se dizer que ela resume todos os nobres impulsos da alma para com o próximo. O verdadeiro espírita, como o verdadeiro cristão, pode ter inimigos. Não os teve o Cristo? Mas não é o inimigo pessoal, pois está sempre apto a perdoar e a pagar o mal com o bem. Se dois espíritas tiverem tido outrora motivos para recíproca animosidade, sua reconciliação será fácil, porque o ofendido esquece a ofensa e o ofensor reconhece a sua falta de razão. Desde então não mais querelas, porque serão reciprocamente indulgentes e farão mútuas concessões. Nenhum deles procurará impor ao outro um perdão humilhante, que irrita e fere mais do que acalma.

Se, em tais condições, duas criaturas podem viver em boa harmonia, o maior número também o pode. E, então, serão tão felizes quanto é possível sê-lo na Terra, porque a maior parte de nossas atribulações surge do contato com os maus. Suponhamos uma nação inteira imbuída de tais princípios: não será a mais feliz do mundo? Aquilo que apenas é possível para os indivíduos – dirão uns – é utopia para as massas, a menos que se dê um milagre. Ora! Tal milagre fá-lo o Espiritismo muitas vezes, em pequena escala, nas famílias desunidas, onde restabelece a paz e a concórdia. O futuro provará que o pode fazer em larga escala.

RESPOSTA AO CONVITE DOS ESPÍRITAS DE LYON E DE BORDEAUX

Meus caros irmãos e amigos espíritas de Lyon.

Apresso-me em vos dizer quanto sou sensível ao novo testemunho de simpatia que me acabais de dar, com o amável e grato convite para vos visitar este ano. Aceito-o com prazer porque, para mim, é sempre uma felicidade encontrar-me em vosso meio.

Amigos, minha alegria é grande ao ver a família crescer a olhos vistos: é a mais eloquente resposta aos tolos e ignóbeis ataques ao Espiritismo. Parece que tal crescimento lhes aumenta o furor, porque, hoje mesmo, recebi uma carta de Lyon, anunciando a remessa de um jornal dessa cidade, *La France littéraire,* no qual a doutrina em geral, e minhas obras em particular, são agredidas de maneira tão desagradável que me consultam se devem responder pela imprensa ou pelos tribunais. Digo que a resposta deve ser o desprezo.

Se a doutrina não fizesse progressos, se minhas obras fossem natimortas, ninguém se inquietaria e nada diria. São os nossos sucessos que exasperam os inimigos. Deixemo-los, pois, derramar a sua raiva impotente, que mostra como sentem próxima a sua derrota. Eles não são tão tolos para se agarrarem a um aborto. Quanto mais ignóbeis forem os seus ataques, menos estes devem ser temidos, porque desprezados pelas criaturas honestas e provam que aqueles não têm boas razões a opor, desde que só sabem dizer injúrias.

Continuai, pois, meus amigos, a grande obra de regeneração, iniciada sob tão felizes auspícios e em breve colhereis o fruto da perseverança. Provai, sobretudo pela união e pela prática do bem, que o Espiritismo é a dádiva da paz e da concórdia entre os homens, e fazei que, vendo-vos, se possa dizer que seria desejável que todos fossem espíritas.

Meus amigos, sinto-me feliz por ver tantos grupos unidos no mesmo sentimento e marcharem de comum acordo para o nobre objetivo que nos propomos. Sendo tal objetivo o mesmo para todos, não poderia haver divisões: uma mesma bandeira vos deve guiar e nela está escrito: *Fora da Caridade não há salvação.* Ficai certos de que em torno dela é que a humanidade inteira sentirá necessidade de se unir, quando se cansar das lutas geradas pelo orgulho, pela inveja e pela cupidez. Essa máxima, verdadeira âncora de salvação, pois será o repouso após a fadiga, o Espiritismo terá a glória de havê-la proclamada. Inscrevei-a em todos os locais de reunião e em vossas casas. Que ela seja, de agora em diante, a palavra de união entre todos os homens que, sinceramente, querem o bem, sem segunda intenção pessoal. Mas fazei melhor ainda: gravai-a em vossos corações e, desde já, desfrutareis a calma e a serenidade que aí acharão as gerações futuras, quando a paz for a base das relações sociais. Sois os pioneiros: deveis dar exemplo, a fim de encorajar os outros a vos seguirem.

Não esqueçais que a tática dos vossos inimigos encarnados e desencarnados é dividir-vos. Provai-lhes que perdem o tempo na tentativa de suscitar, entre os grupos, sentimentos de inveja e rivalidades, que seriam uma apostasia da verdadeira Doutrina Espírita Cristã.

As 500 assinaturas que subscrevem o convite que tivestes a bondade de me enviar representam um protesto contra essa tentativa; e ainda há outros que terei o prazer de aí ver. Aos meus olhos é mais que simples fórmula: é um estímulo à marcha que nos traçam os bons Espíritos. Eu as conservarei preciosamente, porque um dia constituirão os gloriosos arquivos do Espiritismo.

Ainda uma palavra, meus amigos. Indo ver-vos, uma coisa desejo: é que não haja banquete. E isso por vários motivos. Não quero que minha visita seja ocasião para despesas que poderiam impedir a presença de alguns e privar-me do prazer de ver todos reunidos. Os tempos estão duros. Não devemos fazer despesas inúteis. O dinheiro que isso custaria seria melhor empregado em auxílio aos que mais tarde necessitarão. Eu vo-lo digo com toda a sinceridade: o pensamento naquilo que fizerdes por mim em tal circunstância poderia ser uma causa de privação para muitos e me tiraria o prazer da reunião. Nem vou a Lyon para exibição nem para receber homenagens, mas para me entender convosco, consolar os aflitos, encorajar os fracos, ajudar-vos com os meus conselhos até onde estiver em mim fazê-lo. E o que de mais agradável me podeis oferecer é o espetáculo de uma união boa, franca e sólida. Crede: os termos tão afetuosos do vosso convite para mim valem mais que todos os banquetes do mundo, ainda que oferecido num palácio. Que me restaria de um banquete? Nada. Ao passo que vosso convite fica como preciosa lembrança e uma prova de vossa afeição.

Até breve, meus amigos; se Deus quiser terei o prazer de vos apertar as mãos cordialmente.

Allan Kardec

AO SR. SABÔ, DE BORDEAUX

Sinto-me sensibilizado pelo desejo que me testemunharam muitos espíritas de Bordeaux, de lá me verem ainda este ano. Se não surgir qualquer obstáculo imprevisto, tenho a intenção de lhes fazer uma visita, quando mais não fosse para lhes agradecer a boa acolhida do ano passado. Mas tenho a satisfação de lhes dar a conhecer que desejo não haja banquete. Não vou ao vosso meio para receber ovações, mas para dar instruções aos que delas sentem necessidade e com os quais terei o prazer de conversar. Alguns quiseram dar à minha visita o caráter pastoral. Não desejo que tenha outro caráter. Crede que me sinto mais honrado com um franco e cordial acolhimento de forma muito simples do que com uma recepção cerimoniosa, que nem convém ao meu caráter e hábitos, nem aos meus princípios. Se entre eles não reinasse união, não seria um banquete que a produziria: ao contrário. Se ela existe, pode manifestar-se de outro modo, do que por uma festa em que haverá lugar para o amor-próprio, mas não tocaria um verdadeiro espírita, nem por uma despesa inútil, que seria melhor empregada em aliviar infortúnios. Cotizai-vos, pois, em minha intenção, se o quiserdes, e permiti que contribua com o meu óbolo. Mas, em vez de comer o dinheiro, que este sirva para alimentar aqueles a quem falta o necessário. Então será uma festa do coração e não do estômago. Mais vale ser abençoado pelos infelizes que pelos cozinheiros.

A sinceridade da união traduz-se por atos e, mais ainda, por atos íntimos do que por demonstrações aparatosas. Que eu veja por toda a parte a paz e reinar a concórdia na grande família; que cada um ponha de lado as vãs suscetibilidades, as rivalidades pueris, filhas do orgulho; que todos tenham um objetivo único: o triunfo e a propagação da doutrina, e que todos acorram com zelo, perseverança e abnegação de todo interesse e de toda a vaidade pessoal. Eis o que para mim seria uma verdadeira festa, o que me cumularia de prazer e me permitiria trazer da segunda visita a Bordeaux a mais suave e agradável lembrança.

Peço-vos comuniqueis minhas intenções aos nossos irmãos espíritas e crer-me, etc.

Allan Kardec

Achamo-nos no dever de publicar essas duas respostas, para que não se equivoquem quanto aos sentimentos que nos guiam nas visitas que fazemos aos centros espíritas. Aproveitamos a oportunidade para agradecer aos de outras cidades que nos fizeram idêntico convite. Lamentamos que o tempo não nos permita ir a toda a parte. Fá-lo-emos sucessivamente.

No instante de as expedir, um convite dos mais gentis e atenciosos nos é feito em nome dos membros da Sociedade Espírita de Viena, Áustria. Lamentamos muito não poder lá ir este ano.

POESIAS ESPÍRITAS

PEREGRINAÇÕES DA ALMA

Assim como o sangue, na circulação
Em íntimas gotas vem do coração,
Nossa vida emana, sim, da Divindade
No infinito gravita durante a Eternidade.

A Terra é um lugar de prova e sofrimento;
Aí está o nosso pranto, aí o ranger de dentes.
Aí é o inferno. E o nosso livramento,
Na proporção do mal, em seus antecedentes.

Assim, pois, cada um deixando este vil mundo,
Se eleva mais ou menos, vai a outro planeta.
Conforme for mais puro, ou for ainda imundo,
Seu ser se desenvolve, ou aqui resta grilheta.

É que ninguém atinge do eleito a posição,
Sem antes expiar todos os malefícios,
Se o cáustico remorso, pesar e oração
Não lançam sobre o mal o véu dos benefícios.

Como um errante Espírito, manchado inda de lama,
Vem tomar novo corpo aqui, para sofrer,
Renascer p'ra virtude numa família humana
Depurar-se no bem e de novo morrer.

Encarnar-se entre nós vêm por devotamento
É vontade de Deus as almas escolhidas,
Servas de um Deus bom, do grão merecimento
Pregar a lei do amor, curar nossas feridas.

E uma vez terminada esta missão tão santa
Logo Deus as destaca ao celeste labor,
De onde a alma se eleva e alegremente canta
Nesse coro infinito do oceano do amor.

Terminadas, assim, nossas provas um dia,
Pelo amor elevados a santas regiões,
Triunfantes iremos ao seio da harmonia,
A aumentar dos eleitos as nobres legiões.

Lá por felicidade e cúmulo de delícias
Aos que nos foram caros Deus nos reunirá;
Fundidos na ventura de mui santas carícias
De um céu sempre puro nos abençoará.

No bem, como no belo, mudada a condição,
Seremos transferidos para a santa cidade
Onde veremos, sim, crescer a gratidão
Pelo imenso tesouro que é a Felicidade.

Dos mundos graduados seguindo a imensa escala,
Sempre mais depurados, mudando de confins.
Iremos terminar onde tudo se instala,
A renascer do amor – brilhantes serafins.

De uma raça nova seremos pioneiros
E os anjos da guarda dos homens do futuro;
Da vontade de Deus seremos mensageiros
Vigilantes fiéis de um mundo nascituro.

De Deus tal é o poder real – assim parece –
No imenso percurso da pobre humanidade.
Inclinemos, então, que a ordem não perece:
Cantando glória a Deus por toda a Eternidade.

B. Joly, herborista de Lyon [1]

---

[1] Por uma falha tipográfica o original foi publicado sem a quinta estrofe; o Sr. Allan Kardec a incluiu no número de novembro, com uma pequena nota explicativa. Pondo aquela estrofe no devido lugar, pareceu-nos necessário este aviso e desnecessária a nota final do mês de novembro. *O Tradutor*

Observação: Talvez possam os críticos severos fazer algumas restrições a esses versos. Deixamos-lhes a tarefa e consideramos apenas a ideia, cuja justeza, do ponto de vista espírita, não pode ser negada. É mesmo a alma em suas peregrinações, pelo trabalho depurador, para chegar à felicidade sem fim. Um ponto, entretanto, que parece dominar, é muito ortodoxo e não poderíamos admiti-lo. Está expresso na quadra da epígrafe: *No infinito gravita durante a Eternidade*. Se por isso entende o autor que a alma sobe incessantemente, resulta que jamais chegaria à felicidade perfeita. Diz a razão que, sendo a alma um ser finito, sua ascensão para o bem absoluto deve ter um limite; que, chegada a um certo ponto, não ficará em perpétua contemplação, aliás, pouco atraente e que seria uma perpétua inutilidade, mas terá uma atividade incessante e bem-aventurada, como auxiliar da Divindade.

O ANJO DA GUARDA

(SOCIEDADE ESPÍRITA AFRICANA – MÉDIUM: SRTA. O...)

Pobres humanos, que sofreis na Terra,
Consolai-vos, enxugai o pranto.
Em vão ronca a tormenta sobre vós:
Os guias vos envolvem com seu manto.
Deus, o Deus tão bom e vosso pai,
A todos deu um anjo e um irmão.

De voz amiga, ajuda e proteção.
Queremos após esta vida
A vossa felicidade
E conduzir-vos ao céu,
Aos planos da claridade.
Se vísseis nosso sorriso,
Aos vossos passos primeiros,
Se vísseis nossa tristeza
Quando ficais derradeiros!

Queremos só ensinar
O segredo que é o bem
Para que vos torneis anjos,
Anjos da guarda também.

Sim, após todas as penas,
Já vos tendo depurado,
O Senhor vos manda à Terra
Do progresso encarregado.

Assistindo os pequeninos
De modo suave e terno,
Puro como o amor materno.

Guiai, então, com segurança
Para a celeste esperança.

(a) Dulcis

Observação: Esses versos e mais outros, de certa extensão, não menos notáveis, sob o título *A Criança e o Ateu,* que publicaremos no próximo número, foram publicados no *Echo de Sétif,* da Argélia, a 31 de julho de 1862, precedidas da seguinte nota:

"Um dos nossos assinantes enviou-nos as duas poesias que se seguem, recebidas por um médium de Constantina, nos primeiros dias deste mês. Embora não os considerando isentos de crítica, do ponto de vista das regras de versificação, nós os publicamos porque explicam, pelo menos em parte, a Doutrina Espírita, que tende a se espalhar por toda a superfície do globo."

Esse médium para ter a especialidade da poesia, já recebeu grande número de versos, que escreve com incrível facilidade, sem nenhuma rasura posto desconheça as regras da métrica. Vimos um membro da Sociedade de Constantina, em presença do qual foram escritos.

DISSERTAÇÕES ESPÍRITAS

ESTUDOS URANOGRÁFICOS

(SOCIEDADE ESPÍRITA DE PARIS – MÉDIUM: SR. FLAMMARION)

De certo modo as três comunicações abaixo constituem a iniciação de um jovem médium. Vê-se o que prometem para o futuro. São a introdução a uma série de estudos, ditados pelo Espírito que se propõe desenvolver, sob o título de Estudos Uranográficos. Deixamos ao leitor a apreciação do fundo e da forma.

SETEMBRO DE 1862

305

I

Há tempos vos foi anunciado, aqui e alhures, por vários Espíritos e diversos médiuns, que seriam feitas revelações sobre o sistema dos mundos. Fui chamado a contribuir para tal predição, na ordem de meu destino.

Antes de abrir o que poderia chamar os nossos estudos uranográficos, importa fixar bem o primeiro princípio, a fim de que o edifício, sentado em bases sólidas, tenha condições de durabilidade.

Esse primeiro princípio, essa primeira causa é o grande e soberano poder, que deu vida aos mundos e aos seres; este preâmbulo a toda meditação séria é Deus. Ante esse nome venerado tudo se inclina e a harpa etérea dos céus faz vibrar as suas cordas de ouro. Filhos da Terra, vós que há tanto tempo balbuciais esse grande nome sem o compreender, quantas teorias aventurosas foram escritas desde o começo das idades nos anais da filosofia humana! Quantas interpretações erradas da consciência universal vieram à luz através de crenças caducas dos povos antigos! E, hoje ainda, que a era cristã em seu esplendor raiou sobre o mundo, que ideia se faz do primeiro dos seres, do ser por excelência, daquele que é? Não vimos, nos últimos tempos, o panteísmo orgulhoso elevar-se soberbo até aquele que julgou certo qualificar de ser absorvente, do grande todo, de cujo seio tudo saiu e no qual tudo deve entrar e se confundir um dia, sem distinção de individualidades? Não vimos o ateísmo grosseiro instalar vergonhosamente o ceticismo negativista e corruptor de todo progresso intelectual, a despeito do que tenham dito os sofistas seus defensores? Seria interminável mencionar escrupulosamente todos os erros que foram aceitos a respeito do princípio primordial e eterno; e a reflexão é bastante para vos mostrar que o homem terreno errará sempre que pretender explicar esse problema insolúvel para muitos Espíritos desencarnados.

Cabe-vos dizer implicitamente que deveis, melhor dito, que devemos inclinar-nos humildemente ante o Grande Ser. Dizei, filhos, se está em nós nos elevarmos até a ideia do Ser Infinito, isso basta para nos interditar a pretensão de ter os olhos abertos diante do Sol, sem ficarmos logo enceguecidos por deslumbrante esplendor de Deus na sua eterna glória. Guardai bem isto: é o prelúdio de nossos estudos. Crede em Deus Criador e Organizador das esferas; amai a Deus Criador e protetor das almas, e poderemos penetrar juntos, humildemente, e, ao mesmo tempo, estudiosamente, no santuário onde Ele semeou os dons de seu infinito poder.

Galileu

II

Estabelecido o primeiro ponto de nossa tese, a segunda questão que se apresenta é a do poder que conserva os seres e que se convencionou chamar *natureza*. Depois do vocábulo que tudo resume, aquele que representa tudo. Mas o que é a natureza? Ouvi antes a definição do naturalista moderno: "A natureza", diz ele, "é o trono exterior do poder divino". A tal definição juntarei esta, que resume todas as ideias dos observadores: "A natureza é o poder efetivo do Criador". Notemos a dupla explicação do mesmo vocábulo que, por uma maravilhosa combinação da linguagem, representa duas coisas à primeira vista tão diversas. Com efeito, a natureza, no primeiro sentido, representa o efeito, cuja causa é expressa no segundo. Uma paisagem de horizonte sem fim, tufos de árvores sob as quais sentimos a vida subir na seiva; um prado esmaltado de flores perfumosas e coroado pelo Sol: a isso se chama natureza. Agora, se se quiser designar a força que orienta os astros no espaço e que faz germinar o grão de trigo? É ainda a natureza. Que a constatação dessas várias expressões seja para vós uma fonte de profundas reflexões; que vos ensine que, se nos servimos do mesmo vocábulo para significar o efeito e a causa, é que, realmente, causa e efeito são uma só e mesma coisa. O astro atrai o astro no espaço segundo leis inerentes à constituição do Universo e é atraído com a mesma força que a que nele reside. Eis a causa e o efeito. O raio solar perfuma a flor e a abelha aí vai buscar o mel. Aqui, o perfume ainda é efeito e causa. Onde quer que na Terra ponhais os olhos, podereis constatar essa dupla natureza. Concluamos daí que se a natureza, como a chamei, é a força efetiva de Deus, é, ao mesmo tempo, o trono de Seu Poder; é, ao mesmo tempo, ativa e passiva, efeito e causa, matéria e força imaterial; é a lei que cria, que governa, que embeleza; é o ser e a imagem; é a manifestação do poder criador, infinitamente belo, infinitamente admirável, infinitamente digno da vontade da qual é mensageiro.

Galileu

III

Nosso terceiro estudo terá por tema o espaço.

Várias definições lhe têm sido dadas, sendo esta a principal: a extensão que separa dois corpos. Daí certos sofistas deduziram que onde não houver corpos não haverá espaço. É sobre isso que se basearam os teólogos para estabelecer que o espaço é necessariamente finito, alegando que os corpos, em número finito, não poderiam formar uma série infinita; e que onde parassem os corpos, também pararia o espaço. Também definiram o espaço como o lugar onde se movem os mundos, o vazio onde age a matéria, etc. Deixemos nos tratados onde se encontram essas definições que nada definem.

O espaço é uma dessas palavras que representam uma ideia primitiva e axiomática, evidente por si mesma e que as várias definições dadas nada mais fazem que obscurecer. Todos sabemos o que é o espaço e desejo apenas estabelecer a sua infinitude, para que estudos ulteriores não encontrem barreiras opostas à investigação de nosso ponto de vista.

Ora, digo que o espaço é infinito porque é impossível opor-lhe qualquer limite e porque, a despeito da dificuldade de conceber o infinito, é-nos mais fácil ir eternamente no espaço, em pensamento, do que parar num ponto qualquer, depois do qual não houvesse mais extensão a percorrer.

Para imaginar, tanto quanto possível em faculdades, a infinitude do espaço, suponhamos que, partindo da Terra, perdida em meio ao infinito, para um ponto qualquer do Universo, com a prodigiosa velocidade da faísca elétrica, que transpõe milhares de léguas por segundo, apenas tivéssemos deixado este globo e percorrido milhões de léguas, encontrar-nos-emos num ponto de onde a Terra apenas nos aparece como pálida estrela. Um instante após, seguindo sempre a mesma direção, chegamos a estrelas longínquas, que apenas distinguimos de nossa estação terrena; e de lá, não só a Terra estará inteiramente fora de nossas vistas nas profundezas do céu, mas ainda o vosso próprio Sol, no seu esplendor, estará eclipsado pela distância que dele nos separa. Animados sempre da mesma velocidade do relâmpago, transporíamos sistemas de mundos à medida que avançamos no espaço, ilhas de luz etérea, vias estelíferas, paragens suntuosas, onde

Deus semeou mundos com a mesma profusão com que semeou plantas nos prados terrestres.

Ora, há apenas alguns minutos que marchamos e já centenas de milhões de milhões de léguas nos separam da Terra, milhões de mundos passaram aos nossos olhos e, contudo, escutai! Na realidade não avançamos um passo no Universo.

Se continuarmos durante anos, séculos, milhares de séculos, milhões de períodos cem vezes seculares, e incessantemente com a mesma velocidade do relâmpago, não teremos avançado nada! E isso de qualquer lado para o qual marchemos, para qualquer lado para o qual nos dirijamos, desde este grão invisível que deixamos, e que se chama Terra.

Eis o que é o espaço.

Galileu

FÉRIAS DA SOCIEDADE ESPÍRITA DE PARIS

(SOCIEDADE ESPÍRITA DE PARIS, 1º. DE AGOSTO DE 1862 – MÉDIUM: SR. E. VÉZY)

Ides, pois, separar-vos por algum tempo, mas os bons Espíritos estarão sempre com os que lhes pedirem auxílio e apoio.

Se cada um de vós deixa a mesa do mestre, não é apenas para exercício ou repouso, mas ainda para servir, onde quer que vos espalheis, à grande causa humanitária, sob a bandeira a cujo abrigo vos pusestes.

Bem compreendeis que para o espírita fervoroso não há horas designadas para o estudo; toda a sua vida não é mais que uma hora, e ainda demasiado curta para o trabalho a que se dedica: o desenvolvimento intelectual das raças humanas!

Os galhos não se destacam do tronco porque deste se afastem: ao contrário, dão lugar a novos impulsos que os unem e os solidarizam.

Aproveitai estas férias que vão espalhar-vos, para vos tornardes ainda mais fervorosos, a exemplo dos Apóstolos do Cristo: saí deste cenáculo fortes e corajosos; que vossa fé e as boas obras liguem em torno de vós milhares de crentes, que abençoarão a luz que espalhareis em vosso redor.

Coragem! Coragem! No dia do encontro, quando a auriflama do

Espiritismo vos chamar ao combate e se desdobrar sobre vossas cabeças, que cada um tenha em volta de si os adeptos que houver formado sob sua bandeira, e os bons Espíritos dirão o seu número e o levarão a Deus!

Não durmais, pois, Espíritas, à hora da sesta: velai e orai! Já vos disse e outras vozes vo-lo repetirão, soa o relógio dos séculos, uma vibração retine, chamando os que se acham na noite. Infelizes dos que não a quiserem escutar!

Espíritas! Ide despertar os adormecidos e dizei-lhes que vão ser surpreendidos pelas vagas do mar que sobe em rugidos surdos e terríveis; ide dizer-lhes que escolham um lugar mais iluminado e mais sólido, porque eis que os astros declinam e a natureza inteira se move, treme, agita-se!...

Mas após as trevas eis a luz; e aqueles que não tiverem querido ver e ouvir imigrarão naquela hora para mundos inferiores, a fim de expiar e esperar longamente, mui longamente, os novos astros que devem elevar-se e os esclarecer. E o tempo lhes parecerá eternidade, pois não lobrigarão o término de suas penas, até o dia em que começarem a crer e compreender.

Espíritas, não mais vos chamarei crianças, mas homens, homens valentes e corajosos! Soldados da nova fé, combatei valentemente; armai o braço com a lança da caridade e cobri o corpo com o escudo do amor. Entrai na liça! Alerta! Alerta! Calcai aos pés o erro e a mentira e estendei a mão aos que vos perguntarem: "Onde está a luz?" Dizei-lhes que os que marcham guiados pela estrela do Espiritismo não são pusilânimes, que se não deslumbrem com miragens e não aceitem como leis senão aquilo que ordena a razão fria e sã; que a caridade é a sua divisa e que não se despojem por seus irmãos senão em nome da solidariedade universal e nunca para ganharem um paraíso, que sabem muito bem que não podem possuir senão quando tiverem expiado bastante!... Que conheçam a Deus e que, antes de tudo, saibam que ele é imutável em sua justiça, e, consequentemente, não pode perdoar uma vida de faltas acumuladas por um segundo de arrependimento, como não pode punir uma hora de sacrilégio por uma eternidade de suplício! ...

Sim, espíritas! Contai os anos de arrependimento pelo número das estrelas; mas a idade de ouro virá para aquele que tiver sabido contá-los.

Ide, pois, trabalhadores e soldados e que cada um volte com a pedra ou o seixo que deve auxiliar a construção do novo edifício. Em verdade vos digo, desta vez não mais tereis que temer a confusão, posto que, querendo elevar ao céu a torre que o coroará: ao contrário, Deus estenderá a sua mão no vosso caminho, a fim de vos abrigar das tempestades.

Eis a segunda hora do dia, eis os servidores que vêm de novo da parte do Mestre procurar trabalhadores: vós, que estais desocupados, vinde e não espereis a última hora!...

Santo Agostinho

AOS CENTROS ESPÍRITAS QUE DEVEMOS VISITAR

O número de centros que nos propomos visitar, aliado à extensão do trajeto, não nos permite consagrar a cada um o tempo que desejaríamos. Julgamos útil aproveitar o melhor possível esse tempo para instrução. Com tal objetivo é nosso propósito responder, tanto quando nos for possível, a perguntas sobre as quais desejam esclarecimentos. Temos notado que, ao fazer tal proposta durante as reuniões, geralmente não sabem o que perguntar e muitos se calam por timidez ou por dificuldade de formular o seu pensamento. A fim de evitar esse duplo inconveniente, pedimos que previamente preparem as perguntas por escrito e nos forneçam uma lista antes da reunião. Assim poderemos classificá-las metodicamente, eliminar repetições e responder de modo mais satisfatório para todos, refutando, ao mesmo tempo, as objeções à doutrina.

Ao Sr. E. K.

Ignoro completamente a inscrição de que me fala em sua carta de 2 de agosto, datada de Guingamp, por uma razão muito simples: jamais estive na Bretanha. E acrescento que jamais ouvi falar desse *Mane, Tecel, Fares* de outro gênero, como diz o senhor. Se ele pôde produzir sobre o senhor uma impressão benéfica, agradeça ao seu autor desconhecido. Em todo o caso, terei prazer em recebê-lo quando vier a Paris, onde, entretanto, só estarei de volta nos primeiros dias de outubro. Será um prazer dar-lhe verbalmente todas as explicações que desejar.

Allan Kardec

ANO V
OUTUBRO DE 1862

APOLÔNIO DE TIANA

Apolônio de Tiana quase que só é conhecido de nome. Salvo pelos eruditos, o seu nome não é popular, por falta de uma história ao alcance de todos. Só havia algumas traduções, baseadas numa versão latina de formato incômodo. Devemos, pois, agradecer ao sábio helenista, que acaba de publicar uma tradução conscienciosa do texto original grego e aos editores desta publicação, onde há lamentável lacuna[1].

Não há datas precisas sobre a vida de Apolônio. Conforme alguns cálculos, teria nascido dois ou três anos antes de Jesus Cristo e morrido aos noventa e seis anos, pelos fins do primeiro século. Nasceu em Tiana, cidade grega da Capadócia, na Ásia Menor. Cedo demonstrou ter grande memória, e uma inteligência notável e mostrou grande aplicação ao estudo. De todas as filosofias que estudou adotou a de Pitágoras, cujos preceitos seguiu rigorosamente até a morte. Seu pai, um dos mais ricos cidadãos de Tiana, deixou uma fortuna considerável, que ele repartiu com os parentes, ficando apenas com uma pequena parte porque, dizia, o sábio deve saber contentar-se com pouco. Viajou muito para se instruir: percorreu a Assíria, a Cítia, a Índia, onde visitou os Brâmanes, o Egito, a Grécia, a Itália e a Espanha, por toda a parte ensinando a sabedoria. Querido em toda a parte pela suavidade de seu caráter, honrado por suas virtudes e recrutando numerosos discípulos, que lhe acompanhavam os passos a fim de ouvi-lo, alguns dos quais o acompanharam em suas viagens. Um deles, entretanto, Eufrates, invejoso de sua superioridade e de seu crédito, tornou-se seu detrator e mortal inimigo e

---

[1] *Apolônio de Tiana, sua vida, viagens e prodígios*; por Filostrato. Nova tradução do texto grego, pelo Sr. Chassang, mestre de conferências na Escola Normal. Um volume in-12 de 500 páginas. Preço, 3,50 fr.; Casa Didier Co., editores. Quai des Augustins, 35, Paris.

não cessou de contra ele espalhar calúnias, visando perdê-lo, mas apenas conseguiu aviltar-se.

Apolônio jamais se abalou e, longe de lhe guardar ressentimentos, lamentava-o por sua fraqueza e procurou sempre retribuir-lhe o mal com o bem. Ao contrário Damis, jovem assírio que ele conheceu em Nínive, a ele se ligou com uma fidelidade a toda a prova, foi-lhe companheiro assíduo nas viagens, o depositário de sua filosofia e deixou sobre ele a maior parte das informações que possuímos.

O nome de Apolônio de Tiana está misturado ao de todos os personagens lendários, que a imaginação humana vestiu de atributos maravilhosos. Seja qual for o exagero dos fatos a ele atribuídos, é evidente que, ao lado das fábulas, encontra-se um fundo de verdades mais ou menos adulteradas. Ninguém poderia, com segurança, pôr em dúvida a existência de Apolônio de Tiana; o que é igualmente certo é que deve ter feito coisas admiráveis, sem o que a essas não teriam feito referências. Para que a imperatriz Júlia Domna, esposa de Sétimo-Severo, tivesse pedido a Filostrato que escrevesse a sua vida, fora necessário que ele tivesse dado o que falar, pois não é provável que ela tivesse encomendado um romance sobre um homem imaginário ou obscuro. Que Filostrato tivesse amplificado os fatos, ou que estes lhe tivessem chegado amplificados, é provável e, mesmo, certo, pelo menos alguns deles estão fora de qualquer probabilidade. Mas o que não é menos certo é que colheu os dados fundamentais em histórias quase contemporâneas e que deviam ter suficiente notoriedade para merecerem a atenção da imperatriz. As vezes a dificuldade está em distinguir entre a fábula e a verdade. Nesse caso há criaturas que preferem tudo negar.

Os personagens dessa natureza são apreciados muito diversamente: cada um os julga conforme suas opiniões, suas crenças e, até, conforme os seus interesses. Mais que qualquer outro, Apolônio de Tiana devia dar pasto à controvérsia, pela época em que viveu e pela natureza de suas faculdades. Atribuíam-lhe, entre outras coisas, o dom de curar, a presciência, a visão à distância, o poder de ler o pensamento, expulsar os demônios e de se transportar instantaneamente de um a outro lugar, etc. Poucos filósofos gozaram em vida de maior popularidade. Seu prestígio ainda era aumentado por sua austeridade de hábitos, mansuetude, simplicidade, desinteresse, caráter benevolente e reputação de saber. O paganismo soltava, então, os seus últimos lampejos, e se debatia contra a invasão do cristianismo nascente; e quis transformá-lo num deus. Misturando ideias cristãs a ideias pagãs, alguns o tomaram por um santo; os menos fanáticos nele apenas viram um filósofo. Essa é a opinião mais razoável e o único título que ele jamais aceitou, pois não se considerou filho de Júpiter, como alguns pretendiam que fosse. Posto que contemporâneo do Cristo, parece que dele não ouviu falar porque, em sua vida, não há qualquer alusão ao que se passava na Judéia.

Entre os cristãos que o julgaram, posteriormente, uns o declararam louco e impostor; outros, não podendo negar os fatos, pretenderam que operasse prodígios pela assistência do demônio, sem pensar que isso implicava na confissão dos mesmos prodígios e fazer de Satã o rival de Deus, pela dificuldade de distinguir entre os prodígios divinos e os diabólicos. São as duas opiniões que prevaleceram na Igreja.

O autor dessa tradução ficou em sábia neutralidade. Não esposou qualquer versão e, a fim de permitir que cada um as apreciasse, indica com muito escrúpulo todas as fontes que se podem consultar, deixando a cada um a liberdade de, pela comparação dos argumentos pró e contra, tirar a consequência que julgar melhor e se limitando a dar uma tradução fiel e conscienciosa.

Os fenômenos espíritas, magnéticos e sonambúlicos hoje lançam uma luz nova sobre os fatos atribuídos a esse personagem, demonstrando a possibilidade de certos efeitos, até hoje relegados ao domínio fantástico do maravilhoso e permitindo separar o possível do impossível.

E, para começar, que é o maravilhoso? Responde o ceticismo: é tudo aquilo que, estando fora das leis naturais, é impossível. E acrescenta: se as histórias antigas abundam em fatos desse gênero, é devido ao amor do homem ao maravilhoso. Mas de onde vem esse amor? É o que ele não diz e é o que tentaremos explicar. Isso não será inútil, no que nos interessa.

Aquilo que o homem chama de maravilhoso o transporta pelo pensamento além dos limites do conhecido e é a inspiração íntima por uma melhor ordem de coisas, que o leva a procurar avidamente o que aí o liga e lhe dá uma ideia. Tal aspiração lhe vem da intuição, que tem, que essa ordem de coisas deve existir; não a encontrando na Terra, buscaa na esfera do desconhecido. Mas não será essa mesma aspiração um indício providencial de que algo existe além da vida corpórea? Ela só é dada ao homem porque, nada esperando, os animais não buscam o maravilhoso. Intuitivamente o homem compreende que há, fora do mundo visível, uma força, da qual faz uma ideia mais ou menos justa, conforme seu desenvolvimento intelectual e, muito naturalmente, vê a ação direta dessa força nos fenômenos todos que não compreende. Assim, outrora uma porção de fatos passavam por maravilhosos e hoje são perfeitamente explicados e do domínio das leis naturais. Disso resultou que todos os homens possuidores de faculdades e conhecimentos superiores ao vulgo passassem por ter uma porção dessa força invisível, ou domínio sobre ela. E foram chamados magos ou feiticeiros. A opinião da Igreja fez prevalecer a ideia de que tal força não poderia provir senão do Espírito do Mal, quando exercida fora de seu seio; e em tempos de barbárie e ignorância queimava os supostos magos e feiticeiros. O progresso da ciência os repôs na humanidade.

Perguntam os incrédulos: "Onde se encontram mais histórias maravilhosas?" É na antiguidade, nos povos selvagens, nas classes menos esclarecidas. Não é prova de um produto da ignorância? É incontestável, e por uma razão simples. Os antigos, que sabiam menos que nós, não eram menos chocados pelos mesmos fenômenos; conhecendo menos as verdadeiras causas, buscavam causas sobrenaturais para as coisas mais naturais e, ajudados pela imaginação, por um lado, secundados pelo medo e, pelo outro, pelo gênio poético, teciam contos fantásticos, ampliados pelo gosto da alegoria peculiar aos povos do Oriente. Roubando o fogo do céu, que devia consumi-lo, Prometeu devia passar como um ser sobre-humano, punido por sua temeridade, por ter tripudiado sobre os direitos de Júpiter. Franklin, o moderno Prometeu, para nós é simples sábio. Montgolfier, elevando-se nos ares nos tempos mitológicos, foi Ícaro. Que teria sido o Sr. Poitevin, elevando-se num cavalo?

Tendo feito uma série de fatos entrar na ordem natural, a ciência reduziu muito os fatos maravilhosos. Mas explicou tudo? Conhece todas as leis que regem os mundos? Nada mais a ensinar? Cada dia dá um desmentido a tão orgulhosa pretensão. Não tendo ainda escavado todos os segredos de Deus, daí resulta que muitos fatos antigos ainda se acham inexplicados. Ora, admitindo como possível apenas aquilo que compreende, julga mais simples chamá-los de sobrenaturais, fantásticos, isto é, inadmissíveis pela razão. A seus olhos todos os homens, que supostamente os produziram, ou são mitos ou impostores e, ante tal sentença, Apolônio de Tiana não encontraria graça. Ei-lo, assim, condenado pela Igreja, que admite os fatos como um suposto Satã, e pelos cientistas que os não admitem, como um saltimbanco.

A lei da gravitação universal abriu uma via nova à ciência e deu conta de uma porção de fenômenos sobre os quais se haviam erigido teorias absurdas; a lei das afinidades moleculares veio permitir um novo passo; a descoberta do mundo microscópico lhe abriu novos horizontes; por sua vez a eletricidade lhe veio revelar uma nova força insuspeitada. A cada uma dessas descobertas ela viu serem resolvidas muitas dificuldades, muitos problemas, muitos mistérios incompreendidos ou falsamente interpretados. Mas quanta coisa ainda a esclarecer! Não será possível admitir a descoberta de uma nova lei, de uma nova força, que venha lançar a luz sobre pontos ainda obscuros? Então! É uma nova força que o Espiritismo vem revelar; e essa força é a ação do mundo invisível sobre o visível. Mostrando nessa ação uma lei natural, ele recua mais ainda os limites do maravilhoso e do sobrenatural, porque explica uma porção de coisas que pareciam inexplicáveis, tal qual outras que pareciam inexplicáveis antes da descoberta da eletricidade.

Limita-se o Espiritismo a admitir o mundo invisível como hipótese e meio de explicação? Não, pois seria explicar o desconhecido pelo desconhecido. Ele prova sua existência por fatos patentes, irrecusáveis, como o microscópio provou a existência do mundo dos infinitamente pequenos. Tendo, pois, demonstrado que o mundo invisível nos envolve, que é essencialmente inteligente, pois se compõe das almas dos homens que viveram, concebe-se facilmente que possa representar um papel ativo no mundo visível e produza fenômenos de uma ordem particular. São os fenômenos que, não podendo explicar pelas leis conhecidas, a ciência chama de maravilhosos. Sendo tais fenômenos uma lei da natureza, devem ter-se produzido em todos os tempos. Ora, como repousassem na ação de uma força fora da humanidade, e como todas as religiões têm por princípio a homenagem prestada a essa força, serviram de base a todas as religiões. É por isso que os relatos antigos, bem como todas as teogonias, formigam de alusões e alegorias concernentes às relações do mundo invisível com o visível, ininteligíveis se se não conhecem tais relações. Querer explicá-los sem isso é querer explicar os fenômenos elétricos sem a eletricidade. Essa lei é uma chave que abrirá a maior parte dos santuários misteriosos da antiguidade. Uma vez reconhecida, os historiadores, os arqueólogos, os filósofos verão desenrolar-se um horizonte completamente novo e a luz será feita sobre os mais obscuros pontos.

Se essa lei ainda encontra opositores, tem isso de comum com tudo o que é novo. Isso se deve, ainda, ao espírito materialista que domina a nossa época e, em segundo lugar porque em geral se faz do mundo invisível uma ideia tão falsa, que a incredulidade é uma consequência. O Espiritismo não só demonstra a sua existência, mas o apresenta sob um aspecto tão lógico que não há lugar para a dúvida de quem quer que se dê ao trabalho de estudá-lo conscienciosamente.

Só pedimos aos cientistas que acreditem em duas coisas; mas como o Espiritismo é uma filosofia que ocupa largo espaço no mundo, a esse respeito, se fosse um sonho, merece um exame, quando mais não seja, para saber o que ele diz. Só uma coisa lhes pedimos: estudá-lo, mas estudá-lo a fundo, para lhe não atribuir aquilo que ele não diz. Depois, então creiam ou não creiam, que experimentem, ajudados por essa alavanca, tomada como simples hipótese, resolver os milhares de problemas históricos, arqueológicos, antropológicos, teológicos, sociológicos, morais, sociais, etc., ante os quais têm fracassado, e verão o seu resultado. Não se lhes pede fé – não é pedir muito.

Voltemos a Apolônio. Incontestavelmente os antigos conheciam o magnetismo. Sua prova encontramo-la em certas pinturas egípcias. Conheciam igualmente o sonambulismo e a segunda vista, que são fenômenos psicológicos naturais; conheciam as várias categorias de Espíritos, que chamavam deuses, bem como suas relações com os homens; os médiuns curadores, videntes, falantes, auditivos, inspirados, etc., deviam existir entre eles como em nossos dias, como se veem numerosos exemplos entre os árabes. Com o auxílio de tais dados e do conhecimento do perispírito, envoltório corporal fluídico dos Espíritos, podemos perfeitamente nos dar conta de vários fatos atribuídos a Apolônio de Tiana, sem recorrer à magia, à feitiçaria, nem à impostura. Dizemos de vários fatos, porque alguns há cuja impossibilidade é demonstrada pelo Espiritismo. É por isso que ele serve para distinguir a verdade do erro. Deixamos aos que tiverem feito um estudo sério e completo dessa ciência o cuidado de fazer a distinção entre o possível e o impossível, o que lhes será fácil.

Encaremos agora Apolônio de outro ponto de vista. Ao lado do médium, que para aquele tempo o converte num ser quase sobrenatural, nele havia o filósofo, o sábio. Sua filosofia trescalava a suavidade de seus hábitos e de seu caráter, de sua simplicidade em tudo. Pode-se julgá-lo por algumas de suas máximas.

Tendo censurado os Lacedomônios degenerados e efeminados, os quais aproveitaram os seus conselhos, escreveu aos Éforos: "Apolônio aos Éforos, saúde! Os verdadeiros homens não cometem faltas; mas só aos homens de coração, se as cometem, cabe reconhecê-las".

Tendo os Lacedomônios recebido do imperador uma carta de censura, vacilavam entre conjurar a sua cólera ou responder com arrogância. Consultaram Apolônio quanto à forma de responder. Este veio à assembleia e lhes disse apenas isto: "Se Palamédio inventou a escrita não foi apenas para que se pudesse escrever, mas para que se soubesse quando se não deve escrever".

Interrogando Apolônio, perguntou-lhe o cônsul romano Telesino: – Quando vos aproximais do altar, qual a vossa prece? – Peço aos deuses que reine a justiça, que as leis sejam respeitadas, que os sábios sejam pobres, que os outros se enriqueçam, mas por meios honestos. – Que! Pedindo tantas coisas pensais em ser exaltado? – Sem dúvida, porque peço tudo isso numa só palavra; e, aproximando-me do altar, digo: ó deuses! Dai-me o que me é devido. Se estiver no número dos justos, obterei mais do que pedi; do contrário os deuses por-me-ão no número dos maus, punir-me-ão e não poderei fazer censuras aos deuses se, não sendo bom, for castigado.

Conversando com Apolônio sobre a maneira de governar quando fosse imperador, disse-lhe Vespasiano: "Vendo o império aviltado pelos tiranos, que vos acabo de citar, quis ouvir o vosso conselho sobre a maneira de o erguer na estima dos homens". "Um dia, – disse Apolônio –, um dos mais hábeis flautistas mandou seus alunos aos maus tocadores de flauta para lhes ensinar como não se devia tocar. Sabeis agora, Vespasiano, como não se deve reinar: vossos predecessores vo-lo ensinaram. Reflitamos agora sobre a maneira de bem reinar".

Estando preso em Roma, no domínio de Domiciano, fez uma preleção aos prisioneiros, lembrando-lhes a coragem e a resignação, e lhes disse: "Todos que aqui estamos, achamo-nos presos durante isto que se chama vida. Nossa alma, ligada a um corpo perecível, sofre numerosos males e é escrava de todas as necessidades da condição humana".

Na sua prisão, respondeu a um emissário de Domiciano, que o induzia a acusar a Nerva, a fim de conseguir a liberdade, e disse: "Meu amigo, se fui posto a ferros por haver dito a verdade a Domiciano, que me acontecerá se houver mentido? O imperador crê que é a franqueza que merece os ferros, mas eu creio que é a mentira".

Numa carta a Eufrates: "Perguntei aos ricos se não tinham preocupações. – Como não as teríamos? Responderam eles. – E de onde vêm as vossas preocupações? – De nossas riquezas. – Eufrates, eu te lamento, pois acabas de te enriquecer".

Ao mesmo: "Os homens mais sábios são os mais breves em seus discursos. Se os tagarelas sofressem o que fazem sofrer aos outros, não falariam tanto".

Outra a Críton: "Disse Pitágoras que a Medicina é a mais divina das artes. Se a Medicina é a mais divina das artes, é necessário que o médico se ocupe da alma ao mesmo tempo que do corpo. Como um ser poderia ser são, quando a parte mais importante está doente?"

Outra aos platônicos: "Se oferecem dinheiro a Apolônio e são aparentemente estimáveis, ele não terá dificuldade em aceitar, por pouco que precise. Mas ele jamais aceitará paga pelo que ensina, por mais que necessite".

Outra a Valério: "Ninguém morre, a não ser aparentemente, como ninguém nasce, a não ser em aparência. Com efeito, a passagem da essência à substância, eis o que se chama nascer; ao contrário, o que se chama morrer é a passagem da substância à essência".

Aos sacrificadores do Olimpo: "Os deuses não necessitam de sacrifícios. Que fazer, então, para lhes ser agradável? Se me não engano, é preciso procurar adquirir a divina sabedoria e, tanto quanto possível, prestar serviços aos que o merecem. Eis o de que gostam os deuses. Os próprios ímpios podem fazer sacrifícios".

Aos Efésios do templo de Diana: "Conservastes todos os ritos dos sacrifícios, todo o fausto da realeza. Como banqueteadores e convivas alegres, sois irrepocháveis. Mas quantas censuras não vos podem ser feitas como vizinhos da deusa noite e dia? Não é de vosso meio que saem os trapaceiros, os desordeiros, os mercadores de escravos, todos os homens ímpios e injustos? O templo é um valhacouto de ladrões".

Aos que se julgam sábios: "Dizei-vos meus discípulos? Então acrescentai que ficais sempre em casa, jamais ides às termas; não matais os animais, não comeis carne, estais livres de paixões, de inveja, de malignidade, de ódio, de calúnia, de ressentimento, que, enfim, estais no rol dos homens livres. Não ides fazer como os que, em discursos mentirosos, fazem crer que vivem de um modo, quando vivem de modo totalmente oposto".

Ao seu irmão Hestieu: "Em toda a parte sou olhado como um homem divino; nalguns lugares até me tomam por um deus. Ao contrário, em minha pátria, sou um desconhecido. É de admirar? Vós mesmos, meus irmãos, bem vejo que ainda não estais convencidos de que eu seja superior a muitos homens pela palavra e pelos hábitos. E como os meus concidadãos e os meus parentes se enganaram a meu respeito? Ah! Esse erro me é doloroso. Sei que é belo considerar toda a Terra como sua pátria e todos os homens como irmãos e amigos, pois que todos descendem de Deus e são de uma mesma natureza, porque todos têm, igualmente, as mesmas paixões, todos são, igualmente, homens, quer nascidos gregos, quer bárbaros".

Estando em Catânia, na Sicília, numa instrução dada aos discípulos, falando do Etna, disse: "Escutando-os, sob esta montanha geme encadeado algum gigante, Tifeu ou Enceládio que, em sua longa agonia, vomita todo esse fogo. Concedo que tenham existido gigantes; porque, em diversas paragens, túmulos abertos nos deixam entrever esqueletos que indicam homens de estatura extraordinária; mas não poderia admitir que tivessem entrado em luta contra os deuses; no máximo teriam ultrajado seus templos e suas estátuas. Mas que tenham escalado o céu e dali expulsado os deuses é insensato dizer e acreditar. Outra fábula, que parece menos irreverente para com os deuses e da qual não devemos fazer caso, é que Vulcano trabalhe na forja nas profundezas do Etna e que aí, incessantemente, faça retinir a bigorna. Em diversos pontos da Terra há outros vulcões e ninguém se lembra de dizer que haja outros tantos gigantes e Vulcanos".

Certos leitores teriam achado mais interessante que tivéssemos citado os prodígios de Apolônio, comentando-os, explicando-os. Mas quisemos, antes de tudo, nele mostrar o filósofo e o sábio, em vez do taumaturgo. Pode-se aceitar ou rejeitar tudo quanto se queira dos fatos maravilhosos a ele atribuídos, mas parece difícil que um homem que diz tais coisas, que professa e pratica tais princípios, seja um saltimbanco, um trapaceiro, um possesso do demônio.

Quanto a prodígios, citaremos apenas um, que prova suficientemente uma das faculdades de que era dotado.

Depois de minuciosa descrição do assassinato de Domiciano, acrescenta Filostrato:

"Enquanto tais fatos se passaram em Roma, Apolônio os via em Éfeso. Domiciano foi assaltado por Clemente cerca de meio dia; no mesmo dia, no mesmo momento, Apolônio dissertava nos jardins, junto aos xistos. De repente baixou um pouco a voz, como se tomado de súbito pavor. Continuou a falar, mas a linguagem não tinha a força ordinária, como quando se fala pensando noutra coisa. Depois calou-se, como quem perde o fio do discurso; lançou para o chão um olhar de espanto, deu três ou quatro passos à frente e exclamou: "Fere o tirano! Fere!" Dir-se-ia que visse não a imagem do fato num espelho, mas o próprio fato em toda a sua realidade. Os Efésios – pois Éfeso em peso ouvia o discurso de Apolônio – foram tomados de espanto. Apolônio parou, como um homem que buscasse ver o desfecho de um acontecimento duvidoso. Enfim exclamou: "Tende bom ânimo, Efésios. O tirano foi morto hoje. Que digo, hoje? Por Minerva! Acaba de ser morto agora mesmo, quando me interrompi". Os Efésios pensaram que Apolônio houvesse perdido o juízo. Desejavam vivamente que ele tivesse dito a verdade, mas temiam que algum perigo adviesse de tal discurso. "Não me admiro", disse Apolônio, "que ainda não me acreditem: a própria Roma inteira ainda não o sabe. Mas eis que o saberá, a notícia se espalha e milhares de cidadãos acreditam. Isto faz pular de alegria o duplo desses homens e o quádruplo e o povo inteiro. A notícia chegará até aqui; podeis adiar até souberdes do fato, o sacrifício que deveis oferecer aos deuses por essa ocasião. Quanto a mim, vou lhes render graças pelo que vi". Os Efésios ficaram incrédulos; em breve, porém, mensageiros trouxeram a boa nova e testemunharam em favor da ciência de Apolônio. Porque o assassinato do tirano, no dia em que foi consumado, ao meio-dia, o autor da morte, que havia encorajado Apolônio, todos os detalhes eram perfeitamente conformes aos que os deuses tinham mostrado no dia do discurso aos Efésios."

Naquela época nada era mais preciso para fazê-lo passar por um homem divino. Em nossos dias os cientistas tratá-lo-iam como visionário. Para nós, era dotado da segunda vista, cuja explicação é dada pelo Espiritismo. (Veja-se a teoria do sonambulismo e da dupla vista em *O Livro dos Espíritos*, n. 455).

Sua morte apresentou um outro prodígio. Uma tarde, tendo entrado no templo de Dictynia, em Linde, na ilha de Creta, a despeito dos cães ferozes que lhe guardavam a entrada e que, em vez de ladrar à sua entrada, vieram acariciá-lo, foi barrado pelos guardas do templo por esse fato, como mago, e acorrentado. Durante a noite desapareceu à vista dos guardas, sem deixar traços e sem que lhe encontrassem o corpo. Dizem que, então, foram ouvidas vozes de moças que cantavam: "Deixai a Terra; ide para o céu, ide!" Como se para o encorajar a elevar-se da Terra às regiões superiores.

Assim termina Filostrato a descrição de sua vida:

"Mesmo depois de desaparecido, Apolônio sustentou a imortalidade da alma e ensinou que é certo aquilo que se diz a respeito. Havia então em Tiana um certo número de jovens entusiastas de sua filosofia; a maior parte de suas discussões era em torno de sua alma. Um deles não podia admitir que fosse imortal. Dizia ele: 'Eis que há dez meses rogo a Apolônio me revele a verdade sobre a imortalidade da alma; mas ele está tão morto que minhas preces são vãs; não me apareceu, nem mesmo para provar que é imortal.' Cinco dias depois falou do mesmo assunto com os companheiros e adormeceu no mesmo local da discussão. De repente pulou, como se num acesso de demência: estava meio adormecido e banhado de suor. 'Eu te acredito', gritou ele. Os camaradas perguntaram-lhe o que tinha. Respondeu ele: 'Vocês não veem o sábio Apolônio? Está em nosso meio, escuta a nossa discussão e recita melodiosos cantos sobre a alma'. – Onde está ele? – Perguntaram os outros, – pois não o vemos, e isso é uma felicidade que preferiríamos a todos os bens da Terra. – Parece que veio só para mim: quer ensinar-me aquilo que me recusava a crer. Escutai, pois, escutai os cantos divinos que me faz ouvir:

'A alma é imortal; não é vossa, mas da Providência. Quando o corpo está esgotado, semelhante a um corredor veloz que transpõe a barreira, a alma se atira e se precipita nos espaços etéreos, tomada de desprezo pela rude e triste escravidão que sofreu. Mas que vos importam essas coisas! Conhecê-las-ei quando não mais viverdes. Enquanto entre os vivos, por que tentar penetrar esses mistérios?'

Tal o oráculo tão claro, dado por Apolônio sobre o destino da alma. Quis ele que, conhecendo a nossa natureza, marchássemos com o coração alegre, para o fim que nos destinam as Parcas."

A aparição de Apolônio após a morte é tratada como alucinação pela maioria dos comentadores, cristãos e outros, que pretendiam que o jovem tivera a imaginação ferida pelo próprio desejo de o ver, o que o levou a pensar tê-lo visto. Entretanto, em todos os tempos a Igreja admitiu essa espécie de aparição; cita vários exemplos como autênticos. O Espiritismo vem explicar o fenômeno, baseado nas propriedades do perispírito, envoltório fluídico do Espírito que, por uma como que condensação, toma aspecto visível e, como é sabido, pode tornar-se tangível. Sem o conhecimento da lei constitutiva dos Espíritos, o fenômeno é maravilhoso; conhecida a lei, o maravilhoso desaparece e dá lugar a um fenômeno natural. (Vide em *O Livro dos Médiuns,* a teoria das manifestações visuais, Cap.VI). Admitindo que o jovem tivesse sido presa de uma ilusão, restaria aos negadores explicar as palavras atribuídas a Apolônio, sublimes e opostas às ideias que sustentava momentos antes.

O que é que faltava a Apolônio para ser um cristo? Muito pouco, como se vê. Não é agradável a Deus que estabeleçamos um paralelo entre ele e o Cristo. O que prova a incontestável superioridade deste é a divindade de sua missão, é a revolução produzida no mundo inteiro pela doutrina que Ele, obscuro, e seus apóstolos, tão obscuros quanto Ele, pregaram, enquanto que a de Apolônio morreu com ele. Seria impiedade apresentá-lo como um rival do Cristo! Mas, se prestarmos atenção a respeito do que disse sobre o culto pagão, ver-se-á que condena as formas supersticiosas e lhes dá terrível golpe, substituindo-as por ideias mais sãs. Se tivesse falado ao tempo de Sócrates, como este, teria pago com a vida aquilo que teriam chamado sua impiedade. Mas na época em que viveu as crenças pagãs já haviam feito época e ele foi ouvido. Por sua moral preparou os pagãos, em cujo meio viveu, para receberem com menos dificuldade as ideias cristãs, às quais serviu de transição. Julgamo-nos, pois, certos, dizendo que ele serviu de traço de união entre o paganismo e o cristianismo. Sob tal aspecto, talvez tivesse sido essa a sua missão. Podia ser escutado pelos pagãos e não o foi pelos Judeus.

RESPOSTA A "ABEILLE AGÉNAISE" PELO SR. DOMBRE

Lemos o seguinte em *Abeille Agénaise*[1], de 25 de maio de 1862:

"Temos em mão um artigo encantador, sob o título de *Conversas Espíritas*. O autor, Sr. Cazenove de Pradines, antigo presidente da Sociedade de Agricultura, Ciências e Artes de Agen, recentemente encarregou o Sr. Magen do prazer e do trabalho de o ler em nossa Academia. Inútil dizer o interesse com que a comunicação foi recebida.

O Sr. Cazenove assim resume as doutrinas da nova seita, tirando-as de *O Livro dos Espíritos:*

1.º – Os Espíritos de uma ordem elevada geralmente têm curta passagem na Terra.

2.º – Os Espíritos vulgares aqui estão de certo modo sedentários e constituem a massa da população ambiente do mundo invisível. Conservaram mais ou menos os mesmos gostos e inclinações que tinham no invólucro corpóreo. Não podendo satisfazer suas paixões, aproveitam-se dos que a elas se entregam e as excitam.

3.º – Só os Espíritos inferiores podem lamentar as alegrias que se afinam com a impureza de sua natureza.

4.º – Os Espíritos não podem degenerar; podem ficar estacionários, mas não regridem.

5.º – Todos os Espíritos tornar-se-ão perfeitos.

6.º – Os Espíritos imperfeitos procuram apoderar-se e dominar os homens; sentem-se felizes por fazê-los falir.

7.º – Os Espíritos são atraídos na razão de sua simpatia pela natureza moral do meio que os evoca. Os inferiores por vezes tomam nomes venerados, a fim de melhor induzir em erro.

De acordo com esses dados, o Sr. Cazenove, com a finura e a

---

[1] *Agénaise* ou *Agénoise*, adjetivo patronímico, derivado de antigo nome de uma região francesa situada no Lot-et-Garonne. Nota do Tradutor

sagacidade do talento que o caracterizam, compôs duas palestras, nas quais toca os dois extremos do corpo social. Através de um suposto médium, de um lado evoca Espíritos inferiores, personificados na figura de célebre espadachim, por exemplo de Cartouche, e os admite a um colóquio singular, que demonstra a perversidade de semelhante doutrina. Por outro lado, são Espíritos de ordem elevada que entram em relação com os homens da atualidade. O contraste, sem dúvida, é picante e ninguém deu com mais fidelidade, tato e felicidade, tudo quanto o epicurismo, resumido no Espírito de Horácio e de Lucrécio, encerra de sumário, deplorável e falaz.

Lamentamos muito não poder dar por inteiro aos nossos leitores o trabalho do Sr. Cazenove. Estamos certos de que aplaudiriam não só a forma impecável e perfeitamente acadêmica do escrito, mas, também, o alto pensamento moral que o domina, pois condena sem tibieza um sistema cheio de seduções e de verdadeiros perigos."

J. Serret

RESPOSTA DO SR. DOMBRE

"Sr. Redator,

Fui o primeiro a apreciar as observações finas e delicadas feitas pelo Sr. de Cazenove de Pradines no domínio da Doutrina Espírita. O escrito, sob o título de *Conversas Espíritas,* esteve em minhas mãos e dele se faz menção no vosso apreciado jornal de domingo, *25* de maio; é realmente de uma graça encantadora e não desmente o caráter de sagacidade do talento do autor. É uma flor cujas cores e brilho admiro e, no momento, evito alterar o aveludado pelo contato da menor palavra de crítica indiscreta. Mas o vosso entusiasmo por esses diálogos picantes, mais espirituosos que ofensivos à doutrina, vos levaram a enunciar erros que vos devem ser lembrados como um dever de todo bom espírita e, principalmente, por mim.

Para começar devo dizer que as citações escolhidas aqui e ali em *O Livro dos Espíritos* são grupadas com arte, a fim de apresentar a doutrina sob aspecto desfavorável; mas todo homem prudente e de boa-fé quererá ler aquele livro por inteiro e meditar.

1.º – Falais das doutrinas da nova seita. Permiti-vos diga que o

Espiritismo nem é uma religião nem uma seita. É um ensino dado aos homens pelos Espíritos que povoam o espaço e que são apenas as almas dos que viveram. Mau grado nosso, sofremos a sua influência a todo instante; eles são uma força da natureza, como a eletricidade é outra, sob diverso ponto de vista. Sua existência e sua presença são constatadas por fatos evidentes e palpáveis.

2.º – Dizeis: 'A perversidade de semelhante doutrina'. Cuidado! O Espiritismo não é senão o cristianismo na sua pureza; não tem outra divisa em sua bandeira senão esta: 'Amor e Caridade'. Isso, então, é perversidade?

3.º – Finalmente falais de um sistema cheio de seduções e verdadeiros perigos. Sim: está cheio de seduções, de atrativos, porque é belo, grande, justo, consolador e, em todos os pontos de vista, digno da perfeição de Deus. Onde os seus perigos? Em vão os procuram na prática do Espiritismo; aí só encontram consolação e melhoramento moral. Perguntai a Paris, a Lyon, a Bordeaux, a Metz, etc., qual o efeito produzido sobre as massas por essa nova crença. Sobretudo Lyon vos dirá em que fonte os operários sem trabalho encontraram tanta resignação e força para suportarem privações de toda espécie.

Ignoro se as livrarias de Agen estão providas de livros como *O Que é o Espiritismo, O Livro dos Espíritos, O Livro dos Médiuns*. Mas, sinceramente, desejo que o vosso pequeno relatório desperte a atenção dos indiferentes, faça-os procurar essas obras e constituírem um núcleo espírita na capital do nosso departamento. Destinada a regenerar o mundo, esta doutrina marcha a passos largos e Agen seria uma das últimas cidades onde o Espiritismo adquirisse direito de cidadania? Considero o vosso pequeno artigo como uma pedra que trazeis ao edifício e, uma vez mais, admiro os meios que Deus utiliza para atingir os seus fins.

Vossa imparcialidade e vosso desejo de, pela discussão, chegar à verdade, me são uma garantia de que admitireis esta carta nas colunas de vosso jornal, como resposta ao vosso artigo de *25* de maio."

Atenciosamente,

Dombre (de Marmande)

A essa carta o redator se limitou a dizer o seguinte, na edição de seu jornal de 1.º de junho:

"O Sr. Dombre nos escreve de Marmande, a respeito de nossas reflexões sobre *O Livro dos Espíritos* e os diálogos pelo mesmo sugeridos ao honrado Sr. de Cazenove de Pradines. Esse *novo ensino*, como prefere chamar o Sr. Dombre, não tem aos nossos olhos o mesmo valor e o mesmo prestígio que parece exercer sobre o nosso espiritual correspondente."

(Por diversas vezes o Sr. Dombre mandou àquele jornal colaboração em prosa e verso).

"Respeitamos as convicções dos nossos opositores, mesmo quando repousam em princípios errados. Mas consideramos um dever, malgrado a defesa leal e sincera tentada pelo Sr. Dombre, manter a expressão de um sentimento sobre um sistema completamente fora da verdade.

Consequentemente, a *Abeille Agénaise* não se poderia dar à propagação de ideias essencialmente perigosas e o Sr. Dombre compreenderá o pesar que sentimos por não nos associarmos à manifestação de seus desejos."

J. Serret

Observação: Reservar-se o direito de atacar e não admitir resposta é um meio cômodo de ter razão. Resta saber se é o de chegar à verdade. Se uma doutrina que tem por base a caridade e o amor ao próximo, que melhora os homens e os leva a renunciarem os hábitos de desordem; que dá a fé aos que em nada creem; que faz orar aos que nunca oram: que restabelece a união nas famílias divididas; que impede o suicídio; se, dizíamos, uma tal doutrina é perversa, o que serão as que se tornam impotentes para produzir tais resultados? O Sr. Serret teme ajudar a propaganda pela polêmica e, por isso, prefere falar sozinho. Então! Que fale quanto queira; mas o resultado não será menor do que tem sido em toda a parte: chamar a atenção e recrutar adeptos para a doutrina.

Allan Kardec

MEMBROS HONORÁRIOS DA SOCIEDADE DE PARIS

Para testemunhar sua simpatia e gratidão às pessoas que prestam serviços assinalados e efetivos à causa do Espiritismo, a Sociedade Espírita de Paris lhes confere o título de *membro honorário,* por seu zelo, sua dedicação e seu desinteresse e seu auxílio. Ela tem, assim, o prazer de reconhecer o concurso que dão à obra comum os chefes e fundadores de sociedades ou grupos, que se colocam sob a mesma bandeira e que são dirigidos conforme os princípios do Espiritismo sério, *a fim de obterem resultados morais.* Os motivos que a guiam são menos as palavras que os atos. Ela as conta não só em várias cidades da França e da Argélia, mas em países estrangeiros, como a Itália, a Espanha, a Áustria, a Polônia, a Turquia, a América, etc.

O Sr. Dombre, de Marmande, que desde sua iniciação ao Espiritismo, não cessou de ser, abertamente, seu propagandista e defensor, merecia essa distinção. Anunciando-lhe a sua nomeação, nós lhe havíamos pedido licença para publicar sua carta ao Padre F... (Ver artigos do mês anterior). Sua resposta merece citação: mostra a maneira por que certos adeptos compreendem o seu papel.

Marmande, 10 de agosto de 1862

"Sr. Allan Kardec,

Aceito, reconhecido, o título de membro honorário da Sociedade Espírita de Paris. Para corresponder a uma tal distinção, que obriga, e ao testemunho de simpatia de parte dos membros dessa sociedade, que houveram por bem conferir-me o título, farei sempre e por toda a parte esforços para ajudar, na medida de meus meios, a propagação de uma doutrina que me fez a felicidade aqui e fará, também, em tempo mais remoto, a daqueles que querem conservar ainda a venda da incredulidade.

Não vejo qualquer obstáculo ou inconveniente na publicação de minha resposta ao diretor da *Abeille Agénaise* e de minha carta ao Padre F. Minha carta a este último foi assinada: *Um católico.* Penso que nenhum dos leitores da *Revista* irá pensar que o autor tenha querido esconder-se no anonimato: o respeito humano não me atinge. Rio dos que riem, porque estou com a verdade. Todo bom espírita deve, pelo exemplo, dar energia aos adeptos tímidos e lhes ensinar a manter alto e firme o estandarte de sua crença.

Peço-vos, senhor, apresentar meus sinceros agradecimentos à honrada Sociedade, da qual me felicito por fazer parte e aceitar, etc."

Dombre, proprietário

Hoje diminuiu singularmente o medo do que poderiam dizer, no que concerne ao Espiritismo; é mínimo o número dos que ocultam sua opinião. Está reduzido àqueles que temem perder o emprego e, nesse número, há mais padres do que se pensa. Pessoalmente conhecemos mais de cem. Nada obstante, notamos em todas as posições sociais, entre os funcionários públicos, oficiais de todas as patentes, médicos, etc., muita gente que há um ano não se teriam declarado espíritas e que hoje dele se honram. Essa coragem de opinião, que enfrenta a troça, a princípio encorajou os tímidos; depois mostrou que o número dos adeptos é maior do que se supunha; finalmente impôs silêncio aos galhofeiros, surpreendidos ao ouvir, por todos os lados, a palavra Espiritismo, pronunciada por pessoas que a gente encara duas vezes antes de fazer troça. Assim, observa-se que os brincalhões, de algum tempo para cá, baixaram a voz. Mais alguns anos como os que decorreram e seu papel estará findo, porque, por todos os lados ver-se-ão vencidos pela opinião.

O Sr. Dombre não só teve a coragem da opinião: teve a da ação. Ocupa a brecha resolutamente e enfrenta os adversários, provocando-os para a discussão. E eis que um jornalista se recusa, a fim de não trair a sua fraqueza; e um pregador, ao qual é feito o melhor oferecimento de uma ocasião para fazer valer os seus argumentos e dar uma cajadada na doutrina, vai saindo com a desculpa de que não tem tempo para responder. Não é uma deserção da batalha? Se ele estivesse seguro de si, se a religião estivesse em jogo, por que não permanecer para vencer o adversário? Em casos tais, abandonar a partida é perdê-la. Um pregador tem uma vantagem imensa sobre um advogado: é que fala sem contraditor; pode dizer o que quiser, e ninguém o refuta. Ao que parece, tal é a maneira por que os adversários do Espiritismo entendem a controvérsia.

No momento o Sr. Dombre não foi o único a se manter sereno: Bordeaux, Lyon e muitas outras cidades menos importantes, até mesmo numerosas aldeias nos ofereceram muitos exemplos, que se multiplicam diariamente; e, por toda a parte onde os adeptos mostraram firmeza e energia, os antagonistas moderaram os seus impulsos.

Até agora essa coragem de opinião e de ação é muito mais encontrada nas classes médias e obscuras que nas elevadas; mais que um homem popular, justamente estimado e honrado, influente por seus talentos, posição ou classe, abraça a causa do Espiritismo e ergue a sua bandeira abertamente; ousariam taxar de louco aquele cujo talento e cujo gênio foram exaltados? Sua voz não imporá silêncio aos clamores da incredulidade? Então! Esse homem surgirá, vo-lo garanto; à sua voz os dissidentes se unirão, cedendo à influência de sua autoridade moral; ele também terá sua missão providencial, como a de todos aqueles que ajudam o avanço da humanidade, missão geral como tantas outras particulares e locais. Estas últimas, embora mais modestas, não deixam de ter um valor relativo, porque preparam os caminhos. É então que o Espiritismo entrará de velas pandas nos costumes e os modificará profundamente, porque em tudo as ideias serão diferentes. Nós semeamos e ele colherá, ou melhor, eles colherão, porque muitos outros seguirão o seu exemplo. Espíritas, semeai, semeai muito! Para que a colheita seja mais abundante e mais fácil. O passado vos garante o futuro!

O QUE DEVE SER A HISTÓRIA DO ESPIRITISMO

A propósito dessa história, sobre a qual dissemos algumas palavras, várias pessoas nos perguntam o que compreenderia ela e, a propósito, nos enviaram diversos relatos de manifestações. Aos que pensaram assim trazer uma pedra ao edifício, agradecemos a intenção, mas diremos que se trata de algo mais sério que um catálogo de fenômenos espíritas, encontradiço em muitas obras. Tendo que se destacar o Espiritismo nos fastos da humanidade, será interessante para as gerações futuras saber porque meios ter-se-á ele estabelecido. Será, pois, a história das peripécias que tiverem assinalado os seus primeiros passos; das lutas que tiver enfrentado; dos entraves que lhe terão oposto; de sua marcha progressiva no mundo inteiro. O verdadeiro mérito é modesto e não busca fazer-se valer. É preciso que a humanidade conheça os nomes dos primeiros pioneiros da obra, daqueles cuja abnegação e devotamento merecerão ser inscritos em seus anais; das cidades que marcharam na vanguarda; dos que sofreram pela causa, a fim de que os abençoem; e dos que fizeram sofrer, a fim de que orem, para que sejam perdoados; numa palavra, de seus amigos dedicados e de seus inimigos confessos ou ocultos. É preciso que a intriga e a ambição não usurpem o lugar que lhes não pertence, nem um reconhecimento e uma honra que lhes não são devidos. Se há Judas, devem ser desmascarados. Uma parte que não será menos importante é a das revelações que, seguidamente, anunciaram todas as fases dessa era nova e os acontecimentos de toda ordem, que as acompanharam.

Aos que achassem a tarefa presunçosa, diremos que não temos outro mérito senão o de possuir, por nossa posição excepcional, documentos que não pertencem a ninguém e que estão ao abrigo de quaisquer eventualidades; que, incontestavelmente, estando o Espiritismo sendo chamado a desempenhar um grande papel na História, importa que seu papel não seja desnaturado, e opor uma história autêntica às histórias apócrifas que o interesse pessoal poderia fabricar.

Quando aparecerá ela? Não será tão cedo e talvez não em nossa vida, pois não se destina a satisfazer a curiosidade do momento. Se dela falamos por antecipação, é para que ninguém se equivoque quanto ao seu objetivo e seja anotada a nossa intenção. Aliás o Espiritismo está em começo e muitas outras coisas terão passado até lá. Então, é preciso esperar que cada um tenha tomado o seu lugar, certo ou errado.

ARSÈNE GAUTIER

UMA LEMBRANÇA DE UM ESPÍRITO

A senhora S..., de Cherbourg, transmitiu-nos a seguinte história:

"Um marujo da marinha de guerra, chamado Arsène Gautier, voltou a Cherbourg há quinze ou dezesseis anos, muito doente, em consequência de febres adquiridas na Costa d'África. Veio à casa de um de meus genros, que sabia ser amigo de seu irmão, que era capitão da marinha mercante e que em poucos dias devia chegar a esse porto. Recebemo-lo bem; e, como estivesse doente, minha filha J..., então com quatorze ou quinze anos, pediu-me que o convidasse para se aquecer à nossa lareira e tomar um remédio, que lhe não seria dado em seu albergue, enquanto esperava o irmão que não vinha. Minha filha teve para com ele cuidados piedosos. Ele morreu ao chegar à casa; depois ninguém mais pensou no caso. Seu próprio nome, escrito ao topo da comunicação espontânea que recebemos a 8 de março último, por minha filha J..., hoje médium, não no-lo havia recordado. Só o reconhecemos pelos detalhes em que entrou. Era um homem de inteligência muito limitada e sua vida tinha sido muito penosa. Privado da afeição dos seus, a tudo se havia resignado. Eis a sua comunicação:

'*Arsène Gautier.* Vós me esquecestes há muito tempo, minha amiga, e eu não vos perdi de vista desde que deixei a Terra, porque sois a única pessoa, o único Espírito simpático que encontrei nessa terra de dor. Eu vos amei com todas as minhas forças, quando não passáveis de uma criança e não tínheis por mim senão um sentimento de piedade, devido à terrível moléstia que me devia levar. Sou feliz. Essa era a primeira existência que Deus me havia dado. E porque meu Espírito era novo e não conhecia qualquer outro Espírito, é que me liguei muito a vós. Estou feliz e prestes a voltar à Terra para marchar para o Senhor. Tenho a esperança no coração; o caminho, tão difícil para uns, parece-me largo e fácil. Um bom começo como minha passada existência é um grande encorajamento! Deus me ajudará. Orareis por mim, para que minha prova tão próxima me seja tão proveitosa quanto a outra. Não sou adiantado, ah! Mas chegarei'.

Não tínhamos a menor ideia do Espírito que dera tal comunicação e nos perguntávamos uma à outra quem poderia ser.

O Espírito respondeu:

'Sou irmão de um ex-capitão de Nantes, que era amigo de um parente vosso. (Isso nos deu uma pista e o Espírito continuou):

Obrigado por vos lembrardes de mim. Só lamento uma coisa, ao entrever minha próxima prova: é ser separado de vós por algum tempo. Adeus; amo-vos muito'." *Arsène Gautier*

Observação: Lida na Sociedade de Paris tal comunicação, perguntamos a um dos nossos guias espirituais se era possível que, como ele dizia, fosse aquela sua primeira encarnação. Aquele respondeu:

"Sua primeira encarnação na Terra é possível; mas, como Espírito, não. Em suas primeiras encarnações, os Espíritos são quase inconscientes e esse, posto que pouco adiantado, está longe de sua origem. É um desses Espíritos bons, que seguiram o caminho do bem. Seu progresso será rápido, pois apenas terá que se despojar de sua ignorância e não que lutar contra as tendências más, daqueles que tomaram o caminho do mal."

PODE UM ESPÍRITO RECUAR ANTE A PROVA?

Uma senhora amiga escreve-nos o seguinte:

"Um dia minha filha recebeu a seguinte comunicação espontânea de um Espírito, que começou assinando *Euphrosine Bretel*. Como o nome não lembrasse ninguém, perguntamos: Quem és? – Sou um pobre Espírito sofredor; necessito de preces. Dirijo-me a ti porque me conheceste em criança.

Rebuscamos a memória e admiti lembrar-me que tal nome de família era o de uma criança de nove a dez anos, que se achava no mesmo internato que minha filha e que adoecera pouco depois da chegada desta. Seu pai veio buscá-la de carro, e as meninas guardaram a lembrança daquela doente, toda embrulhada e gemente; morreu em casa. Em desespero, a mãe a seguiu pouco depois. O pai ficou cego de tanto chorar e morreu no mesmo ano. Desde que admitimos haver reconhecido o nome, o Espírito escreveu:

'Sou eu. Minha última existência deveria ser uma prova terrível; mas recuei covardemente e desde então sofro sempre. Peço-te, roga a Deus conceda-me a graça de uma nova prova. Submeter-me-ei, por mais dura que seja. Sou tão infeliz! Amo a meu pai e a minha mãe e eles me têm horror: fogem de mim e meu castigo é o de os buscar incessantemente, para me ver repelida. Vim a ti porque minha lembrança não se apagou inteiramente de tua memória e dos que podem orar por mim és a única que conhece o Espiritismo. Adeus! Não me esqueças. Em breve nos veremos'.

Minha filha então lhe perguntou gracejando: 'Então vou morrer logo?' A isso o Espírito respondeu: 'O tempo, que é longo para vós, não tem medida para nós'. – Verificamos depois que o prenome e o nome da família estavam perfeitamente corretos.

Agora pergunto se é possível a um Espírito encarnado recuar ante uma prova começada."

A essa pergunta respondemos: sim. Os Espíritos recuam com frequência ante as provas escolhidas e que não têm coragem de suportar e, até, de enfrentar, quando chegado o momento. Eis a causa da maioria dos suicídios. Recuam ainda quando desesperam e murmuram; assim perdem os benefícios da prova. Eis por que o Espiritismo, dando a conhecer a causa, o objetivo e as consequências das atribulações da vida, dá, ao mesmo tempo, tantas consolações e tanta coragem e desvia o pensamento de abreviar os dias. Qual a filosofia que produziu tais resultados sobre os homens?

RESPOSTA A UMA PERGUNTA MENTAL

Um ótimo médium de Maine-et-Loire que conhecemos pessoalmente, assim nos escreve:

"Um de nossos amigos, dos menos crentes, mas com enorme desejo de se esclarecer, perguntou-nos um dia se poderia evocar um Espírito sem o nomear, e se este poderia responder a perguntas mentais, sem que o médium lhes tivesse o menor conhecimento. Respondendo que era possível se o Espírito quisesse, o que nem sempre acontece. Em seguida obteve a seguinte resposta:

'Não posso dizer o que me pedis, porque Deus não o permite.

Contudo posso dizer-vos que sofro: é uma dor geral em todos os membros, o que vos deve surpreender, desde que com a morte o corpo apodrece na Terra; mas nós temos um outro corpo espiritual que não morre. Isso nos faz sofrer tanto quanto se tivéssemos nosso *corpo corporal*. Sofro, mas espero não sofrer sempre. Como é preciso satisfazer à justiça de Deus, é necessário nos resignarmos nesta vida ou na outra. Eu não me privei bastante na Terra, o que me obriga a reparar o tempo perdido. Não me imiteis, pois vos preparareis séculos de tormentos. A eternidade é uma coisa séria e infelizmente nela não se pensa tanto quanto seria preciso. Como é lamentável que nos esqueçamos de um assunto tão importante quanto a salvação! Pensai nisso!

Vosso antigo cura, A... T...'

Era mesmo o cura que o nosso amigo queria evocar. E estas eram as três perguntas que queria fazer:

Que pensar da divindade de Jesus Cristo?

A alma é imortal?

Que meios empregar para expiar as faltas e evitar o castigo?

Pelo estilo reconhecemos perfeitamente o nosso cura; a expressão *corpo corporal,* sobretudo, mostra que é o Espírito de um bom cura provinciano, cuja educação deixou algo a desejar."

Observação: As respostas a perguntas mentais são muito comuns e tanto mais interessantes quanto são para o incrédulo de boa-fé uma das provas mais concludentes da intervenção de uma inteligência oculta. Como, porém, a maioria dos fenômenos espíritas, raramente são obtidas à vontade; ao passo que ocorrem espontaneamente a cada passo. No caso acima, o Espírito prestou-se de boa vontade, o que é muito raro, porque, como é sabido, os Espíritos não gostam de perguntas de curiosidade e de prova. Concordam quando há utilidade e muitas vezes não as julgam como nós. Como não se submetem ao capricho dos homens, é necessário esperar os fenômenos da sua boa vontade ou da sua possibilidade de os produzir. É necessário, por assim dizer, apreendê-los de passagem e não os provocar. Para tanto são precisas paciência e perseverança; e é por isto que os Espíritos reconhecem os observadores sérios e realmente desejosos de instrução. Eles se preocupam muito pouco com as pessoas superficiais, que pensam que basta perguntar para serem atendidas imediatamente.

POESIAS ESPÍRITAS

A CRIANÇA E O ATEU[1]

(SOCIEDADE ESPÍRITA AFRICANA – MÉDIUM: SRTA. O...)

Um belo Espírito, gabando-se de ateu,
Passeava um dia com um rapazinho,
A margem dum regato, cuja margem ensombrada
O protegia contra os raios do sol.

Vendo fugir a água cristalina,
Perguntou ao menino, sábio companheiro:
Onde pensas tu, que no curso veloz,
Deve ser conduzido ao deixar este vale?

Ora! Diz ele, certamente um lago sereno
Vai receber o tributo de suas águas;
E no fim da marcha acidentada,
Desse modo terminam todos os riachos.

Pobrezinho! Diz a rir o professor,
Como teu espírito se engana!
Aprende agora, aprende, pois,
Como neste mundo tudo é finito.

---

[1] Vide nota no número anterior, sobre o *Anjo da Guarda*.

Quando ele se afasta da sua nascente,
Onde as vagas surgem a cada instante,
É p'ra ir, ao termo de seu curso,
Ao seio do oceano, perdido para sempre.

Assim é ele a nossa própria imagem:
Quando deixamos o mundo sedutor,
Nada mais resta dessa curta passagem
E nós entramos – todos – no nada.

Ó Deus! Diz o menino, com voz desconsolada,
Então isso é verdade? Tal é nosso destino?
Que! De minha amada mãe
Tudo terei perdido quando ela morrer?

E eu que acreditava que su'alma querida
Podia proteger ainda o seu filhinho
E com ele partilhar as agruras da vida
E, após, nos unirmos junto ao Onipotente?

Conserva sempre essa crença,
Diz baixinho o anjo protetor,
Sim, ó querido, guarda bem a esperança,
Sem a qual nesta terra não há felicidade.

O tempo se escoou. Muitos anos depois,
Nosso sábio transpôs o largo umbral da morte.
E, como sempre, fiel aos loucos pensamentos,
Morreu dizendo que Deus não existia.

Também o rapazinho atingiu a velhice,
E, sem temor, foi receber a morte,
Pois conservava a fé da juventude.
E nas mãos do Eterno entregou sua sorte.

Vede, vede a multidão devotada
Deixar o céu e vindo recebê-lo:
Os Espíritos puros são o bando sagrado
P'ra receber seu irmão exilado.

Mas quem é aquela alma abandonada
Que parece querer de todos se ocultar?
É do sábio infeliz a alma desolada,
Que percebe a ventura sem a poder gozar.

Oh! Que amargo não foi do mestre o sofrimento,
Quando lhe apareceu, em toda a majestade,
Como juiz severo, aquele mesmo Deus,
Que em vida negara em eterno desafio!

Oh! As lágrimas quentes de tanto sofrimento
Vieram rebentar o Espírito orgulhoso!
Ele, que outrora troçava da Esperança
Que o menino buscava para além do sepulcro.

Mas a paternal bondade do Pai Onipotente
Não quis – ó não! – Puni-lo eternamente.
E em breve su'alma humilde e arrependida.
Uma vez mais à Terra voltará.

Depois, redimida e, enfim, purificada,
Voará para o céu, feliz e satisfeita.
Irá, inebriada da mais pura alegria,
Repousar, compensada, aos pés do Onipotente.

Dulcis

A ABÓBORA E A SENSITIVA

(FÁBULA)

Qual é o teu regime, ó pobre Sensitiva?
Perguntava uma abóbora à delicada flor,
Para ficar assim, tão lânguida, tão magra?

    Digo-te com pesar,

A sensibilidade te perde; tu te estiolas;
Morrerás antes da estação;

OUTUBRO DE 1862

Se o sol se oculta no horizonte

Vemos se fecharem teus frágeis folíolos:

Um funesto tremor

Percorre a haste ao leve sopro da brisa:

O menor contato põe-te em crise;
Tua vida não é mais que tormento.

E por que tanto mal e tanta solicitude?
Segue o meu exemplo de doce quietude.

Aquilo que em redor de mim se passa

Não me causa a mais leve emoção;
Sustentar-me é minha única ocupação.

Aliás que importa ao meu temperamento

O mistério do céu? – A luz do dia claro,
A escuridão, calor, frio, umidade

P'ra tudo é igual.

É certo que de minha forma rotunda,
O observador satírico e perverso
Diz: "A abóbora vegeta!"

Mas o dito não me fere.

Rindo eu rolo em leito bem nutrido,
Ansiosa de assentar, no solo que penetro

Minha barriga e meu tamanho.

Nossos gostos diferem, diz a pequena flor.
Não queres consagrar cuidados e a vida

Senão ao bem-estar material.

Mas eu faço melhor, como vês

Mesmo abreviando a existência
Dedico-me ao prazer

Do sentimento e da inteligência

E terei sempre vivido o bastante.

Dombre (de Marmande)

DISSERTAÇÕES ESPÍRITAS

O ESPIRITISMO E O ESPÍRITO MALIGNO

(GRUPO DE SAINTE-GEMME – MÉDIUM: SR. C...)

De todos os trabalhos a que se entrega a humanidade os preferíveis são os que mais aproximam a criatura de seu criador, que a põem diariamente e a cada instante em condições de admirar a obra divina que saiu, e sai incessantemente, de suas mãos onipotentes. É dever do homem prosternar-se e adorar continuamente Aquele que lhe deu os meios de se melhorar como Espírito e, assim, atingir a suprema felicidade, que é o objetivo final para o qual deve tender.

Se há profissões que, quase exclusivamente intelectuais, dão ao homem os meios de elevar o nível da inteligência, um perigo, um grande perigo se acha ao lado dessa vantagem. Prova a história de todos os tempos o que é tal perigo e quantos males pode engendrar. Sois dotados de uma inteligência superior: a tal respeito mais que os vossos irmãos estais próximos da Divindade e chegais a negar essa própria Divindade ou a imaginá-la exatamente o contrário do que é. Nunca seria demais repetir nem se cansar de o fazer: o orgulho é o mais encarniçado inimigo do gênero humano. Tivésseis mil bocas e todas deveriam repeti-lo incessantemente.

Deus vos criou a todos simples e ignorantes[1]; tratai de avançar

---

[1] Essa preposição, relativa ao estado primitivo das almas, pela primeira vez formulada em *O Livro dos Espíritos,* é hoje repetida por toda a parte nas comunicações; tem, assim, a sua consagração tanto nessa concordância quanto na lógica, porque nenhum outro princípio responderia melhor à justiça de Deus. Dando a todos os homens o mesmo ponto de partida, deu a todos a mesma tarefa a desempenhar para atingir o fim;

em passo tão seguro quanto possível. Isto depende de vós: jamais Deus recusa a graça ao que lhe pede de boa-fé. Todos os estados podem igualmente vos conduzir ao objetivo desejado, se vos conduzirdes conforme o caminho da justiça e se não dobrardes a vossa consciência à vontade dos caprichos. Nada obstante há estados nos quais é mais difícil progredir que em outros. Assim, Deus levará em conta aqueles que, tendo aceito como prova uma posição ambígua, tiverem percorrido sem tropeços tal via escorregadia ou, pelo menos, tiverem feito todos os esforços humanamente possíveis para se erguerem.

É aí que se faz necessária uma fé sincera, uma força pouco comum para resistir ao arrastamento para fora da linha de justiça. Mas é aí, também, que se pode fazer um bem imenso aos irmãos infelizes. Ah! Existe um grande mérito naquele que toca o lodaçal, sem que suas vestes, e ele próprio, se enlameiem. É necessário que uma chama muito pura brilhe em si. Mas, também, que recompensa não lhe é reservada ao deixar a vida terrena![2]

Que os que se acham em semelhantes posições meditem bem essas palavras; que se penetrem bem do espírito que as mesmas encerram e neles operar-se-á uma revolução benéfica, que fará com que os suaves impulsos do coração substituam as pressões do egoísmo.

Quem fará, como indaga o Evangelho, de tais homens homens raros?

E, para realizar esse grande milagre, o que é que se faz necessário? É preciso que eles queiram reportar seu pensamento àquilo a que estão destinados depois da morte. Estão todos convencidos de que não exista um amanhã; mas, desolados pelo sombrio e desconsolante quadro das penas eternas, nas quais, por intuição, recusam acreditar, aban-

---

ninguém é privilegiado pela natureza; como, porém, têm o livre-arbítrio, uns progridem mais rapidamente que outros. Tal princípio da justiça é inconciliável com a doutrina que admite a criação da alma ao mesmo tempo que o corpo; ele comporta em si mesmo a pluralidade das existências, porque se a alma é anterior ao corpo, é que ela já viveu.

[2] Admiram-se de que Espíritos possam escolher uma reencarnação num desses meios onde se acham em contato incessante com a corrupção. Entre os que se acham em tais posições ínfimas da sociedade, uns as escolheram por gosto, e para poderem satisfazer inclinações ignóbeis; outros, por missão e dever, a fim de tentarem tirar os seus irmãos do atoleiro e para terem mais mérito lutando contra os arrastamentos perniciosos. E sua recompensa será proporcional às dificuldades vencidas. Assim, entre nós, o operário que é pago em proporção do perigo a que se expõe no exercício da profissão.

donam-se à corrente atual da vida; deixam-se arrastar por essa cupidez febril, que os leva a juntar sempre, por todos os meios permitidos ou não; arruínam sem piedade um pobre pai de família e prodigalizam ao vício somas que bastariam para uma cidade viver alguns dias. Desviamos olhos do momento fatal. Ah! Se pudessem encará-lo de frente e com sangue frio, como mudariam de conduta! Como veríamos apressados em devolver ao legítimo dono o pedaço de pão negro, que tiveram a crueldade de roubar para, ao preço da injustiça, aumentarem uma fortuna feita de injustiças acumuladas! Que é preciso para isso? Que brilhe a luz espírita. É preciso se possa dizer, como um grande general dizia a uma grande nação: *O Espiritismo é como o Sol: cega os que não querem vê-lo!* Os homens que se dizem e que se julgam cristãos e que repelem o Espiritismo são perfeitos cegos.

Qual a missão da doutrina semeada atualmente no mundo pela mão onipotente do Criador? É a de conduzir os incrédulos à fé, os desesperados à esperança, os egoístas à caridade. Eles se dizem cristãos e anatematizam a doutrina de Jesus Cristo. É verdade que dizem que é o Espírito maligno, para melhor se disfarçar, quem vem pregar tal doutrina neste mundo. Pobres cegos! Pobres doentes! Que Deus, em sua bondade inesgotável, se digne fazer cessar a vossa cegueira e pôr um termo aos males que vos obsidiam!

Quem vos disse que era o Espírito do mal? Quem? Não o sabeis. Pedistes a Deus que vos esclarecesse? Não, ou se o fizestes, foi com uma ideia preconcebida. O Espírito do mal! Sabeis quem vos disse que era o Espírito do mal? Foi o orgulho, foi o próprio Espírito do mal que – coisa revoltante! – vos leva a condenar o Espírito de Deus, representado pelos bons Espíritos que são enviados para regenerar o mundo!

Ao menos examinai a coisa e, conforme a regra estabelecida, condenai ou absolvei. Ah! Se ao menos quisésseis lançar um golpe de vista sobre os resultados inevitáveis que a vitória do Espiritismo deve determinar! Se quisésseis ver os homens se considerando como irmãos, convencidos todos de que, de um momento para o outro Deus lhes pedirá contas da maneira que desempenharam a missão que lhes havia sido confiada! Se quisésseis ver em toda a parte a caridade substituindo o egoísmo e o trabalho tomando o lugar da preguiça! Porque, sabeis, o homem nasceu para o trabalho: Deus o tornou uma obrigação a que não pode subtrair-se sem infringir as leis divinas. Se quisésseis ver de

OUTUBRO DE 1862

um lado esses infelizes que dizem: *Danados neste mundo e no outro, sejamos criminosos e gozemos;* e, do outro, esses homens metálicos, os salteadores da fortuna de todos, que dizem: *A alma é uma palavra; Deus não existe; se nada resta de nós após a morte, gozemos a vida; o mundo é composto de exploradores e de explorados; prefiro estar com os primeiros a estar com os últimos; depois de mim, o dilúvio.* Se lançásseis o olhar sobre esses dois homens que personificam a pilhagem, a pilhagem da boa companhia e que conduz às galés; se os vísseis transformados pela crença na imortalidade, que lhes dá o Espiritismo, ousaríeis dizer que é o Espírito do mal?

Vejo o desdém em vossos lábios e vos escuto: nós é que pregamos a imortalidade e temos crédito por isso. Terão sempre mais confiança em nós do que nos sonhadores ocos que, se não são trapaceiros, sonharam que os mortos saíam do túmulo para se comunicarem com eles. A isso sempre a mesma resposta: examinai; e se, convencidos de boa-fé – o que não faltará se fordes sinceros – em vez de maldizer, bendireis o que deve estar muito mais nas vossas atribuições, conforme a lei de Deus.

A lei de Deus! Em vossa opinião, sois os únicos depositários dela e vos admirais que outros tomem uma iniciativa que, segundo pensais, vos pertence exclusivamente. Ora! Escutai o que os Espíritos enviados por Deus têm a vos dizer:

"Vós que levais a sério o vosso ministério, sereis abençoados, porque tereis realizado todas as obras, não só determinadas, mas aconselhadas pelo divino Mestre. E vós que considerastes o sacerdócio como um objetivo humano, não sereis malditos, embora maldizendo os outros; mas Deus vos reserva punição mais justa.

Dia virá em que sereis obrigados a vos explicardes publicamente sobre os fenômenos espíritas. E esse dia não está longe. Então vos encontrareis na necessidade de julgar, porque vos erigistes em tribunal. Julgar a quem? O próprio Deus, pois nada acontece sem sua permissão.

Vede onde vos conduziu o Espírito do mal, isto é, o orgulho! Em vez de vos inclinardes e orar, resistis contra a vontade do único que tem o direito de dizer: *Eu quero.* E vós dizeis que o demônio é quem o diz.

E agora, se persistirdes em não crer senão nas manifestações dos maus Espíritos, lembrai-vos das palavras do Mestre, acusado de expulsar os demônios em nome de Belzebuth: *Todo reino dividido contra si próprio será destruído.*"

Hippolyte Fortoul

O CORVO E A RAPOSA

(SOCIEDADE ESPÍRITA DE PARIS, 8 DE AGOSTO DE 1862 – MÉDIUM: SR. LEYMARIE)

Desconfiai dos aduladores: é a raça mentirosa; são encarnações de duas caras, que riem para enganar. Infeliz de quem os escuta e acredita, pois as noções do verdadeiro neles logo se pervertem. Entretanto quanta gente se deixa levar por esse engodo mentiroso da adulação! Escutam com satisfação o velhaco que elogia as suas fraquezas, enquanto repelem o amigo sincero que lhes diz a verdade e lhes dá bons conselhos; atraem o falso amigo e afastam o verdadeiro e desinteressado. Para os agradar é preciso adular, aprovar tudo, tudo aplaudir e achar bem, mesmo o absurdo. E – coisa estranha! – Repelem conselhos sensatos e acreditam na mentira do primeiro que vier, desde que lhes apoie as ideias. Que quereis? Quereis ser enganados e o sois. Por vezes as consequências são notadas tardiamente; mas então já está feito o mal sem remédio.

De onde vem isso? A causa disso é, quase sempre, múltipla. A primeira, sem contestação, é o orgulho que os cega quanto à infalibilidade de seu próprio mérito, que julgam superior ao dos demais; assim, sem dificuldade o tomam como modelo do senso comum. A segunda é devido a uma falta de senso, que lhes não permite vejam o lado certo e o errado das coisas. Mas nisso ainda está o orgulho, que oblitera o julgamento. Porque, sem orgulho, desconfiariam de si mesmos e se aconselhariam com os que têm experiência. Acreditai, ainda, que os maus Espíritos não estão alheios ao caso: gostam de mistificar, de fazer armadilhas; e quem nelas cairá mais facilmente do que os orgulhosos que são adulados? O orgulho é para eles a falta de couraça de uns, a cupidez de outros; e eles sabem habilmente disso tirar partido, mas não se guardam de dirigir-se aos que, do ponto de vista moral, são mais fortes. Quereis subtrair-vos à influência dos maus Espíritos? Subi, subi bastante em virtude que eles não vos possam atingir. Então sereis invencíveis para eles. Mas se vos deixardes arrastar pela ponta da corda, eles a treparão para vos forçar a descida; chamar-vos-ão com voz melosa, elogiar-vos-ão e fareis como o corvo, que deixa cair o queijo.

Sonnet

ESTILO DAS BOAS COMUNICAÇÕES

(SOCIEDADE ESPÍRITA DE PARIS, 8 DE AGOSTO DE 1862 – MÉDIUM: SR. LEYMARIE)

Buscai na palavra a sobriedade e a concisão: poucas palavras, muita coisa. A linguagem é como a harmonia: quanto mais hábil quisermos torná-la, menos melodiosa. A verdadeira ciência é sempre aquela que atrai, não alguns sibaritas cheios de si, mas a massa inteligente, que desde muito tempo é desviada do caminho do belo, que é simplicidade. A exemplo de seu Mestre, os discípulos do Cristo haviam adquirido esse profundo saber de bem dizer, sobriamente, e seu falar, como o do Mestre, era marcado por essa graça esquisita, essa profundeza que, em nossos dias, numa época em que tudo mente em redor de nós, ainda fazem as grandes vozes do Cristo e dos apóstolos modelos inimitáveis de concisão e de precisão.

Mas a verdade desceu do alto; como os apóstolos dos primeiros dias da era cristã, os Espíritos superiores vêm ensinar e dirigir. *O Livro dos Espíritos* é toda uma revolução, porque é conciso e sóbrio: poucas palavras, muita coisa; nada de flores de retórica e de imagens, mas apenas pensamentos grandes e fortes, que consolam e fortificam. Por isso agrada e agrada porque facilmente compreendido. Eis o cunho da superioridade dos Espíritos que o ditaram.

Por que há tantas comunicações vindas de Espíritos que se dizem superiores, refertas de insensatez, de frases inchadas e floridas? Uma página para nada dizer? Tende certeza de que não são Espíritos superiores, mas pseudo-sábios, que julgam produzir efeito, substituindo por palavras o vazio das ideias, a profundeza do pensamento pela obscuridade. Não podem seduzir senão os cérebros ocos como os seus, que tomam o ouropel pelo ouro puro e julgam a beleza da mulher pelo brilho dos vestidos.

Desconfiai desses Espíritos verbosos, de linguagem empolada e confusa, que exige tratos à bola para compreender. Reconhecereis a verdadeira superioridade pelo estilo conciso, claro e inteligível sem esforço de imaginação. Não meçais a importância das comunicações por sua extensão, mas pela soma de ideias que encerram em pequeno espaço. Para ter o tipo da superioridade real, contai as palavras e as ideias – refiro-me às ideias justas, sadias e lógicas – a comparação vos dará a exata medida.

Barbaret
(Espírito familiar)

A RAZÃO E O SOBRENATURAL

(SOCIEDADE ESPÍRITA DE PARIS – MÉDIUM: SR. A. DIDIER)

É o homem limitado na inteligência e nas sensações. Não pode compreender além de certos limites e, então, pronuncia a palavra sacramental, que põe fim a tudo: *Sobrenatural.*

A palavra sobrenatural, na ciência nova que estudais, é palavra convencional, existe para nada exprimir. Com efeito, que significa? Fora da natureza; além do conhecido. Nada mais insensato e absurdo do que aplicá-la a tudo quanto está fora de nós. Para o homem que pensa a palavra sobrenatural não é definitiva; é vaga e faz pressentir. É conhecida a frase banal do incrédulo por ignorância: "É sobrenatural. Ora, a razão, etc, etc," Que é a razão? Ah! Quando a natureza alargando-se e agindo dominadora, nos mostra seus tesouros desconhecidos, a razão, nesse sentido, se torna irracional e absurda, pois persiste, a despeito dos fatos. Ora, se há um fato, é que a natureza o permite. A natureza tem para nós manifestações sublimes, certamente, mas muito restritas, se entrarmos no domínio do desconhecido. Ah! Quereis escavar a natureza; conhecer a causa das coisas, *causa rerum,* e julgais desnecessário pôr de lado vossa razão banal? Estais brincando, senhores. Que é a razão humana senão a maneira de pensar do vosso mundo? Correis de planeta a planeta e pensais que a razão vos deve acompanhar? Não, senhores. A única razão que deveis ter em meio a todos esses fenômenos é o sangue frio e a observação nesse ponto de vista e não no ponto de vista da incredulidade.

Ultimamente abordamos questões muito sérias, como vos lembrais. Mas, no meio do que dizíamos, não concluímos que todo o mal vem dos homens. Depois de muitas lutas e discussões, também chegam os bons pensamentos, fé e esperança novas. Como vos disse, ultimamente, o Espiritismo é a luz que deve iluminar, d'agora em diante, toda inteligência votada ao progresso. A prece será o único dogma e prática única do Espiritismo, isto é, a harmonia e a simplicidade. A arte será nova, porque fecundada pelas ideias novas. Pensai que toda obra inspirada por uma ideia filosófica-religiosa é sempre manifestação poderosa e sã; o Cristo será sempre a humanidade, mas não a humanidade sofredora: será a humanidade triunfante.

Lamennais

Allan Kardec

ANO V
NOVEMBRO DE 1862

VIAGEM ESPÍRITA EM 1862

Acabamos de fazer uma visita a vários centros espíritas da França, lamentando que o tempo não nos tenha permitido ir a toda parte onde nos haviam convidado, nem prolongar nossa visita a cada localidade tanto quanto desejávamos, dada a acolhida simpática e fraterna, recebida em toda a parte. Durante uma viagem de mais de seis semanas e um percurso de 693 léguas, estivemos em vinte cidades e assistimos a mais de cinquenta reuniões. O resultado nos deu uma grande satisfação moral, sob o duplo aspecto das observações colhidas e da constatação dos imensos progressos do Espiritismo.

O relato dessa viagem, que compreende principalmente as instruções por nós dadas nos vários grupos, é muito extenso para ser publicado na *Revista,* pois absorveria quase dois números. Fazemos uma separata, do mesmo formato, a fim de, caso necessário, a ela ser anexado[1].

Em nosso percurso fomos visitar os possessos de Morzine, na Sabóia; ali também recolhemos importantes observações, muito instrutivas, sobre as causas e o modo da obsessão em todos os graus, corroboradas por casos idênticos e isolados, vistos em outras localidades e sobre os meios de combate. Isso será objeto de um artigo especial e desenvolvido, que pretendíamos publicar neste número. Como o tempo não nos permitiu terminá-lo, adiamo-lo para o próximo número. Aliás só terá a ganhar, porque feito com menos precipitação. Aliás, vários fatos recentes vieram esclarecer o assunto, abrindo um horizonte novo à patologia.

---

[1] Brochura grande in-8º, formato e tipo da *Revista.* – Preço: 1 fr., porte franco para toda a França. (No prelo).

O artigo responderá a todos os pedidos de esclarecimentos que, frequentemente, nos fazem em casos análogos.

Parece-nos indicado aproveitar esta circunstância para retificar uma opinião que se nos afigurou muito generalizada.

Várias pessoas, principalmente na província, tinham pensado que o custo dessas viagens corria por conta da Sociedade de Paris. Tivemos que explicar esse erro, sempre que se apresentou. Aos que pudessem ainda pensar assim lembramos o que foi dito em outra ocasião (número de junho de 1862), que a Sociedade se limita a cobrir as despesas correntes e não possui reservas. Para que pudesse constituir um capital, teria que visar o número: é o que não faz, nem quer fazer, pois seu objetivo não é a especulação e o número não dá importância aos seus trabalhos. Sua influência é toda moral e o caráter de suas reuniões dá aos estranhos a ideia de uma assembleia grave e séria. Esse o seu mais poderoso meio de propaganda. Assim, não poderia ela prover semelhante despesa. Os gastos de viagem, como todos os que necessitam as nossas relações para o Espiritismo, são cobertos por nossos recursos pessoais e nossas economias, acrescidos do produto de nossas obras, sem o que ser-nos-ia impossível enfrentar todos os encargos consequentes da obra que empreendemos. Digo isso sem vaidade, mas unicamente em homenagem à verdade e para a edificação dos que imaginam que entesouramos.

AOS NOSSOS CORRESPONDENTES

Ao regressar encontramos tal volume de correspondência que seria preciso um mês inteiro para responder, sem nos ocuparmos de mais nada. Considerando que diariamente vem um novo contingente, sem prejuízo das ocupações correntes e obrigatórias, compreender-se-á a impossibilidade material de nos lançarmos a esse trabalho. Dissemos, e repetimo-lo ainda, estamos longe de nos lastimarmos pelo número de cartas que nos escrevem, desde que provam a imensa extensão que toma a doutrina e o ponto de vista moral e filosófico sob a qual é encarada onde quer que penetre. São preciosos arquivos para o Espiritismo. Contudo, mais uma vez somos forçados a pedir indulgência pelo atraso da resposta. Só esse trabalho absorveria o tempo de duas pessoas e nós somos só. Daí resulta que muitas coisas sofrem e acarretam demora na publicação de várias obras anunciadas.

Esperamos que em tempo teremos uma colaboração permanente e assídua, a fim de que tudo possa marchar bem; os Espíritos no-lo prometeram. E enquanto esperamos, não há alternativa: é preciso retardar a correspondência, ou os outros trabalhos que aumentam, à medida que cresce a doutrina.

OS MISTÉRIOS DA TORRE DE SÃO MIGUEL, EM BORDEAUX

HISTÓRIA DE UMA MÚMIA

Nos subterrâneos da torre de São Miguel, em Bordeaux, há um certo número de cadáveres mumificados que, parece, não remontam a mais de dois ou três séculos e que, certamente, ficaram naquele estado pela natureza do solo. São uma das curiosidades da cidade, que os estranhos não deixam de visitar. Todos os corpos têm a pele pergaminhada; na maioria estão conservados de maneira a permitir distinguir os traços do rosto e a expressão fisionômica; alguns têm as unhas de uma frescura notável; outros conservam restos das roupas e, até, rendas finas.

Entre essas múmias uma em particular chama a atenção: é a de um homem cujas contrações do corpo, do rosto e dos braços, levados à boca, não deixam dúvida quanto ao gênero de morte; é evidente que foi enterrado vivo e morreu nas convulsões de terrível agonia.

Um novo jornal de Bordeaux publica um romance-folhetim, sob o título de *Mistérios da Torre de São Miguel*. Só conhecemos a obra de nome e pelos cartazes pregados nos muros da cidade, representando o subterrâneo da torre. Assim, não sabemos em que espírito foi concebido, nem a fonte onde o autor coligiu os fatos que descreve. O que vamos referir, ao menos tem o mérito de não ser fruto da imaginação humana, pois vem diretamente do além-túmulo, o que talvez faça rir o autor em questão. Como quer que seja, cremos que o relato não é um episódio dos menos chocantes dos dramas passados naquele lugar. Será lido pelos espíritas com tanto mais interesse quanto encerra um profundo ensinamento. É a história de um homem enterrado vivo e de duas outras pessoas ligadas ao caso, obtida numa série de evocações feitas na Sociedade Espírita de Saint-Jean d'Angély, em agosto último e que nos contaram quando por lá passamos. No que concerne à autenticidade dos fatos, falaremos na observação que fecha o assunto.

(SAINT-JEAN D'ANGÉLY, 9 DE AGOSTO DE 1862 –
MÉDIUM: SR. DEL... PELA TIPTOLOGIA)

1. – Pergunta ao guia protetor: podemos evocar o Espírito que animou o corpo que se vê no subterrâneo da torre de São Miguel em Bordeaux, o qual parece ter sido enterrado vivo? R – Sim, e que isso sirva de ensinamento.

2. – Evocação. – (O Espírito se manifesta).

3. – Poderíeis dizer o vosso nome, quando animáveis o corpo de que falamos? R – Guillaume Remone.

4. – Vossa morte foi uma expiação ou uma prova escolhida a fim de progredir? R – Meu Deus! Por quê, na tua bondade, seguir a tua sagrada justiça? Sabeis que a expiação é sempre obrigatória, e que quem cometeu um crime não a evita. Eu estava nesse caso – tudo está dito. Após muito sofrimento, cheguei a reconhecer meu erro e experimento o arrependimento necessário para me achar em graça ante o Eterno.

5. – Podeis dizer qual o vosso crime? R – Eu havia assassinado minha mulher em seu leito.

(10 DE AGOSTO – MÉDIUM: SRA. GUÉRIN, PELA ESCRITA)

6. – Quando, antes da reencarnação, escolhestes o gênero de provas, sabíeis que seríeis enterrado vivo? R – Não. Apenas sabia que devia cometer um crime odioso, que encheria minha vida de remorsos causticantes e que a vida terminaria em dores atrozes. Em breve reencarnarei. Deus teve piedade de minha dor e meu arrependimento.

Observação: A frase "sabia que devia cometer um crime" é explicada nas perguntas 30 e 31.

7. – A justiça perseguiu alguém pela morte de vossa esposa? R – Não. Acreditaram numa morte súbita. Eu a tinha sufocado.

8. – Que motivo vos levou a esse ato criminoso? R – O ciúme.

9. – Foi por engano que vos enterraram vivo? R – Sim.

10. – Lembrai-vos dos instantes da morte? R – É algo de horrível, impossível de descrever. Imaginai estar numa cova, com dez pés de terra em cima, querer respirar, faltar o ar, querer gritar: "Estou vivo!" e sentir a voz abafada; ver-se morrer e não poder pedir socorro; sentir-se cheio de vida e riscado do rol dos vivos; ter sede e não poder saciá-la; sentir as dores da fome e não poder pará-la; numa palavra, morrer numa raiva de danado.

11. – Naquele momento pensastes que era o momento da punição? R – Nada pensei. Morri enraivecido, batendo nas paredes do caixão e querendo viver a todo custo.

Observação: A resposta é lógica e justificada pelas contorções em que deve ter morrido, quando se examina o cadáver.

12. – Ao se desprender, vosso Espírito viu o corpo de Guillaume Remone? R – Logo depois da morte eu me via na Terra.

13. – Quanto tempo ficastes nesse estado, isto é, com o Espírito ligado ao corpo, mas não o animando? R – De quinze a dezoito dias.

14. – Quando foi possível deixar o corpo onde vos encontrastes? R – Vi-me cercado por uma porção de Espíritos, como eu cheios de dor, não ousando levantar para Deus o coração ainda ligado à Terra e desesperançado de receber o perdão.

Observação: Ligado ao corpo, e sofrendo ainda as torturas dos últimos instantes, pois se achava entre Espíritos sofredores, desesperando do perdão, não é o inferno com o choro e ranger de dentes? Será necessário construir um forno com chamas e tridentes? Como é sabido, a crença na perpetuidade dos sofrimentos é um dos castigos infligidos aos Espíritos culposos. Tal estado durará enquanto os Espíritos não se arrependerem, e durará sempre se nunca se arrependerem, pois Deus só perdoa ao pecador arrependido. Desde que o arrependimento lhe entre no coração, um raio de esperança deixar-lhe-á entrever a possibilidade de um termo a seus males. Mas não basta o simples arrependimento: Deus quer a expiação e a reparação; e é pelas reencarnações que Deus dá aos Espíritos imperfeitos a possibilidade de melhora. Na erraticidade eles tomam resoluções que tentam executar na vida corpórea. É assim que, em cada existência, deixando algumas impurezas, gradativamente se aperfeiçoam e dão um passo à frente para a felicidade eterna. Jamais lhes é fechada a porta da felicidade, que atingem num tempo mais ou menos longo, conforme a vontade e o trabalho que fizerem sobre si mesmos para se melhorarem.

Não se pode admitir a onipotência de Deus sem a presciência. Assim sendo, pergunta-se por que Deus, ao criar uma alma, sabendo que devia falir sem poder erguer-se, a tirou do nada para votá-la a tormentos eternos? Quis, então, criar almas infelizes? Tal proposição é inconciliável com a ideia de bondade infinita, que é um de seus atributos essenciais. De duas uma: ou o sabia, ou não o sabia. Senão o sabia, não é Onipotente; se o sabia, não é justo nem bom. Ora, tirar uma parcela do infinito de seus atributos é negar a Divindade. Ao contrário, tudo se concilia com a possibilidade de deixar o Espírito reparar suas faltas. Deus sabia que, em virtude de seu livre-arbítrio, o Espírito faliria, mas, também sabia que se ergueria. Sabia que, tomando o caminho errado, retardaria o seu término, mas que, mais cedo ou mais tarde, chegaria. E é para fazê-lo chegar mais depressa que multiplica os avisos sobre o caminho. Será mais culpado se os não escutar e merece o prolongamento das provas. Qual a mais racional das duas doutrinas?

Allan Kardec

(11 DE AGOSTO)

15. – Nossas perguntas vos seriam desagradáveis? R – Isso me lembra pungentes recordações. Mas, agora que, pelo arrependimento, entrei em graça, sinto-me feliz por dar minha vida como exemplo, a fim de premunir os irmãos contra as paixões que poderiam arrastá-los, como a mim.

16. – Comparado com o de vossa esposa, vosso gênero de morte nos leva a supor vos tenha sido aplicada a pena de Talião e que em vós se realizaram as palavras do Cristo: "O que fere com a espada morrerá pela espada". Quereis dizer como sufocastes a vossa vítima? R – Em seu leito, como disse, entre dois travesseiros, depois de haver aplicado uma mordaça, para que não gritasse.

17. – Tínheis boa reputação entre os vizinhos? R – Sim. Era pobre, mas honesto e estimado. Minha mulher também era de uma família honrada. Foi uma noite, em que o ciúme me deixara acordado, que vi sair um homem de seu quarto. Louco de raiva, não sabendo o que fazia, tornei-me culpado do crime que revelei.

18. – Revistes a esposa no mundo espírita? R – Foi o primeiro Espírito que me apareceu, como que para censurar meu crime. Eu a vi durante muito tempo, também infeliz. Só depois que foi decidida a minha reencarnação é que me livrei de sua presença.

Observação: A visão contínua das vítimas é um dos castigos mais

NOVEMBRO DE 1862

comumente infligidos aos Espíritos criminosos. Os que mergulham nas trevas – o que é muito frequente – nem sempre podem escapar. Nada veem senão aquilo que lhes lembra o crime.

19. – Pedistes perdão? R – Não. Nós fugíamos continuamente um do outro e nos encontrávamos sempre frente a frente, para nos torturarmos reciprocamente.

20. – Contudo, no momento do arrependimento tivestes que lhe pedir perdão? R – Desde que me arrependi não a vi mais.

21. – Sabeis onde se acha ela agora? R– Não sei o que lhe aconteceu. Mas ser-vos-á fácil vos informardes com São João Batista, vosso guia espiritual.

22. – Quais foram os vossos sofrimentos como Espírito? R – Estava rodeado de Espíritos desesperados. Supunha jamais sair desse estado infeliz. Nenhum clarão de esperança brilhava para minh'alma endurecida. A visão da vítima coroava o meu martírio.

23. – Como chegastes a um estado melhor? R – Do meio de meus irmãos de desespero, certo dia vislumbrei um fim, que logo compreendi só poder atingir pelo arrependimento.

24. – Qual foi aquele fim? R – Deus, do qual, mau grado seu, todos têm uma ideia.

25. – Já dissestes duas vezes que iríeis reencarnar. Seria indiscrição perguntar que gênero de prova escolhestes? R – A morte recolherá todos os seres que me são caros e eu sofrerei as mais abjetas moléstias.

26. – Sois feliz agora? R – Relativamente sim, pois entrevejo um termo aos sofrimentos. Realmente, não.

27. – Do momento em que caístes em letargia até o despertar, vistes ou ouvistes o que se passava em redor? R – Sim: mas tão vagamente que parecia um sonho.

28. – Em que ano morrestes? R – Em 1612.

29. – (A São João Batista). Certamente G. Remone não foi obrigado a confessar o crime em nossa evocação? Isso parece resultar de sua primeira resposta, na qual fala da justiça de Deus. R – Sim. Foi forçado, mas se resignou de boa vontade, pois viu um meio a mais de agradar a Deus, servindo aos vossos estudos.

30. – Certamente o Espírito enganou-se quando, na sexta resposta, disse: "Apenas sabia que devia cometer um crime odioso". Provavelmente sabia estar exposto a cometer um crime; mas, tendo o livre-arbítrio, bem podia resistir à tentação. R – Ele explicou-se mal. Deveria ter dito: "Sabia que minha vida estaria cheia de remorsos". Era livre de escolher o gênero de prova. Ora, para sentir remorsos, é preciso admitir que cometesse uma ação má.

31. – Não poderia admitir-se que só tivesse tido o livre-arbítrio no estado de erraticidade, escolhendo, tal ou qual prova, mas que, uma vez escolhida esta, como encarnado, não mais teria liberdade de não cometer a ação e assim, necessariamente, o crime deveria ser cometido? R – Ele podia evitá-lo, podia, pois, resistir. Mas as paixões o arrastaram.

Observação: É evidente que o Espírito não se tenha bem dado conta de sua situação; tinha confundido a prova, isto é, a tentação de fazer, com a ação. E como sucumbiu, acreditou numa ação fatal, por si próprio escolhida, o que não seria racional. O livre-arbítrio é o mais belo privilégio do espírito humano e uma prova brilhante da justiça de Deus, que torna o Espírito árbitro de seu destino, pois que de si depende abreviar o sofrimento, ou prolongá-lo pelo endurecimento e pela má vontade. Supor possa ele perder a liberdade moral como encarnado seria tirar-lhe a responsabilidade de seus atos. Pode-se ver, por aí, após maduro exame, que se não devem admitir certas respostas dos Espíritos, quando não se conformam com a lógica em todos os pontos.

Alan Kardec

32. – Devemos supor possa um Espírito escolher como prova uma vida de crimes, desde que tenha escolhido o remorso, que não é mais que a consequência da infração da lei divina? R – Ele pode escolher a prova e a ela expor-se; mas, tendo o livre-arbítrio, também pode falir. Assim, G. Remone tinha escolhido uma vida cheia de desgostos domésticos, que suscitariam a ideia do crime, que devia encher-lhe a vida de remorsos, se o realizasse. Quis, pois, tentar essa prova, para tentar sair vitorioso.

Vossa linguagem está tão pouco em harmonia com a maneira de se comunicarem os Espíritos que, por vezes, acontece devam ser retificadas certas frases, dadas pelos médiuns, sobretudo quando intuitivos. Pela combinação dos fluidos nós lhes transmitimos as ideias, que traduzem

NOVEMBRO DE 1862

mais ou menos bem, conforme seja mais ou menos fácil a combinação entre o fluido do nosso perispírito e o fluido animal do médium.

SENHORA REMONE

(12 DE AGOSTO)

33. – (A São João). Poderíamos evocar o Espírito da esposa de G. Remone? R – Não: ela está encarnada.

34. – Na Terra? R – Sim.

35. – Se não a podemos evocar como Espírito errante, poderíamos fazê-lo como encarnado? E não poderíeis dizer-nos quando está dormindo? R – Podeis fazê-lo neste momento, pois as noites para esse Espírito são os dias para vós.

36. – Evocação do Espírito da Sra. Remone (O Espírito se manifesta).

37. – Lembrai-vos da existência em que fostes a Sra. Remone? R – Sim. Oh! Por que me recordar minha vergonha e minha infelicidade?

38. – Se estas perguntas vos fazem sofrer, nós pararemos. R – Eu vo-lo peço.

39. – Nosso objetivo não é vos fazer sofrer. Não vos conhecemos e talvez jamais vos conheçamos. Queremos apenas fazer estudos espíritas. R – Meu Espírito está tranquilo. Por que agitá-lo com penosas lembranças? Não podeis fazer estudos com Espíritos errantes?

40. – (A São João). Devemos cessar as perguntas que, parece, despertam neste Espírito uma lembrança dolorosa? R – Eu vo-lo aconselho. É ainda uma criança e a fadiga do seu Espírito teria uma penosa reação sobre o corpo. Aliás, seria mais ou menos a repetição do que disse o seu marido.

41. – G. Remone e sua esposa se perdoaram reciprocamente? R – Não: para isso é preciso que cheguem a um mais alto grau de perfeição.

42. – Se os dois Espíritos se encontrassem na Terra como encarnados que sentimentos experimentariam reciprocamente? R – Apenas antipatia.

43. – Se G. Remone revisse, como visitante, o seu corpo na

caverna de Saint-Michel, experimentaria uma sensação desconhecida pelos outros curiosos? R – Sim: mas tal sensação parecer-lhe-ia muito natural.

44. – Ele reviu o seu corpo desde que foi retirado da terra? R – Sim.

45. – Quais foram as suas impressões? R – Nulas. Sabeis bem que, desprendidos de seu invólucro os Espíritos veem as coisas daqui debaixo de modo diverso dos encarnados.

46. – Poderíamos obter alguns informes sobre a posição atual da Sra. Remone? R – Perguntai.

47. – Qual é hoje o seu sexo? R – Feminino.

48. – Seu país natal? R – Está nas Antilhas, como filha de um rico negociante.

49. – As Antilhas pertencem a várias nações. Qual a sua? R – Mora em Havana.

50. – Poderíamos saber o seu nome? R – Não o pergunteis.

51. – Qual a sua idade? R – Onze anos.

52. – Quais serão as suas provas? R – A perda da fortuna; um amor ilegítimo e sem esperança junto à miséria e a duros trabalhos.

53. – Dizeis um amor ilegítimo. Amará, talvez, seu pai, o irmão ou um dos seus? R – Ela amará um homem consagrado a Deus, só e sem esperança de correspondência.

54. – Agora que conhecemos as provas desse Espírito, se o evocássemos uma vez ou outra, durante o sono, em seus dias infelizes, não poderíamos dar alguns conselhos para restaurar sua coragem e fazê-la esperar em Deus? Isso influiria sobre as resoluções que tomasse em vigília? R – Muito pouco. Essa jovem já tem uma imaginação de fogo e uma cabeça de ferro.

55. – Dissestes que no país em que vive as noites são os dias para nós. Ora, entre Havana e Saint-Jean d'Angély a diferença é de apenas cinco horas e meia. Como neste momento da evocação são duas horas, em Havana deveriam ser oito horas e meia da manhã. R – Ora; ela cochilava ainda quando a evocastes, ao passo que despertastes há bastante tempo. Naquelas regiões dorme-se tarde, quando se é rico e sem ter o que fazer.

Observação: Dessa evocação ressaltam vários ensinamentos. Se, na vida exterior de relação, o Espírito encarnado não se recorda de seu passado, lembra-se quando desprendido no sono. Não há, pois, solução de continuidade na vida do Espírito que, nos momentos de emancipação, pode lançar um olhar retrospectivo sobre suas existências anteriores e disso trazer uma intuição, que poderá dirigi-lo quando em vigília.

Em diversas ocasiões ressaltamos os inconvenientes que, em vigília, apresentaria a lembrança precisa do passado. Essas evocações nos fornecem um exemplo. Foi dito que se G. Remone e sua esposa se encontrassem, experimentariam um recíproco sentimento de antipatia. Que seria se se lembrassem das antigas relações! O ódio entre si despertaria inevitavelmente. Em vez de dois seres apenas antipáticos ou indiferentes um para o outro, talvez fossem inimigos mortais. Com sua ignorância, são mais eles mesmos e marcham mais livremente no novo caminho a percorrer. A lembrança do passado os perturbaria, humilhando-os aos seus próprios olhos e aos dos outros. O esquecimento não lhes faz perder o fruto da experiência, porque nascem com aquilo que adquiriram em inteligência e moralidade. São aquilo que se fizeram. Isso lhes é um novo ponto de partida. Se, com as novas provas que G. Remone terá que sofrer, se aliasse a lembrança das torturas da derradeira morte, seria um suplício atroz que Deus quis evitar, lançando um véu sobre o passado.

Alan Kardec

JACQUES NOULIN

(15 DE AGOSTO)

56. – (A São João). Podemos evocar o cúmplice da Sra. Remone? R – Sim.

57. – Evocação. – (O Espírito se manifesta).

58. – Jurai em nome de Deus que sois o Espírito do que foi rival de Remone. R – Jurarei em nome de tudo o que quiserdes.

Jurai em nome de Deus. R – Juro em nome de Deus.

59. – Parece que não sois um Espírito muito adiantado. R – Cuidai dos vossos negócios e deixai que me vá.

Observação: Como não há portas fechadas para os Espíritos, se este pede que o deixem ir, é que um poder superior o obriga a ficar, certamente para a sua instrução.

60. – Ocupamo-nos dos nossos negócios porque queremos saber

como, na outra vida, a virtude é recompensada e o vício castigado. R –
Sim, caríssimo, cada um recebe recompensa ou punição, conforme as
obras. Tratai, pois, de andar direito.

61. – Vossas fanfarronadas não nos intimidam. Temos confiança
em Deus. Mas pareceis ainda muito atrasado. R – Como antes, sou
sempre o João-Grande.

62. – Então não podeis responder seriamente a perguntas sérias?
R – Ó gente séria, por que vos dirigis a mim? Estou sempre mais dis-
posto a rir do que a filosofar. Sempre gostei da boa mesa, das mulheres
agradáveis e do bom vinho.

63. – (Ao anjo da guarda do médium). Podeis dar-nos alguns informes sobre este Espírito? R – Não é suficientemente adiantado para
vos dar boas razões.

64. – Haveria perigo em entrar em comunicação com ele? Poderíamos induzi-lo a melhores sentimentos? R – Seria mais proveitoso
para ele do que para vós. Tentai: talvez possais decidi-lo a encarar as
coisas de outro ponto de vista.

65. – (Ao Espírito). Sabeis que o Espírito deve progredir? Que
deve, por encarnações sucessivas, chegar até Deus, de quem pareceis
muito afastado? R – Jamais havia pensado nisso. E como estou longe!
Quero empreender tão longa jornada.

Observação: Eis aqui um Espírito que, em razão de sua leviandade e
pouco adiantamento, não se preocupa com a reencarnação. Quando lhe chegar
o momento de tomar uma nova existência, que escolha poderá fazer? Evidentemente uma escolha em relação com seus hábitos e seu caráter, a fim de gozar e
não com vistas a expiar, até que seu Espírito, se ache bastante desenvolvido
para lhe compreender as consequências. É a história do menino inexperiente,
que se atira esturdiamente a todas as aventuras e que faz experiência às próprias custas. Lembremos aqui que, para os Espíritos atrasados, incapazes de fazer
uma escolha com conhecimento de causa, há encarnações obrigatórias.

Allan Kardec

66. – Conhecestes G. Remone? – Sim; na verdade um pobre diabo.

67. – Suspeitastes que ele houvesse assassinado a esposa?
R – Eu era um pouco egoísta e me ocupava mais de mim que dos
outros. Quando soube de sua morte chorei sinceramente, mas não
procurei a causa.

NOVEMBRO DE 1862

68. – Qual era, então, a vossa posição? R – Eu era um simples chefe de portaria do tribunal; um saltapocinhas, como dizeis hoje.

69. – Depois da morte daquela senhora, pensastes nela alguma vez? R – Mas não me lembreis tudo isso!

70. – Nós queremos vo-lo recordar porque pareceis melhor do que demonstrais. R – Pensei muito, algumas vezes. Mas como era naturalmente despreocupado, sua lembrança passava como um relâmpago, sem deixar traços.

71. – Qual era o vosso nome? R – Sois muito curiosos; se não fosse forçado já vos teria deixado com a vossa moral e os vossos sermões.

72. – Vivíeis num século religioso. Então nunca orastes por aquela mulher amada? R – É isso mesmo.

73. – Revistes G. Remone e sua esposa no mundo dos Espíritos? R – Fui encontrar a rapaziada como eu; e quando aqueles chorões queriam mostrar-se eu lhes voltava as costas. Não gosto de me comover e...

74. – Continuai. R –Não sou tão falador quanto vós. Ficarei nisso, se quiserdes.

75. – Sois feliz hoje? R – Por que não? Divirto-me em pregar peças aos descuidados, que julgam tratar com bons Espíritos. Desde que se ocupam conosco nós pregamos boas peças.

76. – Isso não é felicidade. A prova de que não sois feliz é que dissestes que fostes forçado a vir. Ora, não há felicidade em fazer aquilo que nos desagrada. R – A gente não tem sempre superiores? Isso não impede de ser feliz. Cada um busca a sua felicidade onde a encontrar.

77. – Com algum esforço, sobretudo pela prece, poderíeis atingir a felicidade daqueles que vos comandam. R – Não pensei nisso. Vós ireis tornar-me ambicioso. Não me enganais? Não ireis inquietar à toa o meu pobre Espírito?

78. – Não vos enganamos. Trabalhai pelo vosso avanço. R – É preciso muito sacrifício: eu sou preguiçoso.

79. – Quando se é preguiçoso, pede-se ajuda a um amigo. Então nós vos ajudaremos, orando por vós. R – Orai, então, para que eu mesmo me decida a orar.

80. – Oraremos, mas orai também. R – Credes que se eu orasse ganharia ideias no sentido das vossas?

81. – Sem dúvida: mas orai do vosso lado. Nós vos evocaremos na quinta-feira, 21, para ver o progresso que tiverdes feito e vos dar conselhos, caso concordeis. R – Então, até logo.

82. – Agora quereis dar o vosso nome? R – Jacques Noulin.

No dia seguinte o Espírito foi evocado novamente e foram feitas perguntas a respeito da Sra. Remone. Suas respostas, pouco edificantes, foram do gênero das primeiras. Consultado, São João respondeu: "Enganastes-vos perturbando este Espírito e nele despertando suas antigas paixões. Teria sido melhor esperar o dia marcado; ele se achava em nova perturbação; vossa evocação o havia lançado em ideias de outra ordem, completamente diversas das suas ideias habituais. Ainda não tinha podido tomar uma decisão firme, posto se dispusesse a experimentar a prece. Esperai até o dia marcado. Daqui até lá, se escutar os bons Espíritos, que vos querem ajudar nas boas obras, podereis dele obter alguma coisa".

(QUINTA-FEIRA, 21)

83. – (A São João). Depois da última evocação Jacques Noulin emendou-se? R – Ele orou, e a luz se fez para a sua alma. Agora acredita que está destinado a tornar-se melhor e se dispõe a trabalhar.

84. – Que caminho devemos tomar em seu interesse? R – Perguntai-lhe pelo estado atual de sua alma e fazei-o olhar para si mesmo, a fim de que se dê conta da mudança.

85. – (A Jacques Noulin). Refletistes, conforme prometestes e podeis dizer qual é hoje a vossa maneira de encarar as coisas? R – Antes de tudo quero vos agradecer. Poupastes-me muitos anos de cegueira. Desde alguns dias compreendo que Deus é o meu objetivo; que devo fazer todo o esforço para me tornar digno de a Ele chegar. Abre-se para mim uma era nova: as trevas se dissiparam e agora vejo o caminho a seguir. Tenho o coração cheio de esperança e sou sustentado pelos bons Espíritos que vêm, em auxílio aos fracos. Vou seguir essa nova via, na qual já encontrei tranquilidade e que me deve levar à felicidade.

NOVEMBRO DE 1862

86. – Éreis realmente feliz, como o dissestes? R – Eu era muito infeliz. Vejo-o agora. Mas eu me sentia feliz como todos aqueles que não olham para cima. Não pensava no futuro; ia, como na Terra, um ser despreocupado, não me dando ao trabalho de pensar seriamente. Oh! Como deploro a cegueira que me fez perder um tempo precioso! Vós ganhastes um amigo, não o esqueçais. Chamai-me quando quiserdes e, se puder, virei.

87. – Que pensam de vossa disposição os Espíritos com os quais vos reuníeis habitualmente? R – Zombam por ter escutado os bons Espíritos, cuja presença e conselhos nós detestávamos.

88. – Seria permitido que fôsseis vê-los? R – Agora só me ocupo do meu progresso. Aliás, os bons anjos que velam por mim e me cercam de cuidados, não me permitem mais olhar para trás, senão para me mostrarem o meu aviltamento.

Observação: Indubitavelmente não há qualquer meio material de constatar a identidade dos Espíritos que se manifestaram nas evocações acima. Assim, não o afirmaremos de maneira absoluta. Fazemos essas reservas para os que creem que aceitamos cegamente tudo quanto vem dos Espíritos. Pecamos antes por um excesso de desconfiança. É que nos devemos guardar de dar como verdade absoluta aquilo que não pode ser controlado. Ora, na ausência de provas positivas, devemos limitar-nos a constatar a possibilidade e buscar as provas morais, em falta de provas físicas. Do fato em questão, as respostas têm um caráter evidente de probabilidade e, sobretudo, de alta moralidade: não há contradições, nenhuma dessas faltas de lógica que chocam o bom senso e delatam o embuste; tudo se liga e se encadeia perfeitamente; tudo concorda com o que a experiência já demonstrou. Pode, pois, dizer-se que a história é, ao menos, verossímil, o que já é muito. O que é certo é que não se trata de um romance inventado pelos homens, mas de uma obra mediúnica. Se fosse uma fantasia de Espírito, não viria senão de um Espírito leviano, pois os Espíritos sérios não se divertem em fazer contos e os levianos sempre deixam perceber o seu objetivo. Acrescentemos que a Sociedade Espírita de Saint-Jean d'Angély é um dos centros mais sérios e melhor dirigidos que já vimos e constituída por pessoas tão recomendáveis pelo caráter quanto pelo saber e que, se se pode dizer, levam o escrúpulo ao excesso. Ela pode ser julgada pela sabedoria e pelo método com que as perguntas são apresentadas e formuladas. Assim, todas as comunicações ali obtidas atestam a superioridade dos Espíritos que se manifestam. As evocações acima foram feitas em excelentes condições, tanto para o meio, quanto para a natureza dos médiuns. Para nós é, pelo menos, uma garantia de sinceridade absoluta. Acrescentaremos que a veracidade do relato foi atestado da maneira mais explícita pelos melhores médiuns da Sociedade de Paris.

Olhando a coisa apenas do ponto de vista moral, apresenta-se grave questão. Eis dois Espíritos, Remone e Noulin, tirados de sua situação e trazidos a melhores sentimentos pela evocação e pelos conselhos dados. Pode-se perguntar se teriam continuado infelizes caso não tivessem sido evocados e o que acontece com todos os Espíritos sofredores não evocados? A resposta já foi dada na *História de um danado* (o Espírito de Castelnaudary), publicado na *Revista* de 1860. Acrescentaremos que esses dois Espíritos, tendo chegado o momento em que poderiam ser tocados pelo arrependimento e receber luzes, circunstâncias providenciais, posto que em aparências fortuitas, provocaram sua evolução, quer para o seu bem, quer para a nossa instrução. A evocação era um meio; mas, em falta desta, a Deus não faltam recursos para vir em auxílio aos infelizes. E podemos, ainda, ter a certeza de que todo Espírito que quer progredir sempre encontra assistência, de uma maneira ou de outra.

Allan Kardec

REMÉDIO DADO PELOS ESPÍRITOS

O título vai provocar o sorriso dos incrédulos. Que importa! Eles riram de muitas outras coisas, o que não impediu fossem reconhecidas como verdades. Os bons Espíritos se interessam pelo sofrimento da humanidade. Não é, pois, de admirar que nos procurem aliviar e, em muitas ocasiões, provaram que o podem, quando bastante elevados para terem os necessários conhecimentos, pois veem o que não veem os olhos do corpo; preveem o que o homem não pode prever.

O remédio de que se trata foi dado nas circunstâncias seguintes à senhorita Hermance Dufaux[1], a qual nos remeteu a fórmula, autorizando a sua publicação, em favor dos que a necessitassem. Um de seus parentes, falecido há muito tempo, tinha trazido da América a receita de um unguento ou pomada, de maravilhosa eficácia para toda sorte de chagas ou feridas. Com sua morte, perdeu-se a receita, que não tinha sido dada a ninguém. A senhorita Dufaux estava afetada de um mal na perna, muito grave e muito antigo, e que havia resistido a todo tratamento. Cansada do emprego inútil de tantos remédios, um dia pergun-

---

[1] Médium que escreveu a história de Jeanne D'Arc.

tou a seu Espírito protetor se para ela não haveria cura possível. Sim – respondeu ele. – Serve-te da pomada de teu tio. – Mas vós sabeis que a receita se perdeu. – Eu vou ta dar – disse o Espírito. Depois ditou o seguinte:

Açafrão.............................20 centigramas

Cominho.............................. 4 gramas

Cera amarela......................... 31 a 32 gramas

Óleo de amêndoas doces....... uma colher

Derreter a cera e depois juntar o óleo de amêndoas; juntar o açafrão e o cominho num saquinho de pano fino e ferver, durante dez minutos, em fogo brando. Emprega-se espalhando a pomada num pedaço de pano e cobrindo a parte doente, renovando diariamente o tratamento.

Tendo seguido a prescrição, em pouco tempo a perna da senhorita Dufaux estava cicatrizada, a pele restaurada e, desde então, não sobreveio qualquer acidente.

Também sua lavadeira foi, felizmente, curada de mal idêntico. Um operário se havia ferido com um fragmento de foice, que penetrou profundamente na ferida, produzindo inchação e supuração. Falavam em amputar-lhe a perna. Com o emprego daquela pomada a inchação desapareceu, parou a supuração e o pedaço de ferro saiu da ferida. Em oito dias aquele homem recuperou-se e pôde voltar ao trabalho.

Aplicada sobre furúnculos, abscessos, panarícios, ela faz rebentar em pouco tempo e cicatrizar. Atua tirando da chaga os princípios mórbidos, saneando-a e, conforme o caso, provocando a saída de corpos estranhos, como esquírolas de ossos, de madeira, etc.

Parece que é também eficaz para os dartros e, em geral, para as afecções da pele.

Sua composição, como se vê, é muito simples, fácil e, em todo caso, inofensiva. Pode, pois, experimentar-se sem receio.

POESIAS ESPÍRITAS

(BORDEAUX – MÉDIUM: SRA. E. COLLIGNON)

MEU TESTAMENTO

Posto que rimado, creio que não será inferior,
Compreendamo-nos. Nele o que exalto
Não é a rima: que não é boa;
É o espírito que... Ao diabo essa gíria!
O espírito não é também o que me preocupa.
Compreendam bem, por favor: Só o Espírito vivifica
Assim entendo esse vocábulo.
Eu, que não sou um deles, mas em breve serei –
Ao menos o espero – queria comparecer,
Não como um simples tolo,
Mas como um pobre Espírito, humilde e arrependido,
Pondo no meu Senhor toda a minha esperança
E, contando, para chegar ao plano dos eleitos,
Muito com sua bondade, pouco com minha virtude!
Expliquemo-nos mais, pois sempre me equivoco;
A bondade de Deus é tudo o que eu invoco,
Assim, retomando o assunto,
Antes de ir ouvir a sentença,
Que me abate ou justifica,
Quero regular o melhor que puder
Todas as velhas contas de minha vida.
Algumas delas – confessarei bem baixinho –
Estão vivas no coração. Vejamos como fazer
Para arranjar as coisas do melhor modo possível.
Não há entre nós a menor diferença.
Primeiro, quando o Espírito deixar este meu corpo,
Exijo uma boa prece
Que será meu passaporte
De pobre morto
Que entrega seu pó à terra.
Isso feito, é de meu enterro
Que é preciso pensar, e aposto

Que, sem vos comoverdes,
Será um enterro modesto.
Aliás, quando vivo, fiquei sempre chocado
Ao ver sobre os túmulos o luxo amontoado,
Quando entregamos à massa de argila
O pouco de que fomos formados.
Por que nos ocuparmos de uma fútil glória?
Muitos se perderam por serem adulados!
A prece de Deus provoca a demência.
Nós o cremos. Tal é, também, minha esperança.
Mas por que orar mais por uns que por outros?
Pra que servem aprestos exibidos pra este?
Por que o infeliz, que morre na miséria,
Não tem, como eu, o concurso da prece?
Por que a exibição desse luxo tão caro,
Que faz brotar a inveja em que não se pensava?
Para enganar os homens ou conquistar o céu?
Se é para o enganar, anátema à mentira!
Se é para atrair as graças do Senhor,
Orai antes por quem, privado da ventura
Que a riqueza nos dá,
Tendo sofrido muito, faz jus a essa largueza,
Que não vos custa um vintém!
Ora, escutai-me bem: mesmo tendo por louco
O meu Espírito ao deixar a Terra,
Ele quer ir a Deus levado pela prece,
Que sai do coração,
A única – escutai – que o Senhor escuta.
Levai-me sem despesa, ruído e aparato:
E, ao contrário do usual,
Que vossos olhos sejam radiantes!
Que em vez de choro em vossos cantos
Retina um tom de alegria!
Deixai a tristeza à dúvida.
Graças a Deus somos crentes!
Não penseis, filhos, que é a economia
Que assim me faz falar!
Não me preocupei muito com o dinheiro

Durante a minha vida,
Imaginem depois da morte!
Quero deixar iguais
Os pratos da balança:
E desse luxo que se exibe
Para dourar a lama deste corpo,
Reparar as faltas para com os infelizes.
Quero que desse pano, com que se cobre a morte,
Sejam eliminados todos os ornamentos.
É sempre a mesma mão, que ceifa os nossos dias.
É a porta do Céu, não a porta do Louvre,
Que o meu arrependimento e humildade
Pede a São Pedro que abra.
Que a muda eloquência de uma cruz de madeira
Desvie a vingança do Senhor ofendido.
Que minh'alma suba em sua simplicidade
E que esse ouro perdido vá cobrir a nudez
Da criança, do velho, meus irmãos nesta vida,
Meus iguais ante a morte, talvez mais lá no céu,
Que de joelhos cada um suplique
Aos que chamamos bem-aventurados!
Antes de terminar, um salutar conselho
Talvez aqui encontre o seu lugar:
Que vos ilumine a luz da Caridade;
Ligai pouco à opinião dos tolos.
Do luxo enganador, que exibe o orgulhoso,
Desconfiar sempre. Ao coração nada iguala
A felicidade do dever cumprido.
Ajudai a fraqueza do oprimido.
Que vossa alma responda ao grito da aflição.
Que haja um eco pronto a repeti-lo.
Que vossa mão, filhos, esteja pronta a aliviar.
Com a ajuda do pouco ouro que entre vós eu partilho
Acumulai tesouros pra fazer a viagem,
Da qual não regressa o Espírito virtuoso!
Semeai benefícios e colhereis as virtudes.
Pedi ao Senhor suas luzes mais claras.
Ide buscar irmãos por entre os infelizes

NOVEMBRO DE 1862

E que Deus vos conceda, em sua grande bondade,
Seguir apenas a lei do Amor, da Caridade!...

FÁBULAS E POESIAS DIVERSAS

POR UM ESPÍRITO BATEDOR[1]

Posto que a tiptologia seja um meio muito lento de comunicação, com paciência é possível obter trabalhos de fôlego. O Sr. Joubert, de Carcassone, remeteu-nos uma coleção de fábulas e de poesias obtidas por ele através daquele processo. Se nem todas são obras-primas, com o que o Sr. Joubert não ficaria ofendido, pois que não entra no caso, algumas são admiráveis, de lado o interesse pela fonte de onde procedem. Eis uma que, embora não participando da coleção, pode dar uma ideia do espírito daquele Espírito batedor. É dedicada à Sociedade Espírita de Bordeaux, pelo próprio Espírito.

O MONÓLOGO DO BURRICO

(FÁBULA)

Um burrico – não façais confusão;
Eu nunca falo mal de gente de condição –
Um burro legítimo, que pode ser tosquiado,
Numa palavra, um burro arreiado,
Na estação olhava a locomotiva,
Com o olhar brilhante e a palavra viva.
"És tu – berra ele – tu que estás em descanso,
"Se dou fé ao que diz certo carneiro manso.
"Andas sem almocreve, sem cavalo ou jumento,
"E roncas arrastando tamanho acompanhamento
"De caixas que parecem uma aldeia de lenho.
"Um milagre! – Diriam. – Qual nada! Por mim tenho
"Que os tempos são outros! Quem me troça não pode
"Ver que sei conhecer pasto e barba de bode, –

---

[1] Vol. in-18. Preço: 2 fr. – Em Carcassone, L. Labau; em Paris, Ledoyen. Palais-Royal.

"E que, deixando os cardos, busco ração sadia.
"Com estes pés de ferro não fazes longa via.
"Eu tenho minha regra; confio porque penso.
"Caminhar sem cavalos? Sem nós? Que contrassenso!"

O burro – bem se vê – a razão invocava,
Essa luz – bem sabeis – que a arrogância apaga.
Como o sábio por vezes ao asno se assemelha!
Negai doutores: do Espírito a centelha;
Negai o movimento, desprezai o motor.
Do nada faz o sábio a luz que nos aquece?
Toda locomotiva algo exige: o vapor.
Evocam-se os mortos... mas é preciso a prece,
Que vem do coração, entre ondas de Amor.

O MÉDIUM E O DR. IMBROGLIO

Venha! Venha! Caro Dr. Imbroglio;
A prancheta anda só: é patente, tangível.
– Bobagem! Vou provar, escrevendo um in-folio
Que isso é batota! Isso é impossível.

Uma observação sobre a qualificação dada ao Espírito que ditou as poesias a que nos referimos acima. Com razão os Espíritos sérios repelem o qualificativo de batedores: esse título convém apenas àqueles que poderiam ser chamados batedores profissionais: Espíritos levianos ou malévolos, que se servem de pancadas para divertir ou atormentar; as coisas sérias não os preocupam. Mas a tiptologia é, como qualquer outro, um meio para comunicações inteligentes e dela se servem os Espíritos mais adiantados, em falta de outro meio, posto prefiram a escrita, porque responde melhor à rapidez do pensamento. É certo dizer que, nesse caso, não são eles que batem; limitam-se a transmitir ideia, deixando a execução material a Espíritos subalternos, como um estatuário deixa ao prático o trabalho de talhar o mármore.

A carta seguinte foi dirigida pelo Sr. Joubert ao Sr. Sabô, de Bordeaux. Temos o prazer de publicá-la como prova dos laços que se estabelecem entre os espíritas das várias localidades e para edificação dos timoratos.

"Sr.

Sou sensível à vossa carta. Aceito com satisfação o título que me confere a Sociedade Espírita de Bordeaux; aceito-o como recompensa por meus fracos trabalhos, por minha profunda convicção e – por que não dizê-lo? – Pelas amarguras passadas. Ainda hoje a nova fé é muito mal compreendida. Os cientistas se insurgem, os ignorantes os acompanham, o clero grita que é o demônio e alguns, convictos, guardam silêncio. Neste século de materialismo, de apetites grosseiros, de guerras fratricidas, de apego cego e imoderado aos reinos do mundo, Deus intervém: os mortos falam, nos encorajam, nos arrastam. Por isso cada um de nós deve, sem medo, inscrever seu nome na bandeira da causa santa. Somos sempre os soldados do Cristo. Proclamamos a grandeza, a imortalidade da alma, os laços palpáveis que ligam os vivos aos mortos; pregamos o amor e a caridade. Que temos a temer dos homens? Ser fraco é ser culpado. Eis por que, senhor, na medida de minhas forças, aceitei a tarefa que Deus e minha consciência me impõem. Ainda uma vez, obrigado por me haverdes admitido entre vós. Sede meu intérprete junto a todos os irmãos de Bordeaux e recebei a segurança dos meus mais afetuosos sentimentos."

J. Joubert
Vice-Presidente do Tribunal Civil

Observação: O Espiritismo conta hoje numerosos adeptos nas fileiras da magistratura e da advocacia, bem como entre funcionários públicos. Mas nem todos ousam enfrentar a opinião pública. Esse medo, aliás, diminui dia a dia e, em pouco tempo, os trocistas ficarão surpreendidos por terem posto no rol dos loucos, sem acanhamento, tantos homens recomendáveis por suas luzes e por sua posição social.

DISSERTAÇÕES ESPÍRITAS

O DUELO

(BORDEAUX, 21 DE NOV. DE 1861 – MEDIUM: SR. GUIPON)

1.º – CONSIDERAÇÕES GERAIS

O homem, ou Espírito encarnado, pode estar em vossa Terra:em missão, em progressão, em punição.

Isso posto, é necessário saibais, de uma vez por todas, que o estado de missão, progressão ou punição deve, sob pena de recomeçar a prova, chegar ao termo fixado pelos desígnios da suprema justiça.

Adiantar por si mesmo, ou por provocação, o instante fixado por Deus para a entrada no mundo dos Espíritos é, pois, enorme crime. O duelo é ainda um crime maior, porque não só é um suicídio, mas, além disso, um assassinato frio.

Na verdade, pensais que o provocado e o provocador não se suicidem moralmente ao se exporem voluntariamente aos golpes mortais do adversário? Credes que não sejam ambos assassinos, no momento em que procuram mutuamente tirar a vida por eles escolhida ou imposta por Deus como expiação ou como prova?

Sim, eu to digo, meu amigo: duas vezes criminosos aos olhos de Deus são os duelistas; duas vezes terrível será a punição. Porque nenhuma escusa será admitida, desde que por eles tudo foi calculado friamente e premeditado.

Leio em teu coração, meu filho, porque também foste um pobre transviado, e eis minha resposta.

Para não sucumbir a essa terrível tentação só necessitais de *humildade, sinceridade e caridade* para com vosso irmão em Deus. Do contrário, só sucumbis pelo *orgulho* e pela *ostentação*.

2.º – CONSEQUÊNCIAS ESPIRITUAIS

Aquele que, por humildade, como o Cristo, tiver suportado o maior ultraje e, por amor de Deus, perdoado de coração, além das recompensas celestes da outra vida, terá a paz de coração nesta e uma alegria incompreensível por haver duas vezes respeitado a obra de Deus.

Aquele que, por caridade para com o próximo, lhe houver provado seu amor fraterno, na outra vida terá a santa proteção e o concurso poderoso da gloriosa mãe do Cristo, pois ela ama e abençoa os que cumprem os mandamentos de Deus, e seguem e praticam os ensinos de seu Filho.

Aquele que, a despeito dos ultrajes, tiver respeitado a existência de seu irmão e a sua própria, ao entrar no mundo etéreo, encontrará milhões de legiões de bons e puros Espíritos que virão, *não honrá-lo por sua ação,* mas lhe provar, por seu devotamento em lhe facilitar os primeiros passos na nova existência, a simpatia que soube atrair e, quais os verdadeiros amigos que fez entre os mesmos, seus irmãos. Todos em conjunto elevarão a Deus sinceras ações de graça por sua misericórdia, que permitiu ao seu irmão resistir à tentação.

Aquele, digo eu, que houver resistido a essas tristes tentações, pode esperar, não a mudança dos desígnios de Deus, que são imutáveis, mas contar com a benevolência sincera e afetuosa do Espírito de Verdade, o Filho de Deus, o qual de maneira incomparável inundará sua alma com a felicidade de compreender o *Espírito de Justiça perfeita e bondade infinita* e, consequentemente, salvaguardá-lo de qualquer outra cilada semelhante.

Ao contrário, aqueles que, provocados ou provocadores, tiverem sucumbido, podem estar certos de que experimentarão as maiores torturas morais pela contínua presença do cadáver de sua vítima e do seu próprio; durante séculos serão roídos pela remorso por haverem desobedecido tão gravemente as leis celestes e serão perseguidos, até o dia da expiação, pelo *espectro horrível da dupla visão de seus cadáveres sangrentos.*

Felizes ainda se eles próprios aliviarem os sofrimentos por um arrependimento sincero e profundo, que lhes abra os olhos da alma; porque, então, ao menos poderão entrever um fim às suas penas, compreenderão Deus e lhe pedirão força de não mais provocar sua justiça terrível.

3.º – CONSEQUÊNCIAS HUMANAS

Os vocábulos *dever, honra* e *coragem,* por vezes são pelos homens postos à frente, para justificarem suas ações e seus crimes.

Que compreendem, sempre, tais vocábulos? Não são estes o resumo das intenções do Cristo? Por quê, então, lhes truncar o sentido? Por quê, então, regredir à barbárie?

Infelizmente, na sua generalidade, os homens ainda se acham sob a influência do *orgulho* e da *ostentação*. Para se escusarem aos próprios olhos, fazem soar bem alto os vocábulos *dever, honra* e *coragem* e não se dão conta de que estes significam: *execução dos mandamentos de Deus, caridade e amor* Com essas palavras, entretanto, estrangulam os irmãos; com elas se suicidam; com elas, se perdem.

Como estão cegos! Julgam-se fortes por terem arrastado um infeliz, mais fraco que eles. Estão cegos, quando creem que a aprovação de sua conduta por outros cegos como eles próprios, lhes acarretará a consideração humana! A mesma sociedade onde vivem os reprova e em breve os amaldiçoará, pois chega o reino da fraternidade. Enquanto isso, deles fogem os homens sensatos, como fogem das feras.

Examinemos alguns casos e veremos se o raciocínio justifica sua interpretação das palavras *dever, honra* e *coragem*.

Um homem tem o coração varado de dor e a alma cheia de amargura, porque surpreendeu provas irrecusáveis da má conduta da esposa. Provoca um dos sedutores dessa pobre e infeliz criatura. Tal provocação seria resultado de seus deveres, de sua honra, de sua coragem? Não. Porque sua honra não lhe será devolvida, sua honra pessoal não foi nem pode ter sido atingida. Isto será *vingança*.

Melhor ainda. Para provar que sua pretensa honra não está em jogo, é que muitas vezes sua infelicidade é mesmo ignorada e ficaria ignorada se não fosse tornada pública por mil vozes provocadas pelo escândalo ocasionado por sua *vingança*.

Enfim, se sua infelicidade fosse conhecida, seria sinceramente lamentada por todos os homens sensatos, resultando numerosas provas de verdadeira simpatia, e contra ele não haveria o riso dos corações malévolos e endurecidos mas *desprezíveis*.

Num caso, como no outro, sua honra não seria devolvida nem retirada.

Só o orgulho é, pois, o guia de quase todos os duelistas, e não a honra.

Credes que, por uma palavra, a falsa interpretação de uma frase, um roçar insensível e involuntário de um braço ao passar, enfim por um *sim* ou um *não* e, até, por vezes, por um olhar que lhe não era dirigido, *seja o duelista levado por um sentimento de honra,* a exigir uma reparação pelo assassinato e o suicídio? Oh! Não duvideis: o orgulho e a *certeza de sua força* são seus únicos móveis, por vezes auxiliados pela ostentação; ele quer exibir-se, dar prova de coragem, de saber e, às vezes, de generosidade –*Ostentação!*

Ostentação – repito – porque seus conhecimentos em duelismo são os únicos verdadeiros; sua coragem e sua generosidade são *mentiras.*

Quereis pô-lo em prova real, a esse espadachim corajoso? Ponde-o em frente a um rival de reputação infernal, em frente à sua: ele empalidecerá e tudo fará para evitar o combate; ponde-o em frente a um muito mais fraco e ignorante dessa ciência duplamente modal, vê-lo-eis impiedoso, altivo e arrogante, mesmo quando constrangido a ter piedade. Isso é coragem?

A generosidade! Oh! Falemos disso. Será generoso o homem que, confiante em sua força, depois de haver provocado a fraqueza, a esta concede a continuação de uma vida humilhada e levada a ridículo? Será generoso aquele que, para alcançar algo desejado e ambicionado, provoca seu fraco possuidor para a obter a seguir, como recompensa de sua *generosidade?* Será generoso aquele que, usando seus talentos criminosos, poupa a vida de seres fracos que injuriou? Será, ainda, generoso quando dá semelhante prova de generosidade ao marido ou irmão, a quem indignamente ultrajou e que depois expõe pelo desespero a um segundo suicídio?

Oh! Meus amigos! Crede todos que o duelo é uma terrível e horrorosa invenção dos Espíritos maus e perversos, invenção digna do estado de barbárie que aflige ao máximo o nosso pai, o Deus tão bom.

Cabe-vos, espíritas, combater e destruir tão triste hábito, esse crime indigno dos anjos das trevas; cabe-vos dar o nobre exemplo da renúncia, a despeito de tudo a tão funesto mal. A vós, espíritas sinceros, cabe fazer compreender o sublime das palavras *dever, honra e coragem.* E Deus falará por vossas vozes. Cabe-vos, enfim, a felicidade de semear entre vossos irmãos os preciosos grãos, por nós ignorados em nossa existência terrena – o *Espiritismo.*

Teu pai, Antônio

Observação: Os duelos tornam-se cada vez mais raros – ao menos na França – e se vemos ainda, de vez em quando, dolorosos exemplos, seu número já não é comparável aos de outrora. Antigamente um homem não saía de casa sem prever um encontro, em consequência do que tomava precauções. Um sinal característico dos costumes da época e da gente estava no porte habitual, ostensivo ou oculto, de armas ofensivas e defensivas. A abolição desse uso testemunha o abrandamento dos costumes; e é curioso seguir-lhe a gradação desde aquela época em que os cavaleiros jamais cavalgaram sem armadura e armados de lança, até o simples porte da espada, mais como ornamento e acessório do brasão, do que arma agressiva. Outro traço dos costumes é que outrora os combates singulares se davam em plena rua, perante a multidão que se afastava para deixar o campo livre, e que hoje são ocultos. Hoje a morte de um homem é um acontecimento comovente. Outrora não se prestava atenção. O Espiritismo apagará esses últimos vestígios da barbárie, inculcando nos homens o espírito de caridade e de fraternidade.

FUNDAMENTOS DA ORDEM SOCIAL

(LYON, 16 DE SETEMBRO DE 1862 – MÉDIUM: SR. ÉMILE V...)

Nota: Esta comunicação foi obtida numa sessão particular, presidida pelo Sr. Allan Kardec.

Eis-vos reunidos para ver o Espiritismo em sua fonte, a fim de olhar de frente essa ideia e de apreciar as grandes ondas de amor que ela prodigaliza aos que a conhecem.

O Espiritismo é o progresso moral; é a elevação do Espírito na via conducente a Deus. O progresso é a fraternidade em seu nascedouro, porque a fraternidade completa, tal qual pode o Espírito imaginá-la, é a perfeição. A fraternidade pura é um perfume do alto, uma emanação do infinito, um átomo da inteligência celeste; é a base de todas as instituições morais e o único meio de elevar um estado social que possa subsistir e produzir os efeitos dignos da grande causa pela qual combateis.

Sede, pois, irmãos, se quiserdes que o germe lançado entre vós se desenvolva e se torne a árvore que buscais. A união é a força soberana que baixa à Terra; a fraternidade é a simpatia da união; é a poesia, o encanto, o ideal no positivo.

Precisais ser unidos para serdes fortes e ser fortes para fundar uma instituição que não repousa senão sobre a verdade, tornada tão tocante e tão admirável, tão simples e tão sublime. As forças divididas aniquilam-se; reunidas, são cada vez mais fortes.

E se se considerar o progresso de cada criatura, se se refletir no amor e na caridade que brota de cada coração, a diferença será muito maior. Sob o sublime influxo desse sopro inefável, os laços de família se apertam, mas os laços sociais, tão vagamente definidos, se esboçam, se aproximam e acabam formando um único feixe de todos esses pensamentos, de todos esses desejos, de todos esses objetivos de natureza diversa.

O que é que vedes sem a fraternidade? O egoísmo e a ambição. Cada um tem o seu objetivo; cada um o persegue por seu lado; cada um marcha a seu modo; e todos são, fatalmente, arrastados para o abismo onde mergulham, há séculos, todos os esforços humanos. Com a união apenas há um objetivo, pois há um só pensamento, um só desejo, um só coração. Uni-vos, pois, meus amigos: é o que incessantemente vos repete a voz de nosso mundo. Uni-vos e chegareis mais depressa ao vosso objetivo.

É, sobretudo, nessa união inteiramente simpática, que deveis tomar a resolução irrevogável de serdes unidos pelo pensamento comum a todos os espíritas da Terra, para oferecerdes a homenagem do vosso reconhecimento àquele que vos abriu o caminho do bem supremo, que trouxe a felicidade às vossas cabeças, a felicidade aos vossos corações e a fé em vossos Espíritos. Vosso reconhecimento é a recompensa atual. Não a recuseis; e, com a oferta de uma voz única, dareis o primeiro exemplo da verdadeira fraternidade.

Léon de Muriane, Espírito Protetor

Observação: Esse nome é completamente desconhecido, até do médium. Isso prova que para ser um Espírito elevado é desnecessário ter o nome inscrito no calendário ou nos fastos da história e que, entre os que se comunicam, muitos há que têm nomes desconhecidos.

AQUI JAZEM 18 SÉCULOS DE LUZES

(LYON, 16 DE SETEMBRO DE 1862 – MÉDIUM: SR. ÉMILE V...)

O Sr. Émile, que obteve a comunicação acima e muitas outras

igualmente notáveis, é muito jovem. E, não só, excelente médium escrevente, é médium pintor, posto não tenha aprendido desenho nem pintura. Pinta a óleo paisagens e diversos assuntos, para o que é levado a escolher, misturar e combinar as cores necessárias. Do ponto de vista de arte, seus quadros não são perfeitos, posto em certas exposições sejam vistos muitos que não valem mais. Falta-lhes acabamento e nuanças, os tons são duros e muito acentuados. Mas quando se pensa nas condições em que são feitos, não são menos notáveis. Quem sabe se, com o exercício, não adquirirá ele a habilidade que lhe falta e não se tornará um verdadeiro pintor, como aquele operário de Bordeaux que, sabendo apenas assinar o nome, escreve como médium e acabou tendo uma linda letra para uso pessoal, sem outros mestres além dos Espíritos?

Quando vimos o Sr. Émile estava ele concluindo um quadro alegórico, onde se vê um féretro, sobre o qual estava escrito: *Aqui jazem 18 séculos de luzes*. Permitimo-nos criticar tal inscrição, do ponto de vista gramatical e, de saída, não compreendemos o sentido dessa alegoria, colocando dezoito séculos de luzes num caixão, visto como, dizíamos nós, graças, sobretudo, ao cristianismo, a humanidade está hoje mais esclarecida. Foi na sessão de 16, na qual ele recebeu a comunicação acima. O Espírito respondeu às nossas observações, acrescentando o que segue.

"*Aqui jazem* é posto de propósito. O assunto não é expresso pelo número 18, representando séculos: é um total de séculos, uma ideia coletiva, como se houvesse *um lapso de tempo* de 18 séculos. Podeis dizer aos vossos gramáticos que não confundam uma ideia coletiva com uma ideia de separação. Eles próprios não dizem da multidão, que pode ser composta de incalculável número de pessoas, que *ela pode mover-se?* É o bastante sobre o assunto. Assim deve ser, porque é uma ideia mesma.

Agora abordemos a alegoria. Dezoito séculos de luzes num caixão! Essa ideia representa todos os esforços feitos pela verdade durante esse tempo. Esforços que foram sempre destruídos pelo espírito de partido e pelo egoísmo. Dezoito séculos de luzes em pleno dia, seriam dezoito séculos de felicidade para a humanidade, dezoito séculos que apenas começam a germinar na Terra e que teriam tido seu desenvolvimento. O Cristo trouxe a verdade à Terra e a colocou ao alcance de

todos. O que foi que lhe aconteceu? As paixões terrestres se apodera-
ram dela; esta foi metida num caixão, de onde acaba de tirá-la o Espiritismo. Eis a alegoria."

Léon de Muriane

PAPEL DA SOCIEDADE DE PARIS

(SOCIEDADE DE PARIS, 24 DE OUTUBRO DE 1862 – MÉDIUM: SR. LEYMARIE)

Paris é o ponto de desembarque do mundo. Cada um aí vem buscar uma impressão ou uma ideia.

Quando me achava em vosso meio, por vezes me perguntava por
que essa grande cidade, ponto de encontro do mundo inteiro, não possuía uma reunião espírita numerosa, tão numerosa quanto os mais vastos anfiteatros pudessem conter.

Por vezes cheguei a pensar que os espíritas parisienses entrega-
vam-se demais aos prazeres. Até pensei que a fé espírita para muitos
era um prazer de amador, uma distração entre as muitas que Paris
oferece continuamente.

Mas longe de vós e, contudo, tão perto, vejo e compreendo melhor. Paris está assentada à margem do Sena; mas Paris está em toda a
parte; e, todos os dias, essa cabeça poderosa revolve o mundo inteiro.
Como ela, a Sociedade central faz jorrar seu pensamento no Universo.
Sua força não está no círculo onde se realizam suas sessões, mas em
todos os países onde são seguidas as suas dissertações, em toda a parte
onde ela faz lei, à vista de seus ensinos inteligentes. É um sol, cujos
raios benfazejos repercutem ao infinito.

Por isso mesmo a Sociedade não pode ser um grupo comum: seus
pontos de vista são predestinados e seu apostolado é maior. Não pode
ela restringir-se a um pequeno espaço: o mundo lhe é necessário, por
ser ela, de natureza, invasora. E, de fato, ela conquista, pacificamente,
hoje cidades, amanhã reinos, mais tarde o mundo inteiro.

Quando um estrangeiro vos faz uma visita de cortesia, é recebido
dignamente e afetuosamente, para que leve uma grande ideia do Espiritismo, essa poderosa arma da civilização, que deve aplainar todos os

caminhos, vencer todas as resistências e até todas as dúvidas. Dai largamente, para que cada um receba esse alimento do Espírito, que tudo transforma em sua passagem misteriosa, porque a crença nova é forte como Deus, grande como Ele, caridosa como tudo quanto emana do poder superior, que fere para consolar, dando a humanidade em trabalho: a prece e a dor por antecipação.

Bendita sejas, Sociedade que amo, tu que dás sempre com benevolência, tu que realizas uma tarefa árdua sem olhar as pedras que barram a passagem. Muito mereceste de Deus. Não serás e não poderás ser um centro ordinário, mas, ao contrário – repito-o – a fonte benfazeja onde o sofrimento virá sempre encontrar o bálsamo reparador.

Sanson
(Antigo Membro da Sociedade de Paris)

ORIGEM DA LINGUAGEM

(SOCIEDADE ESPÍRITA DE PARIS – MÉDIUM: SR. D'AMBEL)

Caros e amigos ouvintes. Pedis-me hoje que vos dite ao meu médium a história da linguagem. Tentarei satisfazer-vos. Deveis, porém, compreender que me será impossível, nalgumas linhas, tratar inteiramente a importante questão, à qual se liga forçosamente, outra mais importante – a da origem das raças humanas.

Que Deus Todo-Poderoso, tão benevolente para com os espíritas, me conceda a lucidez necessária para afastar de minha dissertação toda confusão, obscuridade e, sobretudo, o erro.

Entro na matéria, dizendo-vos: para começar admitamos como princípio esta eterna verdade: que o Criador deu a todos os seres da mesma raça um modo especial, mas seguro, para se entenderem reciprocamente. Não obstante, esse modo de comunicação, essa linguagem era tanto mais restrito quanto mais inferiores as espécies. É em virtude dessa verdade, dessa lei, que os selvagens e os povos pouco civilizados possuem línguas tão pobres que uma porção de termos usados nas regiões favorecidas pela civilização lá não encontram vocábulos correspondentes. E é em obediência a essa mesma lei que as nações que progridem criam expressões para novas descobertas e necessidades.

Como disse alhures, a humanidade já atravessou três grandes períodos: a fase bárbara, a fase hebraica e pagã e a fase cristã. A esta última sucederá o grande período espírita, cujas primeiras fiadas lançamos entre vós.

Examinemos, pois, a primeira fase e o começo da segunda, onde não posso mais que repetir quanto disse. A primeira fase humana, que poderemos chamar pré-hebraica ou bárbara, arrastou-se muito tempo e lentamente em todos os horrores e convulsões de uma barbárie terrível. Aí o homem é peludo como um animal selvagem e, como as feras, abriga-se em cavernas e nos bosques. Vive de carne crua e se repasta de seu semelhante, como caça excelente. É o mais absoluto reino da antropofagia. Nem sociedade, nem família! Alguns grupos dispersos aqui e ali, vivendo na mais completa promiscuidade e sempre prontos a se entredevorarem. Tal é o quadro desse período cruel. Nenhum culto, nenhuma tradição, nenhuma ideia religiosa. Apenas as necessidades animais a satisfazer, eis tudo! Prisioneira de uma matéria estupidificante, a alma fica morna, latente em sua prisão carnal: nada pode contra os muros grosseiros que a encerram e sua inteligência apenas pode mover-se nos compartimentos de um cérebro estreito. O olho é manso, a pálpebra pesada, o lábio grosso, o crânio achatado, e a linguagem consta apenas de alguns sons guturais. Nada prenuncia que desse animal bruto sairá o pai das raças hebraicas e pagãs. Contudo, com o tempo, eles sentem a necessidade de se defenderem contra os outros carnívoros, como o leão e o tigre, cujas presas terríveis e garras afiadas facilmente dominavam o homem isolado. Assim realiza-se o primeiro progresso social. Não obstante, o reinado da matéria e da força bruta se mantém durante toda a fase cruel. No homem dessa época não procureis nem sentimentos, nem razão, nem linguagem propriamente dita: ele apenas obedece a sensação grosseira, que tem por objetivo comer, beber e dormir. Nada além disso. Pode-se dizer que o homem inteligente ainda está em germe: não existe ainda. Contudo é preciso constatar que, entre as raças brutais, já aparecem alguns seres superiores, Espíritos encarnados com a tarefa de conduzir a humanidade ao seu destino e apressar o surgimento das eras hebraica e pagã. Devo acrescentar que, além desses Espíritos encarnados, o globo terrestre era visitado por esses ministros de Deus, cuja memória foi conservada pela tradição sob os nomes de anjos e arcanjos e que, quase que diariamente, estes se punham em contato com os seres superiores, Espíritos superiores, de que acabo de falar. A missão de grande número desses anjos continuou durante a maior parte da fase humanitária. Devo acrescentar que o rápido quadro, que acabo de fazer, dos primeiros tempos da humanidade vos ensina um pouco a que leis rigorosas são submetidos os Espíritos que ensaiam viver em planetas de formação recente.

A linguagem propriamente dita, como a vida social, não começa a ter um caráter certo senão a partir da era hebraica e da pagã, durante a qual o Espírito encarnado, sempre sujeito à matéria, começa a se revoltar e a quebrar os elos de sua pesada cadeia. A alma fermenta e se agita em sua prisão carnal; por esforços reiterados reage energicamente contra as paredes do cérebro, cuja matéria sensibiliza; melhora e aperfeiçoa, por um trabalho constante, o jugo de suas faculdades, assim desenvolvendo os órgãos físicos; enfim o pensamento pode ser lido num olhar límpido e claro. Já estamos longe das frontes achatadas! É que a alma se sente, se reconhece, tem consciência de si mesma e começa a compreender que independe do corpo. Desde então luta ela com ardor para se desvencilhar do amplexo de sua robusta rival. O homem se modifica de mais a mais e a inteligência se movimenta mais livremente no cérebro mais desenvolvido. Entretanto constatamos que, nessa época, o homem ainda é circunscrito e cercado, como gado, é escravo do próprio homem. A escravidão é consagrada pelo Deus dos Hebreus, tanto quanto pelos deuses pagãos. E Jeová, assim como Júpiter Olímpico, pede sangue e vítimas vivas.

Essa segunda fase oferece aspectos curiosos, do ponto de vista filosófico. Já tracei um quadro rápido, que meu médium vos comunicará proximamente. Como quer que seja, e para voltar ao tema em estudo, tende certeza de que não foi senão na época dos grandes períodos pastorais e patriarcais que a linguagem humana tomou um aspecto regular e adotou formas e sons especiais. Durante essa época primitiva, em que a humanidade saía dos cueiros e balbuciava na primeira infância, poucas palavras bastavam aos homens, para os quais ainda não tinha nascido a ciência, cujas necessidades eram mais restritas e quando as relações sociais paravam à porta das tendas, à soleira das famílias e, mais tarde, nos confins da tribo. Era a época em que o pai, o pastor, o ancião, o patriarca, numa palavra, dominava como senhor absoluto, com direito de vida e morte.

A língua primitiva foi uniforme. Mas, à medida em que crescia o número de pastores, estes, deixando por sua vez a tenda paterna, foram constituir novas famílias em zonas desabitadas e, daí, novas tribos. Então a língua por eles usada se diferenciou gradativamente, de geração em geração, da que era usada na tenda paterna. Assim foram criados os vários idiomas. Aliás, posto não seja meu propósito dar um curso de linguística, não vos passa despercebido que, nas línguas mais distanciadas, encontrais vocábulos cujo radical pouco variou e cuja significação é quase a mesma. Por outro lado, posto tenhais a pretensão de constituirdes um velho mundo, a mesma razão, que corrompeu a língua primitiva, reina soberana em vossa França tão orgulhosa de sua civilização. Aí vedes as consonâncias, os termos e a significação variante, já não direi de província a província, mas de comuna a comuna. Apelo aos que viajaram pela Bretanha, como aos que percorreram a Provença e o Languedoc. É uma variedade de idiomas e de dialetos que espanta a quem os quisesse coligir num dicionário único.

Uma vez que os homens primitivos, ajudados pelos missionários do Eterno, emprestaram a certos sons especiais outras tantas ideias especiais, foi criada a língua falada; e as modificações por ela sofridas mais tarde o foram sempre em razão do progresso humano. Consequentemente, conforme a riqueza da língua, pôde estabelecer-se facilmente o grau de civilização atingido pelo povo que a fala. O que posso acrescentar é que a humanidade marcha para uma língua única, como consequência forçada de uma comunidade de ideias em moral, em política e, sobretudo, em religião.

Tal será a obra da filosofia nova, o Espiritismo, que hoje ensinamos.

Erasto

RESPOSTAS

Ao Sr. B. G., de La Calle, Argélia. *O Livro dos Espíritos* e *O Livro dos Médiuns* ainda não foram traduzidos para o italiano.

Ao Sr. Dumas, de Sétif, Argélia. Recebi o *Écho de Sétif* e li com atenção os dois notáveis artigos científicos sobre o Espiritismo, publicados nesse jornal. Deles falarei em detalhe no próximo número. Sinto-me feliz por ver esse estimável jornal considerar a causa da doutrina e tratá-la de modo sério.

ERRATA

NOTA DO TRADUTOR: Aqui deveria entrar uma errata, corrigindo falhas tipográficas estampadas no fascículo de setembro na poesia *Peregrinações da alma*. Deixamos de reproduzi-la porque a correção foi feita no devido lugar.

ANO V
DEZEMBRO DE 1862

ESTUDO SOBRE OS POSSESSOS DE MORZINE

CAUSAS DA OBSESSÃO E MEIOS DE COMBATE

As observações que fizemos sobre a epidemia que abateu, e abate ainda, a comuna de Morzine, na Alta Sabóia, não nos deixam dúvidas quanto à causa. Mas, para apoiar nossa opinião, devemos entrar em explicações preliminares, que melhor destacarão a analogia desse mal com os casos idênticos, cuja origem não poderia oferecer dúvidas a quem esteja familiarizado com os fenômenos espíritas e reconheça a ação do mundo invisível sobre a humanidade. Para tanto faz-se mister remontar à fonte do mesmo fenômeno e seguir-lhe a gradação, desde os casos mais simples e, ao mesmo tempo, explicar como ele se processa. Daí deduziremos muito melhor o meio de combater o mal. Posto que já tenhamos tratado do assunto em *O Livro dos Médiuns,* no capítulo da obsessão, e em diversos artigos na *Revista,* aduziremos algumas considerações novas, que tornarão a coisa mais fácil de entender.

O primeiro ponto que importa bem se compenetrar, é da natureza dos Espíritos, do ponto de vista moral. Não sendo os Espíritos senão as almas dos homens, e não sendo bons todos os homens, não é racional admitir-se que o Espírito de um perverso de súbito se transforme. Do contrário seria desnecessário o castigo na vida futura. A experiência confirma essa teoria ou, melhor dito, a teoria é fruto da experiência. Com efeito, mostram-nos as relações com o mundo invisível, ao lado de Espíritos sublimes de sabedoria e de conhecimento, outros ignóbeis, ainda com todos os vícios e paixões da humanidade. Após a morte, a alma de um homem de bem será um bom Espírito; do mesmo, encarnando-se, um bom Espírito será um homem de bem. Pela mesma razão, ao morrer, um homem perverso dará um Espírito perverso ao mundo invisível. É, assim, enquanto o Espírito não se houver depurado ou experimentado o desejo de se melhorar. Porque, uma vez entrado na via do progresso, pouco a pouco se despoja de seus maus instintos: eleva-se gradativamente na hierarquia dos Espíritos, até atingir a perfeição acessível a todos, pois Deus não pode ter criado seres eternamente votados ao mal e à infelicidade. Assim, os mundos visível e invisível se penetram e alternam incessantemente; se assim podemos dizer, alimentam-se mutuamente; ou, melhor dito, esses dois mundos na realidade constituem um só, em dois estados diferentes. Essa consideração é muito importante para melhor compreender-se a solidariedade entre ambos existente.

Sendo a Terra um mundo inferior, isto é, pouco adiantado, resulta que a imensa maioria dos Espíritos que a povoam, tanto no estado errante, quanto encarnados, deve compor-se de Espíritos imperfeitos, que fazem mais mal que bem. Daí a predominância do mal na Terra. Ora, sendo a Terra, ao mesmo tempo, um mundo de expiação, é o contato do mal que torna os homens infelizes, pois se todos os homens fossem bons, todos seriam felizes. É um estado ainda não alcançado por nosso globo; e é para tal estado que Deus quer conduzi-lo. Todas as tribulações aqui experimentadas pelos homens de bem, quer da parte dos homens, quer da dos Espíritos, são consequências desse estado de inferioridade. Poder-se-ia dizer que a Terra é a *Botany-Bay* dos mundos: aí se encontram a selvageria primitiva e a civilização, a criminalidade e a expiação.

É, pois, necessário imaginar-se o mundo invisível como formando uma população inumerável, compacta, por assim dizer, envolvendo a Terra e se agitando no espaço. É uma espécie de atmosfera moral, da qual os Espíritos encarnados ocupam a parte inferior, onde se agitam como num vaso. Ora, assim como o ar das partes baixas é pesado e malsão, esse ar moral é também malsão, porque corrompido pelas emanações dos Espíritos impuros. Para resistir a isso são necessários temperamentos morais dotados de grande vigor.

Digamos, entre parênteses, que tal estado de coisas é inerente aos mundos inferiores. Mas estes seguem a lei do progresso e, atingindo a idade precisa, Deus os saneia, deles expulsando os Espíritos imperfeitos, que não mais se reencarnam e são substituídos por outros mais adiantados, que farão reinar a felicidade, a justiça e a paz. É uma revolução desse gênero que no momento se prepara.

Examinemos, agora, o modo de ação recíproca dos encarnados e desencarnados.

Sabemos que os Espíritos são revestidos de um envoltório vaporoso, que lhes forma um verdadeiro corpo fluídico, ao qual damos o nome de *perispírito,* e cujos elementos são tirados do fluido universal ou cósmico, princípio de todas as coisas. Quando o Espírito se une a um corpo, aí vive com seu perispírito, que serve de ligação entre o Espírito, propriamente dito, e a matéria corpórea: é o intermediário das sensações percebidas pelo Espírito. Mas esse perispírito não é confinado no corpo, como numa caixa. Por sua natureza fluídica, ele irradia exteriormente e forma em torno do corpo uma espécie de atmosfera, como o vapor que dele se desprende. Mas o vapor que se desprende de um corpo malsão é igualmente malsão, acre e nauseabundo, o que infecta o ar dos lugares onde se reúnem muitas pessoas malsãs. Assim como esse vapor é impregnado das qualidades do corpo, o perispírito é impregnado das qualidades, ou seja, do pensamento do Espírito e irradia tais qualidades em torno do corpo.

Agora outro parêntese para responder a uma objeção oposta por alguns à teoria dada pelo Espiritismo do estado da alma. Acusam-no de materializar a alma, ao passo que, conforme à religião, a alma é puramente imaterial. Como a maior parte das outras, essa objeção provém de um estudo incompleto e superficial. Jamais o Espiritismo definiu a natureza da alma, que escapa às nossas investigações. Não diz que o perispírito constitua a alma: o vocábulo *perispírito* diz positivamente o contrário, pois especifica um envoltório em torno do Espírito. Que diz a respeito *O Livro dos Espíritos?* "Há no homem três coisas: a *alma,* ou Espírito, princípio inteligente; o *corpo,* envoltório material; o *perispírito,* envoltório fluídico semi-material, servindo de laço entre o Espírito e o Corpo". É porque, com a morte do corpo, a alma conserva o envoltório fluídico, não está dito que tal envoltório e a alma sejam uma só e mesma coisa, pois que o corpo não é único como a roupa ou alma não é uma com o corpo. A Doutrina Espírita nada tira à imaterialidade da alma: apenas lhe dá dois invólucros, em vez de um, durante a vida corpórea e só um após a morte do corpo, o que é, não uma hipótese, mas um resultado da observação. E é com o auxílio desse envoltório que melhor se compreende a sua individualidade e melhor se explica a sua ação sobre a matéria.

Voltemos ao assunto.

Por sua natureza fluídica, essencialmente móvel e elástica, se assim se pode dizer, como agente direto do Espírito, o perispírito é posto em ação e projeta raios pela vontade do Espírito. Por esses raios ele serve à transmissão do pensamento porquê, de certa forma, está animado pelo pensamento do Espírito. Sendo o perispírito o laço que une o Espírito ao corpo, é por seu intermédio que o Espírito transmite aos órgãos, não a vida vegetativa, mas os movimentos que exprimem a sua vontade; é, também, por seu intermédio que as sensações do corpo são transmitidas ao Espírito. Destruído o corpo sólido pela morte, o Espírito não age mais e não percebe mais senão por seu corpo fluídico, ou perispírito. Por isso age mais facilmente e percebe melhor, desde que o corpo é um entrave. Tudo isso é ainda resultado da observação. Suponhamos agora duas pessoas próximas, cada qual envolvida por sua *atmosfera perispiritual*. Deixem passar o neologismo. Esses dois fluidos põem-se em contato e se penetram. Se forem de natureza simpática, interpenetram-se; se de natureza antipática, repelem-se e os indivíduos sentirão uma espécie de mal-estar, sem se darem conta; se, ao contrário, forem movidos por sentimentos de benevolência, terão um pensamento benevolente, que atrai. É por isso que duas pessoas se compreendem e se adivinham sem falar. Um certo quê por vezes diz que a pessoa que defrontamos é animada por tal ou qual sentimento. Ora, esse certo quê é a expansão do fluido perispiritual da pessoa em contato conosco, espécie de fio elétrico condutor do pensamento. Desde logo compreende-se que os Espíritos, cujo envoltório fluídico é muito mais livre do que no estado de encarnação, não necessitam de sons articulados para se entenderem.

O fluido perispiritual é, pois, acionado pelo Espírito. Se, por sua vontade, o Espírito, por assim dizer, dardeja raios sobre outro indivíduo, os raios o penetram. Daí a ação magnética mais ou menos poderosa, conforme a vontade, mais ou menos benfazeja, conforme sejam os raios de natureza melhor ou pior, mais ou menos vivificante. Porque podem, por sua ação, penetrar os órgãos e, em certos casos, restabelecer o estado normal. Sabe-se da importância da influência das qualidades morais do magnetizador.

Aquilo que pode fazer um Espírito encarnado, dardejando seu próprio fluido sobre uma pessoa, pode, igualmente, fazê-lo um desencarnado, desde que tenha o mesmo fluido. Assim, pode magnetizar e, sendo bom ou mau, sua ação será benéfica ou malfazeja.

Assim, facilmente nos damos conta da natureza das impressões que recebemos, conforme o meio onde nos encontramos. Se uma reunião for composta de pessoas de maus sentimentos, estas enchem o ar ambiente do fluido impregnado de seus pensamentos. Daí, para as almas boas, um mal-estar moral análogo ao mal-estar físico causado pelas exalações mefíticas: a *alma fica asfixiada*. Se, ao contrário, as pessoas tiverem intenções puras, encontramo-nos em sua atmosfera como se num ar vivificante e salubre. Naturalmente o efeito será o mesmo num ambiente cheio de Espíritos, conforme sejam bons ou maus.

Isso bem compreendido, chegamos sem dificuldade à ação material dos Espíritos errantes sobre os encarnados. E, daí, à explicação da mediunidade.

Se um Espírito quiser agir sobre uma pessoa, dela se aproxima, envolve-a com o seu perispírito, como num manto; os fluidos se penetram, os dois pensamentos e as duas vontades se confundem e, então, o Espírito pode servir-se daquele corpo como se fora o seu próprio, fazê-lo agir à sua vontade, falar, escrever, desenhar, etc. Assim são os médiuns. Se o Espírito for bom, sua ação será suave e benéfica e só fará boas coisas; se for mau, fará maldades; se for perverso e mau, ele o constrange, até paralisar a vontade e a razão, que abafa com seus fluidos, como se apaga o fogo sob um lençol d'água. Fá-lo pensar, falar e agir por ele, leva-o contra a vontade a atos extrávagantes ou ridículos; numa palavra o magnetiza e o cataletiza moralmente e o indivíduo se torna um instrumento cego de sua vontade. Tal é a causa dá obsessão, da fascinação e da subjugação, que se mostram em diversos graus de intensidade. O paroxismo da subjugação é geralmente *chamado possessão*. Deve notar-se que, neste estado, muitas vezes o indivíduo tem consciência do ridículo daquilo que faz, mas é constrangido a fazê-lo, como se um homem mais vigoroso que ele fizesse, contra a vontade, mover os braços, as pernas, a língua. Eis um curioso exemplo.

Numa pequena reunião em Bordeaux, em meio a uma evocação, o médium, um jovem de caráter suave e perfeita urbanidade, de repente começa a bater na mesa, levanta-se com olhar ameaçador, mostrando os punhos aos assistentes, proferindo pesadas injúrias e querendo atirar-lhes um tinteiro. A cena, tanto mais chocante quanto inesperada, durou uns dez minutos, depois do que o moço retomou a calma habitual, desculpou-se do que se havia passado, dizendo que sabia muito bem o que havia dito e feito, mas que não pudera impedir. Sabedor do fato, pedimos explicação numa sessão especial da Sociedade de Paris. Foi-nos respondido que o Espírito que o havia provocado era mais farsista do que mau e que simplesmente tinha querido divertir-se apavorando os assistentes. Isso prova a veracidade da explicação; o fato não se repetiu e o médium continuou a receber excelentes comunicações, como antes. É bom dizer o que provavelmente tinha excitado a verve daquele Espírito brincalhão.

Um antigo chefe de orquestra do teatro de Bordeaux, o Sr. Beck tinha experimentado, durante vários anos antes de morrer, um fenômeno singular. Todas as noites, ao sair do teatro, parecia-lhe que um homem lhe saltava às costas, cavalgando às suas espáduas, até chegar à porta da casa. Aí o suposto indivíduo descia e o Sr. Beck se achava livre. Nessa reunião quiseram evocar o Sr. Beck e pedir-lhe uma explicação. Foi então que o Espírito farsista achou bom substituí-lo e fazer o médium representar uma cena diabólica, pois nele encontrou, sem dúvida, as necessárias disposições fluídicas para obedecer.

Aquilo que não passou de acidental, por vezes toma um caráter de permanência, quando o Espírito é mau, porque para ele o indivíduo se torna verdadeira vítima, à qual ele pode dar a aparência de verdadeira loucura. Dizemos aparência, porque a loucura propriamente dita sempre resulta de uma alteração dos órgãos cerebrais, ao passo que, nesse caso, os órgãos estão tão intactos quanto os do jovem de quem acabamos de falar. Não há, pois, loucura real, mas aparente, contra a qual os remédios da terapêutica são inoperantes, como o prova a experiência. Ainda mais: eles podem produzir o que não existe. As casas de alienados contam muitos doentes de tal gênero, aos quais o contato com outros alienados só poderá ser muito prejudicial, porque esse estado denota sempre uma certa fraqueza moral. Ao lado de todas as variedades de loucura patológica, convém, pois, acrescentar a *loucura obsessional,* que requer meios especiais. Mas como poderá um médico materialista estabelecer essa diferença ou, mesmo, admiti-la?

"Bravo", irão exclamar os nossos adversários. Não se pode demonstrar melhor os perigos do Espiritismo e nós temos muita razão de o proibir.

Um instante: o que dissemos prova precisamente a sua utilidade. Credes que os maus Espíritos, que pululam no meio humano, esperaram ser chamados, a fim de exercerem sua influência perniciosa? Desde que os Espíritos existiram em todos os tempos, em todos os tempos representaram o mesmo papel, pois isso está em sua natureza. E a prova é o grande número de pessoas obsedadas, ou possessas, se quiserdes, antes que se cogitasse de Espiritismo e de médiuns. A ação dos Espíritos, bons ou maus, é, pois, espontânea. A dos maus produz uma porção de perturbações na economia moral e mesmo física e que, por ignorância da verdadeira causa, são atribuídas a causas erradas. Os maus Espíritos são inimigos invisíveis, tanto mais perigosos quanto não se suspeitava de sua ação. Pondo-os a descoberto, o Espiritismo vem revelar uma nova causa de certos males da humanidade. Conhecida a causa, não se buscará mais combater o mal por meios que, sabemos agora, são inúteis: procurar-se-ão outros mais eficazes. Ora, quem levou à descoberta dessa causa? A mediunidade. Foi pela mediunidade que os inimigos ocultos traíram sua presença. Ela fez para eles o que o microscópio para os infinitamente pequenos: revelou todo um mundo. O Espiritismo não atraiu os maus Espíritos: descobriu-os e forneceu os meios de lhes paralisar a ação e, consequentemente, os afastar. Ele não trouxe o mal, pois este sempre existiu. Ao contrário, trouxe o remédio ao mal, mostrando-lhe as causas. Uma vez reconhecida a ação do mundo invisível, ter-se-á a chave de uma porção de fenômenos incompreendidos e a ciência, enriquecida com essa nova lei, verá novos horizontes abertos à sua frente. Quando lá chegará? Quando não mais professar o materialismo, pois este lhe detém o avanço, com barreiras intransponíveis.

Antes de falar do remédio, expliquemos um fato, que embaraça muitos espíritas, sobretudo nos casos de obsessão simples, isto é, naqueles muito frequentes, em que o médium não se pode desvencilhar de um mau Espírito, que por ele se manifesta obstinadamente, pela escrita ou pela audição. O não menos frequente, em quê, por meio de uma boa comunicação, vem um Espírito imiscuir-se para dizer coisas más. Pergunta-se, então, se os maus Espíritos são mais poderosos que os bons.

Reportemo-nos ao que dissemos, de começo, da maneira por que age o Espírito e figuremos um médium envolvido e penetrado do fluido perispiritual de um mau Espírito. Para que o do bom possa agir sobre o médium, é necessário que penetre esse envoltório e sabe-se que dificilmente a luz penetra um nevoeiro espesso. Conforme o grau da obsessão, o nevoeiro será permanente, tenaz ou intermitente e, consequentemente, mais ou menos fácil de dissipar.

Nosso correspondente em Parma, Sr. Superchi, enviou-nos dois desenhos feitos por um vidente, representando perfeitamente essa situação. Num, vê-se a mão do médium envolta numa nuvem escura, imagem do fluido perispiritual dos maus Espíritos, atravessada por um raio luminoso que vai clarear a mão. É o bom fluido que a dirige e se opõe à ação do mau. No outro, a mão está na sombra; a luz está em volta do nevoeiro, que não pode penetrar. Aquilo de que o desenho circunda a mão deve entender-se de todas as pessoas.

Resta sempre a questão de saber se o bom Espírito é menos poderoso que o mau. Não é o bom Espírito que é mais fraco: é o médium que não é bastante forte para livrar-se do manto que sobre si foi lançado, para se desembaraçar dos braços que o apertam, com o que – é bom dizer – por vezes se compraz. Compreende-se que, nesse caso, o bom Espírito não possa dominar, pois o outro é preferido. Admitamos, agora, o desejo de se desembaraçar desse envoltório fluídico, de que o seu se acha penetrado, como uma vestimenta penetrada de umidade: não bastará o desejo e nem sempre a vontade é suficiente.

Trata-se de lutar contra um adversário. Ora, quando dois homens lutam corpo a corpo, é o de músculos mais fortes que vencerá o outro. Com um Espírito não se luta corpo a corpo mas de Espírito a Espírito; e ainda o mais forte será o vencedor. Aqui a força está na *autoridade* que se pode exercer sobre o Espírito e tal autoridade está subordinada à superioridade moral. Esta, como o sol, dissipa o nevoeiro pela força de seus raios. É bom esforçar-se; tornar-se melhor se já se é bom; purificar-se de suas imperfeições; numa palavra, elevar-se moralmente o mais possível. Tal o meio de adquirir o poder de comandar os Espíritos inferiores, para os afastar. Do contrário zombarão de vossas injunções *(O Livro dos Médiuns,* n. 252 e 279).

Talvez perguntem por que os Espíritos protetores não lhes forçam a retirada. Sem dúvida o podem e, por vezes, o fazem. Mas, permitindo a luta, também deixam o mérito da vitória. Se deixam se debatendo pessoas de mérito a certos respeitos, é para provar sua perseverança e fazer que adquiram *mais força* no bem. É para elas uma espécie de *ginástica moral.*

Eis a resposta que demos ao Sr. P., coronel do estado-maior do exército austríaco, que nos consultava sobre uma afecção atribuída a maus Espíritos, desculpando-se por nos chamar de amigo, posto só nos conhecesse de nome:

"O Espiritismo é o laço fraterno por excelência e tendes razão de pensar que os que partilham essa crença, mesmo sem se conhecerem, devam tratar-se como amigos. Agradeço-vos por terdes tido de mim uma boa opinião e me dardes esse título.

Sinto-me contente por encontrar em vós um adepto sincero e devotado a essa consoladora doutrina. Mas, por isso mesmo que é consoladora, deve dar força moral e resignação para suportar as provas da vida que, no mais das vezes, são expiação. Disto a *Revista Espírita* vos fornece numerosos exemplos.

No que concerne à moléstia que sofreis, não vejo prova evidente da influência de maus Espíritos, que vos obsediariam. Admitamo-la, pois, por hipótese. Só haveria uma força moral a opor a outra força moral e aquela não pode vir senão de vós.

Contra um Espírito é necessário lutar de Espírito a Espírito; e o mais forte vencerá. Em casos semelhantes é preciso esforçar-se por adquirir a maior soma possível de superioridade pela vontade, pela energia e pelas qualidades morais, para ter o direito de lhe dizer: *Vade retro!* Assim, se estiverdes nesse caso, não será com a espada de coronel que o vencereis, mas com a espada do anjo, isto é, a virtude e a prece. A espécie de terror e angústia que experimentais nesses momentos é um sinal de fraqueza, que o Espírito aproveita. Dominai o medo e com a vontade triunfareis. Tomai a iniciativa resolutamente, como o fazeis ante o inimigo e crede-me vosso muito dedicado e afeiçoado."

Allan Kardec

Sem dúvida certas pessoas prefeririam outra receita mais fácil para expulsar os Espíritos: algumas palavras a pronunciar, ou sinais a fazer, por exemplo, o que seria mais cômodo do que corrigir os próprios defeitos. Lamentamos, mas não conhecemos processo mais eficaz para *vencer um inimigo do que ser mais forte que ele.* Quando estamos doentes, temos que nos resignar a tomar remédios, por mais amargos que sejam. Mas, também, quando se teve a coragem de os tomar, como a gente se sente bem e como se fica forte! Temos que nos persuadir de que, para alcançar tal objetivo, não há palavras sacramentais, nem fórmulas, nem talismãs, nem sinais materiais quaisquer. Os maus Espíritos se riem e, às vezes, gostam de indicar alguns, que dizem infalíveis, para melhor captar a confiança daqueles de quem abusam, porque, então, esses, confiantes na virtude do processo, entregam-se sem medo.

Antes de esperar dominar o mau Espírito, é preciso dominar-se a si mesmo. De todos os meios para adquirir a força de o conseguir, o mais eficaz é a vontade, secundada pela prece, entendida a prece de coração e não aquela nas quais a boca participa mais que o pensamento. É necessário pedir a seu anjo de guarda e aos bons Espíritos que nos assistam na luta. Mas não basta lhes pedir que expulsem o mau Espírito: é necessário lembrar-se da máxima: "Ajuda-te, e o céu te ajudará"; e lhes pedir, sobretudo, a força que nos falta para vencer nossas más inclinações, que para nós são piores que os maus Espíritos, pois são essas inclinações que os atraem, como a podridão atrai as aves de rapina. Orando também pelo Espírito obsessor, pagamos com o bem pelo mal, mostramo-nos melhor que ele, o que já é uma superioridade. Com a perseverança a gente acaba, na maioria dos casos, por conduzi-lo a melhores sentimentos, transformando o obsessor em reconhecido.

Em resumo, a prece fervorosa e os esforços sérios por se melhorar são os únicos meios de afastar os maus Espíritos, que reconhecem como senhores aqueles que praticam o bem, ao passo que as fórmulas lhes provocam o riso. A cólera e a impaciência os excitam. É preciso cansá-los, mostrando-se mais pacientes.

Por vezes, entretanto, acontece que a subjugação chega a ponto de paralisar a vontade do obsedado e que deste não se pode esperar nenhum concurso valioso. É sobretudo então que a intervenção de um terceiro se torna necessária, quer pela prece, quer pela ação magnética. Mas o poder dessa intervenção também depende do ascendente moral que o interventor possa ter sobre os Espíritos. Porque, se não valerem mais, sua ação será estéril. Nesse caso a ação magnética terá por efeito penetrar o fluido do obsedado por um fluido melhor e desprender o fluido do Espírito mau. Ao operar, deve o magnetizador ter o duplo objetivo de opor uma força moral a outra força moral e produzir sobre o paciente uma espécie de reação química, para usar uma comparação material, expulsando um fluido por outro fluido. Assim, não só opera um desprendimento salutar, mas dá força aos órgãos enfraquecidos por uma longa e, por vezes, vigorosa dominação. Aliás, compreende-se que o poder da ação fluídica não só está na razão da força de vontade, mas, sobretudo, da qualidade do fluido introduzido e, conforme dissemos, tal qualidade depende da instrução e das qualidades morais do magnetizador. Daí se segue que um magnetizador comum, que agisse maquinalmente para magnetizar pura e simplesmente, produziria pouco ou nenhum efeito. É de toda necessidade um magnetizador *espírita,* que age com conhecimento de causa, com a intenção de produzir, não o sonambulismo ou a cura orgânica, mas os efeitos que acabamos de descrever. Além disso, é evidente que uma ação magnética dirigida nesse sentido não deixa de ser útil nos casos de obsessão ordinária, porque então, se o magnetizador for secundado pela vontade do obsedado, o Espírito será combatido por dois adversários, em vez de por um só.

Releva dizer ainda que a gente muitas vezes responsabiliza os Espíritos estranhos por maldades de que não são responsáveis.

Certos estados mórbidos e certas aberrações, que são atribuídas a uma causa oculta, são, por vezes, devidas exclusivamente ao Espírito do indivíduo. As contrariedades frequentemente concentradas em si próprio, os sofrimentos amorosos, principalmente, têm levado ao cometimento de muitos atos excêntricos, que erradamente são levados à conta de obsessão. Muitas vezes a criatura é seu próprio obsessor.

Acrescentemos, finalmente, que certas obsessões tenazes, sobretudo de pessoas de mérito, por vezes fazem parte das provas a que se acham submetidas. Por vezes, mesmo, acontece que a obsessão, quando simples, seja uma tarefa imposta ao obsedado, que deve trabalhar para melhorar o obsessor, como um pai a um filho vicioso.

Enviamos o leitor, para mais detalhes, ao *O Livro dos Médiuns.* Resta-nos falar da obsessão coletiva ou epidêmica e, em particular da de Morzine. Isso, porém, exige considerações de certa amplitude, para mostrar pelos fatos sua similitude com as obsessões individuais. E a prova disso é encontrada nas próprias observações e nas que são descritas nos relatórios dos médicos. Além disso, resta-nos examinar o efeito dos meios empregados, pois a ação do exorcismo e as condições nas quais este pode ser eficaz ou nulo. A extensão dessa segun-

O ESPIRITISMO EM ROCHEFORT

EPISÓDIO DA VIAGEM DO SR. ALLAN KARDEC

Rochefort não é ainda um foco de Espiritismo, posto tenha alguns adeptos fervorosos e numerosos simpatizantes das novas ideias. Mas lá, menos que alhures, há coragem de opinião e muitos crentes se mantêm à margem. No dia em que ousarem mostrar-se, ficaremos muito surpreendidos ao vê-los tão numerosos. Como apenas íamos ver algumas pessoas isoladas, esperávamos demorar apenas algumas horas. Mas um passageiro, que se achava no mesmo carro, nos reconheceu por um retrato que vira em Marennes, e preveniu aos amigos da nossa chegada. Então recebemos um convite insistente e dos mais delicados, da parte de vários espíritas, que nos desejavam conhecer e receber instruções. Então nossa partida foi adiada para o dia seguinte e tivemos a satisfação de passar a noite numa reunião de Espíritas sinceros e dedicados.

Durante a reunião recebemos outro convite, em termos não menos impositivos, da parte de um alto funcionário e várias notabilidades da cidade, exprimindo o desejo de uma reunião na noite seguinte, e que determinou o adiamento de nossa partida. Não teríamos mencionado tais detalhes se não fossem necessários à explicação, que nos julgamos obrigados a dar a seguir, em relação a um jornal da localidade.

Nessa última reunião fizemos, ao início da sessão, a seguinte alocução:

"Senhores,

Posto não tivesse a intenção de passar senão algumas horas em Rochefort, o desejo por vós manifestado para esta reunião me era muito lisonjeiro, sobretudo pela maneira por que o convite foi feito, para que dele declinasse. Ignoro se todas as pessoas que me honram com sua presença nesta reunião são iniciadas na ciência espírita; suponho que muitos são ainda noviços na matéria; poderia, até, encontrar alguns que são hostis. Ora, por força da falsa ideia que fazem do Espiritismo aqueles que o desconhecem, ou só o conhecem imperfeitamente, o resultado desta reunião poderia causar algumas decepções àqueles que não encontrassem aquilo que esperavam. Então, devo explicar claramente o meu objetivo, para que não haja mal-entendidos.

Antes de mais nada devo informar quanto ao objetivo que me proponho nessas excursões. Vou unicamente visitar centros espíritas e lhes dar as instruções de que possam necessitar. Seria erro pensar que vou pregar a doutrina aos incrédulos. O Espiritismo é toda uma ciência que exige estudos sérios, como as outras ciências, e, ainda, numerosas observações. Para o desenvolvimento seria necessário um curso em regra; e um curso de Espiritismo não poderia ser feito em uma ou duas aulas, como não o poderia um curso de física ou de astronomia. Para os que ignoram as primeiras noções, sou obrigado a enviá-los à fonte, isto é, ao estudo das obras onde se acham todos os ensinamentos necessários e a resposta à maioria das perguntas que poderiam fazer e que, no mais das vezes, se referem aos princípios mais elementares. É por isso que, em minhas visitas, só me dirijo aos que já sabem, não necessitam do ABC, mas de ensino complementar. Jamais vou fazer o que se chama *sessões,* nem convocar o público para assistir experiências ou demonstrações e, menos ainda, fazer exibição de Espíritos. Os que esperassem aqui ver coisa semelhante estariam redondamente enganados e devo apressar-me em lhes tirar a ilusão.

A reunião desta noite é, pois, excepcional e fora de meus hábitos. Pelos motivos acima expostos, não posso ter a pretensão de convencer àqueles que impugnassem as bases dos meus princípios. Só uma coisa desejo: é que, em falta de convicção, compreendam que o Espiritismo é uma coisa séria e digna de atenção, pois atrai a atenção dos homens mais esclarecidos de todos os países. Que não o aceitam cegamente e sem exame, é compreensível. Mas seria presunção tomar posição falsa contra uma opinião que conta os mais numerosos partidários na elite da sociedade. As pessoas sensatas dizem: "Há tantas coisas novas que nos vêm surpreender e que há um século pareceriam absurdas; diariamente assistimos à descoberta de leis novas, a revelação de novas forças da natureza. E seria ilógico admitir que a natureza houvesse dito a última palavra. Antes de negar é, então, prudente estudar e observar. Para julgar uma coisa é preciso conhecê-la. A crítica só é permissível ao que fala do que sabe. Que seria dito de um homem que, ignorando música, criticasse uma ópera? Ignorando as primeiras noções de literatura, criticasse uma obra literária? Ora! O mesmo se dá com a maioria dos detratores do Espiritismo: julgam com dados incompletos, por vezes, até, por ouvir dizer. Assim, todas as suas objeções denotam ignorância absoluta da coisa. Só se lhes pode responder: estudai antes de julgar.

Como tive a honra de vos dizer, senhores, seria materialmente impossível vos desenvolver todos os princípios da ciência. Quanto a satisfazer à curiosidade de quem quer que seja, há entre vós quem me conheça bastante para saber que jamais representei tal papel. Mas, na impossibilidade de vos expor as coisas em detalhes, talvez seja útil vos dar a conhecer o fim e as tendências. É o que me proponho fazer. Depois julgareis se o objetivo é sério, e se é permitido censurar. Então peço licença para ler algumas passagens do discurso que pronunciei nas grandes reuniões de Lyon e Bordeaux. Para os que apenas têm do Espiritismo uma ideia incompleta, sem dúvida a ideia principal fica no estado de hipótese, pois me dirijo a adeptos já instruídos; esperando, porém, que as circunstâncias para vós as tenham transformado em verdade, podeis ver as suas consequências, como a natureza das instruções que dou e, por aí, julgar do caráter das reuniões a que vou assistir.

Posso, contudo, dizer do Espiritismo, que nele nada é hipotético: de todos os princípios formulados em *O Livro dos Espíritos* e em *O Livro dos Médiuns,* nenhum é produto de um sistema ou de opinião pessoal. Todos, sem exceção, são fruto da experiência e da observação. Eu não poderia reivindicar um só como produto de minha iniciativa. Aquelas obras contêm o que aprendi e não o que criei. Ora, aquilo que aprendi outros podem aprender, como eu. Mas como eu, devem trabalhar. Eu apenas lhes poupei o esforço dos primeiros trabalhos e das primeiras pesquisas."

Depois desse preâmbulo lemos alguns fragmentos do discurso pronunciado em Lyon e Bordeaux, seguidos de algumas explicações, necessariamente muito sumárias, sobre os princípios fundamentais do Espiritismo, entre outras sobre a natureza dos Espíritos e os meios por que se comunicam, preocupando-nos, sobretudo, em ressaltar a influência moral que resulta das manifestações para a conduta na vida futura, e os efeitos dessa certeza durante a vida presente.

Pelo preâmbulo era impossível estabelecer a situação de modo mais claro e melhor precisar o objetivo a que nos propúnhamos, a fim de evitar qualquer equívoco. Tivemos que tomar tal precaução, pois sabíamos que a audiência estava longe de ser homogênea e inteiramente simpática. Isso naturalmente não satisfez aos que esperavam uma sessão do gênero das do Sr. Home. Polidamente um dos assistentes declarou que não era bem o que ele esperava. Acreditamo-lo sem esforço porque, em vez de exibir coisas curiosas, vínhamos falar de moral. Ele pediu mesmo com tanta insistência que déssemos provas da existência dos Espíritos, que fomos forçado a lhe dizer que não os tínhamos no bolso para lhe mostrar. Por pouco não nos disse ele: "Procurai bem!"

Um jornalista que assistia à reunião, entendeu dever fazer uma reportagem sob o pseudônimo de *Tony,* no *Spectateur,* hebdomadário de teatros, número de 12 de outubro. Começa assim:

"Atraído pelo anúncio de um sarau espírita, apressei-me em ir ouvir um dos hierofantes mais acreditados desta *ciência...* assim classificam os adeptos o Espiritismo. O numeroso auditório esperava com certa ansiedade o desenvolvimento das bases dessa *ciência...* pois há *ciência.* O Sr. Allan Kardec, autor de *O Livros dos Espíritos* e *O Livro dos Médiuns,* iria iniciar-nos em terríveis segredos! Movido por um sentimento de curiosidade muito compreensível e que nada tinha de hostil, esperávamos sair da sessão com uma meia convicção, se o professor, homem de inconteste habilidade, se tivesse dado ao trabalho de expor sua doutrina. O Sr. Allan pensou de modo diverso, o que é lamentável. Pediam-lhe que evocasse Espíritos, pelo menos para fornecer explicações claras ou mesmo elementares para *facilitar a experimentação dos profanos.*"

Esse começo caracteriza bem o pensamento de alguns ouvintes, que se julgavam *espectadores.* O termo *atraído* diz mais que o resto. O que queriam eram *explicações claras para facilitar a experimentação dos profanos.* Por outras palavras, uma receita para que cada um, ao chegar em casa, pudesse divertir-se evocando Espíritos.

Segue-se uma tirada sobre a base da doutrina: a caridade e outras máximas que, diz ele, vêm diretamente do cristianismo e nada ensinam de novo. Se um dia aquele senhor se der ao trabalho de ler, saberá que jamais o Espiritismo pretendeu trazer aos homens outra moral senão a do Cristo e que não se dirige aos que a praticam na sua pureza. Mas como há muitos que não creem em Deus, nem na alma ou nos ensinamentos do Cristo, ou, pelo menos, duvidam, e cuja moral se resume no *Cada um para si,* provando a existência da alma e da vida futura, o Espiritismo vem dar uma sanção prática e uma necessidade a essa moral. Acreditamos, até, que o Sr. Tony dele não precise; que tenha uma fé viva, uma religião sincera, pois toma a defesa do Cristianismo contra o Espiritismo, posto algumas más línguas o acusem de ser um pouco materialista. Queremos crer que ele pratique a caridade como verdadeiro cristão; que, a exemplo do Cristo, seja suave e humilde; que não tenha orgulho, nem vaidade, nem ambição; que seja bom e indulgente para com todos, mesmo para com os inimigos; numa palavra, que tenha todas as virtudes do divino modelo; mas, ao menos, que por isso não aborreça aos outros. Continua ele:

"Tem o Espiritismo a pretensão de evocar os Espíritos. É verdade que estes não se submetem a caprichos e exigências. Podem, se necessário, revestir um corpo reconhecível, inclusive roupas e só entram em relação com os médiuns sob a condição de serem envoltos numa camada de fluidos da mesma natureza... e porque não de natureza contrária, como na eletricidade? A *ciência* do Espiritismo não o explica."

Leia e verá.

"Não sei se os adeptos se retiraram satisfeitos. Mas, sem a menor dúvida, os ignorantes desejosos de instruir-se nada colheram nessa sessão, a não ser que o Espiritismo não se demonstra. É falta do professor ou o Espiritismo só desvenda os seus arcanos aos fiéis? Não vo-lo diremos... é óbvio."

Tony

Conclusão. O Espiritismo não se demonstra. O Sr. Tony deveria ter explicado claramente – já que gosta das explicações claras – porque ele é demonstrado a milhões de homens que nem são tolos nem ignorantes. Que se dê ao trabalho de estudar e saberá se, como diz, está desejoso de instruir-se. Mas, desde que se julgou no dever, faz um relatório público de uma reunião que nada tinha de pública, como se fora um espetáculo onde se vai, *atraído* pelos cartazes. Para ser imparcial, deveria ter-se referido às palavras que dissemos de entrada.

Seja como for, só temos que nos felicitar da polidez que presidiu à reunião e aproveitamos o ensejo para dirigir ao eminente funcionário, Sr. La Maison, os nossos agradecimentos pela acolhida cheia de benevolência e de cordialidade e a iniciativa de pôr o salão à nossa disposição. Pareceu-nos útil provar-lhe, como à elite ali reunida, as tendências morais do Espiritismo e a natureza do ensino que damos nos centros que visitamos.

O Sr. Tony ignora se os adeptos ficaram satisfeitos. Em seu ponto de vista a sessão não deu resultado. Quanto a nós, preferimos ter deixado nalguns assistentes a impressão de um moralista cacete que a de um realizador de espetáculos. Um fato certo é que nem todos participaram de sua opinião. Sem falar dos adeptos que lá se encontravam, e dos quais recebemos calorosos testemunhos de simpatia, citaremos dois senhores que, ao fim da sessão, nos perguntaram se as instruções lidas seriam publicadas, acrescentando que faziam do Espiritismo uma ideia inteiramente falsa, mas que agora o viam de outro modo, compreendiam o lado sério e útil e se propunham estudá-lo profundamente. Estaríamos satisfeito se esse fosse o único resultado. É barato, dirá o Sr. Tony. Seja. Mas ele ignora que dois grãos que frutificam se multiplicam. Aliás não sabemos se todos os que semeamos nessa circunstância ficarão perdidos e se o vento soprado pelo Sr. Tony não terá levado alguns a terreno fértil.

O Sr. Florentin Blanchard, livreiro de Marennes, entendeu responder ao artigo do Sr. Tony, por uma carta que foi publicada em *Tablettes des deux Charentes,* a 25 de outubro.

Replica o Sr. Tony, assim concluindo:

"O Espiritismo superexcita prejudicialmente os espíritos crédulos, agrava o estado das mulheres dotadas de grande irritabilidade nervosa, enlouquece-as ou as *mata,* se persistirem nas suas aberrações.

O Espiritismo é uma doença. Desse ponto deve ser combatido. Além do mais entra no quadro das coisas... malsãs, estudadas pela higiene pública e a moral."

Aqui pilhamos o Sr. Tony em flagrante delito de contradição. No primeiro artigo, acima referido, disse que vinha à sessão "movido por um sentimento de curiosidade muito compreensível *e que não tinha nada de hostil".* Como compreender que não fosse hostil a uma coisa que diz ser *uma doença, uma coisa malsã,* etc.?

Mais adiante diz que *esperam explicações claras para facilitar a experimentação dos profanos*. Como podia desejar iniciar-se, como os profanos, à experimentação de uma coisa que, diz, pode enlouquecer e matar? Por que veio? Por que não evitou que seus amigos viessem assistir ao ensino de coisa tão perigosa? Por que lamenta não tenha o ensino correspondido à sua expectativa, nem sido tão completo quanto esperava? Porque, em sua opinião, essa coisa é tão perniciosa, em lugar de nos censurar, por termos sido pouco explícito, deveria ter-nos felicitado.

Outra contradição. Desde que veio à reunião para saber o que é, o que quer e o que pode o Espiritismo; desde que nos censura por não o termos instruído, é que não o conhecia. Ora, desde que não o tenha estudado, como sabe que é tão perigoso? Então julgou sem conhecimento. Assim, na sua autoridade privada, decide que uma coisa é má, malsã e que pode matar, quando acaba de declarar que não sabe o que ela é. Isso é linguagem de um homem sério? Há críticas que de tal modo se refutam a si mesmas que basta as assinalar, sendo supérfluo ligar-lhes importância. Em outras circunstâncias, uma alegação como a de matar, poderia ser acusada de calúnia, pois a acusação é de extrema gravidade contra nós e contra uma classe hoje imensamente numerosa de homens honradíssimos.

Isso não é tudo. O segundo artigo foi seguido de outros, onde desenvolve sua tese. Ora, eis o que se lê no *Spectateur* de 26 de outubro, por ocasião da primeira carta do Sr. Blanchard:

"A redação do *Spectateur* recebeu de Marennes, sob a assinatura de Florentin Blanchard, uma carta em resposta ao nosso primeiro artigo de 12, quando este já estava composto. A redação lamenta que a exiguidade de seu formato não lhe permita abrir suas colunas para uma controvérsia sobre o Espiritismo. A pedido expresso do *Spectateur,* as *Tablettes* a publicaram *in-extenso.*

Reservamo-nos para responder em tempo e procuraremos não ceder, como seu autor, às inspirações de um *Espírito inconveniente*."

Tony

Depois de uma segunda carta do Sr. Blanchard, desta vez publicada do *Spectateur* lê-se: "Concedemo-vos hospitalidade com prazer, Sr. Florentin Blanchard; mas seria preciso não abusar. Vossa carta de hoje me acusa de não ter estudado o Espiritismo. Como sabeis? Por certo não quereis discutir senão com iluminados e, a esse título, estou fora do páreo. De acordo. Por que não respondeis, senhor, a algumas proposições que terminam minha última carta, em vez de me acusar vagamente? Esta correspondência prolongada e sem interesse haveis de permitir-me que não continue.

Retomarei proximamente minha série de artigos sobre o Espiritismo, mas só de tempos em tempos, porque as pequenas dimensões do *Spectateur* não permitem longos estudos sobre esse assunto gaiato.

Por mais que façais, senhor, não tomaremos os espíritas a sério e não poderemos considerar o Espiritismo como uma ciência."

Tony

Assim, tudo está claro: o Sr. Tony quer atacar o Espiritismo, arrastá-lo na lama, qualificá-lo de malsão, dizer que mata, sem contudo dizer quantas pessoas matou. Mas não quer controvérsia. Seu jornal é bastante grande para os seus ataques, mas muito pequeno para as réplicas. Falar sozinho é mais cômodo. Ele esqueceu que, em razão da natureza e da personalidade de seus ataques, a lei poderia obrigá-lo à inserção de uma resposta de dupla extensão, a despeito da exiguidade de seu jornal.

Em referência às particularidades de nossa excursão, quisemos mostrar que nem buscamos, nem solicitamos aquela reunião e, consequentemente, não *atraímos* ninguém para nos ouvir. Isso tivemos o cuidado de dizer com todas as letras, logo de começo, qual a nossa intenção. Os que não gostassem tinham liberdade de se retirar. Agora nós nos felicitamos pela circunstância fortuita, ou antes, providencial, que nos levou a ficar, pois que provocou uma polêmica que apenas serve à causa do Espiritismo, dando-o a conhecer pelo que ele é: uma coisa moral, e não pelo que não quer ser: um espetáculo para satisfação dos curiosos; e, por dar à crítica, mais uma vez, ocasião de mostrar a lógica de seus argumentos.

Agora, Sr. Tony, mais duas palavras, por favor. Para adiantar publicamente coisas como as que escrevestes, é preciso estar bem seguro dos fatos e deveis ter a coragem de as provar. É muito cômodo discutir sozinho. Contudo, não pretendo estabelecer convosco qualquer polêmica. Não tenho tempo para isso e, por outro lado, vossa folha é muito pequena para caber a crítica e a refutação. Assim, seja dito sem vos ofender, sua influência não vai longe. Ofereço-vos coisa melhor: vinde a Paris, ante a Sociedade que presido, isto é, perante cento e cinquenta pessoas, sustentar e provar o que adiantais. Se tendes certeza de estar com a verdade, nada deveis recear e eu vos prometo, sob palavra de honra, que, através da *Revista Espírita,* vossos argumentos e os efeitos por vós produzidos irão da China ao México, passando por todas as capitais da Europa.

Notai, senhor, que vos faço uma bela proposta, porque não é, absolutamente, com a esperança de vos converter, que vo-la apresento. Ficareis inteiramente à vontade para conservar as vossas convicções: é para oferecer às vossas ideias contra o Espiritismo ocasião para um grande desenvolvimento. Para que saibais a quem ireis enfrentar, dir-vos-ei que a Sociedade se compõe de advogados, negociantes, artistas, homens de letras, cientistas, médicos, capitalistas, bons burgueses, oficiais, etc., tudo entremeado de um certo número de senhoras, o que vos garante uma atitude irreprochável quanto a urbanidade; mas todos atingidos até a medula, como os cinco ou seis milhões de adeptos por essa *coisa malsã que estudam a higiene pública e a moral,* e que devereis ardentemente curar.

É POSSÍVEL O ESPIRITISMO?

(EXTRAÍDO DO *ÉCHO DE SÉTIF* DE 18 DE SETEMBRO DE 1862)

Tal é o título de profundo artigo científico, sob a assinatura de *Jalabert,* publicado sob a epígrafe de *Mens agitat molem,* pelo *Écho de Sétif* um dos jornais mais acreditados da Argélia. Lamentamos que sua extensão não permita transcrevê-lo na íntegra, de vez que a interrupção sacrificaria o encadeamento dos argumentos pelos quais o autor chega, numa imensa sorites, da criação do corpo e do Espírito por Deus, à ação do Espírito sobre a matéria, depois à possibilidade das comunicações entre o Espírito livre e o encarnado. Suas deduções são tão lógicas, que, a menos de se negar Deus e a alma, não se pode deixar de dizer: não pode ser de outro modo. Citaremos apenas alguns argumentos e, sobretudo, a conclusão.

Quando Fulton expôs a Napoleão I o seu sistema de aplicação do vapor à navegação, afirmou e prometeu provar que, sendo seu sistema verdadeiro em teoria, não o seria menos na prática.

Que lhe respondeu Napoleão? – Que em teoria sua ideia não era realizável e, não a aceitando *a priori*, sem levar em conta as experiências já feitas pelo imortal mecânico, nem as que desejava fazer e fez, o grande imperador não mais pensou em Fulton e no seu sistema, até o dia em que o primeiro navio a vapor lhe apareceu no horizonte de Santa Helena.

Coisa singular, sobretudo num século de observações físicas, de ciências materiais e de *positivismo!* Mais uma vez o *fato,* só por ser extraordinário, incrível, novo *o fato,* se assim se pode dizer, foi *afastado* por simples exceção de *direito.*

É assim que, para não falar senão das manifestações de Espíritos, que lembram a expressão do *Espiritismo,* ouvimos homens, aliás sérios e instruídos, exclamar em gargalhadas, em face do relato consciencioso de certas manifestações vistas ou atestadas por homens inteligentes, convictos e de boa-fé: deixai o vosso Espiritismo, as vossas manifestações e os vossos *médiuns!* o que contais é impossível!

– Não possível, vá lá! Mas de graça, ó gênios transcendentes! Lembrai-vos do dito célebre de um Antigo e, antes de nos ferir com vosso supremo desdém, permiti e escutai-nos.

Lede estas linhas por inteiro – séria e atentamente – e depois, com a mão na consciência e a sinceridade nos lábios, ousai, ousai negar a possibilidade, a *racionalidade* do Espiritismo!

* * *

Dizeis não compreender esse mistério! – Mas para nós, como para vós, o movimento material produzido pelo movimento espiritual, a matéria agitada pelo pensamento, o corpo movido pelo Espírito, é o incompreensível! Mas o incompreensível não é o impossível. Negai essa ação, negai essa influência, negai esta comunicação! Nada de criação, de encarnação, de Redenção, de distinção entre a alma e o corpo, de variedade na unidade! Nada de Deus, de corpo, de Espírito, de religião, de razão. – O caos, o caos ainda e sempre ou, o que é pior, o panteísmo ou o niilismo.

404 REVISTA ESPÍRITA

Resumamos. Filosoficamente, fisiologicamente, religiosamente, o Espiritismo nem é irracional, nem absurdo.

Então, é *possível*.

O homem *age* – sobre si mesmo por seu verbo interior ou sua vontade e por seus sentidos – sobre seus semelhantes, por seu verbo exterior ou sua palavra e, ainda, pelos sentidos. Por quê, então, somente com o verbo interior não se comunicaria com Deus, com o anjo e com os Espíritos, numa palavra, com qualquer outro ser *incorpóreo* por natureza, ou acidentalmente *incorporificado,* desprendido dos sentidos?

O Espírito é uma força, *agindo* sobre a matéria, isto é, sobre um ser que consigo nada tem de comum, inerte, ininteligente. Contudo existem relações do criador à criação, do anjo ao homem, como da alma do homem ao corpo do homem e, por ele ao mundo exterior.

Mas o que é que impediria uma ação, uma comunicação recíproca de Espírito a Espírito? Se o Espírito se comunica com seres de natureza oposta à sua, não seria concebível não se pudesse comunicar com outros de natureza idêntica.

De onde viria o obstáculo? – Da distância? – Mas entre os Espíritos não há distância. "O ar está cheio deles", disse São Paulo, – para nos dar a compreender que, de certo modo, eles gozam da ubiquidade divina. De uma diferença hierárquica? Mas a hierarquia não entra no caso: desde que são Espíritos – sua natureza o exige – agem e se comunicam entre si. – De seu repouso momentâneo nos laços do corpo? – Mas, salvo, nesse caso, a diferença dos meios de comunicação, nem por isso deixa esta de ocorrer. Meu Espírito se comunica com o vosso e o vosso Espírito, como o meu, habita um corpo. Com mais forte razão comunicar-se-á um Espírito *livre* ou *liberto* da matéria quer se trate de um Espírito de anjo, quer da alma do homem.

Há mais. Longe de qualquer impedimento, ao contrário, tudo favorece tal comunicação "Deus é amor" e tudo quanto tem algo de divino participa do amor. Mas o amor vive de comunicações, de *comunhões*. Deus ama ao homem. Então comunicasse com ele – no Éden, pela palavra, – no Sinai, pela escritura, – no estábulo de Belém e no Calvário por seu Verbo encarnado no altar, por seu Verbo *transubstanciado* no pão e no vinho eucarísticos.

DEZEMBRO DE 1862

* * *

Tenhamos, pois, como certo, que as comunicações de alma a alma, de Espírito a Espírito são ainda mais possíveis que as de Espírito à matéria.

Agora, qual será o instrumento, o meio de comunicação dos seres entre si?

Entre seres corpóreos, tal comunicação se opera pelo movimento, que é como que o verbo do corpo. Entre os seres espirituais, pelo pensamento ou pela palavra interior, que é como o movimento dos Espíritos. Entre os seres ao mesmo tempo espirituais e corpóreos, por esse mesmo pensamento revestido de um sinal ao mesmo tempo corporal e espiritual, pela palavra exterior. Entre um ser espiritual e corpóreo, de um lado, e do outro um simplesmente espiritual, de *ordinário* pela palavra interior, manifestando-se exteriormente por um *sinal* material.

* * *

E qual será esse sinal? – Todo objeto material movendo-se, em dado momento, com movimento antecipadamente convencionado, sob a única influência, direta ou indireta, da vontade ou palavra interior do Espírito com o que nos queremos comunicar.

* * *

Recomendamos esse artigo ao Sr. Tony, de Rochefort. Eis um de seus confrades que diz tudo ao contrário. Um diz branco, o outro diz preto. Com quem a razão? Há entre ambos uma diferença: um sabe, o outro não sabe. Deixamos ao leitor julgar as duas lógicas.

O mesmo jornal publicou vários artigos sobre o assunto, de outros escritores que, como esse, têm o cunho de profunda observação e de estudo sério. Deles falaremos oportunamente.

CHARLES FOURIER, LOUIS JOURDAIN E A REENCARNAÇÃO

Extraímos a passagem seguinte de uma carta enviada por um amigo do autor.

"Imagina qual não foi minha surpresa quando, na Doutrina Espírita, da qual não fazia a mínima ideia, reconheci toda a teoria de Fourier sobre a alma e a vida futura, a missão do homem na vida atual e a reencarnação das almas. Julga tu mesmo. Eis, em resumo, a teoria de Fourier:

O homem está ligado ao planeta: vive sua vida e não a deixa nem mesmo morrendo.

Tem duas existências: a vida atual, que Fourier compara ao sono, e a vida que chama *aromal,* outra vida, numa palavra, que é o despertar. Sua alma passa alternativamente de uma vida a outra e volta, periodicamente, a se reencarnar na vida atual.

Nesta, a alma não tem o sentimento de suas vidas anteriores, mas o tem na vida aromal e vê todas as existências precedentes.

As penas na vida aromal são o medo, que as almas experimentam, de ser condenadas, ao se reencarnarem na vida atual, de vir animar o corpo de um infeliz. Porque, diz Fourier, veem-se diariamente pessoas vindo pedir caridade à porta dos castelos, dos quais foram donos em vida anterior, e acrescenta: 'Se os homens estivessem bem convencidos da verdade que exponho ao mundo, todos se esforçariam por trabalhar pela felicidade de todos'.

Vês, meu caro amigo, por esse curto extrato, quanto se assemelham a doutrina de Fourier e o Espiritismo e que, sendo falansteriano, não era difícil fazer de mim um adepto da Doutrina Espírita."

É impossível ser mais explícito sobre o capítulo da reencarnação. Não é apenas uma ideia vaga de existências sucessivas, através de vários mundos: é neste que o homem renasce para se depurar e expiar. Tudo aí está: alternativas da vida espiritual, que chama *aromal,* e da vida corpórea; nesta, esquecimento momentâneo das existências anteriores, e lembrança do passado durante a primeira; expiação pelas vicissitudes da vida. Seu quadro dos infelizes, vindo mendigar à porta dos castelos, de que foram donos em existências precedentes, parece calcado nas revelações dos Espíritos. Porque, os que tanto encarniçam hoje contra a doutrina da reencarnação, nada disseram quando Fourier dela fez uma das pedras angulares de sua teoria? E que, então, ela lhes parecia confinada nos falanstérios, ao passo que hoje percorre o mundo, além de outras razões, facilmente compreensíveis, e que não precisamos abordar.

Aliás, ele não foi o único a ter a intuição dessa lei da natureza. O germe dessa ideia é encontrado numa porção de escritores modernos. O Sr. Louis Jourdan, redator do *Siècle,* formulou-a de modo inequívoco no seu encantador livrinho de *Prières de Ludovic,* publicado pela primeira vez em 1849, consequentemente antes que se cogitasse do Espiritismo. E é sabido que o livro não é obra de ficção, mas de convicção. Entre outras coisas nele se lê o seguinte:

"Para mim, confesso, creio, mas creio firmemente, creio apaixonadamente, como se cria nas épocas primitivas, que cada uma e cada um de nós prepara hoje a sua transformação futura, do mesmo modo que nossa existência atual é o produto de existências anteriores." O livro é inteirinho nessa base.

Agora encaremos a questão de outro ponto de vista, para responder a uma interrogação que a respeito nos foi feita várias vezes.

Algumas pessoas impugnam a doutrina da reencarnação, como contrária aos dogmas da Igreja e daí concluem que a mesma não existe. O que é que se pode responder?

A resposta é muito simples. A reencarnação não é um sistema que dependa dos homens adotar ou não, como se faz com um sistema político, econômico ou social. Se existe, é que está na natureza; é uma lei inerente à humanidade, como comer, beber e dormir; uma alternativa da vida da alma, como a vigília e o sono são alternativas da vida do corpo. Se é uma lei da natureza, não é uma opinião que a possa fazer prevalecer, nem uma opinião contrária que se a possa impedir de ser. A Terra não gira em redor do Sol porque se o acredite, mas porque obedece a uma lei; e os anátemas que foram lançados contra essa lei não impediram que a Terra girasse. Assim com a reencarnação: não será a opinião de alguns homens que os impedirá de renascerem, se tiverem que renascer. Admitido que a reencarnação é uma lei da natureza, suponhamos que ela não possa acomodar-se com um dogma: trata-se de saber se a razão está com o dogma ou com a lei. Ora, quem é o autor de uma lei da natureza, senão Deus? No caso, direi que não é a lei que contraria o dogma, mas o dogma que contraria a lei, desde que qualquer lei da natureza é anterior ao dogma e os homens renasciam antes que o dogma fosse estabelecido. Se houvesse incompatibilidade absoluta entre um dogma e uma lei da natureza, isso seria prova de que o dogma é obra dos homens, que não conheciam a lei, pois Deus não pode contradizer-se, desfazendo de um lado aquilo que fez do outro. Sustentar essa incompatibilidade é, pois, fazer o processo do dogma. Segue-se que o dogma é falso? Não, mas apenas que é suscetível de uma interpretação, como foi interpretada a Gênese, quando se reconheceu que os seis dias da criação não se acomodavam com a lei da formação do globo. A religião ganhará com isso, pois haverá menos incrédulos.

A questão é saber se existe ou não a lei da reencarnação. Para os espíritas há milhares de provas contra uma que é inútil aqui repetir. Direi apenas que o Espiritismo demonstra que a pluralidade de existências não só é possível, mas necessária, indispensável; e ele encontra a sua prova, sem falar da revelação dos Espíritos, numa inumerável multidão de fenômenos de ordem moral, psicológica e antropológica. Tais fenômenos são *efeitos que têm uma causa*. Buscando-se a causa, encontramo-la na reencarnação, posta em evidência pela observação daqueles fenômenos, como a presença do Sol, embora oculto pelas nuvens, é posta em evidência pela luz do dia. Para provar que está errada, ou que não existe, seria preciso explicar melhor, por outros meios, tudo o que ele explica, o que ninguém ainda fez.

Antes da descoberta das propriedades da eletricidade, se alguém tivesse anunciado que poderia em cinco minutos corresponder-se a quinhentas léguas, não teriam faltado cientistas que lhe provassem cientificamente, pelas leis da mecânica, que a coisa era *materialmente* impossível, pois não conheciam outras leis. Para tanto havia necessidade da revelação de uma nova força. Assim com a reencarnação. É uma nova lei, que vem lançar luz sobre uma porção de questões obscuras e modificará profundamente todas as ideias quando for reconhecida.

Assim, não é a opinião de alguns homens que prova a existência da lei: são os fatos. Se invocamos o seu testemunho, é para demonstrar que ela tinha sido entrevista e suspeitada por outros, antes do

Espiritismo, que não é o seu inventor, mas a desenvolveu e lhe deduziu as consequências.

O TUGÚRIO E O SALÃO

ESTUDOS DE COSTUMES ESPÍRITAS

Entre nossa correspondência antiga encontramos esta carta, que vem a propósito do artigo precedente.

"Paris, 29 de julho de 1860.

Senhor,

Tomo a liberdade de vos comunicar as reflexões sugeridas por dois fatos por mim observados e que, com boas razões, poderiam ser qualificados de *estudos de costumes espíritas*. Vereis por aqui que os fenômenos morais têm valor para mim. Desde que me dei ao estudo do Espiritismo, parece que vejo cem vezes mais coisas que antes: tal fato, ao qual não teria dado a mínima atenção, leva-me hoje a refletir. Estou – poderia dizer – ante um espetáculo perpétuo, no qual cada indivíduo tem o seu papel e me oferece um enigma a decifrar. É verdade que uns são tão fáceis, quando se possui a chave do Espiritismo, que se não tem grande mérito. Outros oferecem maior interesse, porque, com o Espiritismo, encontramo-nos como que num país, cuja língua desconhecemos. Isso me tornou meditativo e observador, pois agora para mim tudo tem uma causa. Os mil e um fatos, que outrora me pareciam produto do acaso e passavam inapercebidos, hoje têm sua razão de ser e sua utilidade. Um nada, na ordem moral, atrai minha atenção e me é uma lição. Mas esquecia que é a propósito de uma lição que quero falar.

Sou professor de piano. Há tempos, indo à casa de uma de minhas alunas, de uma família da alta sociedade, entrei na portaria, não me lembro por que. Uma senhora com os punhos nos quadris e que não se desclassificou nem pelo físico, nem pelo moral, ocupava um recanto. Verberava a importância da filha, menina de uns quinze anos, cujas maneiras são contraste chocante com a mãe. 'Que fez a senhorita Justina – perguntei – para assim excitar a vossa cólera? – Nem me faleis, senhor, esta sirigaita não se dá conta de seus ares de duquesa! A senhorita não gosta de lavar a louça; acha que lhe estraga as mãos, que cheira mal, ela que foi criada com as vacas, na casa da avó. Tem medo de sujar as unhas; precisa de perfume para o lenço! Eu te darei perfumes, eu!' Então uma valente bofetada a faz recuar quatro passos. 'Ah! Vede, meu senhorzinho, é preciso corrigir as crianças quando pequenas. Jamais estraguei as minhas. Todos os meus filhos são bons operários e é preciso que esta sirigaita perca os ares de grande dama.'

Depois de haver dado uns suaves conselhos à mãe e de docilidade à filha, subi para ter com a minha aluna, sem dar importância à cena de família. Lá, por singular coincidência, vi a contrapartida. A mãe, mulher da sociedade, de belas maneiras, trovejava também a filha, mas por motivo oposto. 'Mas tenha modos, Sofia, – dizia-lhe ela. – Você tem um verdadeiro aspecto de cozinheira. Não é de admirar: você tem uma predileção particular pela cozinha, onde se sente melhor que no salão. Garanto que Justina, a filha da porteira, lhe causa vergonha. Dir-se-ia que vocês trocaram de berço.'

Eu jamais havia notado essas particularidades. Foi necessária a aproximação das duas cenas para que as notasse. A senhorita Sofia é uma jovem de dezoito anos, muito bela, mas os traços têm algo de vulgar; suas maneiras são comuns e sem distinção; sua postura, seus movimentos têm algo de pesado e desajeitado. Eu ignorava sua inclinação pela cozinha. Pus-me, então, a comparar a pequena Justina, de instintos tão aristocráticos, e me perguntei se aí não estaria um exemplo chocante de pendores inatos, desde que nas duas a educação foi impotente para os modificar. Por que uma, educada no seio da opulência e do bom tom, tem gostos e maneiras vulgares, ao passo que a outra, desde a infância viveu no meio mais rústico, tem o sentido da distinção e das coisas delicadas, a despeito dos conetivos da mãe para que perca o hábito. Ó filósofos! Que quereis sondar os refolhos do coração humano, explicai esses fenômenos sem as existências anteriores. Para mim, é indubitável que as duas moças têm o instinto daquilo que foram. Que pensais, caro mestre?

Aceitai,"

D....

Pensamos que a senhorita Justina, a porteira, bem poderia ser uma variante do que diz Charles Fourier: "Veem-se todos os dias pessoas mendigando à porta dos castelos de que foram donos em vidas precedentes. Quem sabe se a senhorinha Justina não teria sido a senhora desse palácio, e a senhorinha Sofia, a grande dama, a sua porteira? Essa ideia é revoltante para certa gente que se não afaz ao pensamento de ter sido menos do que é, ou tornar-se criado de seu criado. Por quê, então, que se tornam as raças de puro sangue que se teve tanto cuidado de não mesclar? Consolai-vos. O sangue dos vossos avós pode correr em vossas veias, pois o corpo procede do corpo. Quanto ao Espírito, é outra coisa. Mas que fazer, se assim é? Porque um homem se aborrece com a chuva, não deixará de chover. Sem dúvida é humilhante pensar que de senhor se possa passar a servo e de rico a mendigo. Mas nada é mais cômodo do que impedir assim seja. Basta não ser vão e orgulhoso para se não ser rebaixado; ser bom e generoso para não ser reduzido a pedir aquilo que se recusou aos outros. Ser punido por aquilo em que se pecou, não é a mais justa das justiças? Sim: de grande a gente pode tornar-se pequeno; mas quando se foi bom, não se volta a ser mau. Ora, não é melhor ser um proletário honesto que um rico vicioso?"

DISSERTAÇÕES ESPÍRITAS

TODOS OS SANTOS

I

(PARIS, 1º DE NOVEMBRO DE 1862 – MÉDIUM: SR. PERCHET, SARGENTO DO 40.º DE LINHA, CASERNA DO PRÍNCIPE EUGÊNIO; MEMBRO DA SOCIEDADE DE PARIS)

Meu caro irmão, neste dia de comemoração dos mortos, sinto-me feliz por poder entreter-me contigo. Não imaginas como é grande o prazer que experimento. Chama-me, pois, com mais frequência, e ambos lucraremos.

Aqui nem sempre posso vir a ti, porque, muitas vezes, estou junto às minhas irmãs, especialmente junto à minha filhinha, que quase não deixo, pois pedi a missão de ficar junto a ela. Não obstante, posso com frequência responder ao teu chamado e será sempre uma felicidade ajudar-te com meus conselhos.

Falemos da festa de hoje. Nesta solenidade cheia de recolhimento, que aproxima o mundo visível do invisível, há felicidade e tristeza.

Felicidade, porque une em piedoso sentimento os membros dispersos da família. Neste dia a criança vem junto ao seu túmulo encontrar sua terna mãe, que molha a pedra sepulcral com suas lágrimas. O anjinho a abençoa e mistura seus votos aos pensamentos que caem, gota a gota, com as lágrimas da mãe querida. Que elas sejam agradáveis ao Senhor das castas preces, temperadas na fé e na saudade! Assim, subam aos pés do Eterno, como o suave perfume das flores e, do alto do céu, Deus lance um olhar de misericórdia sobre este pequeno recanto da Terra e envie um de seus bons Espíritos a consolar esta alma sofredora e lhe dizer: "Consolai-vos, boa mãe: vosso filho querido está na mansão dos bem-aventurados, vos ama e vos espera".

Eu disse: dia de felicidade e o repito, porque aqueles a quem a religião da saudade aqui leva a orar pelos que se foram, sabem que não é em vão e que um dia irão rever os seres amados, dos quais se acham momentaneamente separados. Dia de felicidade, porque os Espíritos veem com alegria e ternura aqueles que lhe são caros merecer, pela confiança em Deus, vir em breve participar da felicidade que desfrutam.

Nesse dia de Todos os Santos, os mortos que corajosamente sofreram todas as provas impostas em vida, que se despojaram das coisas mundanas e educaram os filhos na fé e na caridade, esses Espíritos, repito, de boa vontade vêm associar-se às preces dos que deixaram, e lhes inspiram a firme vontade de marchar constantemente pela vida do bem. Crianças, pais ou amigos, ajoelhados junto aos túmulos, experimentam íntima satisfação, porque têm consciência que os restos que lá estão não passam de uma lembrança do ser que eles encerravam e que agora se acha liberto das misérias terrenas.

Meu caro irmão, esses são os felizes. Até amanhã.

II

Meu caro irmão, fiel à minha promessa, venho a ti. Como havia dito, ao deixar-te ontem, fui fazer uma visita ao cemitério. Lá examinei atentamente os vários Espíritos sofredores. Causam pena. Esse espetáculo chocante arrancaria lágrimas ao mais duro coração.

Contudo em grande número essas almas são aliviadas pelos vivos e pela assistência dos bons Espíritos, principalmente quando se arrependeram das faltas terrenas e fazem esforços por se despojarem de suas imperfeições, causa única de seus sofrimentos. Assim compreendem a sabedoria, a bondade, a grandeza de Deus, e pedem o favor de novas provas para satisfazerem à justiça divina, expiar e reparar suas faltas e conquistar um futuro melhor.

Orai, pois, caros amigos, de todo o coração, por esses Espíritos arrependidos, que acabam de ser esclarecidos por uma centelha de luz. Até, então, tinham acreditado nas delícias eternas porque, em sua punição, o cúmulo do tormento era não poderem esperar. Julga sua alegria quando se rompeu o véu das trevas e o anjo do Senhor lhes abriu os olhos feridos de cegueira à luz da fé. São felizes mas, entretanto, em geral não têm ilusões quanto ao futuro; muitos, até, nem sabem que devem sofrer terríveis provas; assim reclamam insistentemente as preces dos vivos e a assistência dos bons Espíritos, a fim de poderem suportar com resignação a tarefa difícil que lhes será imposta.

Digo-vos, ainda, e nunca seria demasiado repeti-lo para bem vos convencer desta grande verdade: orai do fundo do coração por todos os Espíritos que sofrem, sem distinção de casta ou seita, porque todos os homens são irmãos e se devem mútuo auxílio.

Espíritas fervorosos, sobretudo vós, que conheceis a situação dos Espíritos sofredores e sabeis apreciar as fases da vida; vós, que conheceis as dificuldades que eles devem vencer, vinde em seu auxílio. Uma bela caridade é orar pelos pobres irmãos desconhecidos, muitas vezes por todos esquecidos, e cujo reconhecimento não sabeis avaliar, quando se veem assistidos. A prece é para eles o que o orvalho é para a terra calcinada pelo calor. Figurai um desconhecido, caído em qualquer obscuro desvio de um caminho, em noite escura; os pés estão feridos pela longa caminhada; sente o aguilhão da fome e uma sede ardente; aos sofrimentos físicos juntam-se todas as torturas morais; o desespero está a dois passos; em vão solta aos quatro ventos os gritos dilacerantes: nem um eco amigo responde ao apelo desesperado. Então! Imaginai que no instante em que esse infeliz chegou aos extremos do sofrimento, mão compassiva vem pousar suavemente em seu ombro e lhe trazer o socorro reclamado por sua situação. Imaginai, então, se possível, o contentamento desse homem, e tereis uma pálida ideia da felicidade dada pela prece aos Espíritos infelizes, que suportam a angústia da punição e do isolamento. Eles vos serão eternamente agradecidos porque, tende certeza, no mundo dos Espíritos não há ingratos como na vossa Terra.

Disse que Todos os Santos é uma solenidade surgida da tristeza, realmente uma grande tristeza, pois também chama a atenção para a classe desses Espíritos que, na existência terrena se votaram ao materialismo, ao egoísmo; que não quiseram reconhecer outros deuses senão as miseráveis vaidades de seu mundo ínfimo; que não temeram empregar todos os meios ilícitos para aumentar suas riquezas e, muitas vezes, jogar gente honesta na miséria. Entre esses se acham os que interromperam a existência por morte violenta; os que, na vida, arrastaram-se na lama da impureza.

Meu caro irmão, que horríveis tormentos para todos esses! É como diz a Escritura: "Haverá choro e ranger de dentes". Serão mergulhados no abismo profundo das trevas. Esses infelizes são vulgarmente chamados *os danados* e, posto seja mais exato chamá-los *os punidos,* nem por isso sofrem menos as terríveis torturas que se atribuem aos danados em meio às chamas. Envoltos nas mais espessas trevas de um abismo que lhes parece insondável, posto não seja circunscrito, como vos ensinam, experimentam sofrimentos morais indescritíveis, até abrirem o coração ao arrependimento.

Alguns, por vezes, ficam durante séculos nesse estado, sem poderem prever o fim de seus tormentos. Assim, se dizem condenados para a eternidade. Essa opinião errônea durante muito tempo foi acreditada entre vós. É um erro grave, porque, mais cedo ou mais tarde, esses Espíritos se abrem ao arrependimento e então, Deus, apiedado de suas desgraças, lhes envia um anjo que lhes dirige palavras consoladoras e lhes abre um caminho tanto mais largo quanto mais tiverem para ele sido feitas preces ao Eterno.

Irmão, vês que as preces são sempre úteis aos culpados; e se elas não alteram os desígnios imutáveis de Deus, nem por isso dão menos alívio aos Espíritos sofredores, trazendo-lhes o suave pensamento de ainda se acharem na lembrança de almas piedosas. Assim, o prisioneiro sente o coração pular de alegria quando, através das grades, percebe o rosto de algum parente ou amigo que não esqueceu sua desgraça.

Se o Espírito sofredor for muito endurecido, muito material, para que a prece lhe atinja a alma, um Espírito puro a recolhe como um aroma precioso e a deposita nas ânforas celestes, até o dia em que puderem servir ao culpado.

Para que a prece dê frutos, não basta balbuciar as palavras, como faz a maioria das criaturas. A única prece agradável ao Senhor é a que parte do coração, a única que é considerada e que alivia os Espíritos sofredores.

A irmã que te ama,
Marguerite

Pergunta (feita à Sociedade). Que pensar da seguinte passagem dessa comunicação: "Tende certeza, no mundo dos Espíritos não há ingratos como na vossa Terra?" Sendo as almas dos homens Espíritos encarnados, trazem seus vícios e virtudes; as imperfeições dos homens vêm das imperfeições do Espírito, como suas qualidades vêm das qualidades adquiridas. Assim, e desde que se encontram nos Espíritos os mais ignóbeis vícios, não se compreenderia que não se pudesse encontrar a ingratidão, muitas vezes encontrada na Terra.

Resposta (pelo Sr. Perché). "Sem dúvida há ingratos no mundo dos Espíritos e podeis colocar em primeiro plano os obsessores e os malévolos, que fazem esforços por vos inculcar pensamentos perversos, a despeito do bem que lhes façais, orando por eles. Sua ingratidão, entretanto, é apenas momentânea. Porque a hora do arrependimento soa mais cedo ou mais tarde. Então seus olhos se abrem à luz e o coração ao reconhecimento. Na Terra não é assim, e a cada passo encontrareis homens que, malgrado todo o bem que lhes façais, não pagam, até o fim, senão pela mais notória ingratidão.

A passagem que provocou essa observação só é obscura porque lhe falta extensão. Eu só encarava a questão do ponto de vista dos Espíritos abertos ao arrependimento e, por isso mesmo, aptos a colher imediatamente os frutos da prece. Encaminhados à boa via, e não podendo regredir, é claro que neles não poderia extinguir-se o reconhecimento.

Para não haver confusão, redigi assim a frase que suscitou a observação: "Eles vos serão eternamente reconhecidos porque, tende certeza, entre os Espíritos, aqueles a quem tiverdes levado a bom caminho não poderiam ser ingratos."

Marguerite

Observação: Essas comunicações, como muitas outras de moralidade não menos elevada, foram obtidas pelo Sr. Perché em sua caserna, onde conta vários camaradas que partilham de suas crenças espíritas e a estas conformam sua conduta. Perguntaremos aos detratores do Espiritismo se esses militares receberiam melhores conselhos de moral no cabaré. Se aí está a linguagem de Satã, este se fez eremita. É certo que está muito velho!

Nessa ocasião, perguntaremos ao Sr. Tony, o espirituoso e sobretudo muito lógico jornalista de Rochefort, que acredita que o Espiritismo é um dos males saídos da caixa de Pandora e uma dessas coisas malsãs estudadas pela *higiene pública* e a moral; nós lhe perguntaremos – íamos dizendo – que e o que há de malsão e de contrário à higiene nessa comunicação e se esses militares perderam a moralidade e a saúde, ao renunciarem aos maus lugares em favor da prece.

DISPENSÁRIO MAGNÉTICO

FUNDADO PELO SR. CANELLE, II, RUE NEUVE-DES-MARTYRS, EM PARIS

O primeiro artigo deste número ressalta as relações existentes entre o Magnetismo e o Espiritismo e mostra o auxílio que, em numerosos casos, pode o Magnetizador obter dos conhecimentos espíritas, casos nos quais a ideia materialista só poderia paralisar a influência salutar. Essas relações destacar-se-ão ainda mais no segundo artigo, a sair no próximo número. Levando ao conhecimento dos leitores a formação do estabelecimento dirigido pelo Sr. Canelle, que conhecemos pessoalmente e de longa data, como magnetizador experimentado, não só espiritualista, mas sinceramente espírita, sentimo-nos feliz ao lhe dar esse testemunho de nossa simpatia. O tratamento é dirigido por ele e por vários médicos magnetizadores. Sessões especiais são consagradas às magnetizações gratuitas. Para mais amplas informações vejam os prospectos.

RESPOSTA A UM SENHOR DE BORDEAUX

Um senhor de Bordeaux escreveu-nos uma carta, aliás muito polida, contendo uma crítica do ponto de vista religioso ao artigo do número de novembro sobre a *Origem da Linguagem,* o qual, diga-se de passagem, encontrou numerosos admiradores. Como a carta não traz assinatura nem endereço, fizemos o que se faz com toda carta sem nome: foi para a cesta.

ERRATA

No artigo publicado no último número sobre *Um remédio dado pelos Espíritos,* foi omitido que antes da aplicação do unguento é preciso lavar a ferida com água de malva ou outra loção refrescante.

Allan Kardec

ÍNDICE GERAL

Janeiro

Ensaio de interpretação da doutrina dos anjos decaídos 5
Publicidade das comunicações espíritas 16
Controle do ensino espírita 20
Questões e problemas propostos aos vários grupos espíritas 22
   1.º – Formação da Terra 22
   2.º – Alma da Terra 23
   3.º – Sede da alma humana 24
   4.º – Sede das almas 24
   5.º – Manifestações dos Espíritos 24
   6.º – Anjos rebeldes, anjos decaídos, paraíso perdido 25
Do sobrenatural 25
Poesias de Além-Túmulo 31
   Queríamos versos de Béranger 31
   Tento mais uma canção 32
Bibliografia 33
   O Espiritismo na sua expressão mais simples, ou a
   Doutrina dos Espíritos popularizada 33
   Revelações de Além-Túmulo 33
Testamento em favor do Espiritismo 34
   Ao Sr. Allan Kardec, presidente da Sociedade Espírita
   de Paris 34
   Carta ao Sr. Dr. Morhéry, a propósito da Srta. Godu 35

Fevereiro

Cumprimentos de Ano Novo 37
Resposta à mensagem de Ano Novo dos Espíritas Lioneses 37
O Espiritismo é provado por milagres? 44
O Vento – Fábula Espírita 53
A Reencarnação na América 54
Novos Médiuns americanos em Paris 55
Subscrição em favor dos operários Lioneses 59

REVISTA ESPÍRITA

Ensinos e Dissertações Espíritas 61
    A Fé 61
    A Esperança 62
    A Caridade 63
    Instruções dadas por nossos Guias sobre as três
    comunicações acima 64
    Esquecimento das injúrias 65
    Sobre os instintos 66
Meditações Filosóficas e Religiosas 67
    A Cruz 67
    Bem-aventurados os pobres de espírito 68
    A Escravidão 69

Março

Aos nossos correspondentes 71
Os Espíritos e o brasão 73
Palestras de Além-Túmulo 78
    Sr. Jobard 78
    Ditado espontâneo 78
    Palestra 79
Subscrição para um monumento ao Sr. Jobard 88
Carrère – Verificação de identidade 88
Ensinos e Dissertações Espíritas 92
    A Reencarnação 92
    O Realismo e o Idealismo em pintura 96
    Os Obreiros do Senhor 99
    Instrução Moral 99
    A Vinha do Senhor 101
    Caridade para com os criminosos – Problema Moral 102

Abril

Frenologia Espiritualista e Espírita – Perfectibilidade
    da Raça Negra 105
Consequências da Doutrina da Reencarnação sobre a
    propagação do Espiritismo 114
Epidemia demoníaca na Sabóia 117
Respostas à questão dos Anjos Decaídos 122

ÍNDICE GERAL

Palestras familiares de Além-Túmulo 126
   Girard de Codemberg 126
   De La Bruyère 129
Poesias Espíritas 131
   Crede nos Espíritos do Senhor 131
   As Vozes do Céu 131
Dissertações Espíritas 132
   Os Mártires do Espiritismo 132
   Ataques à ideia nova 135
   Perseguição 136
Bibliografia 137

Maio

Exéquias do Sr. Sanson 139
   Discurso do Sr. Allan Kardec no enterro do Sr. Sanson 144
Palestras familiares de Além-Túmulo 149
   O capitão Nivrac 149
   Uma paixão de Além-Túmulo 152
Causas da incredulidade 156
Resposta de uma senhora a um Padre sobre o Espiritismo 159
   Resposta 159
O padeiro desumano – Suicídio 162
   A pobre Mary 164
Dissertações Espíritas 165
   Aos membros da Sociedade de Paris que partem
   para a Rússia 165
   Relações amigas entre vivos e mortos 167
   As duas lágrimas 169
   Os dois Voltaires 171

Junho

Sociedade Parisiense de Estudos Espíritas 175
   Discurso do Sr. Allan Kardec, na abertura do Ano Social
   de abril de 1862 175
Palestras familiares de Além-Túmulo 185
   Sr. Sanson 185
O Menino Jesus entre os doutores 190

Sobre o quadro do Sr. Ingres 192
Assim se escreve a história! 193
Os milhões do Sr. Allan Kardec 193
Sociedade Espírita de Viena 197
Sociedade Espírita, dita da caridade, de Viena–Áustria 198
Princípio vital das Sociedades Espíritas 200
Ensinos e Dissertações Espíritas 203
O Espiritismo Filosófico 203
Um Espírita apócrifo na Rússia 206

Julho

O ponto de vista 209
Estatística de suicídios 215
Hereditariedade moral 221
Poesia Espírita 225
A criança e a visão 225
Duplo suicídio por amor e dever – Estudo Moral 227
Ensinamentos e Dissertações Espíritas 233
União simpática das Almas 233
Uma telha 236
César, Clóvis e Carlos Magno 238
Aviso 242

Agosto

Conferência do Sr. Trousseau, professor da Faculdade
de Medicina 243
Necrologia – Morte do Bispo de Barcelona 250
Morte da Sra. Home 252
Sociedade Espírita de Constantina 253
Carta do Sr. Jean Reynaud ao *Journal des Débats* 258
Pandus e Kurus – A Reencarnação na antiguidade 260
O Planeta Vênus 261
Carta ao jornal de Saint-Jean-d'Angely 265
Castigo de um avarento 267
Valor da Prece 269
Dissertações Espíritas 271
A Conquista do Futuro 271

ÍNDICE GERAL

A Pentecoste 272
O Perdão 273
A Vingança 274
Bibliografia – O Espiritismo em Lyon 275

Setembro

Inauguração de um Grupo Espírita em Bordeaux – Discurso de
abertura 277
Carta do Sr. Dombre a um pregador 283
O Espiritismo numa distribuição de prêmios 287
Perseguições 290
Uma reconciliação pelo Espiritismo 296
Resposta ao convite dos Espíritas de Lyon e de Bordeaux 297
Ao Sr. Sabô, de Bordeaux 299
Poesias Espíritas 301
Peregrinações da Alma 301
O Anjo da Guarda 303
Dissertações Espíritas 304
Estudos Uranográficos 304
Férias da Sociedade Espírita de Paris 308
Aos Centros Espíritas que devemos visitar 310

Outubro

Apolônio de Tiana 311
Resposta a "Abeille Agénaise" pelo Sr. Dombre 323
Resposta do Sr. Dombre 324
Membros Honorários da Sociedade de Paris 326
O que deve ser a História do Espiritismo 329
Arsène Gautier – Uma lembrança de um Espírito 330
Pode um Espírito recuar ante a prova? 331
Resposta a uma pergunta mental 333
Poesias Espíritas 334
A criança e o ateu 334
A abóbora e a sensitiva 336
Dissertações Espíritas 338
O Espiritismo e o Espírito Maligno 338
O Corvo e a Raposa 342

Estilo das Boas Comunicações 343

A Razão e o Sobrenatural 344

Viagem Espírita em 1862 347

Aos nossos correspondentes 348

Os mistérios da Torre de São Miguel em Bordeaux 349

História de uma múmia 349

Senhora Remone 355

Jacques Noulin 357

Remédio dado pelos Espíritos 362

Poesias Espíritas – Meu Testamento 364

Fábulas e Poesias diversas 367

O monólogo do burrico 367

O médium e o Dr. Imbroglio 368

Dissertações Espíritas 370

O duelo 370

Fundamentos da ordem social 374

Aqui jazem 18 séculos de luzes 375

Papel da Sociedade de Paris 377

Origem da linguagem 378

Respostas 381

Dezembro

Estudos sobre os possessos de Morzine – Causas da obsessão
e meios de combate 383

O Espiritismo em Rochefort – Episódio da viagem do Sr. Allan
Kardec 394

É possível o Espiritismo? 402

Charles Fourier, Louis Jourdain e a Reencarnação 406

O Tugúrio e o Salão – Estudos de costumes Espíritas 409

Dissertações Espíritas 411

Todos os Santos 411

Dispensário magnético 416

Resposta a um senhor de Bordeaux 416